트럼프는 어떻게
미국 대선의
승리자가 되었나

2016년 미국 대선과 아웃사이더 시대

트럼프는 어떻게
미국 대선의
승리자가 되었나

2016년 미국 대선과 아웃사이더 시대

인 쇄 | 2017년 10월 12일
발 행 | 2017년 10월 17일

엮은이 | 미국정치연구회
발행인 | 부성옥
발행처 | 도서출판 오름
등록번호 | 제2-1548호 (1993. 5. 11)

주 소 | 서울특별시 중구 퇴계로 180-8 서일빌딩 4층
전 화 | (02) 585-9122, 9123 / 팩 스 | (02) 584-7952
E-mail | oruem9123@naver.com
ISBN   978-89-7778-477-2   93340

이 도서의 국립중앙도서관 출판예정도서목록(CIP)은 서지정
보유통지원시스템 홈페이지(http://seoji.nl.go.kr)와 국가자
료공동목록시스템(http://www.nl.go.kr/kolisnet)에서 이용
하실 수 있습니다. (CIP제어번호: CIP2017025444)

트럼프는 어떻게 미국 대선의 승리자가 되었나

2016년 미국 대선과 아웃사이더 시대

미국정치연구회 편

How Did Trump Win?

The 2016 US Presidential Election and the Year of the Outsiders

Edited by
Korean Association of American Politics

ORUEM Publishing House
Seoul, Korea
2017

머리말

2016년 미국 대선 결과는 트럼프 후보의 압승이었고, 예상을 빗나간 충격이었다. 미국 선거를 연구하는 정치학자들이 사용해 온 대선 예측 지표들로는 후보 및 정당의 지지율, 현직 대통령의 인기도, 실업률 등 경제지표, 대규모 위기상황 여부 등이 있다. 2016년 대통령선거 운동 시기의 상당 부분 민주당 힐러리 클린턴(Hillary Clinton) 후보의 지지도가 더 높았고, 현직 대통령 오바마(Obama)의 인기도는 50퍼센트를 훨씬 웃돌았다. 또한, 실업률은 5퍼센트 정도로 안정되었고, 9/11 사태나 2008년 금융 위기 같은 대규모 혼란 상황은 보이지 않았다. 예상대로라면 영부인과 연방 상원의원, 그리고 국무장관까지 지낸 민주당의 힐러리 후보가 미국 역사상 최초의 여성 대통령으로 당선될 가능성이 높았다. 더구나 경쟁후보인 공화당의 트럼프(Donald Trump)는 공직 경험이 전무한 부동산 개발업자로 TV 출연을 통해 얻은 높은 인지도를 제외하곤 내세울 것이 없는 정치 신인이었다. 선거 기간 내내 여성 및 소수 인종 비하 발언으로 구설수에 올랐고 급기야 대선후보 TV토론 기간에 밝혀진 음담패설 동영상으로 결정타를 맞은 트럼프에게 대권을 내어 준다는 것은 힐러리 진영뿐만 아니라 일반인, 전문가 할 것 없이 상상하기 어려웠다. 그럼에도 불구하고 결과는 트럼프 후보의 제45대 미국 대통령 당선이었다.

*   *   *

2016년 미국 대선은 1996년 이후 지속되어 온 현직 대통령 불패 법칙이 적용될 여지가 없는 두 도전자 사이의 경쟁이었다. 민주당 후보 힐러리의 경우 2008년 민주당 대선 후보 경선에서 최초의 흑인 대통령과 최초의 여성 대통령 명운을 걸고 일리노이 연방 상원의원 오바마와 치열한 경쟁을 벌인 바 있다. 이후 오바마 1기 행정부의 국무장관으로 4년간 세계 각국을 순방하며 미국 외교의 수장 역할을 담당했고, 이전의 비(非)호감 이미지를 어느 정도 탈피함으로써 다음 대권은 힐러리 차례라는 인식을 당내에 심는 데 성공했다. 8년의 공백을 깨고 다시 후보가 되어 대선에 승리했던 리처드 닉슨(Nixon)의 사례를 따라 "서민형" 힐러리 이미지를 구축하는데도 공을 들였다. 공화당의 경우 유력 후보 없이 경쟁이 난무한 상황에서 부동산 개발업자이자 TV 스타였던 트럼프가 화제의 중심에 자리 잡았다. 1940년 공화당 후보였던 제조업 출신 웬델 윌키(Willkie) 이후 처음으로 비즈니스 계열의 후보였던 트럼프는 1964년 골드워터(Goldwater) 후보처럼 거침없이 소신을 피력하는 데 집중하였다. 막말과 허세도 마다하지 않았을 뿐만 아니라 이슬람과 소수인종을 대놓고 비판함으로써 미국 사회의 "정치적으로 옳지 않은(politically incorrect)" 발언 자제 관행을 비웃듯 무너뜨려 버렸다.

정당 차원에서도 2016년 미국 대선과정은 일종의 전환기였다. 민주당의 경우 오바마 8년 동안 만들어진 소위 "오바마 연합(Obama Coalition)"이 어느 정도 견고한 지 시험받는 무대였다. 여성, 청년, 흑인, 라티노, 성소수자 그룹 등으로 이루어진 민주당 지지 세력을 바탕으로 후보만 힐러리로 대체했을 경우 민주당의 아성이 지켜지는지가 관전 포인트였다. 다시 말해 버니 샌더스(Sanders) 돌풍에서 확인된 백인, 고학력층 중심의 민주당 진보 유권자들이 샌더스 의원의 경선 패배 이후에도 중도 성향의 힐러리 후보를 적극 지지할 것인지 여부가 문제였다. 결국 빌 클린턴 8년, 오바마 8년 동안 지속되어 온 민주당 내부 진보파와 중도파 간 전략적 동거가 힐러리 후보 시기에도 이어질 것인지, 아니면 포퓰리즘(populism) 분위기가 팽배했던 2016년 대선에서 이메일게이트(Emailgate)로 인해 기득권 후보로 여겨졌던 힐러리에 대한 지지가 예상외로 저조할 것인지 불분명하였다.

한편 공화당의 속사정은 훨씬 복잡했다. 부시 행정부의 이라크전쟁 실패로 인해 2006년 중간선거에 참패하였고, 대공황 이후 최대 금융위기를 맞아 2008년 대선에서 민주당에 정권을 넘겨준 공화당이었다. 비록 오바마 취임 이후 2010년 중간선거에서 티파티(Tea Party) 등장으로 인해 보수 지지 세력이 재편되었고, 2014년 중간선거에서도 역시 오바마 대통령에게 큰 타격을 입혔지만, 새로운 보수 이념이나 참신한 공화당 지도자 덕분이 아닌 대통령 반대당으로서의 성과에 머물렀던 점이 문제였다. 더구나 미국 사회의 인구 구성 변화로 인해 기존의 공화당 지지가 줄어들면서 새로운 유권자들을 포용하는 정당으로 변신할 것인지, 아니면 이전의 백인, 남부, 남성, 종교 등 전통적 지지 요소들에 의존하는 정당으로 남을 것인지 당내 논란이 거듭되었다.

마지막으로 선거 차원에서 본 2016년 미국 대통령선거 역시 몇 가지 측면에서 흥미로웠다. 앞서 지적한 대로 "우리가 남인가?" 식의 그룹별(identity) 지지를 통한 선거 승리 방식이 계속 통할지 아니면 일자리 상실과 양극화로 고통받던 백인 저소득층 유권자들의 분노가 판세를 좌우할지 관심사였다. 라티노 등 소수 인종 유권자들이 대폭 증가세인데다, 청년층이 2008년 대선을 통해 정치 참여에 큰 관심을 가지게 됨에 따라 미국 사회 내 인종과 인구 변화는 민주당에게 유리하게 전개되고 있는 상황이었다. 하지만 2016년 대선 기간 내내 화두였던 중서부 러스트벨트(Rust Belt) 지역의 백인 노동자층 표의 향배 또한 초미의 관심사였다. 한편 1789년 초대 워싱턴 대통령 취임 이후 매 4년마다 단 한 차례도 거르지 않고 치러진 미국 대통령선거는 일종의 반복적 성격을 보이는데, 1800년, 1828년, 1860년, 1896년, 1932년, 1980년 등 미국 정치 지형을 크게 변동시킨 대선은 약 37년 정도에 한 번씩 나타났다. 이러한 소위 "중대 선거(critical elections)" 이론에 따르면 2016년 대선은 그 주기에 들어맞을 가능성이 높았다. 또 다른 선거 주기적 측면은 1992년 대선 이후 현직 대통령의 연임 성공으로 인해 8년에 한 번씩 정권이 경쟁 정당에게 넘어갔던 점과 관련이 깊다. 빌 클린턴 8년, 조지 W. 부시 8년, 그리고 오바마 8년을 고려하면 2016년 대선은 공화당 후보 승리 차례였던 셈이다.

*   *   *

미국 정치를 본격적으로 연구하는 학자들의 모임인 미국정치연구회는 이번에도 어김없이 미국 대통령선거를 고찰하는 프로젝트를 수행하였다. 미국정치연구회가 펴낸 여덟 번째 책인 본서를 통해 각 장의 저자들은 2016년 미국 대선을 체계적으로 분석하였다. 미국정치연구회의 월례세미나와 각종 학회 발표 및 토론을 통해 축적된 미국 정치 연구 성과물들이 이 책에 집약되어 있다. 총 3부로 구성되어 있고 후보, 정당 및 선거, 그리고 정책에 초점을 맞추고 있다. 우선 1부에서 트럼프와 샌더스 두 아웃사이더 후보들의 정치적 지지 기반을 알아보고, 더불어 포퓰리즘과의 상관관계를 파악해 본다. 공화당과 민주당의 대선 지지 기반 및 미디어의 대선 후보 관련 보도 또한 관심사이다. 2부는 대선과정에서 펼쳐진 정당의 선거 운동과 유권자들의 반응을 여성, 라티노, 백인 노동자 계층으로 나누어 살펴본다. 트럼프의 여성 및 소수 인종 비하 발언이 얼마나 어떻게 영향을 미쳤는지 알아보고, 분노한 백인 노동자 계층이 어떤 정치적 선택을 하였는지 파악해 본다. 3부는 주로 대선과정에서 불거진 각종 정책 의제와 논쟁을 알아봄으로써 미국 국내정치적 관심사와 대외정책 현안 등을 고찰해 본다. 사회경제 이슈 및 기후변화 논쟁, 그리고 안보와 통상을 중심으로 한 미국 외교정책 분석이 주요 내용이다.

*　　*　　*

2016년 미국 대선은 자유무역을 반대하고 방위비 분담금 증액을 요구하는 공화당 후보 트럼프로 인해 특히 우리 입장에서 중요한 선거였다. 한국전쟁 종료 이후 지난 수십 년 동안 미국 대통령선거에서 한국이 주요 정책 관심사로 떠오른 전례가 거의 없었다. 그런데 2016년 대선과정에서 한미 FTA 폐기 가능성과 주한미군 방위비 분담금 증액을 거침없이 주장하는 트럼프 공화당 후보의 발언은 국내에 큰 파장을 불러일으켰다. 결국 트럼프 후보가 미국의 45대 대통령으로 당선되었고 취임하자마자 환태평양동반자협정(TPP) 탈퇴를 선언하고 중동 7개국 국민들의 미국 입국을 120일간 금지하는 행정명령도 발동한 바 있다. 최근에는 미국무역대표부를 통해 한미 자유무역협정 수정을 위한 특별공동회의 소집을 정식으로 요청하였고, 사드(THAAD) 배치 부담금 10억 달러를 지불하라고 요구하기도 하였다. 야당으로 전락한 민주당은 말할 것도 없고 같은 공화당도 트럼프 대통령의 정책에 종종 비판적 입장을 취하고 있는 정도이다. 특히 북한의 핵무기 개발과 대륙간 탄도미사일(ICBM) 시험 발사로 인해 북한 문제가 미국 정치의 핵심

의제로 떠오른 현재 미·중관계 및 북·미관계 향배를 결정짓는 트럼프 대통령의 일거수일투족은 우리에게 초미의 관심사다. 미국정치연구회가 펴낸 본서는 2016년 미국 대선에서 어떻게 아웃사이더 트럼프 후보가 승리하였고 트럼프 대통령 시대가 미국과 한국, 그리고 국제질서에 의미하는 바는 무엇인지 궁금해 하는 독자들에게 좋은 길잡이가 될 것이다. 늘 변함없이 미국정치연구회의 출판을 지원해 주시는 도서출판 오름의 부성옥 대표님과 최선숙 부장님께 지면을 빌어 깊은 감사의 말씀을 드린다. 이 책의 기획 단계부터 출판 과정에 이르기까지 격려를 아끼지 않으신 미국정치연구회 김성연 회장님과 윤광일 회장님께도 감사의 마음을 전한다. 2016년 미국 대통령선거와 정책을 분석한 이 책이 미국 정치 과정과 제도에 대한 이해를 높이고 안보, 무역 등 한·미관계의 현안을 풀어나갈 지침서가 될 수 있기를 집필진과 더불어 소망해 본다.

저자를 대표하여
서정건

제2부 / 정당 및 선거 경쟁

제3부 / 이슈 및 정책 경쟁

제1부

후보 경쟁

제1장

2016년 미국 대통령후보 경선: 트럼프와 샌더스의 지지기반 및 정치적 함의를 중심으로*

정진민
명지대학교

I. 서론

2016년 미국 대통령선거는 많은 점에서 이전의 선거와는 다른 특징들을 보여주고 있지만 특히 주목을 요하는 것은 그동안 정치적 기반을 갖고 있지 못했던 아웃사이더 후보가 주요 정당의 후보선출을 위한 경선과정에서 크게 약진했다는 점이다. 대표적인 아웃사이더 후보로 공화당의 트럼프와 민주당의 샌더스를 꼽을 수 있는데 결국 트럼프는 대통령후보로 지명되는 데 성공했고 샌더스는 후보 지명에는 실패했지만 경선 마지막까지 선전했을 뿐 아니라 자신의 주요 정책 입장들을 전당대회를 통하여 민주당의 공식적인 정강정책에 대폭 반영시키는 데 성공하였다. 이와 관련하여 이 장에서는 트럼프와 샌더스를 지지했던 유권자들은 과연 어떤 특징을 갖고 있는 집단이며

* 이 글은 『동서연구』 29권 1호(2017)에 게재된 논문을 수정·보완한 것임.

어떠한 유사성과 차별성을 갖고 있는지, 그리고 이들의 지지기반, 특히 지지
기반의 차별성이 갖고 있는 정치적 함의에 관하여 주로 다루고자 한다.

　이 장에서는 먼저 2016년 미국 대통령후보 경선과정을 통하여 드러난
트럼프와 샌더스 지지자들의 사회경제적 배경과 정책적 입장이 어떠한 유사
성과 차별성을 갖고 있는지 분석하고자 한다. 특히 이 장은 트럼프와 샌더
스의 지지집단이 적지 않은 유사성을 갖고 있음에도 커다란 차별성을 갖고
있다는 점에 주목하고 있다. 주로는 두 지지집단의 사회경제적 배경과 정책
적 입장에서의 차별성이 어떻게 반클린턴 정서가 강한 샌더스 지지자들이
샌더스의 경선 패배에도 불구하고 트럼프 후보로 지지를 선회하는 것을 어
렵게 하였는지에 관하여 논의하고자 한다. 나아가 트럼프와 샌더스 지지집
단이 보여주는 이러한 차별성이 최근 미국 정치에서 진행되어 온 정당양극
화와는 어떠한 연관성을 갖고 있는지, 그리고 프라이머리와 코커스와 같은
상이한 경선 방식의 유불리에는 어떻게 작용하고 있는지 등을 분석하고자
한다.

　다음으로 트럼프와 샌더스의 지지기반의 차별성이 본선거에서 공화당과
민주당의 득표에 어떻게 영향을 미치고 있는지, 즉 2016년 대선 결과를 중
심으로 한 단기적인 함의에 대해 논의하고자 한다. 마지막으로 경선과정을
통하여 트럼프와 샌더스를 지지했던 유권자 집단들이 장기적으로 공화당과
민주당 지지기반의 새로운 토대가 될 수 있을 것인가 또한 그렇게 될 경우
공화당과 민주당 간의 힘의 균형은 앞으로 어떻게 달라질 수 있을 것인가
등 트럼프와 샌더스의 지지기반의 차별성이 갖고 있는 보다 장기적인 정치
적 함의에 관한 탐색을 시도하고자 한다.

II. 트럼프와 샌더스 지지기반의 유사성

트럼프와 샌더스는 그들이 내세우고 있는 명분, 지지기반, 지지자 동원 방식, 정책적 입장 등에 있어 적지 않은 유사성을 갖고 있다. 우선 트럼프, 샌더스 모두 정치적 아웃사이더로서 반주류(anti-Establishment), 반체제(anti-System)성향을 강하게 갖고 있다. 특히 그들이 모두 미국의 공정하지 못한 정치·경제 시스템(rigged Beltway deal)에 대한 유권자들의 강한 거부감을 대변하고 있고, 이를 개혁하겠다는 명분을 내세우고 있다는 점에서 매우 유사한 특징을 보여주고 있다.

1980년대 이후 미국 사회의 소득 불균형 상태를 보여주는 지니 계수는 지속적으로 상승하고 있으며 2008년 금융위기 이후 그 상승세가 더욱 가파르게 이루어지면서 1929년 대공황 직전 수준에 육박하고 있다. 이로 인해 중하위 소득수준의 미국인들의 삶의 질은 더욱 악화되어 왔다. 실제로 지난 30년 동안 상위 10% 소득집단의 실질소득은 33.5% 증가하고 있지만, 반면

📄 **표 1**   공화당과 민주당의 경선후보별 지지자들의 정치만족도(%)

	연방정부에 대한 태도(%)			현재의 정치에 대한 태도(%)		
	만족	좌절	분노	만족	좌절	분노
전체 유권자	17	59	22	9	67	23
공화당 지지자						
트럼프	1	48	50	3	56	40
크루즈	8	62	30	7	69	24
케이식	10	72	18	4	77	18
민주당 지지자						
클린턴	34	57	6	18	63	18
샌더스	21	65	13	9	74	14

출처: Pew Research Center(2016/3/31)

중위 실질소득은 7.9% 증가하는 데 그치고 있고 하위 10% 집단의 경우는 오
히려 1.1% 감소하고 있다(U.S. Bureau of Labor Statistics 2015). 또한 1980
년대 이후 정당 간 이념적 대립이 심화되면서 정치적 교착 상태가 반복되고
정책 결정이 지체되면서 미국 유권자들의 정치적 불신은 증폭되어 왔다.

   트럼프와 샌더스가 미국의 기존 질서나 체제에 대한 강한 거부감을 갖
고 있는 유권자들을 대변하고 있다는 사실은 두 후보가 〈표 1〉에서 보여주
고 있는 것처럼 연방정부나 현재의 정치 또는 주류 정치집단에 대해 분노하
거나 좌절하고 있는 유권자들로부터 같은 당의 다른 경쟁 후보보다 더욱 높
은 지지를 받고 있는 것으로도 확인할 수 있다.

   또한 트럼프와 샌더스 지지자들은 〈그림 1〉에 나타나고 있는 것처럼 주
류 정치집단이나 연방정부뿐 아니라 미국의 경제체제 역시 힘있는 소수에게
유리하게 되어 있는 공정하지 못한 체제라고 같은 당의 다른 경쟁 후보 지
지자들보다 더욱 강하게 믿고 있다.

   2008년 금융위기 이후 어려웠던 미국 경제가 최근 들어 점차 회복되고
있지만 아직 경제회복 속도가 더딜 뿐 아니라 더욱 심각한 문제는 금융위기

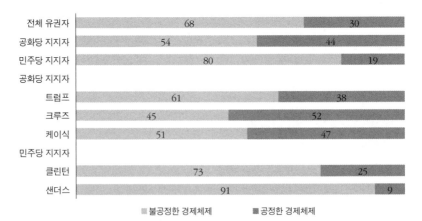

⊐ 그림 1   공화당과 민주당의 경선후보별 지지자들의 경제체제 평가(%)

	불공정한 경제체제	공정한 경제체제
전체 유권자	68	30
공화당 지지자	54	44
민주당 지지자	80	19
공화당 지지자		
트럼프	61	38
크루즈	45	52
케이식	51	47
민주당 지지자		
클린턴	73	25
샌더스	91	9

출처: Pew Research Center(2016/3/31)

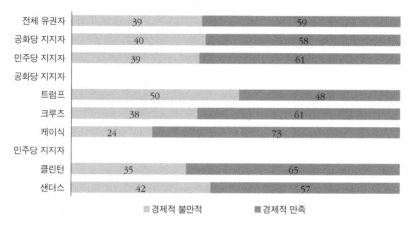

그림 2 공화당과 민주당의 경선후보별 지지자들의 개인 경제만족도(%)

	경제적 불만족	경제적 만족
전체 유권자	39	59
공화당 지지자	40	58
민주당 지지자	39	61
공화당 지지자		
트럼프	50	48
크루즈	38	61
케이식	24	73
민주당 지지자		
클린턴	35	65
샌더스	42	57

출처: Pew Research Center(2016/3/31)

이후 소득양극화가 가속화되면서 중산층 이하 많은 미국 유권자들이 경제적 어려움을 겪고 있다는 사실이다. 이러한 경제적 어려움은 제조업이 위축되면서 정규직 일자리가 줄어들고 일반 노동자들의 실질적 임금이 정체되면서 더욱 악화되고 있다. 그 결과 많은 미국 유권자들이 자신의 경제 상황에 대해 불만을 갖고 있는데 〈그림 2〉는 트럼프와 샌더스 지지자들의 불만 수준이 같은 당의 다른 경쟁 후보 지지자들보다 높다는 것을 보여주고 있다.

이처럼 트럼프와 샌더스는 그들의 지지기반이 기존의 전통적인 민주·공화당 지지자들이나 지지단체를 기반으로 하기보다는 그동안 정치적으로 제대로 대표되지 못하고 소외되어 왔던 집단을 대변하고 있다는 점에서 유사성이 있다. 예를 들어 트럼프의 경우 상대적으로 교육수준이 낮은 백인 노동자, 저소득층, 실업자 집단에, 샌더스의 경우 비싼 대학 등록금과 취업난으로 고통받고 있는 젊은 세대 유권자들에 강한 호소력을 갖고 있다.

특히 트럼프의 강력한 지지기반인 백인 저소득층 및 노동자 집단은 전통적으로 대표적인 민주당 지지집단이다. 하지만 2016년 대선에서 민주당의 클린턴보다 공화당의 트럼프에게 압도적인 지지를 보냈던 백인 노동자

집단은 임금 정체와 더딘 경제회복으로 개인적 경제 상황이 악화되면서 미
국 내 어느 집단보다도 경제적 불안(economic anxiety)을 안고 있는 집단이
다. 또한 백인의 다수인종 위상이 위협받고 있다는 인종적 불안(racial an-
xiety), 그리고 극단적 이슬람주의자들의 테러(terrorism)위협에 대한 공포를
갖고 있는 집단이기도 하다.[1] 이러한 트럼프의 지지기반은 낮은 세금과 국
가부채 축소 등을 강조하는 재정적 보수주의자(fiscal conservatives)[2]와 낙
태, 동성애자 문제와 같은 사회적·문화적 문제에서 보수적 입장을 취하고
있는 사회적 보수주의자(social conservatives)[3]의 두 축을 중심으로 형성되
었던 공화당의 전통적인 지지기반과는 상당한 거리가 있다.

다른 한편 샌더스 지지자들이 주로 관심을 갖고 있는 문제들은 심화되
고 있는 양극화, 청년실업, 최저임금, 비싼 대학 등록금 등과 같은 경제적
문제들이다. 즉 샌더스 지지자들 역시 그동안 소수자 인권, 낙태, 동성애자
결혼과 같은 사회적·문화적 문제들에 대한 진보적 입장을 경제적으로 진보
적인 입장보다 상대적으로 더욱 강조해 왔던 민주당이 심각한 경제적 문제
들을 충분히 다루어 오지 못했던 것에 대하여 실망하거나 소외감을 갖고 있
던 유권자들이 주를 이루고 있다.

이처럼 트럼프와 샌더스의 지지기반이 기존의 공화당과 민주당의 지지
기반과 크게 다른 특징은 이들의 지지기반 동원 방식에서도 또 다른 유사성
을 갖게 하고 있다. 즉, 트럼프와 샌더스는 주로 그동안 민주·공화 양대 정
당에 의해 정치적으로 충분히 대표되지 못하여 소외되어 왔던 유권자들을
대변하고 있고, 지지기반 동원 방식에 있어서도 오랫동안 정당과 연계되어
있던 다양한 사회단체들을 활용하기보다는 소외된 유권자들에 기반한 대중

---

1) 실제로 트럼프 지지자들이 가장 중시했던 세 가지 이슈는 테러 위협, 이민, 경제성장
   문제였다(Camobreco and Barnello 2016).
2) 재정적 보수주의는 폴 라이언(Paul Ryan) 하원의장 등 공화당 주류세력에 의해 대표
   되고 있다.
3) 사회적 보수주의는 공화당 대선후보 경선과정에서 테드 크루즈(Ted Cruz) 상원의원에
   의해 대표된 바 있다.

주의(populism)적 성격 또는 일종의 풀뿌리운동(grassroots movement)의 모습을 강하게 띠고 있다는 점에서도 유사성을 갖고 있다. 실제로 공화당 경선후보들 중에서는 트럼프 지지자들만이, 그리고 민주당 경선후보들 중에서는 샌더스 지지자들만이 대중주의의 주요 요소인 반엘리트주의(anti-Elitism)를 강하게 보여주고 있다(Rahn and Oliver 2016).

정책적 입장과 관련해서도 트럼프와 샌더스는 유사성을 보여주고 있는데, 우선 대외무역정책에 있어서 트럼프와 샌더스 모두 북미자유무역협정(NAFTA)이나 환태평양자유무역협정(TPP)을 통하여 많은 국내 제조업들이 해외로 이전하고 저렴한 외국 상품이 대량 유입되면서 일자리가 줄어들고 임금인상이 어려워져 노동자들의 생활여건이 갈수록 악화되고 있다고 보고 있다. 즉, 두 후보 모두 자유무역협정에 대한 부정적인 입장을 갖고 있다는 점에서 보호무역주의(protectionism) 성향을 띠고 있다고 볼 수 있다. 특히 트럼프의 경우는 대외무역정책에 있어서 미국의 경제적 이익을 무엇보다 우선시해야 한다는 것을 반복해서 주장하고 있다는 점에서 일방주의적인 성격도 강하게 갖고 있다고 볼 수 있다.

대외 군사정책에 있어서도 트럼프와 샌더스 모두 이라크나 아프가니스탄과 같은 중동지역에서의 군사 개입은 결과적으로 막대한 전비가 지출되었음에도 이슬람 극단주의 세력의 팽창을 억제하는 데 실패하였다고 보고 있다는 점에서 유사성을 갖고 있다. 또한 두 후보 모두 동맹국에 파견되어 있는 미군을 유지하는 데 소요되는 주둔 비용을 미국이 과도하게 부담하고 있다고 보고 있다. 그리고 이러한 해외 군사개입에 따른 과도한 재정 지출로 인해 연방정부의 재정적자가 더욱 악화되고 결국 이미 천문학적인 수준에 달하고 있는 국가부채를 팽창시키는 주요 요인이 되고 있다고 본다. 이처럼 해외 군사개입에 대한 두 후보의 부정적인 입장이, 국방비 증액에 대한 입장 차이에도 불구하고, 어느 정도 고립주의(isolationism) 경향성을 보여주고 있다는 점에 있어서도 유사성이 있다.

III. 트럼프와 샌더스 지지기반의 차별성

1. 사회경제적 배경의 차이

위에서 언급한 적지 않은 유사성에도 불구하고 트럼프와 샌더스는 지지기반의 사회경제적 배경과 구체적인 정책적 입장에 있어 보다 근본적인 차별성을 갖고 있다. 우선 트럼프와 샌더스 지지자들의 사회경제적 배경에 있어 가장 뚜렷한 차이는 〈표 2〉에서 보듯이 트럼프가 45세 이상의 나이든 연령집단에 그 지지가 집중되어 있는 반면, 샌더스는 45세 미만의 젊은 연령집단에서 뚜렷한 우세를 보이고 있다는 점이다. 또한 교육수준에 있어서 트럼프 지지자들은 대졸 미만의 저학력자에 집중되어 있지만 샌더스 지지자는 대졸 이상의 고학력자가 과반수 이상이며, 거주 지역에 있어서도 트럼프가 농촌 지역에서 샌더스는 도시 지역에서 각각 강세를 보이고 있다.

인종에 있어서 샌더스는 같은 민주당의 클린턴에 비해서는 백인집단에서 우세를 보이고 있기는 하나 비백인집단에서도 일정한 지지를 확보하고 있다. 이에 반해 트럼프의 경우는 거의 전적으로 백인 유권자들의 지지에 의존하고 있다. 성별 지지도에 있어서도 샌더스의 경우는 남성과 여성 간의 균형된 지지 분포를 보여주고 있지만 트럼프는 남성으로부터 10% 이상 더 많은 지지를 끌어내고 있다.

소득과 관련해서는 트럼프가 이전의 공화당 후보들에 비해 중하위 소득층에서 우세하지만 중하위소득층에서 샌더스의 지지는 더욱 높은 수준임을 보여주고 있다. 마지막으로 복음주의 기독교도가 공화당의 강력한 지지기반임을 감안한다면 복음주의 기독교도들의 트럼프에 대한 지지는 상대적으로 저조하다고 볼 수 있지만 여전히 복음주의 기독교도들의 트럼프에 대한 지지가 비복음주의 기독교도보다 우위를 점하고 있다. 반면 샌더스 지지자들의 경우 비종교적인 유권자들의 지지가 압도적이라는 점에서 트럼프 지지자들과는 대조적이다. 민주당 지지자들이 공화당 지지자들에 비해 비종교적이

표 2 2016년 트럼프와 샌더스의 경선 투표자의 사회경제적 배경(%)

		트럼프	샌더스
성별	남성	55.5	50.0
	여성	44.4	49.9
연령	17~29세	8.1	28.1
	30~44세	15.6	26.8
	45~64세	48.1	31.4
	65세 이상	26.7	13.4
인종	백인	97.3	76.6
	비백인	2.7	23.3
교육	고졸 이하	19.9	13.2
	대졸 미만	35.8	32.1
	대졸 이상	30.5	31.6
	대학원 이상	13.6	22.0
소득	5만 불 이하	32.9	46.1
	5~10만 불	34.8	29.9
	10만 불 이상	32.3	23.8
정당일체감	민주당	0.9	63.2
	무당파	27.3	36.7
	공화당	71.6	0.0
이념	보수	77.7	2.1
	중도	22.2	27.6
	진보	0.0	70.0
거주지	도시	18.8	32.4
	교외	48.8	42.5
	농촌	32.2	23.1
복음주의 기독교	복음주의	52.2	
	비복음주의	47.7	
종교성	종교적		24.8
	비종교적		75.2

출처: CNN 2016년 대선후보 경선 자료(http://edition.cnn.com/election/primaries/polls)에 기초하여 정리 작성됨. 샌더스 지지자의 종교성(religiosity)에 관한 자료는 Pew Research Center(2016/3/31)

지만 샌더스 지지자들의 경우는 같은 민주당의 클린턴 지지자들과 비교해서
도 훨씬 더 비종교적 또는 세속적이다.

정리하자면 경선과정에서 확인된 트럼프의 지지는 고연령, 저학력, 기독
교도(특히 복음주의 기독교도) 백인 남성 집단에 집중되어 있으며 도시 지역
보다는 농촌 지역에서 상대적 강세를 보여주고 있다. 반면에 샌더스는 저연
령, 고학력, 비종교적, 도시 지역 유권자들로부터 더욱 높은 지지를 받고 있
어 트럼프의 지지집단과는 뚜렷하게 차이가 나고 있음을 확인할 수 있다.
그리고 트럼프와 샌더스 모두 저소득층에서 강세를 보이지만 샌더스가 저소
득층 유권자들로부터 더욱 강한 지지를 받고 있음을 볼 수 있다.

2. 정책적 입장의 차이

위에서 살펴본 트럼프와 샌더스 지지기반의 사회경제적 배경의 차이는
두 후보를 지지하는 유권자들의 뚜렷한 정책적 입장의 차이로 이어지게 된
다. 물론 현재 개인적으로 처해 있는 경제 상황에 대해 많은 불만을 갖고
있는 트럼프와 샌더스 지지자들이 미국의 일자리를 해외로 유출시키고 국내
임금을 낮추는 요인으로 지목되는 자유무역협정 이슈와 실업 문제에 공통적
으로 높은 관심을 갖고 있는 것은 사실이다. 하지만 일자리 문제를 제외한
다면 트럼프와 샌더스 지지자들은 중요하다고 생각하는 정책적 이슈의 우선
순위에 있어 커다란 차이를 보여주고 있다. 트럼프 지지자들이 가장 중요하
다고 생각하는 이슈는 이슬람 극단주의자들에 의한 테러 위협과 이민 문제
인 반면 샌더스 지지자들의 경우에는 심화되는 빈부 격차, 비싼 교육비, 격
화되는 인종갈등 문제 등이다.

더욱 중요한 것은 실업 문제 등 경제 문제에 있어 두 집단 모두 높은
관심을 갖고 있지만 문제 해결을 위한 해법에서 큰 입장 차이를 보이고 있
다는 점이다. 예를 들어 대다수의 샌더스 지지자들은 실업 문제의 해법으로
부자 증세를 통한 정부의 기간시설 투자 지출을 늘려 일자리를 창출하는 방

법을 지지하고 있지만 이처럼 증세를 통하여 일자리를 늘리는 방식을 선호
하는 트럼프 지지자들은 23%에 불과하다(Deckman 2016). 결국 트럼프와
샌더스 지지자들이 공통적으로 관심을 보이고 있는 경제 이슈들에 대한 문
제 해결 방법의 차이로 인해 이들 경제 문제들이 큰 의미를 갖기 어렵다고
본다면 양 집단이 공유할 수 있는 이슈 영역은 매우 좁다고 할 수 있다.

트럼프와 샌더스 지지자들 간에는 이처럼 중요하다고 생각하는 이슈에
서 차이가 있을 뿐 아니라 주요 이슈들에 대한 입장에 있어서도 커다란 차
이를 보이고 있다. 대표적으로 이민정책(멕시코 국경 장벽 건설, 불법이민자 시
민권 허용 문제), 경제정책(최저임금 인상, 고소득자 세금 인상, 정부의 의료보장
및 사회보장 지원 증액 문제), 사회정책(낙태, 동성애자 결혼 문제), 총기규제(공
격용 총기 판매 문제), 환경정책(기후변화 관련 환경규제, 키스톤 송유관 건설 문
제) 등 주요 정책에 있어서 트럼프 지지자와 샌더스 지지자 사이에 뚜렷한
차이가 있다.

〈그림 3〉은 위의 주요 정책들에 있어 샌더스 지지자들은 트럼프 지지자
와 비교하여 압도적으로 진보적인 입장을 취하고 있음을 잘 보여주고 있다.

그림 3   트럼프, 샌더스, 클린턴 경선 지지자의 주요 이슈 입장

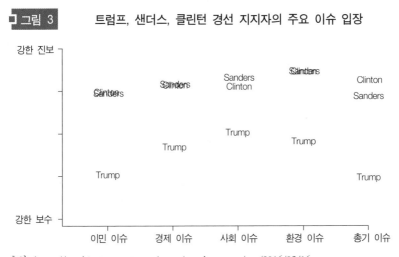

출처: https://washingtonpost.com/news/monkey-cage/wp/2016/05/16

실제로 샌더스 지지자들의 주요 정책에 대한 이러한 진보적인 정책적 입장은 사실상 같은 민주당의 클린턴 지지자들의 정책적 입장과 크게 다르지 않다. 〈그림 3〉에서 보여주고 있는 것처럼 샌더스 지지자들과 클린턴 지지자들의 가장 큰 입장 차이를 보이고 있는 정책 이슈는 총기 규제 문제이지만 이 문제에 있어서도 샌더스 지지자들과 트럼프 지지자들 간의 커다란 입장 차이를 고려한다면 샌더스 지지자들과 클린턴 지지자들 사이의 입장 차이는 상대적으로 매우 적다는 것을 알 수 있다.

　샌더스 지지자들의 반클린턴 정서가 강하고 이들 중 상당수가 자유무역에 비판적 입장을 갖고 있어 샌더스의 민주당 경선 패배 이후 본선과정에서 샌더스 지지자들의 트럼프 후보 지지 선회 가능성이 제기되어 왔지만 실제로 이러한 가능성이 현실화되기는 쉽지 않았다. 이는 주요 정책들과 관련하여 트럼프 지지자들과 샌더스 지지자들의 뚜렷한 입장 차이가 샌더스의 민주당 경선 패배에도 불구하고 샌더스 지지자들이 본선에서 트럼프 후보 지지로 선회하는 것을 어렵게 했기 때문이다. 이를 조금 더 구체적으로 보자면 우선 자유무역 지지 비율에 있어 트럼프 지지자 27%, 샌더스 지지자 55%, 클린턴 지지자 58%로 샌더스 지지자와 트럼프 지지자의 입장 차이는 크게 벌어져 있는 반면, 클린턴 지지자와의 입장 차이는 상대적으로 매우 적다(Tesler 2016). 이보다 더욱 중요한 것은 자유무역에 대한 지지 여부 또는 강도에 관계없이 샌더스 지지자들의 트럼프 대비 클린턴 선호가 80% 전후로 압도적으로 높다는 사실이다(Tesler 2016). 이처럼 자유무역에 대한 지지 여부 또는 강도에 관계없이 샌더스 지지자들의 트럼프 대비 클린턴 선호가 압도적으로 높다는 것은 결국 샌더스 지지자들이 본선에서 트럼프 후보 지지로 선회할 가능성이 현실화하기가 어렵다는 것을 잘 보여주고 있다고 할 수 있다.

　테슬러(Tesler 2016)의 분석에 따르면 오히려 샌더스 지지자 중 무역정책보다는 이민정책에 있어 보수적인 입장을 가진 자들이 트럼프를 지지할 가능성이 있음을 보여주고 있다. 이는 자유무역에 대한 지지 여부 또는 강도에 관계없이 샌더스 지지자들의 트럼프 대비 클린턴 선호도가 압도적으로 우세한 것과는 달리 이민정책의 경우에는 샌더스 지지자들의 입장 차이에 따라 트럼프 대비 클린턴 선호도가 크게 차이가 나고 있기 때문이다. 하지만 이민정책에 있어 보수적인 입장을 가지고 있는 샌더스 지지자들은 멕시코 국경 장벽 건설의 경우 전체 샌더스 지지자들의 7.1%, 불법체류자 시민권 부여의 경우 5.9%로 매우 적은 비율을 점하고 있어 큰 의미를 부여하기는 어렵다.

트럼프와 샌더스 지지자들이 이민 문제에 있어서 극명하게 다른 입장을 취하고 있는 것은 이민 문제와 관련한 다른 조사(PRRI/Brookings 2016 Immigration Survey)에서도 잘 나타나고 있다. PRRI/Brookings 조사에 따르면 트럼프 지지자 83%가 불법 이민자로 인해 임금 수준이 낮아져 경제사정을 악화시키고 있다고 보는 반면, 같은 견해를 갖고 있는 샌더스 지지자들은 35%에 불과한 것으로 나타나고 있다. 또한 같은 조사에 의하면 트럼프 지지자 80%가 이민자들이 미국인들의 일자리, 주거, 의료 혜택들을 빼앗아 가기 때문에 국가적인 부담이 되고 있다고 믿는 반면, 그런 생각을 갖고 있는 샌더스 지지자들은 24% 밖에 되지 않았다. 결국 트럼프 지지자들의 경우 대체로 이민자들이 미국인들의 삶의 질을 떨어뜨리고 국가적 부담이 된다는 부정적 생각을 갖고 있는 것과는 대조적으로 대부분의 샌더스 지지자들은 미국 사회의 다양성을 수용하고 이민자들의 근면함과 재능이 오히려 미국에 혜택을 가져올 수 있다고 보기 때문에 양 집단 간에는 이민자들을 바라보는 시각에 있어 근본적인 차별성이 존재하고 있는 것이다. 이처럼 이민 문제에 있어 트럼프와 샌더스 지지자들 사이에 커다란 간극으로 인해 샌더스 지지자들이 클린턴 후보에 불만을 갖고 있다고 해서 본선에서 트럼프 후보 지지로 선회하는 것은 어려울 수밖에 없었다.

IV. 트럼프와 샌더스 지지기반의 차별성과 정당양극화

샌더스 지지자들이 클린턴 후보에 대한 부정적 태도를 갖고 있음에도 이처럼 트럼프 지지자들과 차별성을 갖고 있는 것은, 특히 정책적 입장에서 뚜렷한 차이를 보여주는 것은 최근 30년 이상 지속되어 온 정당양극화(party polarization)의 심화와도 밀접한 관련이 있다.4) 실제로 정당양극화에 관한 많은 연구들은 공화당 지지자들과 민주당 지지자들 간에 경제적·문화적· 인종적 이슈들에 있어 입장 차이가 시간이 지나면서 더욱 더 뚜렷해지고 있음을 잘 보여주고 있다(Abramowitz 2013; Abramowitz and Saunders 2008; Fiorina et al. 2005; Hetherington 2009).

샌더스 지지자들의 반클린턴 정서가 강함에도 불구하고 앞의 〈그림 3〉에서 보여주고 있는 것처럼 주요 정책에 대한 진보적 입장이 같은 민주당의 클린턴 지지자들의 정책적 입장과 유사하고 트럼프 지지자와 비교해서는 크게 다른 것은 그간 진행되어 온 이러한 정당양극화를 잘 반영해 주고 있는 것으로도 볼 수 있다. 2016년 미국선거조사(ANES Pilot Study) 자료를 사용한 앱러모위쯔(2016)의 분석에 따르면 민주당과 일체감을 갖고 있거나 민주당 편향 무당파 유권자의 79%가 주요 정책입장에서 진보적 입장을 취하고 있는 반면 공화당과 일체감을 갖고 있거나 공화당 편향 무당파 유권자의 78%가 주요 정책입장에서 보수적 입장을 갖고 있는 것으로 확인되고 있다. 이처럼 민주·공화 양당 지지자 간의 입장 차이가 크게 벌어져 있는 상황에서 같은 당내 후보 지지자 간에 일정 정도 정책 입장 차이가 있다 해도 그 차이가 큰 의미를 갖기는 어렵다고 본다.

최근의 정당양극화 논의에서는 이슈 양극화 이외에 상대정당에 대한 부정적인 태도와 감정이 점차 강해지는 정서적 양극화(affective polarization)도

---

4) 최근 미국 정치에 있어서 정당양극화의 전개 양상에 대한 보다 상세한 설명은 정진민 (2012)을 참조할 것.

중요해지고 있는데(Iyengar et al. 2012; Mason 2015), 이와 관련해서도 샌더스 지지자들은 트럼프 후보에 대하여 뚜렷하게 부정적인 태도를 보여주고 있다. 물론 같은 당의 클린턴 후보에 대해 부정적인 태도를 갖고 있는 샌더스 지지자들이 적지 않은 것은 사실이다. 하지만 앱러모위쯔(2016)의 분석은 샌더스 지지자들 중 클린턴 후보에 대해 긍정적인 태도를 갖고 있는 비율이 55.5%인 데 비하여, 트럼프 후보에 대하여 긍정적인 태도를 갖고 있는 비율은 13.6%에 불과함을 보여주고 있어 샌더스 지지자들의 트럼프 후보에 대한 부정적인 태도가 압도적임을 확인할 수 있다.

결국 지난 1990년대 이후 미국 정치에서 지속되고 있는 이념적·정책적 양극화와 정서적 양극화는 클린턴 후보에 대하여 부정적인 태도를 갖고 있는 샌더스 지지자들이 정당의 경계선을 넘어 공화당 후보 지지로의 선회가 실현될 가능성을 더욱 낮추고 있다고 본다. 마찬가지로 트럼프 후보에 대하여 부정적인 태도를 갖고 있는 공화당 지지자들이 정당의 경계선을 넘어 민주당 후보 지지로 선회하는 것 역시 실현되기는 어렵다고 예상할 수 있다.

실제로 본선거 결과는 이러한 예상과 일치하고 있다. 대선 직후 행해진 출구조사 결과는 민주당과 공화당 지지자들이 압도적으로 클린턴 후보와 트럼프 후보에 투표하고 있음을 보여주고 있다. 특히 트럼프의 경우는 그가 선거과정에서 보여준 인종차별적, 여성비하적 발언이나 태도에 많은 공화당 지지자들이 부정적인 견해를 갖고 있었고 트럼프와 거리를 둔 공화당 지도자들이 많았음에도 〈그림 4〉에서 보여주고 있는 유권자들의 정당일체감에 따른 투표에 관한 출구조사에 따르면 공화당 지지자 90%가 트럼프에 투표하고 있다(New York Times 2016/11/9).[5] 마찬가지로 민주당 경선과정에서 50개 주 중에서 22개 주에서 승리함으로써 선전하였던 샌더스 지지자들의 반클린턴 정서가 매우 강하였음에도 불구하고 같은 출구조사 결과는 민주당

---

5) 트럼프가 이처럼 2016년 대선의 본선거에서는 이전 대선에서의 공화당 대선후보와 같은 수준의 높은 지지를 확보했지만 경선에서 공화당 지지자들의 트럼프 지지는 45% 에 불과하였다(Enten 2016b).

□ 그림 4 정당일체감별 민주당과 공화당 대선후보의 2012년과 2016년 득표율(%)

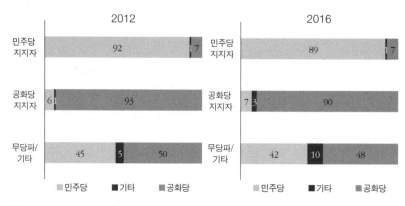

출처: New York Times(2016/11/9)

지지자들의 89%가 클린턴에 투표하고 있음을 보여주고 있다. 이러한 결과
는 최근 진행되어 온 정당양극화가 선거에 강력하게 영향을 미치고 있음을
잘 보여주고 있다.

사이즈(Sides 2016) 역시 트럼프가 대통령직을 수행할 수 있는 자질을
갖추고 있지 않다고 판단하고 있는 공화당 지지자가 25%에 달했지만 상대
후보에 대한 강한 부정적인 태도를 갖고 있어 트럼프에 투표하게 되었다고
지적하고 있는데 이는 정당양극화, 특히 정서적 양극화가 심화된 결과라고
볼 수 있다. 또한 선거과정에서 공화당 정치인이나 지지자들 사이에 트럼프
에 대한 부정적 견해가 팽배해 있었기 때문에 다른 선거에서는 공화당 후보
에 투표하지만 대통령선거에서는 트럼프에 투표하지 않는 분할투표(split-
ticket voting)가 늘어날 거라는 예상이 많았다. 하지만 실제 선거 결과는 연
방 상원의원선거의 경우 최초로 2016년 선거에서 민주당과 공화당의 상원
의원 후보가 당선된 모든 주에서 클린턴과 트럼프가 각각 승리함으로써 일
관투표(straight-ticket voting)가 역대 최고 수준에 달하고 있다(Enten 2016b).
이러한 결과 역시 심화된 정당양극화가 얼마나 강하게 선거에 영향을 미치
고 있는지를 잘 보여주는 또 다른 사례라 할 수 있다.

V. 트럼프와 샌더스 지지기반의 차별성과 경선방식의 유불리

　　트럼프와 샌더스 지지자들의 주요 정책 입장 차이에 관한 앞의 〈그림 3〉에서 발견되는 또 하나의 흥미로운 사실은 두 후보 지지자들의 정책 분야별 이념성향에 있어 상이한 패턴을 보이고 있다는 점이다. 샌더스 지지자들의 정책적 입장은 모든 정책 분야에 있어 고르게 진보적 성향을 보여주고 있다. 반면에 트럼프 지지자들의 정책적 입장은 이민 이슈와 총기 이슈에서는 분명하게 보수적 성향을 보여주고 있지만 전통적으로 공화당 지지자들이 중요하게 생각해 온 경제적 이슈, 사회적 이슈, 환경 이슈 등에서는 중도보수 내지는 중도적 성향을 보여주고 있다는 점이다. 즉 샌더스 지지자들이 일관되게 진보적 성향을 보여주고 있는 반면, 트럼프 지지자들의 보수적 이념성향은 일관성을 보여주고 있지 못하다.

　　이처럼 트럼프와 샌더스 지지자들이 갖고 있는 이념성향의 일관성 내지 강도에서 보여주고 있는 차이는 두 후보에게 유리한 경선 방식에서도 차이를 가져올 수 있다. 미국의 대선후보 경선방식은 크게 프라이머리와 코커스로 나눌 수 있는데, 2016년 대선후보 경선에서 민주당은 41개 주 또는 준주(territory)에서 프라이머리를, 15개 주 또는 준주에서 코커스를 실시하였고, 공화당은 39개 주 또는 준주에서 프라이머리를, 17개 주 또는 준주에서 코커스를 실시한 바 있다.

　　코커스 역시 프라이머리처럼 일반 유권자들이 제약없이 참여할 수 있지만 프라이머리가 비밀투표 방식인 데 비해 코커스는 공개토의 및 원칙상 공개표결 방식을 취한다는 점에서 차이가 있다. 또한 프라이머리의 경우 선거일 편한 시간에 가서 투표하거나 조기투표 또는 부재자투표가 허용되는 반면 코커스의 경우에는 정해진 시간에 함께 모여 몇 시간 회의를 하고 조기투표나 부재자투표가 허용되지 않는다는 점에서도 차이가 있다(임성호 2014). 결국 프라이머리보다 코커스에 참여하기 위해서는 더 큰 기회비용이 들게 되고 그 결과 코커스에는 평균 유권자에 비해 정당성향이나 이념성향이 강한 유권자들이 참여하게 된다. 따라서 지지자들의 이념적 일관성 또는 강도가 샌더스보다 약한 트럼프가 프라이머리보다는 코커스에서 약세를 보일 것이라고 예상해 볼 수 있다.

실제로 경선방식에 따른 두 후보의 유불리와 관련하여 샌더스의 경우 프라이머리보다 코커스에서 우세를 보인 반면, 트럼프의 경우에는 프라이머리보다 코커스에서 뚜렷하게 약세를 보이고 있다. 즉, 트럼프가 프라이머리가 실시되었던 39개 주 또는 준주 중 25곳에서 승리하여 프라이머리 승률이 80.0%인 반면, 코커스가 실시되었던 17개 주 또는 준주 중 3곳에서 승리하여 코커스 승률은 17.6%에 불과하여 트럼프의 경선 승률에 있어 프라이머리와 코커스 사이에 커다란 격차를 보여주고 있다. 반면 샌더스는 프라이머리 승률이 31.7%로(41곳 중 13곳) 저조하였지만 코커스 승률은 60.0%로(15곳 중 9곳) 두 배 가까이 우세를 보이고 있어 두 후보에게 유리한 경선 방식에서 뚜렷하게 차이가 나고 있음을 확인할 수 있었다.

앞서 언급했던 것처럼 2016년 대통령후보 경선에 나선 트럼프와 샌더스가 모두 대표적인 아웃사이더 후보들이었기 때문에 공화당이나 민주당의 기존 유력 후보들에 비해 당파성을 갖고 있지 않는 무당파 유권자들로부터 상대적으로 강한 지지를 끌어낸 바 있다. 따라서 코커스에서 샌더스의 강세와 트럼프의 뚜렷한 약세는 이들을 지지하는 유권자들의 정당성향보다는 이념성향의 강도(ideological intensity)의 차이에서 찾아야 할 것이다. 즉 유권자들의 당파성 여부에 관계없이 샌더스의 경우에는 강한 진보성향을 갖고 있는 유권자들의 지지를 받았지만, 이와 달리 트럼프의 경우에는 강한 보수성향을 갖고 있는 유권자들의 지지를 끌어낼 수 없었던 것이다. 이는 1988년 팻 뷰캐넌(Pat Buchanan)이나 2008년 마이클 허커비(Michael Huckabee)와 같은 강한 보수성향의 공화당 대통령 경선후보들이 트럼프와는 달리 코커스에서 강세를 보였던 사실에서도 잘 드러나고 있다.

VI. 트럼프와 샌더스 지지기반의 차별성이 갖는 정치적 함의

마지막으로 경선과정에서 확인된 트럼프와 샌더스의 지지기반, 특히 지지기반의 차별성이 갖고 있는 정치적 함의에 관하여 논하고자 한다. 트럼프와 샌더스의 등장 배경이나 명분에 있어 적지 않은 유사성이 있음에도 불구하고 이들의 지지기반이 사회경제적 배경과 정책적 입장에 있어 커다란 차이가 있다는 사실은 우선 단기적으로 2016년 대선의 본선거 결과에도 중요한 함의를 갖고 있다. 이는 헨더슨 등(Henderson 2015; Sides and Vavreck 2013; Tesler and Sears 2010)이 당파성 활성화론(partisan activation thesis)에서 주장하였듯이 선거일이 임박하여 당파성이 활성화되면서 트럼프 지지자들과 사회경제적 배경 등에서 차별성을 갖고 있는 샌더스 지지자들이 같은 민주당의 클린턴 후보 지지로 결집하는 현상이 가속화될 수 있기 때문이다. 더욱이 샌더스와 클린턴 지지자들이 정서적 호불호를 떠나 주요 정책 입장에 있어서 유사성을 보이고 있는 점을 고려한다면 그러한 가능성은 한층 더 크다. 이러한 샌더스 지지자들의 당파성 활성화는 경선과정에서 트럼프에 반대했던 공화당 지지자들에게도 동일하게 적용될 수 있다고 본다.

정당양극화와 본선거과정에서의 당파성 활성화 등으로 트럼프는 경선과정에서의 지지 여부와 관계없이 공화당과 정당일체감을 갖고 있는 유권자들의 지지를 대부분 이끌어 내면서도 경선과정에서 자신의 강력한 기반이었던 백인 노동자 집단의 지지를 추가시킬 수 있었다. 결국 트럼프의 대선 승리에 결정적 기여를 한 것은 과거 미국 제조업의 중심 지역이었고 민주당이 전통적으로 우세했던 펜실베이니아, 오하이오, 미시간, 위스콘신 주에서 결집된 백인 노동자들의 지지이었다. 특히 이들 4개 주 중 오하이오를 제외한 3개 주는 대선 마지막까지도 민주당이 우세한 주로 분류되었기에 그 충격은 더욱 컸다. 트럼프가 승리했던 이들 3개 민주당 우세주에서 트럼프에 투표한 유권자 수는 2012년 대비 평균 5% 증가한 반면 클린턴에 투표한 유권자 수는 2012년 대비 평균 11% 감소하고 있는데 이는 상당 부분 이전 선거에

서 민주당을 지지했던 백인 노동자들이 트럼프 지지로 선회했기 때문이다
(Bump 2016).[6]

쇠락한 제조업 지역의 주들(Rust Belt States)을 포함하고 있는 중서부지
역에서 트럼프의 승리에 기여한 또 다른 유권자 집단은 트럼프가 경선과정
에서부터 강세를 보였던 농촌 지역이나 소도시에 거주하는 백인 유권자 집
단이었다. 농촌 지역이나 소도시에 거주하는 백인 유권자들 역시 주류 정치
인이나 연방정부에 대한 불신과 악화된 개인적 경제 상황으로 인해 강한 소
외감과 반엘리트 정서 및 미래에 대한 불안을 갖고 있다는 점에서 이 지역
백인 노동자들과 공감대를 형성하고 있었고 이러한 공감대가 트럼프에 대한
강한 지지로 표출될 수 있었다(Cramer 2016).

〈그림 5〉에서 보여주고 있는 것처럼 중서부에 펜실베이니아 주를 추가
한 지역에서 캔사스 주를 제외한 모든 주의 공화당 지지율이 상승하고 있는
데 이들 지역에서의 공화당 지지율 평균 상승률은 8.3%에 달하고 있다.

이처럼 백인 노동자와 농촌 지역이나 소도시에 거주하는 백인유권자들
의 트럼프 지지가 강함에도 불구하고 샌더스와 트럼프 지지기반의 차별성
및 심화된 정당양극화 등으로 인해 경선과정에서 경쟁자였던 샌더스 지지자
들의 트럼프로의 지지 선회 가능성이 낮은 상황에서 그동안 민주당을 지지
해 온 유권자 집단의 지지를 충분히 동원해 낼 수 있었다면 클린턴의 대선
승리가 불가능한 것만은 아니었다. 즉 민주당 지지가 강한 비백인 및 여성
과 2008년과 2012년 대선에서 오바마를 그리고 2016년 경선과정에서 샌더
스를 강하게 지지하였던 젊은 밀레니얼 세대(Millennial Generation) 유권자
들의 당파성이 충분히 활성화될 수 있었다면 클린턴의 대선 승리는 가능하
였을 것이다.

실제로 클린턴은 전통적인 민주당 지지기반이었던 백인 노동자들의 지
지를 크게 상실한 상황에서 비백인, 여성, 밀레니얼 세대 및 이번 선거과정

---

6) 이들 3개 주 중 미시간 주와 위스콘신 주는 민주당 경선에서 클린턴이 샌더스에게
   패배했던 주이기도 하다.

■ 그림 5   2012년 대비 2016년 대선에서의 주별 공화당 지지율 상승

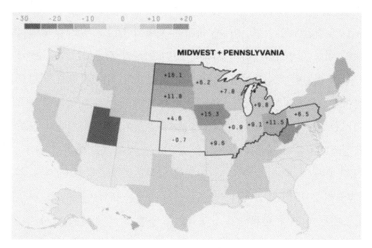

출처: Silver(2016)

에서 트럼프에 대한 부정적 태도를 보여 왔던 고학력 백인 유권자들의 지지
동원에 주력하였다. 특히 클린턴은 주로 교외(suburb)에 거주하는 대졸 이
상의 고학력 중산층 백인 유권자들의 지지를 끌어내는 데 주력하였지만 〈표
3〉이 보여주듯이 고학력 백인 여성 유권자 집단에서만 트럼프보다 6% 우위

■ 표 3   성별·교육수준별 백인 유권자들의 트럼프와 클린턴 투표율(%)

	클린턴	트럼프
백인 남성	31	63
백인 여성	43	53
대졸 백인 여성	51	45
대졸 이하 백인 여성	34	62
대졸 백인 남성	39	54
대졸 이하 백인 남성	23	72

출처: Edison Research Exit Polls

에 있을 뿐 고학력 백인 남성 집단에서는 15%의 큰 격차로 트럼프보다 열세에 있다. 더욱 주목할 점은 흔히 민주당이 전통적으로 강세를 보였던 여성 유권자 집단에서 클린턴이 큰 폭으로 우위에 있다고 알려져 있었지만 전체 백인 여성 및 고졸 이하의 저학력 백인 여성의 경우에는 〈표 2〉에 나타나고 있는 것처럼 트럼프보다 각각 10%와 28%의 격차로 크게 뒤지고 있다는 점이다. 백인 여성 유권자 집단 및 특히 저학력 백인 여성 유권자 집단에서 이처럼 저조한 클린턴의 지지는 이들에게 있어 계급적 이슈나 문화적 이슈가 성별보다 더욱 중요하다는 것을 보여주는 것이기도 하다(Malone 2016).

또한 비백인, 특히 1960년대 이후 압도적으로 민주당을 지지해 온 흑인 유권자들의 2016년 대선에서 클린턴 지지 강도는 2008년과 2012년 대선에서의 오바마 지지와 비교하여 상대적으로 약했고 선거 참여 역시 부진해짐에 따라 결국 대선 패배에 결정적인 요인으로 작용하고 있다. 2012년과 2016년 대선에서 비백인 유권자들의 민주당과 공화당 후보 투표율을 보여주고 있는 〈그림 6〉에서 민주당을 압도적으로 지지해 온 흑인 유권자들의 클린턴 투표율이 2012년 대선 대비 5% 감소하고 있음을 확인할 수 있다. 흑인 이외의 비백인 유권자 집단에서도 비슷한 지지도 감소 추세를 볼 수

□ 그림 6   인종별 민주당과 공화당 대선후보의 2012년과 2016년 투표율(%)

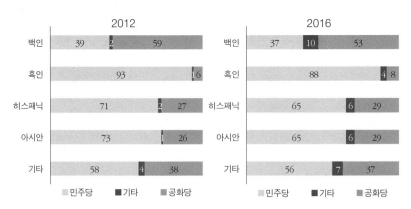

출처: New York Times(2016/11/9)

있는데 최근 미국 유권자 집단에서 차지하는 비율이 빠르게 증가하고 있는 히스패닉 유권자들 역시 민주당 후보 지지율이 5% 감소하고 있고 아시아계 유권자 집단에서도 8% 지지율 감소를 보이고 있다. 이러한 비백인 지지율 감소가 주로 저학력 집단에서 나타나고 있는 것도 주목할 필요가 있다 (Silver 2016). 특히 펜실베이니아, 미시간, 위스콘신 주의 필라델피아, 디트로이트, 밀워키 등 대도시의 투표율이 예상보다 낮았던 것이 클린턴의 대선 패배에 결정적으로 작용하고 있는데 이 역시 주로 대도시에 거주하는 비백인, 특히 흑인들의 저조한 선거 참여와 관련이 있다.

밀레니얼 세대에서의 지지 역시 2008년과 2012년 대선에서의 오바마 지지와 비교하여 2016년 대선에서 상대적으로 약했고 선거 참여 역시 저조했는데 이 또한 클린턴 패배에 중요하게 작용하고 있다. 2012년과 2016년 대선에서 연령집단별 민주당과 공화당 후보 투표율을 보여주고 있는 〈그림 7〉은 젊은 밀레니얼 세대에 속하는 18~29세 연령집단에서 2012년 대선 대비 민주당 후보 투표율이 5% 감소하고 있음을 확인할 수 있다.

2016년 대선을 중심으로 한 단기적 함의보다 더욱 중요한 것은 양대 정당의 경선과정에서 형성되었던 트럼프와 샌더스의 사회경제적·정책적 지지

■ 그림 7 연령집단별 민주당과 공화당 대선후보의 2012년과 2016년 투표율(%)

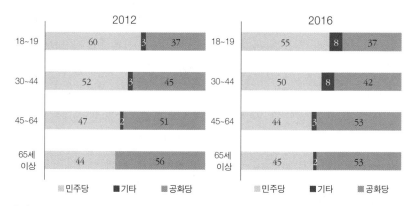

출처: New York Times(2016/11/9)

기반이 장기적으로 향후 공화당과 민주당 지지기반의 새로운 토대가 될 것인가, 또 만약 그렇게 된다면 공화당과 민주당 간의 힘의 균형은 어떻게 변화될 수 있을 것인가 등이다.

트럼프 후보는 처음부터 멕시코 불법이민자 추방과 무슬림인들의 한시적 입국 금지 등 이민 문제를 강력하게 전면에 내세워 비백인 이민자 증가에 대한 강한 불만과 과격 이슬람주의자들의 테러공격에 대한 공포를 갖고 있던 많은 백인 유권자들을 결집시키고 이들의 지지를 끌어냄으로써 공화당 경선에서 승리할 수 있었다. 실제로 플라워스(Flowers 2016)의 2016년 카운티별 대선 지지도 분석에 따르면 트럼프 지지는 백인 비율이 50% 미만인 카운티에서 2012년 대비 4.5% 상승에 그쳤지만 백인 비율이 75% 이상인 카운티에서는 13%, 백인 비율이 90% 이상인 카운티 에서는 17%까지 상승하고 있다.

하지만 트럼프의 이러한 경선 전략은 비백인 유권자들의 빠른 증가로 인해 미국 유권자들의 인종 구성 비율이 크게 변화되면서 과도하게 백인 유권자들의 지지에 의존하고 있는 공화당이 그간 직면해 왔던 어려움을 더욱 가중시킬 수 있다는 점에 문제가 있을 수 있다. 비백인 유권자들의 증가, 특히 히스패닉 유권자가 빠르게 증가하고 있는 주들은 앞으로 치러질 대선에서 공화당의 승리에 커다란 장애물이 될 가능성이 크다. 이러한 주들 중에서도 히스패닉 유권자가 빠르게 증가하고 있는 네바다 주나 최근 경제 사정이 악화된 푸에르토리코로부터 히스패닉 유권자들이 대거 유입되고 있는 플로리다 주 등은 경합주들이기 때문에 향후 대선 결과에도 직접적으로 영향을 줄 수 있다는 점에서 트럼프 지지기반의 한계가 갖고 있는 문제의 심각성이 더욱 크다고 볼 수 있다.

또한 앞서 본 것처럼 저학력 집단에서의 트럼프의 높은 지지는 학력이 낮고 정치적 관심이 적은 유권자들일수록 이념이나 이슈보다는 인종적 집단과 같은 사회집단에 대한 태도나 경제적 상황 등에 의해 정치적 선택이 이루어진다는 컨버스(Converse 1964) 등의 오래된 주장과 일치된다. 트럼프 후보의 흑인, 히스패닉, 무슬림 등 소수집단에 대한 부정적이고 공격적인 언

행과 일자리 상실 등 어려운 경제 상황에 대한 빈번한 언급이 평소 정치참
여가 저조했던 저학력 백인 유권자들로부터 높은 지지를 끌어내는 데 실제
로 중요한 요인으로 작용하고 있는 것이다. 이처럼 트럼프 지지자들이 백인
유권자 중에서도 대학 교육을 받지 못한 상대적으로 저학력 유권자들에 과
도하게 집중되어 있어 트럼프가 대학 졸업 미만의 저학력 백인집단에서
39%의 큰 격차로 승리하고 있지만 대학 졸업 이상의 고학력 백인집단에서
트럼프의 승리 격차는 4%에 불과하였다(Pew Research Center 2016/11/9).

고학력 백인집단에서 공화당 대선후보가 민주당 대선후보에게 이처럼 고
전하고 있는 것은 유례가 없는 현상으로 가장 최근의 2012년 대선에서 패배
한 공화당의 롬니 후보도 민주당의 오바마 후보보다 고학력 백인집단에서는
6% 정도 앞선 바 있다. 이와 같은 트럼프 후보의 고학력 백인집단에서의
저조한 지지는 특히 미국 대선의 승패를 좌우하는 경합주들 중 고학력 백인
유권자의 비율이 높은 콜로라도, 노스캐롤라이나, 버지니아 주 등에서 공화
당의 경쟁력을 약화시킬 수 있는 주요 원인이 될 수 있다(Enton 2016a). 실제
로 플라워스(Flowers 2016)의 카운티별 2016년 대선 지지도 분석에 따르면
트럼프 지지는 대졸 이상 유권자 비율이 20% 미만인 카운티에서 2012년
대비 14% 증가했지만 대졸 이상 유권자 비율이 40% 이상인 카운티에서는
2012년 대비 6% 감소하고 있다.[7] 미국 유권자들의 교육수준이 꾸준히 상승
하고 있는 상황에서 대졸 이상 고학력 유권자 집단의 저조한 공화당 지지는
향후 선거에서 공화당에 불리하게 작용할 수 있는 또 다른 요인이 되고 있다.

연령집단별 지지와 관련해서도 트럼프 후보가 고연령 집단에서 높은 지
지를 받고 있지만 1980년대 이후 출생한 젊은 밀레니얼 세대로부터 거의

---

7) 이처럼 공화당의 지지기반이 일반 유권자들의 평균치와 비교하여 저학력, 고연령 백인
   에 집중되어 있는 현상은 작은 정부와 감세를 핵심 주장으로 하는 재정적 보수주의
   운동가(fiscal conservative activist)들이 빠져 있다는 점에서 트럼프의 지지기반과 정
   확하게 일치하는 것은 아니지만 2009년 풀뿌리운동으로부터 시작해 공화당의 중요한
   지지기반을 형성했던 티파티운동 지지자들에서도 이미 나타난 바 있다(45세 이상 75%,
   백인 80%, 대학 교육 미만 학력자 77%, 2010 New York Times/CBS 여론조사).

지지를 끌어 내지 못하고 있는 것도 밀레니얼 세대가 미국 유권자에서 차지하는 비율이 이미 가장 클 뿐 아니라 점차 증가하고 있다는 점에서 공화당의 장기적인 전망을 더욱 어둡게 하고 있다. 트럼프의 지지가 고연령 집단에 집중되어 있다는 것은 플라워스(Flowers 2016)의 카운티별 2016년 대선지지도 분석에서도 확인할 수 있는데, 플라워스의 분석에 따르면 트럼프 지지는 60세 이상 유권자 비율이 20% 미만인 카운티에서 2012년 대비 3% 증가에 그치고 있지만 60세 이상 유권자 비율이 30% 이상인 카운티에서는 2012년 대비 12% 증가하고 있다.

샌더스는 트럼프처럼 경선에서 승리하지는 못하였으나 민주당 경선이 시작되었을 때 클린턴 후보에게 57% 차이로 뒤처져 있었지만 2016년 6월에 경선이 끝났을 때는 그 차이를 12%로 마감함으로써 클린턴 후보와의 격차를 무려 45%나 줄이는 저력을 보여준 바 있다. 샌더스의 이러한 저력은 민주당의 주류 또는 기득권 세력에 불만을 갖고 있는 진보적인 민주당 지지자들 또는 진보적인 무당파 유권자들의 지지, 특히 진보적 성향의 젊은 유권자들의 강력한 지지가 있었기에 가능한 것이었다.

더욱이 샌더스가 비록 민주당 경선에서는 패배했지만 그가 그간 주장해온 여러 정책적 입장을 관철시키는 데 성공함으로써 민주당의 정강정책을 보다 진보적인 방향으로 크게 변화시켰다는 점에서 향후 정책적 입장과 관련한 민주당의 지지기반에 미치는 영향은 결코 작다고 할 수 없다. 실제로 샌더스는 민주당 대선후보로 지명된 클린턴 후보로 하여금 환태평양자유무역협정(TPP)에 반대하도록 했을 뿐 아니라 부유층을 제외한 대부분 가정의 자녀들에게 주립대학 무료 등록금, 최저 시급 15달러, 금융산업 규제 강화, 사형제 폐지 등 많은 진보적인 정책 입장을 수용하도록 하는 데 성공한 바 있다. 특히 샌더스의 지지가 20대 젊은 유권자들에게 집중되어 있음은 이들이 앞으로 민주당 지지기반의 주축을 형성하게 되리라는 점에서 민주당 지지기반의 외연을 확장하는 데 적지 않은 의미를 갖고 있다고 할 수 있다.

하지만 샌더스의 지지가 민주당의 중요한 지지기반을 형성하고 있는 흑인과 히스패닉 유권자 집단에서는 매우 취약했다는 사실은 샌더스의 지지기

반이 향후 민주당의 지지기반 형성에 미칠 수 있는 영향력의 한계라고 할
수 있다.[8] 또한 진보적인 민주당 지지자들 또는 무당파 유권자들이 샌더스
를 압도적으로 지지했던 것은 사실이지만 샌더스 지지기반의 중요한 또 다
른 축은 홉킨스(Hopkins 2016)가 지적하고 있는 것처럼 민주당 경선의 선두
주자이었던 클린턴이라는 특정 개인을 지지하지 않는 반클린턴(anti-Clinton)
유권자들이었다는 점도 샌더스의 지지기반이 향후 민주당의 지지기반 형성
에 미칠 수 있는 영향력의 또 다른 한계라고 할 수 있다.

VII. 결론

지금까지의 논의들을 정리하자면 트럼프 지지자들과 사회경제적 배경
및 정책적 입장에 있어 뚜렷한 차이가 있는 샌더스 지지자들이 2016년 대선
의 본선과정에서 트럼프 지지로 선회하는 일은 실현되지 않았다. 더욱이 그
간 진행되어 온 정당양극화로 인해 민주당과 공화당의 경계선을 뛰어넘는
지지 이동은 더욱 제동이 걸렸고 오히려 〈그림 4〉의 높은 당파성 투표가
보여주듯이 2016년 대선에서 당파성은 이전의 대선에서와 마찬가지로 선거
결과에 영향을 미치는 핵심 요인으로 작용하고 있다. 결국 클린턴 후보의
선거 패배는 샌더스 지지자들의 트럼프 후보로의 지지 선회가 아니라 비백
인, 여성, 밀레니얼 세대 유권자들의 지지를 오바마가 승리하였던 2008년과
2012년 대선 수준만큼 동원해 내는 데 실패했을 뿐 아니라 민주당의 전통적
인 지지기반이었던 중서부 백인 노동자 집단의 강력한 트럼프 지지를 어느

---

8) 실제로 경선과정에서 샌더스 후보는 미시간 주를 제외하고는 흑인 인구가 10%를 넘는
   모든 주의 경선에서 패배했고, 콜로라도 주를 제외하고 히스패닉 인구가 10%를 넘는
   모든 주의 경선에서 패배했다(Enton 2016a).

정도라도 제어하는 데 실패했기 때문이다. 반면 트럼프는 대선 결과에서 나타나고 있듯이 활성화된 공화당 지지자들에 추가하여 고연령, 저학력 백인 남성 유권자뿐 아니라 유사한 사회경제적 배경을 갖고 있는 백인 여성 유권자들의 지지를 이끌어 내는 데에도 성공함으로써 2016년 대선에서 승리할 수 있었다.

하지만 공화당의 2016년 대선 승리에도 불구하고 이번 승리가 앞으로 치러질 선거에서 공화당의 경쟁력을 높이는 데 과연 기여하고 있는지는 또 다른 문제이다. 오히려 최근 진행되고 있는 몇 가지 정치환경적 주요 변화들은 2016년 대선 승리에도 불구하고, 특히 고연령, 저학력, 종교적 백인에 한층 더 집중된 승리로 인해 공화당에 더욱 불리한 방향으로 작용하고 있다고 볼 수도 있다. 먼저 히스패닉 및 아시아계 유권자 비율의 빠른 증가로 미국 유권자의 인구 구성에 있어 백인 비율이 급속히 줄어드는 방향으로 크게 바뀌고 있고, 전반적인 교육수준 향상으로 인하여 대졸 이상의 고학력 유권자 비율 역시 지속적으로 증가하는 추세이다. 증가하고 있는 고학력 유권자 비율과 마찬가지로 지속적인 세속화(secularization)로 인해 종교를 갖고 있지 않거나 관심이 없는 유권자 비율도 빠르게 증가하고 있다. 또한 1980년대 이후 출생한 밀레니얼 세대는 가장 규모가 큰 연령집단일 뿐 아니라 계속 유권자층으로 진입하고 있어 앞으로 미국 유권자 집단의 주축을 형성하게 될 세대이기도 하다. 하지만 점차 그 비중이 커지고 있는 밀레니얼 세대의 공화당 지지는 지난 2008년과 2012년 대선에 이어 이번 선거에서도 크게 낮은 실정이다.

이처럼 빠르게 변화하고 있는 정치환경을 고려할 때 비록 트럼프의 2016년 대선 승리에도 불구하고 그의 지지기반이 고연령, 저학력, 종교적 백인 유권자층에 과도하게 집중되어 있었던 점은 공화당과 민주당 간의 힘의 균형에 있어 공화당에 불리하게 작용함으로써 앞으로 치러질 선거에서 공화당의 승리를 어렵게 하는 요인이 될 가능성이 크다. 또한 2016년 대선에서 트럼프가 전통적으로 민주당의 지지기반이었던 백인 노동자들의 지지를 끌어냄으로써 공화당 지지기반의 외연을 확장하는 데 성공하였지만 과연 이들

백인 노동자들이 계속하여 공화당의 새로운 지지기반으로 남아 있을지는 의
문이다. 이는 1980년대 대거 공화당의 레이건 후보 지지로 선회하였던 백인
노동자들이 1990년대 빌 클린턴 후보가 등장하면서 민주당 지지로 복귀했
던 전례가 있기 때문이다.

　한편 민주당의 경우에는 2016년 대선에서 클린턴의 패배에도 불구하고
앞으로 치러질 선거에서 승리할 가능성이 낮아졌다고만 볼 수는 없다. 이는
앞서 언급한 것처럼 지속적으로 그 비율이 증가하고 있는 히스패닉을 비롯
한 비백인, 고학력, 비종교적, 밀레니얼 세대 유권자들로부터 민주당이 강한
지지를 받고 있기 때문이다. 비록 이번 선거에서 클린턴이 전통적인 민주당
지지기반이었던 백인 노동자들의 지지를 상실한 상황에서 비백인, 여성, 젊
은 유권자들의 지지를 충분히 동원해 내지 못하여 패배하였지만 점차 비율
이 증가하고 있는 유권자들로부터의 강한 지지는 앞으로 민주당에 유리하게
작용할 가능성이 크다. 즉 후보나 정책과 같은 단기적 요인들이 미치게 될
영향과는 별도로 민주당의 중장기적인 선거 구도에 있어 우위는 지속되고
있다고 할 수 있다.

　결국 2016년 대선과정에서 형성된 민주당과 공화당의 지지기반으로 인
해 양당 간의 힘의 균형에 커다란 변화가 있다고 보기는 아직 어렵다. 다만
이번 선거에서 중서부 제조업 지역에서 패배함으로써 지역적인 지지에 있어
민주당의 기반이 북동부 대서양과 태평양 연안의 도시로 집중되는 현상이
한층 더 심화되고 있는 점은 민주당이 앞으로 극복해 나가야 할 과제이다.
특히 이번에 공화당 지지로 선회하였던 백인 노동자들이 앞으로 어떤 정당
선택을 하느냐 하는 것도 정당체계의 재편성(party realignment)으로 이어질
수 있다는 점에서 향후 민주당과 공화당 간의 힘의 균형과 관련하여 주목해
보아야 할 중요한 변수이다(Severns and Meyer 2016). 또한 그동안 주로 비
백인 소수인종과 여성을 대상으로 일종의 정체성 정치(identity politics)를
해 온 민주당이 유권자들이 직면하고 있는 일자리 문제를 비롯한 경제 문제
들에 대해서 얼마나 더 설득력 있는 의제 설정과 대안 제시를 할 수 있을
것인가도 주목해 보아야 할 또 다른 변수이다.

▪ 참고문헌 ▪

임성호. 2014. "미국 코커스 제도의 이상과 현실." 『국가전략』 20권 3호.
정진민. 2012. "정당 분극화의 심화와 2012년 미국 대선." 『한국정당학회보』 12권
    1호.

Abramowitz, Alan, and Kyle Saunders. 2008. "Is Polarization a Myth?" *Journal
    of Politics* 70(2): 542-55.
Abramowitz, Alan. 2013. *The Polarized Public? Why American Government
    Is So Dysfunctional.* Upper Saddle River, NJ: Pearson.
Abramowitz, Alan. 2016. "Donald Trump, Partisan Polarization, and the 2016
    Presidential Election." *Sabato's Crystall Ball* (June 30, 2016).
Bump, Philip. 2016. "Hillary Clinton's campaign was crippled by voters who
    stayed home." *The Fix* (November 9, 2016).
Camobreco, John, and Michelle Barnello. 2016. "How Trump could ignore
    social conservatives and win." *Monkey Cage Analysis* (July 8, 2016).
Converse, Philip. 1964. "The Nature of Belief Systems in Mass Public." In
    David Apter, ed. *Ideology and Discontent.* New York: Free Press.
Cramer, Katherine. 2014. T*he Politics of Resentment: Rural Consciousness in
    Wisconsin and the Rise of Scott Walker.* Madison: University of
    Wisconsin Press.
Deckman, Melissa. 2016. "This one survey shows why Trump won't win over
    Sanders supporters." *Monkey Cage Analysis* (July 19, 2016).
Enten, Harry. 2016a. "Trump may become the first Republican in 60 years to
    lose white college graduates." *FiveThirtyEight* (July 6, 2016).
_____. 2016b. "Demographics aren't destiny and four other things this election
    taught me." *FiveThirtyEight* (November 14, 2016).
Fiorina, Morris, Samuel Abrams, and Jeremy Pope. 2005. *Culture War? Myth
    of a Polarized America.* Upper Saddle River, NJ: Pearson.
Flowers, Andrew. 2016. "Where Trump got his edge." *FiveThirtyEight*

(November 11, 2016).

Henderson, Michael. 2016. "Finding the Way Home: The Dynamics of Partisan Support in Presidential Campaigns." *Political Behavior* 37(4): 889-910.

Hetherington, Marc. 2009. "Putting Polarization in Perspective." *British Journal of Political Science* 39: 413-48.

Hopkins, Dan. 2016. "Clinton voters like Obama more than Sanders supporters do." *FiveThirtyEight* (March 7, 2016).

Iyengar, Shanto, Gaurav Sood, and Yphtach Lelkes. 2012. "Affect, Not Ideology: A Social Identity Perspective on Polarization." *Public Opinion Quarterly* 763(3): 405-431.

Kolko, Jed. 2016. "Trump was stronger when the economy is weaker." *FiveThirtyEight* (November 10, 2016).

Malone, Clare. 2016. "Clinton couldn't win over white women." *FiveThirtyEight* (November 9, 2016).

Mason, Lilliana. 2015. "I Disrespectfully Agree: The Differential Effects of Partisan Sorting on Social and Issue Polarization." *American Journal of Political Science* 59(1): 128-45.

Rahn, Wendy, and Eric Oliver. 2016. "Trump's voters aren't authoritarians, new research says. So what are they." *Monkey Cage Analysis* (March 9, 2016).

Severns, Maggie, and Theodeoric Meyer. 2016. "House Democrats Lament blue-collar collapse." *Politico* (November 18, 2016).

Sides, John, and Lynn Vavreck. 2013. *The Gamble: Choice and Chance in the 2012 Presidential Election.* Princeton: Princeton University Press.

Sides, John. 2016. "Five key lessons from Donald Trump's surprising victory." *Monkey Cage Analysis* (November 9, 2016).

Silver, Nate. 2016. "Education, not income, predicted who would vote for Trump." *FiveThirtyEight* (November 22, 2016).

Tesler, Michael, and David Sears. 2010. *Obama's Race: The 2008 Election and the Dream of a Post-Racial America.* Chicago: University of Chicago Press.

Tesler, Michael. 2016. "Sorry, Donald Trump. Trade policy won't help you win Sanders voter." *Monkey Cage Analysis* (May 6, 2016).

제 2 장

트럼프와 샌더스의
포퓰리즘 연구*

조기숙
이화여자대학교

2016년 미국 대선에서 트럼프가 당선되자 미국의 언론과 여론조사기관
은 영국의 브렉시트에 이어 또 한 번의 예측 실패로 자성의 목소리가 뜨겁
다. 한국 언론에서는 트럼프의 승리 이유로 경제적 요인과 감정적 요인이라
는 정반대 이유를 꼽고 있다. 본고는 트럼프의 승리가 전통적인 선거모델로
는 설명되지 않는 포퓰리즘선거라는 가설을 제시하며 언론의 자성과 새로운
기법에 대한 모색에 앞서 포퓰리즘에 대한 이해가 선행되어야 한다고 주장
한다. 그 근거로 오바마 집권 8년간 정당일체감, 대통령 업무 평가, 모든
경제지표, 후보 평가, 정책 평가 중 전망적·회고적 어떤 요인도 트럼프의
승리를 뒷받침하지 않는다는 것을 제시한다.

전반적인 미국 경제의 쇠퇴와 제4차 산업혁명 등 산업구조의 변화과정
에서 저학력 백인 노동자가 경험한 극도의 위기감은 포퓰리스트의 등장에

---

* 이 장 원고의 일부는 『한국정치연구』 26집 1호에 "2016 미국 대선에 나타난 포퓰리즘
  연구: 이념적 포퓰리스트 트럼프, 전략적 포퓰리즘 샌더스" 제하의 논문으로 게재되었다.

가장 적합한 토양을 제공한다. 성공한 기업인이 정치인으로 변신할 때 포퓰리스트가 될 확률이 높으며 이들은 정치에 대한 이해가 낮은 정치냉소주의자를 동원함으로써 비이성적인 지지를 받는 데 성공한다. 트럼프와 샌더스의 수사학 비교연구를 통해 샌더스는 포퓰리즘 전략을 사용하기는 했지만 사회주의 혁신가에 가까웠다면, 트럼프는 여러 면에서 포퓰리스트에 가까운 것으로 드러났다. 본고는 포퓰리즘 이론을 통해 기존의 선거모형으로 설명하기 어려웠던 이번 미국 대선에 대한 새로운 이해를 제시하고 향후 미국 선거와 한국 정치에 미치는 함의를 논의했다.

I. 머리말

2016년 미국 대선에서 도널드 트럼프(Donald John Trump) 후보가 승리하자 미국은 물론 전 세계는 충격에 빠졌다. 거의 대부분의 전문가와 언론이 예상치 못했던 일이기 때문이다. 러시아를 제외한 서방의 많은 지도자들이 축하보다는 우려를 표했다. 힐러리 클린턴(Hillary Rodham Clinton)을 지지했던 미국 대다수의 언론은 여론에 전혀 영향을 미치지 못했고, 여론조사 기관이나 전문가들은 트럼프의 승리를 거의 예측하지 못했다. 왜 이런 일이 벌어지게 되었을까.

2016년 미국 대선을 이해하는 가장 지배적인 설명으로 한국 언론에서는 경제적 요인이라는 합리적 요인과 감정적 요인이라는 서로 상반되는 두 가지 가설을 제시하고 있다. 경제적 요인이란 리먼브라더스 사태 이후 지속된 미국 경제의 침체, 세계화와 그로 인해 가속화된 경제적 양극화, 자유무역으로 인해 일자리를 잃었다고 생각하는 노동자 계층의 경제적 박탈감과 소외감이 워싱턴 기득권과 엘리트에 대한 정치불신으로 나타났다는 것이다(신율 2016; 송채경화 2016). 성차나 인종을 뛰어넘어 경제적 어려움이 가중되자 백인은 물론이고 여성이나 소수인종도 기득권에 대한 반발로 정치적 외부자(outsider)인 트럼프를 선택하게 되었다는 것이다. 감정적 요인이란 테러리즘, 이민 등에 대한 불만이 팽배하자 트럼프는 소수인종에 대한 혐오 발언을 통해 백인 남성뿐만 아니라 인종차별적인 백인 여성들의 지지를 동원했다는 것이다(연합뉴스 2016/11/23).

트럼프에 대한 지지가 소수자에 대한 혐오에서 비롯되었는지, 경제적 요인 때문인지, 혹은 양자가 어느 정도 대선 결과에 기여했는지를 규명하기 위해서는 경험적 자료가 나올 때까지 기다려야 한다. 그럼에도 불구하고 위와 같이 정반대의 두 가지 설명이 주를 이루는 이유는 전통적으로 민주당 강세였던 중서부와 동북부의 펜실베이니아(Pennsylvania), 미시간(Michigan), 위스콘신(Wisconsin) 등의 러스트벨트(Rust belt)에서 트럼프가 승리함으로써 국민투표에서는 클린턴에게 2백만 표나 패하고서도 선거인단 투표에서 여유 있게 이길 수 있었기 때문이다. 트럼프를 지지했던 핵심 지지층이 실업이나 임금삭감으로 고통을 겪은 저학력 백인 남성이지만, CNN 출구조사 결과 백인 여성 다수의 표도 클린턴(43%)이 아닌 트럼프(53%)에게 갔다는 점에서 인종갈등이나 불법이민 등의 정치혐오 쟁점이 트럼프 승리의 결정적 요인이라는 주장이 나오기도 했다(MBN 뉴스센터 2016/11/9).

이 때문에 트럼프에 대해 비판적이었으면서 트럼프의 승리를 거의 예측하지 못했던 주류 언론에 대해 반성을 촉구하는 목소리가 흘러나오며, 새로운 기법을 도입해야 한다는 여론조사기관의 자성의 소리도 나오고 있다. 하지만 필자는 이번 대선에서 기존의 언론이나 여론조사기관이 틀린 것은 여론조사 기법이나 언론의 문제, 혹은 정치학 주류 이론의 실패라기보다는 미국에서는 이전에 경험하지 못했던 전혀 새로운 형태의 포퓰리즘선거가 등장했기 때문이라고 생각한다.

미국에서는 지금까지 포퓰리스트 후보가 당내 경선에서 후보로 살아남을 수 없었다. 미국의 제도화된 헌법적 구조와 정당체제 덕분에 상대적으로 일반 당원보다 큰 권한을 가지고 있었던 당 간부들이 포퓰리스트 후보를 배척했기 때문이다(Ware 2002). 그러나 1972년부터 예비경선이 도입되면서 정당보스의 권한이 약화되고 정당보다는 후보자 중심의 선거운동이 강화되면서 포퓰리즘 전략이 비일비재하게 되었다(Ware 2002). 특히 포퓰리즘 현상에서 미디어의 역할을 빼고 논하기 어려울 만큼 언론의 역할이 중요하다. 예비경선의 도입과 후보자 중심의 선거운동은 정당 기능을 약화시키고 언론, 특히 TV의 영향력을 획기적으로 증대시켰다. 최근에는 의사소통매체의 혁명이라고 할 수 있는 인터넷과 SNS의 발달로 포퓰리즘 전략이 보다 빈번하게 발생할 수 있는 토양이 마련되었다고 할 수 있다(조기숙 2016). 포퓰리스트 후보인 트럼프가 공화당 경선에서 승자가 된 것이 이변이었고, 포퓰리즘선거는 기존의 선거와 달리 비합리적인 감정적인 선거를 가능하게 한다는 점에서 어느 정도의 합리성에 근거한 전통적인 선거모형으로는 포퓰리스트 후보를 지지한 미국 유권자의 행태를 예측하기 어려웠다고 본다.

포퓰리스트 후보였던 로스 페로(Henry Ross Perot)가 등장했던 1992년 대선에서 미국의 주요 언론이나 학자 누구도 포퓰리즘에 주목하지 않았다(조기숙 2016). 그만큼 미국인은 대선에서 포퓰리즘을 경험해보지 못했다. 이번 대선에서도 일찍이 트럼프를 권위주의적 포퓰리스트, 샌더스(Bernie Sanders)를 경제적 포퓰리스트라고 지칭한 건 영국 언론이었다(Economist 2016). 미국 언론에서도 포퓰리즘이 등장했다는 사실은 지적했지만(Cassidy 2016), 주류 언론은 미국에서는 포퓰리즘이 성공하지 못하리라 믿었던 것으로 보인다. 최근 포퓰리즘선거를 경험했던 서유럽이나 호주, 캐나다와 달리 미국 사회는 포퓰리즘선거를 이해할 준비가 되어 있지 않았기 때문이다.

본고의 목적은 2016년 대선을 설명하는 새로운 가설로서 포퓰리즘을 제시하고, 이 가설의 검증을 위해 언론에서 포퓰리스트로 지목된 샌더스와 트럼프의 수사학 연구를 통해 승자인 트럼프가 포퓰리스트인지를 규명하는 데 있다. 포퓰리즘을 검증하는 유일한 방법은 후보의 수사학과 리더십을 분석하는 것이라는 데 다수의 학자들이 동의하고 있기 때문이다(Canovan 1984, 313; Mény and Surel 2002 Dekker 2007; Krouwel and Abts 2007; Taggart 2000). 리더십에 대한 연구는 한계가 있기 때문에 본 연구는 수사학 분석에 주로 초점을 맞췄다. 일각에서는 클린턴이 아니라 샌더스가 경선에서 민주당 후보가 되었다면 본선에서 이겼을 것이라고 주장하기도 했다. 두 명의 포퓰리스트가 본선에서 맞붙었다면 결과가 달라질 수 있었을지 모른다. 하지만 샌더스가 포퓰리스트가 아니라면 포퓰리스트선거에서 클린턴보다 샌더스의 경쟁력이 더 높았을 것이라고 장담하기는 쉽지 않다. 포퓰리즘선거에서 비이성적 지지를 동원하는 포퓰리스트는 훨씬 높은 경쟁력을 발휘하기 때문이다. 따라서 언론에서 포퓰리스트로 지목된 샌더스와 트럼프의 포퓰리즘 수사학 분석은 미국의 2016 대선 결과를 이해하는 데 도움이 될 것이다.

이를 위해 다음 절에서는 전통적 선거모형에서 사용되는 주요 변수가 트럼프의 승리를 예측하는 데 실패했음을 경험적 근거를 통해 보여주고자 한다. 그리고 이번 대선 결과를 이해하기 위해서는 포퓰리즘이라는 새로운 가설이 필요하고 그것이 왜 설득력을 발휘하는지 설명하고자 한다. 3절에서는 포퓰리즘의 정의, 등장배경, 특징을 살펴보고 트럼프와 샌더스를 분석할 수 있는 수사학적 분석틀과 연구 방법을 제시한다. 4절에서는 연구 결과를 제시하고, 마지막 절에서는 본 연구의 결과를 요약한다. 본 연구가 향후 미국 대선과 한국 정치에 던지는 함의를 논의하는 것으로 본고를 맺고자 한다.

II. 2016년 미국 대선은 포퓰리즘선거였는가?

1. 2016년 미 대선 결과 예측에 실패한 전통적 선거 모형

미국 대선을 예측하는 데 전통적으로 정치학자들이 가장 많이 사용하는 모형은 정당일체감을 기본으로 하는 미시간 모형에서 시작해, 후보 호감도를 포함하는 심리적 모형, 정당정책과 유권자정책 선호 간의 거리를 활용하는 공간이론, 경제지표나 현직 대통령 지지도 등을 통한 회고적 투표, 미래 경제에 대한 전망이나 후보 평가를 담은 전망적 투표 등 다양하다. 분명한 것은 개개인이 합리적으로 투표를 하는 건 아니지만 집합적으로는 합리적 선택의 결과가 도출됨으로써 선거가 여론의 정확한 대변자 역할을 해왔다는 데에는 큰 이견이 없다는 점이다. 물론 선거인단이라는 독특한 제도로 인해 국민의 유효투표 결과와 실제 선거 결과가 다른 경우가 초래되거나 학자들의 예측이 빗나간 적이 2000년 선거를 비롯해 몇 번 있었지만 기존의 이론을 뒤집을 만큼 충격적인 결과가 나오지는 않았다.

하지만 영국의 브렉시트 투표에 이은 2016년 대선의 선거 결과는 승자인 트럼프 본인도 놀라움을 감추지 못했다. 최장집 교수는 『한겨레21』과의 인터뷰에서 기존의 정당이 신자유주의 경제질서와 그로 인한 양극화를 해결하지 못했기 때문에 기존 양당의 외부자라고 할 수 있는 트럼프와 샌더스가 인기를 누렸으며, 좌우를 넘어선 해결책을 가진 트럼프가 워싱턴의 기득권을 대변했던 클린턴을 이긴 것은 미국민의 합리적 선택이라고 주장했다(송채경화 2016). 하지만 정치학에서 전통적인 선거예측모형에서 사용하는 다음의 다섯 개 지표는 미국민이 왜 트럼프를 선택했는지를 설명하지 못하기 때문에 미국민의 선택이 합리적이라는 주장을 뒷받침한다고 보기 어렵다.

첫째, 정당일체감 모형을 적용할 때, 양당은 2009년 이후 지속적으로 국민들로부터 긍정적이기보다는 부정적인 평가를 더 많이 받았다. 양당 모두를 좋아하지 않는 유권자 수는 1992년 12%에서 시작해 2002년 최저를 기록한 이후 꾸준히 증가해 2016년 4월엔 25%에 달하게 되었다. 이 점에서는 최 교수의 주장이 맞는 듯 보인다. 그러나 민주당(50%)보다는 공화당(62%)에 대한 부정적 평가가 훨씬 높았다. 긍정적인 평가는 감소하는 추세라 2016년 4월 현재 민주당을 좋아하는 응답자는 45%, 공화당은 33%로 나타났다. 하지만 각 정당지지자들 사이에서는 민주당 지지자(88%)가 공화당 지지자(68%)보다 훨씬 더 자신이 지지하는 당을 좋아하는 비율이 높았다(Pew Research Center 2016). 민주당의 적자인 클린턴이 외부자인 샌더스를 이길 수밖에 없었던 이유는 민주당이 공화당에 비해 정당지지자들의 당에 대한 호감도가 높았기 때문인 것으로 해석할 수 있다. 모든 사회경제적 집단에서 미국 유권자는 공화당보다는 민주당을 더 호의적으로 평가했다. 무당파 중에서도 민주당에 기우는 유권자(Democratic leaners)가 공화당에 기우는 유권자보다 각 당을 지지하는 비율에서 20% 더 높았다. 역대 미국 대선에서 정당일체 감이 가장 중요한 투표선택의 요인이었음을 감안할 때 이번 대선은 무당파 층에서도 정당선호도가 높은 민주당에게 유리한 선거였다고 볼 수 있다.

둘째, 현직자 평가 모형을 적용할 때, 2016년 대선 직전의 지지도(55%) 나 퇴임을 앞둔 1월 현재 오바마의 지지도(60%)는 비교적 높은 편이다 (Clement and Guskin 2017/1/19). 유권자가 현직자인 오바마 대통령을 심판 하기 위해 공화당 후보를 지지했을 가능성은 크지 않다. 물론 현직자가 평 가받는 2기 대선이 아니라 전임자가 퇴임하는 새로운 대선에서 등장한 클린 턴이 현직 대통령의 지지도 효과의 덕을 본다는 보장은 없다. 두 도전자가 경쟁하는 대선에서는 전망적 투표가 작동할 가능성이 높기 때문이다(조기숙 2013). 하지만 적어도 현직 대통령의 평가가 트럼프의 승리에 긍정적 영향 을 미쳤을 가능성은 별로 없어 보인다.

셋째, 회고적 경제투표 모형을 적용할 때, 오바마는 서브프라임 모기지

그림 1　　　　일자리 창출 지표(2008년 1월~2016년 12월)

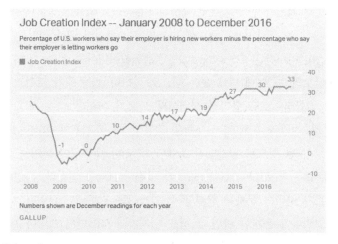

출처: 갤럽 2016

위기 중에 집권했지만 그의 집권 이후 경제가 더 나빠졌다는 증거는 별로 없다. 금융위기로 인해 오바마 대통령의 임기 초인 2009년에 추락했던 일자리는 2016년까지 꾸준히 증가해왔다(〈그림 1〉). 또한 경제복합지표라고 할 수 있는 미저리 인덱스(misery index: 소비자 물가, 실업률, 주택가격 변화)는 계절적으로 높낮이의 순환 패턴이 발견되지만 전체적으로 2008년 이후 2015년 하반기까지 지속적으로 하락해왔다. 경제기대 심리지수가 트럼프 당선 이후 치솟은 점을 제외하고는 어떤 경제적 요인도 트럼프의 승리를 뒷받침하지 못한다(Hufbauer and Jung 2016).

넷째, 전망적 정책투표 모형을 적용할 때, 러스트벨트에서 백인 노동자가 트럼프를 지지한 건 합리적 선택이었을까? 선거인단 투표에서 클린턴에게 치명적 패배를 안겨준 러스트벨트 지역의 백인 노동자들이 세계화로 인해 일자리를 잃었으니 보호무역주의가 이들을 구제할 수 있을까. 경제학자들은 제조업의 사양화로 백인 노동자들이 일자리를 잃은 것은 아니라고 한다. 제조업은 과거 어느 때보다 활발히 살아나고 있다고 한다. 하지만 4차 산업혁명으로 인해 스마트 공장이 가동되면서 인력감축이 불가피해졌기에 실업이 증가한다는 것이다(Schwab 2015). 실제로 이들 주는 세계 경제 의존도가 다른 주에 비해 상대적으로 높아서 트럼프의 보호무역정책이 도입되면 실업의 피해 정도가 높을 것으로 예상된다(Peterson Institute for International Economics 2016; 이하 PIIE). PIIE에 따르면 위스콘신의 예상 실업률은 4.3%(105,401명), 미시간은 4.6%(166,899명), 펜실베이니아는 4.1%(207,117명)로 서부나 남부의 2~3%에 비해 높은 것으로 나타나 이들 주가 트럼프를 선택한 것이 집합적으로도 합리적 선택이라고 보기 어렵다.

다섯째, 전망적 후보 평가 모형을 적용할 때, 트럼프와 힐러리 모두 좋은 대통령이 될 것으로 평가받지 못했다. 그러나 대통령이 되어서 큰 실수를 할 것 같은 후보로는 트럼프(55%)가 클린턴(44%)을 앞섰다. 자신이 지지하는 후보가 미국의 문제를 해결할 수 있느냐는 질문에도 클린턴 지지자의 71%가 그렇다고 응답한 반면, 트럼프 지지자의 58%만이 그렇다고 답변했다(Pew Research Center 2016).

이상에서 전통적인 선거모형에서 주로 사용했던 정당일체감, 현직자에 대한 회고적 평가, 회고적 경제투표, 전망적 정책투표, 전망적 후보 평가 중 어떤 변수도 트럼프의 승리를 설명하지 못했다. 이에 필자는 이번 미국 대선의 이변은 포퓰리즘선거였기에 비이성적인 두려움과 혐오의 정치가 선거 결과를 결정했다는 포퓰리즘 가설을 대안의 설명으로 제시하고자 한다.

2. 대안의 설명: 포퓰리즘 가설

포퓰리즘은 기득권에 대한 적대감을 동원하는 정치이념이라고 정의할 수 있다. 가장 많이 인용되는 에드워드 쉴즈(Edward Shils 1956, 100-101)의 정의에 따르면 "포퓰리즘(populism)은 권력과 재산, 교육, 문화 등을 독점하고 있다고 생각되는 차별화된 기득권 지배계급에 의해 만들어진 사회의 질서에 대한 대중의 불만이 있는 곳에는 어디든지 존재한다"(Taggart 2000, 11 에서 재인용)고 한다.

포퓰리즘은 전략과 운동으로 구분해서 살펴볼 수 있다(Ware 2002). 포퓰리즘 전략은 전통적인 정당에서도 후보들이 선거에 이기기 위해 상대를 악으로 자신을 선으로 포장하기 위해 정치인이 자신을 일반대중과 같은 존재로 동일시하는 것을 의미한다. 서민의 친구를 자처한다든가, 경제적으로 어려웠던 과거를 고백함으로써 서민적 이미지를 전략적으로 활용하는 것이다. 이런 전략은 어느 나라, 어느 선거에서나 효율적으로 평가받는 선거 전략으로서 대의정치에 큰 해를 입히지는 않는다. 따라서 본고의 관심사가 아니다. 언론은 주로 대중인기영합적인 정책을 내세우는 것을 포퓰리즘(엄밀하게는 포퓰러리즘populism, 정병기 2012)이라고 부르는데 이것도 전략으로서의 포퓰리즘 일종이라고 할 수 있다. 유권자가 바보가 아니라는 점을 감안하면 비현실적인 포퓰리즘 공약이 반드시 선거에 유리하다고 보기도 어렵다(Key 1966). 따라서 포퓰리즘 전략을 사용하는 후보를 언론이 포퓰리스트라고 칭하는 것은 용어의 오남용이라고 할 수 있다.

대의민주주의와 관련해 심각하게 논의되는 건 이념으로서의 포퓰리즘이다. 포퓰리즘은 "정치를 동질적이고 적대적인 두 개의 집단(순수한 국민 대 부패한 엘리트)으로 분리하고 정치는 국민의 일반의지를 표현하는 것이어야 된다고 주장하는 이념"(Mudde 2007, 23)이라고 할 수 있다. 포퓰리즘 이념은 포퓰리즘 운동을 낳고, 이는 대의민주주의의 위기로 인해 발생한다(Mény and Surel 2002). 포퓰리즘 운동은 기존 정당 밖에서 포퓰리즘 정당을 탄생시키며 궁극적으로는 대의민주주의에 치명적인 영향을 미친다. 포퓰리즘 정당이 포퓰리즘 정치담론으로 국민의 인기를 얻게 되면 기존정당도 그 담론을 따라가지 않을 수 없는 압박을 느끼게 된다. 하지만 포퓰리즘 정당이 내거는 공약은 실현할 수 없는 내용을 담고 있기에 더 큰 정치불신과 냉소주의를 낳게 된다. 정치학자들이 포퓰리즘 운동이나 정당에 대해 우려의 시선을 보내는 이유는 포퓰리즘 정당은 리더 한 사람에 의지하는 경우가 많고 그것이 제도에 의해 작동되는 대의민주주의를 위협하기 때문이다(Kitschelt 2002; Krouwel and Abts 2007).

이번 미국 대선을 포퓰리즘선거로 해석하려는 가장 큰 이유는 전통적 선거모형이 예측에 실패했고 무엇보다도 샌더스와 트럼프가 언론으로부터 포퓰리스트라고 지목을 당했기 때문이다. 양 후보 모두 실현가능성이 낮은 대중인기영합적인 정책을 공약으로 내걸었기 때문일 것이다. 예를 들어, 트럼프는 개인소득세 최고세율을 현행 39.6%에서 33%로 낮추고 상속세를 폐지하겠다고 공약했다. 동시에 노인이나 저소득층에게는 세금을 깎아주고 복지는 손을 대지 않겠다고 말했다. 기존의 보수와 진보를 가로질러 '감세＋복지' 공약은 전형적인 포퓰리스트 공약이라고 할 수 있다(조남규 2016). 미국이 2011년 8월 초 국가부도사태를 맞을 뻔 했을 정도로 현재 심각한 재정적자에 시달리고 있다(조남규 2016, 82)는 점을 감안하면 비현실적인 공약이 아닐 수 없다. 경기침체로 가장 삶이 어려워진 중장년 백인은 불법체류자들을 추방하고 멕시코와의 국경에 멕시코의 비용으로 장벽을 세우겠다는 트럼프의 공약에 열광했다. 미국 주인을 자처했던 백인이 느끼는 또 다른 위기의식은 미국인구의 인종 구성비율의 변화에서 비롯되었다. 백인의 출생률 감소로 2023년엔 18세 이하 연령층에서 백인이 소수인종이 된다는 사실이다.

샌더스의 경제 공약 역시 대중인기영합정책으로 지목되어왔다. 예를 들어 샌더스는 공립 대학 무상교육을 주장하였으며, 소득세 증대를 통한 사회 보장 확대 및 전 국민 의료보험법을 공약으로 내걸었다. 이러한 경제정책은 막대한 흑자 재정을 필요로 하며 광범위하고 높은 수준의 복지정책을 필요로 한다. 더불어 미국 재건법을 통해 국제 시장에서 기업 경쟁력을 향상시킬 수 있는 사회적 기반 시설 확충에 1조 달러를 투자할 것을 약속하였으며, 이 과정에서 1,300만 개의 새로운 일자리가 창출될 것이라 전망하였다. 그는 NAFTA 협정 이후 미국이 수많은 자유무역협정에 동참하면서 기업 운영에 유리한 경제 환경을 조성하였고, 그 결과 미국 내 임금 격차 심화 및 빈곤 확대를 초래하였다고 주장했다. 또한 TPP(Trans-Pacific Partnership, 환태평양경제동반자협정) 역시 국내외 노동자의 희생을 바탕으로 다국적 기업의 이익 보호를 위한 역할을 할 뿐이라며 강하게 비판했다(Sen. Bernie Sanders 2015).

비현실적인 공약은 단지 전략으로서의 포퓰리즘일 뿐, 이들이 이념으로서의 포퓰리즘을 동원하는 포퓰리스트라고 단언하기는 어렵다. 본고가 특히 이번 미 대선을 포퓰리즘선거로 보려는 데에는 세 가지 이유가 더 존재한다.

첫째, 포퓰리즘은 "극한 위기감에 대한 반작용"(Taggart 2002, 68)으로서 산업구조가 격변하는 시기에 등장한다(Urbinati 1998). 포퓰리즘은 변화, 위기, 도전과 함께 등장한다. 포퓰리스트는 이러한 위기감을 이용하는데 특히 정치제도와 엘리트에 대한 불신을 동원한다. 미국은 2008년 서브프라임 모기지 사태로 불리는 금융위기 이후 오바마 정부가 탄생했지만 대공황으로 집권한 루스벨트와 달리 압도적인 민주당의회를 갖지 못했다. 전반적으로 경제적 지표는 좋았고 대통령 업무 평가도 나쁘지 않았지만 지속되는 양극화, 쇠퇴하는 미국의 국력 등 미국민들은 장기적인 위기감을 느꼈으리라 예상할 수 있다. 무엇보다 전 세계는 제4차 산업혁명을 경험하고 있다. 제4차 혁명으로 인한 산업구조의 변화는 근본적으로 경제 구조를 바꾸지 않는 한, 정치권은 해결책을 갖고 있지 못하다. 기존의 방법으로는 노동자의 해고와

저임금을 극복할 수 없고, 이미 중년이 된 노동자들을 재교육해 새로운 일자리를 만드는 것도 쉽지 않은 일이다. ISIS의 세력화, 테러와 이민으로 심화된 불안감 또한 미국민의 위기감을 고양시켰다. 정치인 트럼프는 이러한 위기과정에서 탄생했다. 트럼프는 새로운 생산수단의 등장으로 이루어지는 산업화의 격변기에 기존의 생산수단에 의존하던 백인 노동자층이 극한 경제적 어려움에 처한 상황을 이용해 포퓰리즘을 동원한 것이다.

포퓰리즘 운동의 기원은 19세기 말 북미에서 전개된 농민운동과 러시아의 혁명 전야에 있었던 나로드니크(*Narodnik*)운동이다(Mouzelis 1985). 19세기 말 미국의 농민운동은 산업화와 철도운송요금의 인상으로 인해 피해를 입게 된 농민이 중심이 되어 농민의 이익을 보호하기 위해 순수하게 아래로부터 시작된 개혁적이고 체제 저항적인 운동이었다. 이처럼 포퓰리즘은 기존의 방법으로는 경제적 문제를 해결할 수 없는 산업혁명의 변혁기에 등장하는 경향이 있다. 실질적으로 트럼프의 보호무역주의나 건설경기의 활성화는 근본적으로 중장년 백인 노동자의 문제를 해결하지 못한다. 때문에 포퓰리즘은 문제의 해결을 미래에서 찾지 못하고 과거로 돌아가는 특징이 있다 (Taggart 2000).

하지만 위기 상황에서는 유권자가 포퓰리스트 후보에게 투표하는 위험을 감수함으로써 비합리적인 선택을 할 수 있다. 가령, 극한의 위기를 느끼는 유권자는 나이아가라 폭포의 절벽 끝에 서 있는 사람에 비유될 수 있다. 절벽에서 뛰어내리면 죽는 것이 분명하지만 되돌아가봐야 해법이 없다는 생각에 한번 뛰어내려보는 위험을 감수하게 된다. 이것이 일반 선거 결과와 포퓰리즘선거 결과가 큰 차이를 보이는 이유라고 생각된다. 극한 위기상황에서는 비현실적인 대안에 대한 기대만으로도 포퓰리스트를 향해 기꺼이 표를 던지게 된다.

특히 2000년 이후의 포퓰리스트는 비정치 영역에서 성공한 업적을 바탕으로 갑자기 정치 영역에 뛰어드는 사람에게서 많이 발견되는데(조기숙 2016). 성공한 부동산업자인 트럼프는 (낮은 교육수준과 관련된) 정치의식이 낮은 유권자에게 국가적 경제 위기와 이민, 테러와 같은 복잡한 문제를 단순하게 극복할 수 있으리라는 환상을 심어주게 된다. 기존 정치인은 현 국가의 문제에 책임이 있다고 생각되지만 비정치인이 출마할 경우에는 과거의 잘못으로부터 자유롭기에 정치인 모두를 기득권으로 몰아 비판하는 데 성공할 수 있기 때문이다.

　둘째, 포퓰리즘선거에서는 기존의 여론조사 기법이 선거 예측에 실패할 가능성이 높다. 그 이유는 소수자와 약자를 배제하는 뉴포퓰리즘(뒤에서 설명 Taggart 2000; 2002)이 도덕적으로 옳지 않다는 것을 유권자도 알기에 자신의 선호를 떳떳하게 밝히지 않을 가능성이 높기 때문이다. 실제로 우리나라 역대 총선에서 여론조사 결과가 대체로 틀렸던 것은 각 지역구별 표본이 500개에 불과한 표본오차 때문이다. 하지만 유권자의 숨은 표가 드러나지 않아 체계적 오차가 발생해 예측에 대실패를 한 경우가 있다. 가령, 1996 총선에서 경북지역에서 자민련이 예상 밖의 선전을 한 것이나(이준웅 2004), 1997년 금융위기를 겪고 난 2000년 총선에서 여당이었던 새천년민주당이 압승한다는 출구조사의 예상을 깨고 겨우 백석에 그쳤던 사례가 그것이다(이남영 2000). 경북지역에서 영남에 기반한 신한국당이 아닌, 충청지역정당이었던 자민련을 지지한다는 것이 소지역주의로 비칠 것을 염려했거나 혹은 자민련의 지역정당 이미지 때문에 유권자들이 지지의사를 분명히 밝히지 않았던 것이다. 금융위기를 성공적으로 극복한 김대중 대통령이 이끄는 여당에게 표를 주지 않는 것을 부끄럽게 여겼거나 혹시라도 새롭게 탄생한 진보 정부로부터 불이익을 받을까 두려워한 유권자들이 자신의 선호를 출구조사에서 감췄기 때문에 언론의 예측이 심하게 빗나갔을 수 있다. 트럼프에 대한 선호를 밝히지 못했던 숨겨진 트럼프 지지자가 상당수 있었다는 언론의 주장은 트럼프 선호를 밝히지 못할 만큼 유권자가 이를 떳떳하게 느끼지 못했다는 말이다.

　셋째, 포퓰리스트는 정치냉소주의를 동원한다. 공화당에 대한 지지는 매우 낮았지만 2016년 약 3,300만 명이 공화당 경선에 참여했다. 이는 2012년보다 1,400만 명가량이 더 많은 숫자인데(조남규 2016, 89) 정당일체감이 높은 사람이 투표에 더 적극적이라는 전통적인 선거이론으로는 설명되지 않는다. 포퓰리스트인 트럼프가 공화당 경선에 참여하면서 공화당에 실망한 전통적인 공화당 지지자뿐만 아니라 무당파층, 평소에 투표를 하지 않던 정치냉소주의자까지 동원했으리라 짐작된다. 이들은 포퓰리즘의 동원에 가장 취약한 집단이라고 할 수 있다(조기숙 2015a). 많은 이들이 포퓰리즘의 등장이 정치불신에 기인한다고 주장하는데 이는 절반만 진실이다.

그동안 정치불신과 정치냉소주의를 동의어로 사용해왔지만 이 둘은 구분되어야 하며 포퓰리즘은 정치에 대한 이해가 낮은 정치냉소주의자를 동원할 가능성이 높다는 주장이 있다(조기숙 2015a). 미국의 정부 불신은 2002년 이후 꾸준히 증가해왔는데 설문 종류에 따라 편차가 있지만 2016년이 비정상적인 선거가 될 정도로 매우 심각했다고 보기는 어렵다. 오바마 행정부 기간 동안 국내 문제를 다루는 정부에 대한 신뢰는 51%에서 38%까지 들쭉날쭉했지만, 2016년은 44%로 평균 정도에 속하며 2015년의 38%를 상회한다(Gallup 2016 〈그림 2〉). 포퓰리스트는 정치로부터 소외돼 두 정당 모두를 싫어하거나 정치에 전혀 관심이 없어 평소에 투표를 하지 않던 정치냉소주

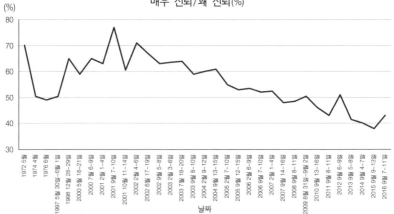

그림 2   **역대 미국 연방정부의 국내 문제에 대한 신뢰도**

국내 문제들을 다루는 것에 있어서 워싱턴 연방정부에 대해
얼마나 신뢰하고 확신하고 계십니까?
매우 신뢰/꽤 신뢰(%)

의자들을 동원하는 경향이 있어 포퓰리즘선거는 투표율이 높은 편이다. 페로가 출마했던 1992년 미 대선, 안철수가 이끄는 국민의당이 출현했던 2016년 한국 총선의 상대적으로 높은 투표율이 이를 말해준다. 그러나 2016년의 미국 대선 투표율(56.9%)은 2012년 대선에 비해 낮은 편(58.6%)임에도 불구하고(이는 클린턴이 민주당 성향 유권자의 동원에 실패한 결과로 추론되는데) 공화당 경선이 정당일체감이 낮은 공화당 경선에서 수많은 유권자 동원에 성공한 것은 트럼프가 포퓰리스트로서 정치냉소주의자를 동원했을 가능성을 뒷받침하는 증거라고 할 수 있다.

III. 포퓰리즘 수사학 분석틀과 연구 방법

1. 포퓰리즘 수사학 분석틀

포퓰리즘 운동은 '국민(*the people*)'의 요구가 실현되는 것을 방해하는 소수 엘리트에게 저항하는 운동을 의미한다. 이념으로서의 포퓰리즘을 동원하는 포퓰리스트의 특징은 오로지 수사학에서 발견된다고 한다(Canovan 1984; Mény and Surel 2002; Dekker 2007; Krouwel and Abts 2007; Taggart 2000). 포퓰리즘은 좌, 우, 중도 이념과는 물론이고 권위주의, 리버테리안, 심지어는 민족주의와도 결합하는 카멜레온과 같은 존재이다. 이는 포퓰리즘의 태생적 불완전성에서 기인하는 유연성이라고 할 수 있다(Taggart 2002). 따라서 포퓰리즘은 시대와 국가에 따라 다르게 나타나기 때문에 하나의 분석틀을 가지고 공통점을 찾기가 어렵다고 한다. 유일하게 공통적으로 발견되는 요인이 수사학적 특징이라는 것이다.

세계적으로 포퓰리즘 운동이 가장 활발했던 시기와 국가는 1970년대 남미라고 할 수 있다. 이때의 포퓰리즘은 좌파 분배정책과 결합되었다. 1980

년대에는 강력한 리더십과 신자유주의가 결합된 신자유주의 포퓰리스트 정권이 등장하기도 했다(Conniff 1999; Taggart 2002). 2000년 이후 서유럽에서는 극우 포퓰리스트 정당이 등장하는데 태가르트는 이를 뉴포퓰리즘이라고 명명했다(Taggart 2000; 2002).

1970년대 남미 포퓰리즘과 2000년 이후 유럽에서 등장한 뉴포퓰리즘의 가장 큰 차이는 전자가 좌파이념과 결합했으며, 경제가 주요 관심사였다면, 후자는 우파이고 정체성에 기반한 정치를 구사한다는 점이다. 무엇보다 큰 특징은 남미의 포퓰리즘이 계급연합을 통해 포함의 정치(politics of inclusion)를 지향했다면, 뉴포퓰리즘은 소수자에 대한 배제의 정치(politics of exclusion)를 추구한다는 점이다(Mudde and Kaltwasser 2013). 최근 캐나다, 호주 등에서 경험했던 포퓰리즘도 뉴포퓰리즘이며 정치체제의 정당성과 같은 대의제의 문제를 다룬다(Taggart 2002). 뉴포퓰리즘은 인종 문제를 정면에서 제기하면서도 과거의 파시즘이나 나치즘과는 다르게 의회민주주의 틀에서 활동한다는 특징이 있다. 뉴포퓰리즘은 대의민주주의의 문제를 지적하고, 직접 정치를 선호하면서도 의회민주주의 자체를 포기하지 않는다는 공통점이 있다(정병기 2012, 15-16).

1970년대의 포퓰리즘이나 최근의 뉴포퓰리즘은 위에서 살펴본 것처럼 몇 가지 차이점도 드러내지만 수사학적인 면에서는 공통점을 갖는다. 포퓰리스트 수사학은 다음의 네 가지 특징으로 정리될 수 있다. 첫째, 기득권에 대한 적대감을 표출하며, 둘째, 기득권과 기존의 지배적인 사상과 가치, 제도에 반대하는 동질적인 국민의 의지가 존재한다고 본다. 따라서 국민이라는 용어를 많이 사용하는 경향이 있다(Taggart 2000; 2002). 셋째, 동질적인 생각을 갖는 국민의 의지가 한 명의 리더나 운동에 의해 표현되어야 한다고 믿기 때문에 이의 대변을 가로막는 정치적 매개 제도에 대한 불신을 드러낸다(Krouwel and Abts 2007). 특히 제도에 대한 신뢰를 리더 개인에 대한 신뢰로 대체하는 경향이 있어 제도를 우회하는 사인화(私人化) 현상이 발견된다. 넷째, 포퓰리스트는 성공적인 업적을 거둔 비정치인이 갑작스런 정치인으로의 변신에서 탄생하는 경우가 많기 때문에 애매모호한 권력의지를 드러내는 경향이 있다. 즉, 시대와 국민의 소명을 받아 할 수 없이 정치를 하지만 권력의지 자체는 크지 않다는 식으로 표현한다. 그러면서도 다른 한편으로는 강력한 권력의지를 드러내 양면적인 모습을 보여준다(Kitschelt 2002).

포퓰리스트는 리더십에 있어서 대체로 카리스마가 있으며 권위주의적인 경향이 있다. 또한 이들은 대중과의 소통을 중시하기 때문에 직접적이고 단순한 수사를 구사한다(Urbinati 1998). 민주적 절차보다는 효율성을 중시하며, 공조직보다는 자신의 측근으로 이루어진 폐쇄적인 사조직에서 의사결정을 내리는 경향이 있다. 또한 조직 내에서는 분파적인 행동을 하는 것이 특징으로 지적되는데, 그 이유는 자신은 국민을 대변할 특별한 존재라고 생각하기 때문에 남과 융합하기가 어렵기 때문이라고 한다(Taggart 2000).

언론인은 물론이고 학자들도 종종 포퓰리스트와 혁신가를 혼동하는 경향이 있다. 그 이유는 양자가 수사학이나 리더십 면에서 표면적인 공통점을 보이기 때문이다. 가령, 기득권에 대한 적대감을 보인다거나 대중을 선동하는 단순 명쾌한 수사학적 특징, 카리스마가 있는 리더십이 그것이다. 그러나 혁신가는 정치권에서 오랜 시간 검증된 지도자인 경우가 많고 제도를 통한 정치를 한다는 점에서 제도의 혁신을 강조하므로, 대의제도를 우회해 직접 정치를 선호하거나 정치의 사인화 현상을 초래하는 포퓰리스트와는 다르다. 포퓰리스트의 리더십 기반이 사적인 성공신화나 카리스마에 기초한다면, 혁신가는 가치 중심의 비전과 도덕성에 기초한 리더십을 보여준다는 차이가 있다. 포퓰리스트가 동질적인 국민을 가정한다면 혁신가는 정파적 갈등을 동원하기 때문에 갈등의 희생양이 되는 경향이 있다(Burns 2003), 다양한 국민을 인정하고, 아래로부터 변혁을 강조하며 스스로 모범을 보임으로써 대중을 이끌려는 경향이 강하다(조기숙 2015b).

이상에서 논의된 포퓰리스트와 혁신가의 수사학과 리더십의 특징은 〈표 1〉과 같이 정리할 수 있다.

| 표 1 | 포퓰리스트와 혁신가를 구분하는 분석틀 |

정치인의 종류	포퓰리스트	혁신가
경력	비정치인의 정치인으로의 변신 혹은 기존 정치인의 돌변	정치권에서 검증된 인물
리더십	• 사적인 성공신화에 기초 • 폐쇄적 사조직중심, 권위주의적 • 단순 명쾌한 연설	• 가치 중심의 비전과 도덕성 • 민주적 • 단순 명쾌한 연설
수사학 (rhetoric)	• 기득권에 대한 적대감 • 동질적인 국민 강조 (국민중심) (소수자에 대한 혐오) • 제도에 대한 불신(정치의 사인화 현상)과 직접민주주의 방법 선호 • 모호한 권력의지 (소명의식 강조)	• 기득권에 대한 적대감 • 국민의 다양성 존중 • 제도의 개혁 강조 • (아래로부터의) 변혁에 대한 신뢰와 확신

출처: 조기숙(2015b) 〈표 1〉을 수정하여 재구성

2. 연구방법과 데이터

그동안 수사학에 대한 연구는 주로 대통령 연설에 집중되어 있었다. 많은 학자들이 대통령의 리더십 자질 중 하나로 설득력과 국민과의 소통능력을 꼽았기 때문일 것이다(Neustadt 1990; Greenstein 2000). 우리나라에서도 대통령의 수사학에 대한 연구는 상당히 축적되어 있는 편이다(임순미 2010). 대통령후보에 대한 연구는 대부분 선거캠페인이나 TV토론에 집중되어 있고 후보자의 수사학에 대한 연구는 미미한 편이다. 안철수 후보와 미국의 로스 페로 연설문을 포퓰리즘 수사학 분석틀로 비교한 연구가 이 분야의 몇 안 되는 대표적 연구라고 할 수 있다(조기숙 2015b). 언론학이나 언어학에서는 수사학에 대한 연구가 활발한 편이지만 여전히 주관적인 해석에서 벗어나지 못하고 있다(권익수 2012). 따라서 수사학을 단순하게 텍스트 분석하는 본 연구도 주관적 해석을 벗어나기 어렵기에 계량적 방법을 보완적으로 사용했다.

이 연구는 트럼프와 샌더스, 그리고 클린턴의 연설에 나타난 포퓰리즘을 두 가지 방법을 사용해 규명하고자 했다. 클린턴까지 비교하는 이유는 두 후보가 모두 언론으로부터 포퓰리스트로 지목당했기 때문에 두 사람만 비교해서는 국민이란 용어를 많이 쓰는 게 포퓰리스트이기 때문인지 모든 정치인의 특징인지를 알 수 없기 때문이다. 따라서 포퓰리스트로 지목된 적이 없는 클린턴과의 비교가 두 사람의 포퓰리즘을 규명하는 데 중요한 비교 사례가 될 것으로 생각된다.

첫째, 연설에서 포퓰리즘을 찾아내는 가장 손쉬운 방법은 국민이라는 용어가 얼마나 자주 등장하는지를 살펴보는 것이다. 이 방법은 몇 가지 한계에도 불구하고 포퓰리스트를 연구하는 학자들이 가장 보편적으로 많이 사용하는 방법이다(Pauwels 2011; Hawkins 2009). 이를 위해 본 연구는 연설문에서 가장 빈도수가 높은 단어를 순서대로 시각적으로 보여주는 컴퓨터 프로그램을 사용했다.

이 연구에서 사용될 워드 클라우드(word cloud) 기법은 수집된 연설문을 분석하는 방법으로 연설문의 모든 단어를 분해해 동시 출현 빈도를 분석하는 빅데이터 텍스트 분석 기법 중 하나이다. 이 기법은 문서의 키워드, 개념 등을 직관적으로 파악할 수 있도록 핵심 단어를 추출하는 기법으로 소셜 데이터(SNS[트위터, 뉴스]) 분석에 일반적으로 쓰인다. 이 기법은 연설문을 가공하는 과정 중, 수집된 데이터에서 구조에 따라 분석에 필요한 데이터만을 분류하고, 문장에서 불필요한 문자를 제거해 분석의 효율성을 높인다. 이 과정에서 키워드 추출과 정제, 숫자와 문자의 분별 등이 이루어진다. 이후 '턱시도(Tuxedo)'라는 워드 클라우드 분석 도구를 사용하여, 특정 단어가 얼마나 자주 출현하는지 출현 빈도를 계산하여 시각화시킨 것이다.

이 글은 표본을 사용하기보다는 각 후보가 주요한 행사에서 행한 연설문 전체(〈첨부 1〉)를 분석하였고, 이후 각 후보들에게 있어 가장 중요하다고 생각되는 연설문(후보 출마 연설, 전당대회 연설, 트럼프의 경우, 대선 승리 연설 포함)을 따로 분석하였다. 문장 구조를 완벽하게 처리하는 프로그램은 존재하지 않지만, 연설문에서 반복적으로 언급된 핵심 키워드는 추출할 수 있다.

이러한 데이터 수집, 가공, 분석의 3단계 과정을 통해 각각 후보의 연설문에서 반복되는 키워드를 통해 시각적으로 나타내고, 주요한 키워드를 통해 후보의 성향을 비교하였다.

샌더스와 트럼프 두 사람 모두로부터 국민이란 단어의 빈도수가 가장 높게 나타나 클린턴의 주요 연설도 비교분석했다. 국민을 많이 사용하는 게 모든 정치인의 포퓰리즘 전략 때문인지, 포퓰리즘 이념을 지닌 두 후보의 특징인지를 규명하기 위해 포퓰리스트와 거리가 먼 클린턴의 연설문을 비교하는 게 판단에 도움이 되기 때문이다.

두 번째로는 포퓰리즘 이념을 가진 포퓰리스트 후보에게 나타나는 공통적인 수사학적 특징을 주요 연설문에서 의미 중심으로 텍스트 분석을 했다. 샌더스가 포퓰리스트가 아니라 혁신가라면 트럼프와 일면 유사성을 보이면서도 다른 점을 보일 것이란 가정하에 앞의 〈표 1〉의 포퓰리스트와 혁신가를 대조시킨 분석틀을 사용하여 비교했다. 텍스트 분석에서는 1) 국민이란 용어 외에도 2) 반엘리트(반제도, 반기득권), 3) 직접민주주의, 직접 참여 등을 사용했는지(Hawkins 2009) 살펴봤다.

IV. 수사학 분석 결과

1. 워드 클라우드를 사용한 연설문 분석

워드 클라우드 분석은 우선 모든 연설문을 분석하고, 가장 중요한 연설문 두 개(출마선언, 전당대회 연설)만을 따로 분석해 그 결과를 비교해 보았다. 양자 사이에는 큰 차이를 발견하기 어려워 이 글에서는 세 후보의 주요 연설문을 비교한 결과인 〈그림 3-1〉~〈그림 3-3〉만을 제시했다. 〈그림 3-4〉는 트럼프의 대통령 당선 연설만을 별도로 분석한 것이다. 포퓰리스트 정당이 집권당에 편입되면 포퓰리즘이 완화된다는 연구 결과(Pauwels 2011)에 따라 트럼프의 대통령 당선 후의 연설은 후보 시절과 어떤 차이를 보이는지 비교하기 위함이다.

트럼프의 주요 연설에서 가장 많이 등장하는 단어는 나라(Country), 국민 (People), … 할 것이다(Going), 알다(Know)이다. 그다음이 미국(America), 미국인(American), 위대한(Great), 만들다(Make), 일하다(work) 등이다. 국가는 중국과 멕시코, 쟁점으로는 일자리, 이민, 장벽, 군대, 보호, 가족 등이 발견된다(〈그림 3-1〉).

샌더스 연설에서도 트럼프와 유사하게 미국인과 국민, 나라가 가장 많이 등장한다. 그다음으로는 수많은(국민), 일하다, 필요하다, 일자리, 가족, 건강, 경제적인, 부, 빈곤, 수입, 불평등, 정의, 변혁, 공공, 삶 등이 등장한다. 다른 후보에게서는 보이지 않았던 단어로는 사회주의, 계급이 등장한다(〈그림 3-2〉).

위 두 사람의 연설에서 공통적으로 많이 등장하는 키워드는 미국, 국민, 나라라고 할 수 있다. 둘 다 이념적으로 포퓰리스트라서 그런지 아니면 모

🔲 그림 3-1　　트럼프의 주요 연설 워드 클라우드 분석 결과

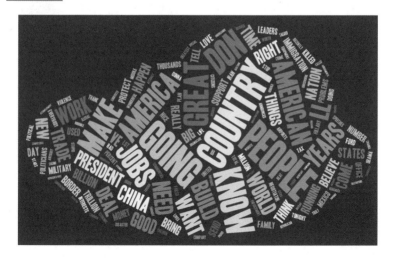

□ 그림 3-2　　　　샌더스의 주요 연설 워드 클라우드 분석 결과

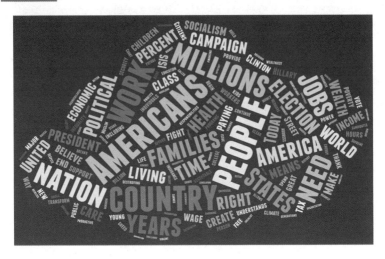

□ 그림 3-3　　　　클린턴의 주요 연설 워드 클라우드 분석 결과

든 정치인의 공통적인 포퓰리즘 전략 때문인지를 판단하기 위해 클린턴의
주요 연설문과 비교해보았다(〈그림 3-3〉).

클린턴 연설에서는 '일하다'가 미국인, 미국, 국민, 나라보다 더 많이 등장하는 게 흥미롭다. 이는 클린턴이 포퓰리즘적 요소를 가장 적게 보여주는 결과라고 할 수 있다. 그다음으로 가족, 대통령, 만들다, 알다, … 할 것이다가 그 뒤를 잇는다. 정책으로는 일자리, 비즈니스, 경제, 어린이, 모성, 여성, 삶, 건강, 새로운, 투자 등이 등장한다.

이상의 키워드로 살펴본 각 후보의 연설문으로부터 클린턴이 정책을 가장 많이 언급함으로써 포퓰리스트와 가장 거리가 먼 후보였음을 알 수 있다. 트럼프와 샌더스는 국민, 미국, 미국민을 가장 많이 언급함으로써 전략으로서의 포퓰리즘적 면모를 보여주었다고 할 수 있다. 클린턴이 부정직, 기득권 이미지로 인해 비호감 후보가 된 것도 이번 선거 패배의 한 이유로 거론되지만 포퓰리즘선거에서 정책에 집중함으로써 재미나 인기가 없는 후보가 된 것도 패배의 중요한 또 다른 이유라고 생각된다.

트럼프의 대통령 당선 연설은 국민, 감사, 위대한, 원한다는 것이 가장 많이 등장한다. 일하다, 나라, 알다 등이 그 뒤를 잇는다. 믿을 수 없다, 믿기 어렵다, 정말, 환상적이라는 단어가 다수 등장하는 것으로 봐서 트럼프도

□ 그림 3-4   트럼프의 대통령 당선 연설 워드 클라우드 분석 결과

선거 결과를 믿기 어려워한다는 것을 알 수 있다. 유세과정에서 나타났던 폭력이나 국경, 이민 등의 갈등적 언어는 사라지고 대통령, 가족, 재건, 운동, 꿈, 시작 등의 미래지향적인 언어가 많이 발견되었다. 이는 포퓰리스트가 집권하게 되면 그 특징이 약화된다는 연구 결과를 뒷받침하는 것이다.

2. 트럼프와 샌더스 주요 연설문의 정성적 분석 결과

두 후보의 주요 연설문을 읽어가면서 앞의 분석틀에 해당하는 텍스트를 분석한 결과는 〈표 2〉와 같다. 우선 트럼프의 배경은 성공한 신흥 갑부로서 권력에 도전하는 비정치인에서 정치인으로 변신한 최근 뉴포퓰리스트의 전형적인 모습을 보여준다. 샌더스는 정치권에서 오래 검증된 인물로서 평생 사회주의자로 살아온 아웃사이더이지만 포퓰리스트라고 하기엔 전형적이지 않다. 트럼프는 본선거에서의 선거운동도 공화당 조직과 결합되지 않고 후보 단독으로 했을 만큼 당과는 괴리된 후보였고 단순 명쾌한 연설을 한다는 점에서도 포퓰리스트의 특징과 유사하다. 샌더스는 정책적 쟁점을 단순화시켰을 뿐 정책에 집중한 그의 연설은 전형적인 포퓰리스트라고 말하기 어렵다. 다만 그의 정책이 단순명료하다 보니 실현 가능성이 떨어진다는 이유로 포퓰리스트로 지목되었다고 본다. 샌더스가 포퓰리스트 전략을 사용했는지는 몰라도 포퓰리스트로 명명하기엔 부적합하다.

수사학에 있어서 트럼프는 위협과 공포를 동원하고 제도보다는 능력 있는 리더 한 사람에 의해 그 문제를 풀 것처럼 제안한다는 점에서, 그리고 문제 해결을 좋은 사람을 임명함으로써 해결한다는 점에서는 포퓰리스트의 사인화 현상을 발견할 수 있다. 트럼프는 제도보다는 기업인으로서 성공한 자신의 능력, 의지 등을 강조한다. 트럼프의 주요 주제는 폭력과 이민에 대한 불안감을 고조시키고 그로부터 국민의 안전을 보호하겠다고 주장하며 소외받고 어려운 처지에 있는 국민을 보호하겠다고 말한다. 전형적인 포퓰리스트처럼 동일한 국민을 상정하는 것은 아니지만 다양한 국민을 상정하지도

■ 표 2   트럼프와 샌더스 텍스트 비교 결과

정치인		트럼프	샌더스
경력		비정치인의 정치인으로의 변신	정치권에서 검증된 인물 가난했던 어린 시절
리더십		• 부동산 갑부 (성공한 신흥 갑부) • 공화당 조직과 괴리된 후보 중심의 선거운동 • 단순 명쾌한 연설 (한 문장에 여섯 단어가 넘지 않음)	• 평생 사회주의자로 일관된 가치 유지 • 정당인이 아니었기에 조직 내 리더십 검증하기 어려움 • 정책 아젠다의 단순화 - to bring together we need a simple and straight-forward progressive agenda
수사학 스타일	국민 중심 (위협에 대한 공포 동원 / 과거지향적 vs. 미래지향적)	- the recent images of violence in our streets and the chaos in our communities - 180,000 illegal immigrants with criminal records, ordered deported from our country - crime are now being reversed by this Administration's - killings have risen by 50 percent - basic duty of government is to defend the lives of its own citizens - The number of new illegal immigrant families who have crossed the border so far this year already exceeds the entire total from 2015 - the altar of open borders. - Nearly four in 10 African-American children are living in poverty, while 58% of African-American youth are not employed - America is far less safe — and the world is far less stable - we will lead our country back to safety, prosperity, and peace	- political revolution to transform our country - political revolution to transform America and that revolution — our revolution continues - when people stand together, and are prepared to fight back, there is nothing that can't be accomplished - We took the fight to the courts, to the legislature and to the people - I look forward to being part of that struggle with you - the kind of future we create for our children and grandchildren - worry about future genera-

	- our plan will put America First - The American People will come first once again - America Is Back — bigger, and better and stronger than ever before	tions, not the short-term profits of the fossil fuel industry
기득권에 대한 적대감	- A number of these reforms that I will outline tonight will be opposed by some of our nation's most powerful special interests - That is because these interests have rigged our political and economic system for their exclusive benefit - **Big business, elite media and major donors are lining up behind the campaign of my opponent because they know she will keep our rigged system in place** - They are throwing money at her because they have total control over everything she does. She is their puppet, and they pull the strings - No longer can we rely on those same people in the media, and politics, who will say anything to keep a rigged system in place	- same old establishment politics and stale inside-the-beltway ideas - wealth is owned and controlled by a tiny handful of individuals - lower wages - the highest rate of child poverty - rigged economy - totally corrupted system - billionaire class - the rich richer and everyone else poorer - reform Wall Street - one percent government
직접 방법 VS. 제도 존중	직접 민주정에 대한 언급 찾기 어려움	- democratic government - democratic system - This is not democracy, this is oligarchy
동질적인 국민 VS. 정파적인 국민	- Every day I wake up determined to deliver a better life for the people all across this nation that have been ignored, neglected and abandoned	- working families - great middle class is disappearing - top 1% wealthy income and wealth inequality - youth unemployment

수사학의 내용 rhetoric		– I have visited the laid-off factory workers, and the communities crushed by our horrible and unfair trade deals – These are the forgotten men and women of our country. People who work hard but no longer have a voice – I'M WITH YOU—THE AMERICAN PEOPLE." I am your voice	– senior poverty – kids are living in dire poverty – our diversity is our greates strength
	제도에 대한 불신(사인화) vs. 민주주의 제도 개혁	– Nobody knows the system better than me, which is why I alone can fix it. I have seen firsthand how the system is rigged against our citizens, – I will work with, and appoint, the best and brightest prosecutors and law enforcement officials to get the job done. – I have made billions of dollars in business making deals—now I'm going to make our country rich again. – I am going to turn our bad trade agreements into great trade agreements	– our citizens no longer have confidence in our political institutions and given the power of Big Money in the political process – That's what democracy is about – pass comprehensive immigration reform and repair a broken criminal justice system
	모호한 권력의지	자신감과 권력의지 보여줌	권력을 잡으면 하게 될 정책 아젠다가 분명함

않는다. 무엇보다 특수이익집단과 언론, 대기업과 클린턴 사이의 기득권 연합에 대한 적대감을 동원하는 것도 포퓰리즘 수사학의 전형을 보여주었다. 그의 꿈이 과거에 위대했던 미국, 미국 우선주의를 다시 한번 되찾겠다는 것이라는 점에서도 포퓰리즘의 과거지향적 수사가 발견된다. 트럼프가 전형적인 포퓰리즘적 모습을 보이지 않는 것은 권력의지에 대한 것뿐이다. 페로가 권력의지가 없는 척 언론 플레이를 했던 것과는 대조적으로 트럼프는 강한 권력 의지를 보여준다는 점에서는 전형적인 포퓰리스트와는 다르다.

샌더스는 진보적 아젠다, 정치적 혁명이라는 용어를 많이 쓸 만큼 미국에서는 찾기 어려운 진보적 정치인의 모습을 보였고, 1%의 부자와 99%의 서민을 대비한다는 점에서 좌파 계급정치의 면모를 보여준다. 1% 부자, 월스트리트, 은행 등을 경제적 기득권으로 상정한다는 점에서 트럼프와 유사해 보인다. 미국의 위기를 말하고 미국 시스템이 썩었고 시민들이 더 이상 미국의 시스템을 신뢰하지 않기에 혁명적으로 개혁해야 한다고 주장한다. 그러나 혁명의 방법은 국민과 함께 아래로부터 그리고 제도를 통하며 민주주의를 강조한다는 점에서 정치의 사인화를 발견하기는 어렵고 트럼프와 다르다. 샌더스가 꿈꾸는 사회는 자녀와 아이들이 행복한 미래라는 점에서 트럼프처럼 과거지향적이지 않다. 샌더스는 다양한 국민, 소외받고 어려운 국민을 1% 부자와 대비시킨다는 점에서 계급정치를 믿는 좌파 정치인의 모습을 찾을 수 있다. 성공 가능성이 낮은 선거공약, 단순하고 간결한 언어 등에서 전략으로서의 포퓰리즘은 찾을 수 있어도 이념적 포퓰리스트와는 거리가 멀다고 할 수 있다.

V. 결론과 시사점

영국의 브렉시트 국민투표 결과와 마찬가지로 2016년 미국 대선은 트럼프조차도 자신의 승리를 예상치 못한 이례적인 선거였다. 이에 한국의 언론은 물론이고 최장집 교수도 경제적 심판론으로 미국 선거를 분석했다. 최교수는 『한겨레21』과의 인터뷰에서 기존의 정당이 신자유주의 경제질서와 그로 인한 양극화를 해결하지 못했기 때문에 기존 양당의 외부자라고 할 수 있는 트럼프와 샌더스가 높은 인기를 누렸으며, 좌우를 넘어선 해결책을 가진 트럼프가 워싱턴의 기득권을 대변했던 클린턴을 이긴 것은 미국민의 합리적 선택이라고 주장했다. 하지만 정치학에서 전통적 선거예측모형에서 사용하는 정당일체감, 현직자에 대한 회고적 평가, 회고적 경제투표, 전망적 정책투표, 전망적 후보 평가 등 선거예측에 사용되는 어떤 지표로 봐도 미국민의 선택이 합리적임을 뒷받침할만한 증거를 찾지 못했다. 과거보다 높아진 정치불신, 양당을 선호하지 않는 유권자의 증가 정도가 트럼프의 부상을 뒷받침하기는 하지만 제3당 후보가 아닌 공화당 후보였던 트럼프의 승리를 설명하기에는 역부족이다.

이에 본고는 2016년 대선을 설명하는 대안의 가설로서 포퓰리즘을 제시했다. 1970년대 남미를 중심으로 분배정책과 결합된 포퓰리즘이 노동자와 중산층의 계급연대를 추구한 포함의(inclusive) 정치였다면, 2000년 이후 유럽 통합과 이민정책, 테러리즘에 대한 공포로 시작된 서유럽의 포퓰리즘은 정체성의 정치를 추구하며 소수자와 약자, 외국인에 대한 혐오감을 동원하는 배제의 정치라는 점에서 뉴포퓰리즘이라고 불린다. 본고가 2016 미국 대선을 뉴포퓰리즘선거로 의심하는 데에는 세 가지 이유가 있다.

먼저, 포퓰리즘은 경제적인 극한 위기감 속에서 탄생한다. 이번 미국 대선은 단지 오바마 민주당 행정부에 대한 심판이 아니라 중동전쟁 이후 쇠퇴해 가는 미국의 국력과 경제력의 추락에서 오는 위기감 속에서 치러졌다고 볼 수 있다. 무엇보다 제4차 혁명이라는 산업화의 격변기에 생산수단의 변화로 인해 새로운 일자리를 찾는 데 어려움을 겪는 중장년층 저학력 백인 노동자의 두려움이 반영된 선거라고 할 수 있다. 포퓰리즘선거에서 위기감을 느끼는 유권자의 선택은 합리적이기보다는 비이성적이고 맹목적인 환상에 기반할 가능성이 높다.

둘째, 뉴포퓰리즘은 소수자와 약자에 대한 혐오감을 동원한다는 점에서 정치적 올바름과 도덕성에 대해 떳떳하게 느끼지 않을 가능성이 있다. 여론조사에서 유권자가 뉴포퓰리즘정책이나 후보의 지지를 밝히는 데 소극적이라면 선거 결과 예측에 실패할 가능성이 높다.

셋째, 포퓰리즘은 정치에 대한 이해가 낮은 정치냉소주의자를 동원할 가능성이 높다. 무당파 중에서도 공화당에 대한 지지가 저조한 가운데 공화당 경선의 높은 참여 열기는 평소에 투표를 하지 않던 정치냉소주의자를 동원했을 가능성이 높다. 부동산업계에서 성공신화를 가진 트럼프는 TV 예능프로그램을 통해 친숙한 인물이며 SNS를 통해 국민과 직접소통하며 기존 정치권과 대기업, 언론 등 기득권을 싸잡아 매도했다. 이는 전형적인 포퓰리스트 운동 방식인데 정치권의 잘못에 대한 부채가 없는 비정치인이라는 점에서 트럼프의 운동이 성공적일 수 있었다고 본다.

포퓰리즘은 정치를 단순한 선악구도로 나누고 기득권에 대한 적대감을 동원함으로써 동질적인 의사를 갖는 국민을 대변하는 특별한 사람으로 포장하는 정치이념이라고 할 수 있다. 언론은 포퓰리즘 전략과 이념을 구분하지 않은 채 양자를 싸잡아 포퓰리스트라고 부르지만 이들이 대의민주주의에 미치는 함의는 매우 다르다. 포퓰리즘은 일회적인 선거전략이나 지킬 수 없는 대중인기영합적인 공약 등을 포함하는 전략으로서의 포퓰리즘과 정치운동으로 이어지는 이념으로서의 포퓰리즘으로 대별된다. 전략으로서의 포퓰리즘은 미국의 주요 정당에서도 종종 발견되었고 대의민주주의에 심각한 위해를 가하지 않는다. 이념으로서의 포퓰리즘은 대의제의 문제로부터 비롯되지만 권위주의적인 리더가 등장하여 유권자를 만족시킬 수 없는 기대를 만들어 결국 실망시키고, 제도를 우회하여 사인화의 정치를 부추김으로써 대의제에 심각한 위협이 된다.

언론이 포퓰리스트 후보로 지명한 트럼프와 샌더스가 어떤 종류의 포퓰리즘을 선거에 사용했는지 규명하기 위해 워드 클라우드 빅데이터 분석 기법과 정성적 수사학 분석 기법을 도입했다. 포퓰리스트의 특성은 수사학 분석으로만 찾을 수 있다는 것에 대다수 학자들이 동의하기 때문이다. 포퓰리스트의 특징과 혁신가의 특성을 비교하기 위해 트럼프와 샌더스의 연설문 분석 결과를 클린턴의 연설과도 비교했다. 주요 연설과 모든 연설을 비교한 워드 클라우드 분석 결과는 매우 유사하게 나타나 본고에서는 주요 연설문 분석 결과만 제시했다.

분석 결과 트럼프와 샌더스는 국민, 미국민, 미국이라는 용어를 가장 많이 사용해 포퓰리스트의 면모를 보여준 반면, 클린턴은 일자리를 가장 많이 언급해 포퓰리스트와 거리가 먼 것으로 나타났다. 클린턴의 패배는 워싱턴 기득권과 부정직한 이미지를 극복하지 못한 것이 가장 큰 이유였지만, 정책에 집중했던 것이 포퓰리즘선거에서 부정적으로 작용했음도 알 수 있었다. 트럼프는 후보 연설에서는 중국, 멕시코, 보호, 이민, 장벽 등 뉴포퓰리즘의 성격을 나타내는 단어들이 많이 등장했지만, 대통령 당선 연설은 갈등적 언어보다는 미래지향적이고 희망적인 단어들을 많이 사용했다.

트럼프의 연설을 정성적으로 텍스트 분석한 결과 트럼프의 단순 명료한 연설, 샌더스의 단순 명료한 정책 아젠다는 포퓰리스트의 수사학과 유사했다. 그러나 이 점에서는 포퓰리스트와 혁신가가 유사점이 있어 이것만으로 두 사람의 특성을 규명하는 데에는 무리가 있다. 또한 트럼프와 샌더스는 다른 면에서 많은 차이도 드러냈다.

트럼프는 폭력과 이민에 대한 위협을 동원하고, 워싱턴 기득권과 특수이익집단에 대한 적대감을 동원했으며, 리더 한 사람의 능력으로 정치의 많은 문제를 해결할 수 있다는 사인화의 수사학은 전형적인 포퓰리스트와 닮았다고 할 수 있다. 트럼프가 이상적으로 생각하는 사회는 과거의 위대한 미국, 미국 우선주의를 되찾겠다는 것으로 과거지향적이라는 점에서도 전형적인 포퓰리스트 수사학을 구사했다. 트럼프의 권력의지가 모호하지 않고 강하다는 점에서만 포퓰리즘과 거리가 있어 보인다.

반면, 샌더스는 미국의 부를 독점한 상위 1%에 대한 적대감을 동원하고 현 미국 제도의 위기를 경고한다는 점에서는 포퓰리즘 전략을 활용하는 것으로 보이지만 민주주의 제도와 국민의 참여를 통한 문제해결을 강조하고 미래지향적인 비전을 제시한다는 점에서 포퓰리스트라고 보기 어렵다고 결론 내린다. 출신 배경이나 정치적 경험 등에서는 트럼프만 전형적인 포퓰리스트의 특징을 드러냈지, 샌더스는 오히려 사회주의 혁신가 모습에 가까웠다.

트럼프는 리더십, 수사학에서 전형적인 포퓰리스트의 모습을 많이 보였지만, 샌더스는 포퓰리스트 전략은 사용했을지 몰라도 포퓰리스트라고 말하기는 어렵다고 본고는 결론 내린다. 따라서 '샌더스가 후보가 되었다면'이라는 가정이나 '샌더스가 트럼프를 이겼을까' 하는 가정 또한 성립되기 어려운

것으로 보인다. 민주당을 지지하는 고학력 중산층이 포퓰리스트 전략을 구
사하는 샌더스를 민주당 주류인 클린턴 대신 선택했을 가능성 자체가 높지
않았기 때문이다. 따라서 샌더스가 후보가 되었다면 트럼프를 이겼을까 하
는 가정 자체가 무의미하다고 생각된다.

영국의 브렉시트, 미국 대선 등 전 세계가 포퓰리즘의 열병을 앓고 있는
이유는 현재 우리가 산업구조의 격변기에 살고 있는 것과 무관하지 않다.
또한 정당과 무관한 정당 밖의 인물이 주요 양대 정당의 후보로 당선된 사
건은 미국 정당 역사상 매우 희귀한 일이다. 미국에서는 이러한 이변이 또
발생할 수 있을까? 두 가지 가능성을 생각해볼 수 있을 것 같다.

한편으로는 예비선거 도입 이후 일어난 지속적인 미국 정당 쇠퇴와 최
근 인터넷과 SNS를 기반으로 하는 정보통신혁명으로 인해 향후 포퓰리즘의
발흥은 이변이 아니라 반복적으로 발생할 가능성이다. 이번 대선 경선에 칼
라 피오리나를 포함해 기업인이 선전을 했던 것도 이런 징후를 뒷받침한다
고 생각된다. 다른 한편으로는 오바마의 가치를 중시하는 리더십에 대한 피
로증, 위대한 미국이 저물고 있다는 위기의식에서 미국민이 트럼프를 선택
했지만 제도화된 미국 정치에서 제도를 우회하는 사인화된 대통령 트럼프가
대통령으로서 성공하기는 쉽지 않아 보인다. 이를 통해 미국민은 교훈을 얻
게 될 것이고 포퓰리스트 같은 신기루의 환상으로부터도 벗어날 가능성이
있다고 본다.

필자는 첫 번째 징후도 완전히 배제할 수 없지만, 두 번째 가능성이 더
크다고 본다. 트럼프 대통령의 취임 초 지지도는 오바마 전임 대통령보다
낮은 것은 물론이고 50%에도 훨씬 못 미친다. 미국민은 벌써 환상에서 깨
어나고 있는지도 모른다. 트럼프 대통령이 탄핵을 당할지 무사히 임기를 마
칠지는 알 수 없지만 미네소타에서 무소속으로 당선된 벤추라 주지사가 재
선을 포기한 예처럼 트럼프도 그렇게 될 가능성이 높다고 생각한다.

한국도 이러한 포퓰리즘의 흐름으로부터 자유롭지는 않다고 생각된다.
2012년 안철수 현상은 전형적인 포퓰리즘이었다(조기숙 2015a). 올 대선에
서도 포퓰리즘 분위기가 발생할 가능성은 여전히 존재했었다고 생각한다.

박근혜-최순실 게이트가 일어나지 않았다면 반기문이라는 또 한 명의 포퓰리스트가 여의도 정치권을 싸잡아 비판하면서 대선 가도를 앞서 달릴 가능성이 있었다고 본다. 포퓰리즘이 등장할 토양인 극한 경제적 위기감은 한국 사회에도 상존하고 있기 때문이다. 다만 2012년 대선보다 현재 한국 사회에서 포퓰리즘이 재발할 가능성이 줄어든 데에는 두 가지 이유가 있다고 본다. 첫째는, 2012년 한 번의 경험과 실패로부터 교훈을 얻었기 때문이다. 둘째는, 촛불집회에 의한 대통령 탄핵이라는 초유의 상황에서 시민들은 정치정보를 흡수하고 집단지성을 발휘하고 있기 때문이다. 이 두 가지 이유로 인해 포퓰리즘이 2017년 대선을 휩쓸 가능성은 거의 없다고 할 수 있다.

[첨부 1] 분석 대상 연설문

▶ 샌더스 (Bernie Sanders)
- 2015.05.26 Formal Announcement: running for election
- 2015.11.19 Georgetown University
- 2016.02.10 Victory Speech (New Hampshire)
- 2016.04.14 CNN Democratic Debate
- 2016.06.07 Los Angeles, California
- 2016.06.16 Burlington, Vermont (after Clinton became the democratic candidate)
- 2016.06.16 Online video message
- 2016.06.24 Albany, New York
- 2016.07.12 Sanders officially endorsed Clinton at a unity rally (Portsmouth, New Hampshire)
- 2016.07.25 Democratic National Convention, Philadelphia

▶ 트럼프 (Donald Trump)
- 2015.06.16 Presidential Announcement Speech (Trump Tower, New York)
- 2015.12.30 Speech (Hilton Head, South Carolina)
- 2016.07.21 Speech to the Republican National Convention
- 2016.08.09 Second Amendment Speech (Wilmington, North Carolina)
- 2016.08.15 Foreign Policy Speech (Youngstown, Ohio)
- 2016.08.18 First Campaign Speech since Hiring Bannon & Conway (Charlotte, North Carolina)
- 2016.08.31 Immigration Speech (Phoenix, Arizona)
- 2016.09.07 Speech on National Security (Philadelphia, Pennsylvania)
- 2016.10.08 Apology for his 2005 video through his facebook page
- 2016.10.13 Rally Speech Addressing Sexual Assault Accusations (West Palm Beach, Florida)
- 2016.10.14 Rally Speech Attacking His Accusers (Greensboro, North Carolina)
- 2016.10.16 Speech at the Al Smith Dinner (New York City)
- 2016.11.09 Presidential Victory Speech (Hilton Midtown Hotel, New York)
- 2016.11.13 President-elect Trump speaks to a divided country on 60 minutes (CBS News)

▶ 클린턴 (Hillary Clinton)
- 2015.06.13 Campaign Launch Rally (New York City)
- 2016.07.28 Speech at the Democratic National Convention

▪ 참고문헌 ▪

권익수. 2012. "책임, 공감, 진심, 그리고 새로운 미래: 안철수의 대선출마연설문에 나타난 프레임 분석." 『언어와 언어학』 57집. 1-26.

송채경화. 2016. "트럼프 당선, 미국대중의 합리적 선택." 『한겨레21』(11월 14일), http://h21.hani.co.kr/arti/special/special_general/42635.html(검색일: 2017.1.11).

신 율. 2016. "[신율의 정치 읽기] 트럼프 당선, 격랑에 빠진 한·미 안보동맹." 『매경 이코노미』 제1883호(11월 14일), http://news.mk.co.kr/newsRead.php? year=2016&no=792188(검색일: 2017.1.11).

MBN 뉴스센터. 2016. "[미국 대선 결과] 트럼프 승리, 백인 남성들이 주도 ⋯ 백인 여성도 53%" MBN(11월 9일), http://www.mbn.co.kr/pages/news/news View.php?news_seq_no=3059162(검색일: 2017.3.6).

연합뉴스. 2016. "한국인의 시각으로 본 트럼프의 미 대선 승리요인"(11월 23일), http://www.yonhapnews.co.kr/bulletin/2016/11/23/0200000000AKR201 61123129400005.HTML(검색일: 2017.1.11).

이남영. 2000. "[방송 3사 출구조사의 현주소] '빗나간 예측보도' 무엇이 문제인가." 『관훈저널』 41집 2호. 277-286.

이준웅. 2004. "제17대 총선 예측 조사의 문제: 조사 거절자와 응답불성실자 편향을 중심으로." 『언론정보연구』 41집 1호. 110-135.

임순미. 2010. "정치리더의 레토릭에 나타난 가치프레임: 노무현 전 대통령과 이명박 대통령의 신년국정연설 비교." 『21세기정치학회보』 20집 1호. 71-98.

정병기. 2012. "서유럽 포퓰리즘의 성격과 특징: 프랑스, 이탈리아, 오스트리아, 벨기 에, 노르웨이의 네오포퓰리즘 정당을 중심으로." 『대한정치학회보』 20집 2 호. 139-164.

조기숙. 2013. "'정당지지'에 기초한 선거예측 종합모형: 19대 총선의 구조를 중심으 로." 『한국정치학회보』 47집 4호. 71-92.

_____. 2015a. "안철수 현상의 동인: 정당불신 혹은 정치냉소주의?" 『한국정치연구』 24집 3호. 55-86.

_____. 2015b. "안철수 현상에 대한 진영언론의 담론평가: 변혁의 리더십 혹은 포퓰

리즘." 『의정논총』 10집 2호. 163-191.

_____. 2016. 『포퓰리즘의 정치학』. 서울: 인간사랑.

조남규. 2016. 『포퓰리스트 대통령 도널드 트럼프』. 서울: 페르소나.

Burns, McGregor. 2003. *Transforming Leadership*. New York: Grove Press.

Canovan, Margaret. 1984. "'People', Politicians and Populism." *Government & Opposition* 19. No.3. 312-327.

Cassidy, John. 2016. "Populist Triumph: Big Wins for Bernie Sanders and Donald Trump." *The New Yorker* (March 9), http://www.newyorker. com/news/john-cassidy/populist-triumph-big-wins-for-bernie-sanders-and-donald-trump(검색일: 2017.1.11).

Clement, Scott, and Emily Guskin. 2017. "President Obama is leaving office on a very high note." *The Washington Post* (Jan., 18), https://www.wa shingtonpost.com/news/the-fix/wp/2017/01/18/obama-climbs-to-60-per cent-approval-in-final-presidential-approval-rating-post-abc-poll-finds/?u tm_term=.5b015c8e484b(검색일: 2017.3.5).

Conniff, Michael L. 1999. *Populism in Latin America*. Tuscaloosa: University of Alabama Press.

Dekker, Paul. 2007. "'Political cynicism' in the course of time: Negative attitudes towards politics in The Netherlands, 2002-2007." 6-8, ECPR. Pisa, Italy. September.

Economist. 2016. "The Populists are on top"(February 10), http://www.eco nomist.com/blogs/democracyinamerica/2016/02/populists-are-top(검색일: 2017.1.11).

Gallup. 2016. Trust in Government, http://www.gallup.com/poll/5392/trust-government.aspx(검색일: 2016.11.30).

_____. 2016. Job Creation Index, http://www.gallup.com/poll/201203/job-creation-index-ends-2016-high-note.aspx?g_source=Economy&g_mediu m=newsfeed&g_campaign=tiles(검색일: 2016.12.1).

Greenstein, Fred I. 2000. *The Presidential Difference*. Princeton, N.J.: Princeton University Press.

Hawkins, Kirk. 2009. "Is Chavez Populist?: Measuring Populist Discourse in Comparative Perspective." *Comparative Political Studies* 42. No.8. 1040-1067.

Hufbauer, Gary Clyde, and Euijin Jung. 2016. "Augmented Misery Index: Second Half of 2015." PIIE(May 12, 2016), https://piie.com/comme ntary/speeches-papers/augmented-misery-index-current(검색일: 2017.1. 11).

Key, Valdimer O. 1966. *The responsible electorate.* Cambridge: Belknap Press of Harvard University Press.

Kitschelt, Herbert. 2002. "Popular Dissatisfaction with Democracy: Populism and Party Systems." In Yves Mény and Yves Surel, eds. *Democracies and the Populist Challenge,* 179-196. New York: Palgrave.

Krouwel, André, and Koen Abts. 2007. "Varieties of Euroscepticism and populist mobilization: transforming attitudes from mild Euroscepticism to harsh Eurocynicism." *Acta Politica* 42. No.2. 252-270.

Mény, Y and Y. Surel. 2002. *Democracies and the Populist Challenge.* New York: Palgrave.

Mouzelis, Nicos. 1985. "On the Concept of Populism: Populist and Clientelist Modes of Incorporation in Semiperipheral Politics." *Politics & Society* 14. No.3. 329-348.

Mudde, Cas, and Cristóbal R. Kaltwasser. 2013. "Exclusionary vs. Inclusionary populism: Comparing Europe and Latin America." *Government and Opposition* 48. No.2. 147-174.

Mudde, Cas. 2007. *Populist Radical Right Parties in Europe.* Cambridge, UK: Cambridge University Press.

Neustadt, Richard E. 1990. *Presidential Power And The Modern Presidents: The Politics of Leadership for Roosevelt to Reagan.* New York: Free Press.

Pauwels, Teun. 2011. "Measuring Populism: A Quantitative Text Analysis of Party Literature in Belgium." *Journal of Elections, Public Opinion & Parties* 21. No.1. 97-119.

Peterson Institute for International Economics. 2016. "16-6 Assessing Trade Agendas in the US Presidential Campaign," https://piie.com/system/ files/documents/piieb16-6.pdf(검색일: 2017.1.11).

Pew Research Center. 2016. "GOP's Favorability Rating Edges Lower." Election 2016(April 28, 2016).

_____. 2016. "Clinton, Trump Supporters Have Starkly Different Views of a Changing Nation." Election 2016(August 18, 2016).

Schwab, Klaus. 2015. "The Fourth Industrial Revolution_What It Means and How to Response." *Foreign Affairs* (December 12), https://foreignaffairs. org/articles/2015-12-12/fourth-industrial-revolution(검색일: 2017.1.11).

Sen. Sanders, Bernie. 2015. "Economy," http://www.sanders.senate.gov/legis lation/issue/economy(검색일: 2017.1.11).

Shills, Edward. 1956. *The Torment of Secrecy: The Background and Consequences of American Security Policies.* Michigan University: Free press.

Taggart, Paul A. 2000. *Populism.* Buckingham: Open University Press.

_____. 2002. "Populism and the pathology of representative politics." In Yves Mény and Yves Surel, eds. *Democracies and the Populist Challenge*, 62-80. New York: Palgrave.

Urbinati, Nadia. 1998. "Democracy and populism." *Constellations* 5. No.1. 110-124.

Ware, Alan. 2002. "The United States: Populism as Political Strategy." In Yves Mény and Yves Surel, eds. *Democracies And The Populist Challenge.* 101-119. New York: Palgrave.

제3장

미국 대선 본선과
후보 지지기반 분석

최효노
서울대학교

I. 들어가며

2016년 11월, 미국 유권자뿐만 아니라 전 세계의 높은 관심 속에 미국의 제45대 대통령을 뽑는 선거가 실시되었다. 이번 대통령선거는 2월부터 시작된 민주, 공화 양당의 경선 단계에서부터 그 어느 때보다 세간의 관심을 끌었고, 공화당 후보였던 도널드 트럼프(Donald Trump)의 당선은 많은 이들이 예상치 못한 결과였다.

이번 선거에 그토록 많은 관심이 쏠리고 나아가 선거 결과가 충격으로 다가왔던 이유 중의 하나는 후보요인에서 찾을 수 있을 것이다. 공화당의 트럼프나 민주당의 샌더스는 모두 당내 주류에 속하는 인물들이 아니었다. 워싱턴의 주류 정치인들과 비교할 때 이들은 흔히 말하는 '아웃사이더(outsider)'이다. 트럼프와 같은 아웃사이더가 공화당의 젭 부시나 마르코 루비오와 같은 주류 정치인들을 제치고 대선 본선에 올라 민주당 후보와 박빙

의 승부를 벌이고 대통령에 당선되는 장면은 미국 정치사에서 근래 보기 드
문 광경이었다.

게다가 언론에서 평하고 있는 것처럼 트럼프는 포퓰리스트 리더십의 특
징을 많이 지니고 있는 인물이다.[1] 미국 정치사를 살펴보면 보수 포퓰리즘
(right-wing populism)과 진보 포퓰리즘(left-wing populism)의 전통이 존재
하는데 이 가운데 트럼프는 인종주의적·민족주의적 요소가 강한 보수 포퓰
리즘의 전통에 속한다고 할 수 있다(Kazin 2016). 미국 역사상 아웃사이더
이고 포퓰리스트로 여겨지는 후보가 대통령이 된 사례는 극히 드물다. 제7
대 대통령이었던 앤드류 잭슨(Andrew Jackson)과 트럼프 정도를 꼽을 수 있
을 것이다.

그렇다면 아웃사이더이고 포퓰리스트인 트럼프가 어떻게 대통령에 당선
될 수 있었던 것인가? 공화당과 민주당의 지지기반에 변화가 생겼기 때문인
가? 혹은 유권자 투표패턴에 변화가 있었던 것인가?

본 연구에서는 2016년 미국 대통령선거에서 양당의 후보들이 주로 어떤
유권자 집단들로부터 지지를 받았는지, 양당의 지지기반에 이전과 다른 변
화가 있었는지를 살펴본다. 그리고 유권자 투표패턴이 이전 선거들과 달랐
는지 여부를 분석해서 이번 선거의 의미를 살펴본다.

이를 위해 이 글은 다음과 같이 구성된다. 다음 절에서는 1930년대 뉴
딜 정당연합(New Deal party coalition)으로 형성된 민주당과 공화당의 지지
기반이 시간이 흐르면서 어떻게 변해 왔는지 살펴본다. 세 번째 절에서는
2016년 대통령선거에서 민주당과 공화당 후보가 어떤 유권자 집단으로부터

---

1) 포퓰리스트 리더십은 카리스마 있고 권위적이며 일반 국민과의 소통을 중시한다. 따라
   서 직접 소통이 가능한 미디어 매체를 적극 활용하는 경향이 있으며 일반 국민이 쉽게
   이해할 수 있는 직설적이고 단순한 언어를 구사한다. 민주적 절차보다는 효율성을 중
   시하며 공조직보다는 자신의 측근으로 이루어진 폐쇄적인 사조직에 의해서 의사결정
   을 하는 경향이 있다. 그리고 기득권 및 기존의 지배적인 사상과 가치, 제도에 불만을
   가진 국민의 요구에 부합하는 수사(rhetoric) 및 공약을 제시한다(포퓰리스트 리더십
   의 특징과 관련해서는 조기숙(2016)을 참조할 것).

지지를 많이 받았는지 출구조사(exit poll) 결과를 통해 살펴보고 이전과 비교해 지지기반에 변화가 있었는지 알아본다. 네 번째 절에서는 우위정당(majority party)의 교체 여부 및 유권자 투표패턴의 연속성 여부를 기준으로 대통령선거를 어떻게 범주화할 수 있는지 살펴보고 2016년 선거에서 유권자 투표패턴의 변화 여부와 이번 선거가 어떤 범주에 속하는지 알아본다. 마지막 절에서는 연구 결과를 요약하고 이번 미국 대통령선거의 정치적 함의에 대해서 논한다.

II. 뉴딜 정당연합과 정당 지지기반의 변화[2)]

1930년대 대공황(the Great Depression)은 기존 미국 정당체계의 재편성을 가져오는 촉매제가 되었다. 대공황 이후 미국 국내 정치를 지배한 주요 이슈는 사회복지(social welfare)였고, 사회복지의 제공과 관련해 연방정부의 역할과 범위에 대한 논쟁들이 계속되었다. 복지 문제에 있어서 민주당 대통령이었던 프랭클린 루스벨트(Franklin D. Roosevelt)는 정부의 적극적인 개입을 주장했다. FDR의 민주당은 마치 미국 내의 모든 사회적·경제적 문제들에 대해 정부가 해결책을 내놓을 것처럼 보였다. 특히 민주당은 대공황으로 야기된 경제적 문제들을 극복하고 사회적 약자 그룹에 혜택을 제공하는 정책들을 많이 제시했다. 그 결과, 대공황으로 가장 크게 영향을 받은 하위계층, 실업자, 미숙련 노동자 계층, 북부지역의 흑인들, 인종적·종교적 소수집단— 예를 들면, 천주교도(Catholics), 유태인(Jews) 등 —으로부터 지지를 받게 되었고 이 집단들이 뉴딜 민주당 지지연합(New Deal Democratic

---

2) 1930년대 대공황 이후 형성된 정당 지지기반에 관한 연구로는 카민즈 외(Carmines & Layman 1997)를 참조할 것.

Coalition)을 구성하게 된다. 여기에 남북전쟁 이후로 링컨의 공화당에 등을 돌리고 민주당을 지속적으로 지지해 오던 남부 백인(southern white)도 민주당 지지연합에 포함된다.

반면, 같은 시기 공화당은 작은 정부(limited government), 규제받지 않는 자본주의, 앵글로색슨 아메리카(Anglo-Saxon America)를 내세웠다. 공화당은 정부가 경제와 사회복지 문제 등에 개입하는 것에 비판적인 입장을 취했다. 공화당의 주요 지지기반은 고소득자, 상위계층, 기업, 백인, 남부 이외 지역의 백인 개신교도(protestants)들이었다.

뉴딜 정당연합(New Deal party coalition)이 형성된 이후 민주당은 야당에서 집권당이 되었고 1932년부터 1948년까지 대통령선거에서 계속해서 승리했다. 그리고 1950년대까지 민주당과 공화당의 지지기반 및 뉴딜 정당체계(New Deal party system)는 큰 변화없이 지속되었다(Ladd and Hadley 1978; Carmines & Layman 1997).

이후 1960년대 미국 사회에서 민권운동(civil rights movement)이 활발해지면서 민주당 지지연합(Democratic coalition)에 균열이 생기기 시작한다. 흑인과 남부의 백인집단은 민권 문제에 있어서는 서로 대척점에 있다고 할 수 있는데, 인종 문제에 있어서 진보적 입장을 취하는 민주당에 반대하는 남부 백인들이 민주당을 이탈해서 공화당 지지로 돌아서기 시작했다. 반면에 흑인들은 민권운동과 관련해 민주당의 입장을 전폭적으로 지지했고 이후 이들은 민주당에 대한 지지가 가장 높은 집단이 됐다. 또한 60년대 이후 사회문화적 이슈(socal/cultural issues)에서 민주당이 진보적인 입장을 취하면서 이 새로운 사회문화적 운동에 반대하는 보수적 종교집단들이 민주당 지지에서 공화당 지지로 돌아서기 시작했다. 그 결과, 1970~80년대에 이들의 공화당 지지가 증가했다(Carmines & Layman 1997).

스탠리 외(Stanley & Niemi 2006)는 유권자의 정당일체감을 종속변수로 사용해서 1950년대부터 2004년까지 집단별로 민주당과 공화당을 지지할 확률을 측정했다.[3] 이들은 뉴딜 정당연합을 구성하는 집단들뿐만 아니라 성(gender), 교회예배 참석 정도(church attendance), 수입(income), 백인 개신교 근본주의자(white Protestant fundamentalists), 히스패닉(Hispanic origin) 등의 집단을 추가로 분석에 포함시켰고 민주당을 지지할 확률의 변화 정도에 따라 다음과 같이 세 개의 범주로 집단들을 분류했다.

첫째, 뉴딜 정당연합에 균열이 생겼다고는 하지만 과거와 마찬가지로 여전히 민주당을 지지할 확률이 높은 경우이다. 흑인과 유태인들이 여기에 해당한다. 스탠리 외(2006)의 분석에 의하면 흑인들의 경우 민주당을 지지할 확률이 1950년대에는 0.5였으나 1960년대에는 0.75로 급격히 증가한다. 이는 앞에서도 언급했듯이 민권운동과 관련해 민주당의 진보적 입장에 대한 흑인들의 지지와 관련이 있다고 할 수 있을 것이다. 이후 2000년대 중반까지 흑인들이 민주당을 지지할 확률은 평균 0.6 이상이었다. 한편 유태인들의 경우 1950년대에 민주당을 지지할 확률은 0.65였고 이후 시기별로 약간씩의 증감은 있으나 2000년대까지 민주당을 지지할 확률은 평균 0.6 정도인 것으로 나타났다.

둘째, 민주당을 지지할 확률이 높았다가 1960년대 이후 현격히 감소한 경우이다. 남부 백인들과 천주교도가 여기에 해당한다. 남부 백인의 경우 1950년대에 민주당을 지지할 확률이 0.74로 높게 나타났으나 1960년대에는 0.57로 감소한다. 이러한 변화는 흑인들의 민주당에 대한 지지가 이 시기에 급증한 것과 대조된다. 위에서도 언급했듯이 이는 민권운동에 있어서 민주당의 진보적 입장에 대한 남부 백인들의 반발 때문이라고 할 수 있을 것이다. 이후 1970년대부터 2000년대까지 남부 백인들이 민주당을 지지할 확률은 계속 감소해 2004년에는 0.25에 불과한 것으로 나타났다. 천주교도의 경우에도 1950년대 민주당을 지지할 확률은 0.57이었으나 1970년대에는 0.49로 감소했고 이후 계속 감소해 2004년에는 0.33이었다.

셋째, 공화당으로 이탈할 가능성이 높아 보이는 경우이다. 정기적으로

---

3) 정당 지지연합의 분석에는 투표정당이 변수로 사용되기도 하고 정당일체감이 변수로 사용되기도 한다. 투표정당이 변수로 사용된 연구로는 액슬로드(Axelrod 1970; 1986), 정당일체감이 변수로 사용된 연구로는 스탠리 외(Stanley & Niemi 2006)를 참조할 것.

교회예배에 참석하는 유권자, 백인 개신교 근본주의자들이 여기에 해당한다. 전자의 경우 1960년대까지 민주당을 지지할 확률이 0.5에 가까웠으나 2000년대에는 0.3 정도로 감소했다. 후자의 경우 1970년대에 민주당을 지지할 확률이 0.46이었으나 이후 계속 감소해 2004년에는 0.22였다.

민주당 지지기반의 변화는 곧 공화당 지지기반의 변화를 의미한다. 천주교도, 남부 백인, 정기적으로 교회예배에 참석하는 유권자, 백인 개신교 근본주의자 집단은 이제는 공화당의 주요 지지기반이 되었다. 2000년대에 이 집단들이 공화당을 지지할 확률은 다른 집단들에 비해 높은 것으로 나타났다. 그리고 이와 같은 변화로 인해 공화당 지지기반에서 종교의 영향력이 이전보다 훨씬 커졌다(Stanley & Niemi 2006).

연구자들은 정당 지지기반을 구성하는 집단들이 선거 결과에 기여하는 정도를 통해서 지지기반의 특성을 파악한다(Axelrod 1970; 1986; Brooks & Manza 1997; Stanley & Niemi 2006). 액슬로드(1970; 1986)는 각 집단의 선거 기여도를 알기 위해서 어느 정당의 후보에게 투표하였는지뿐만 아니라 집단의 크기(size)와 투표참여율(turnout)을 함께 고려해야 한다고 주장한다.[4] 예를 들면, 집단의 크기가 큰 집단은 작은 집단에 비해 더 많은 표를 정당에 가져다 줄 수 있기 때문에 선거 결과에 기여하는 정도가 클 수 있다. 집단의 크기가 작더라도 투표참여율이 높은 집단은 투표참여율이 낮으면서 크기가 큰 집단에 비해 정당에 더 많은 표를 줄 수 있기 때문에 기여도가 클 수 있다. 투표참여율이 낮고 집단의 크기가 작은 집단이라 하더라도 특정 정당에 표를 몰아주는 경우 기여도가 클 수 있다. 따라서 정당의 전체 득표에서 특정 집단의 기여도를 측정하기 위해서는 집단의 크기(size), 투표참여율(turnout), 해당 정당에 투표한 비율(loyalty)의 세 요인을 고려해야 한다는 것이다.

액슬로드(1970)는 이 세 요인을 포함해서 다음과 같은 기여도 모델을 만들었다. 즉,

---

4) 투표한 정당이 아니라 정당 지지도를 이용해서 선거 기여도 측정 모델을 만드는 경우도 있다. 이와 관련해서는 브룩스 외(Brooks & Manza 1997)를 참조할 것.

$$\text{선거 기여도} = \frac{\text{집단} \ [\text{크기} \times \text{투표참여율} \times \text{정당투표율}]}{\text{전체} \ [\text{투표참여율} \times \text{정당투표율}]}$$

여기서 집단의 크기(Size)는 전체 유권자 가운데 이 집단의 특성을 가진 유권자의 비율을 나타낸다. 집단의 투표참여율(Turnout)은 이 집단의 특성을 가진 유권자가 투표에 참여한 비율이다. 집단의 정당투표율(Loyalty)은 그 집단이 해당 정당에 투표한 비율이다. 전체 투표참여율(National Turnout)은 전체 유권자의 투표참여율을 나타낸다. 전체 정당투표율(National Loyalty)은 해당 정당의 전국 득표율이다. 〈표 1〉과 〈표 2〉는 이 모델을 이용해 측정한 민주당과 공화당 지지연합의 선거 기여도(Contribution)이다.

먼저, 집단의 크기, 투표참여율, 정당투표율의 측면에서 민주당과 공화당 지지기반의 특징을 비교해 보면, 첫째, 〈표 1〉과 〈표 2〉의 첫 번째 칼럼(집단의 크기)에서 확인할 수 있는 것처럼 공화당 지지집단의 크기가 더 크다. 즉, 전체 유권자에서 공화당 지지집단이 차지하는 비율이 민주당 지지집단의 비율보다 훨씬 크다. 예를 들면, 1984년의 경우에 백인과 흑인의 비율은 9:1 정도이고 비노조원과 노조원의 비율은 8:2 정도 되는 것으로 나타난다. 민주당은 소수집단의 지지를 받는 정당이라는 것을 확인할 수 있다.

둘째, 표의 두 번째 칼럼(투표참여율)에서 볼 수 있듯이 공화당을 지지하는 집단들이 민주당을 지지하는 집단들에 비해 투표참여율이 더 높다. 공화당 지지집단들의 경우 투표참여율이 항상 50% 이상인 반면 민주당 지지집단 중 소득 하위 계층, 흑인, 남부의 경우에는 투표참여율이 50%를 넘는 경우가 거의 없다.

셋째, 세 번째 칼럼(정당투표율)에서 보는 것처럼 민주당 지지집단이 공화당 지지집단에 비해 정당에 대한 충성도가 상대적으로 더 높다. 흑인의 경우 집단의 크기도 작고 투표참여율도 다른 집단에 비해 낮지만 민주당에 투표하는 경우는 거의 대부분의 선거에서 80% 이상이었던 것으로 나타난다. 반면 공화당 지지집단에서는 정당투표율이 이처럼 높은 경우는 없다. 액슬로드(1970)는 흑인을 제외하고 어느 집단도 한 정당에 80% 이상의 표를 몰아

📕 표 1   민주당 지지연합 선거 기여도[5]: 1952~1984년

	집단의 크기					X	투표참여율					X	정당투표율				
	P	B	U	C	S	CC	P	B	U	C	S	CC	P	B	U	C	S	CC
1952	36	10	27	26	28	16	46	23	66	76	35	68	47	83	59	57	55	51
1956	25	9	26	25	29	14	40	23	64	72	39	63	47	68	55	53	52	55
1960	23	10	25	25	34	13	46	31	60	74	50	74	48	72	66	82	52	65
1964	19	11	23	26	28	12	45	42	69	72	49	65	69	99	80	75	58	74
1968	16	11	24	26	31	10	44	51	61	68	53	63	44	92	51	61	39	58
1972	12	11	25	31	34	8	37	47	58	65	44	60	45	86	45	45	36	61
1976	9	11	23	30	32	8	32	44	62	55	45	58	67	88	63	57	53	61
1980	5	12	25	31	34	8	34	45	57	54	50	51	71	88	50	44	47	69
1984	9	12	20	33	32	8	28	41	59	59	45	58	66	81	55	47	44	70

P	Poor (income under $3,000/yr. brfore 1980; $5,000 / yr. since 1980)
B	Black (and other nonwhite)
U	Union member (or union member in family)
C	Catholic (and other non-Protestant)
S	South (including border ststes)
CC	Central cities (of 12 largest metropolitan areas)

	기여도					
	P	B	U	C	S	CC
1952	28	7	38	41	20	21
1956	19	5	36	38	23	19
1960	16	7	31	47	27	19
1964	15	12	32	36	21	15
1968	12	19	28	40	24	14
1972	10	22	32	43	25	14
1976	7	16	33	35	29	11
1980	5	22	31	31	39	12
1984	10	25	30	39	32	7

* 전체 투표참여율과 정당투표율은 표에서 생략함
출처: 액슬로드(1986)

---

5) 선거 기여도 산출에 포함된 집단들은 뉴딜 정당연합에서 각 당의 지지기반으로 알려진 집단들을 선택한 것이라고 액슬로드(1970)는 밝히고 있다.

표 2   공화당 지지연합 선거 기여도: 1952~1984년

	집단의 크기						X	투표참여율						X	정당투표율					
	NP	W	NU	P	N	NCC		NP	W	NU	P	N	NCC		NP	W	NU	P	N	NCC
1952	64	90	73	74	72	84		72	67	61	58	73	61		56	57	61	61	57	57
1956	75	91	74	75	71	86		67	64	58	56	69	60		59	59	63	53	60	60
1960	77	90	75	75	66	87		70	68	65	61	71	63		50	51	55	63	50	52
1964	81	89	77	74	75	88		67	66	61	60	68	63		40	42	45	44	38	40
1968	84	89	76	74	69	90		65	63	62	60	66	62		44	47	46	49	47	45
1972	88	89	75	69	66	92		58	57	55	53	62	55		61	66	63	65	60	63
1976	91	89	77	70	68	92		56	56	52	54	59	54		49	52	52	53	49	49
1980	95	88	75	69	65	92		55	55	53	54	56	54		52	56	54	54	51	53
1984	91	88	80	67	68	92		56	55	52	51	57	53		61	65	63	62	60	61

NP	Nonpoor (income under $3,000/yr. brfore 1980; $5,000 / yr. since 1980)
W	White
NU	Nonunion
P	Protestant
N	Northern (including border ststes)
NCC	Not in central cities of 12 largest metropolitan areas

	기여도					
	NP	W	NU	P	N	NCC
1952	75	99	79	75	87	84
1956	84	98	78	75	84	89
1960	83	97	84	90	75	90
1964	89	100	87	80	76	91
1968	90	99	81	80	80	92
1972	93	98	77	70	73	95
1976	97	99	80	76	74	98
1980	98	90	80	95	66	96
1984	97	96	83	69	72	92

* 전체 투표참여율과 정당투표율은 표에서 생략함
출처: 액슬로드(1986)

주지 않는다는 점에서 미국 정당의 지지연합은 '느슨한(loose)' 연합이라고 말한다. 뿐만 아니라 정당투표율이 일정하게 유지되는 것이 아니라 이전 선거와 달라지는 경우가 많다는 점에서도 느슨한 연합이라고 말한다.

〈표 1〉과 〈표 2〉에서 맨 아래에 있는 패널은 1952년부터 1984년까지 실시된 선거에서 민주당과 공화당 지지집단의 선거 기여도를 나타낸다. 민주당 지지집단의 선거 기여도는 집단 간 편차가 큰 편인데 노조원(U), 천주교도(C), 남부(S)의 선거 기여도가 상대적으로 높다. 〈표 1〉에서도 볼 수 있듯이 이 집단들의 정당투표율은 다른 집단들과 비교해 높은 편이라고 할 수 없다.[6] 그럼에도 불구하고 민주당의 전체 득표율에서 이 집단들의 기여도가 높게 나타나는 이유는 집단의 크기가 상대적으로 크고 투표참여율이 상대적으로 높기 때문이라고 할 수 있다. 반면, 흑인의 경우 정당투표율은 다른 집단들에 비해 월등히 높지만 집단의 크기가 작고 투표참여율이 낮기 때문에 선거 기여도는 그다지 높지 않은 것으로 나타났다.

공화당 지지집단의 선거 기여도 편차는 민주당의 경우에 비해 크지 않다. 개신교도(P)와 북부(N)의 기여도가 상대적으로 낮은데 이는 집단의 크기가 다른 집단들에 비해 상대적으로 작기 때문이라고 할 수 있다. 한편 공화당은 '백인의 정당'이라는 것을 입증하듯이 매 선거에서 백인의 기여도는 90% 이상으로 항상 높다.

이상 양당 지지집단의 선거 기여도 분석 결과는 지지기반의 특성과 함께 정당별로 선거에서 승리하기 위해서 필요한 요건이 무엇인지를 보여준다. 민주당 지지기반은 주로 소수집단이고 투표참여율이 낮기 때문에 선거 승리를 위해서는 일차적으로 지지기반의 지지를 최대한 동원하는 것이 필수적이라고 할 수 있다. 뿐만 아니라 상대정당 지지자들을 얼마나 견인하는지도 승리의 관건이라고 할 수 있다. 이에 비해 공화당은 지지집단의 크기가 크고 투표참여율이 상대적으로 높기 때문에 '집토끼' 수성에만 성공해도 승

---

6) 앞에서도 살펴보았듯이 남부와 천주교도의 경우 각각 1960년대와 1970년대부터 정당 투표율이 감소하는 것을 볼 수 있다.

리에 가까워진다고 할 수 있다.

III. 2016년 대통령선거 민주당과 공화당 지지기반 분석

이 절에서는 2016년 대통령선거에서 어떤 집단들이 민주당과 공화당 후보를 지지했는지 살펴본다. 그에 앞서 먼저 1990년대부터 2016년까지 지난 4반세기 동안 미국 유권자의 사회인구학적 특성이 어떻게 변해 왔는지를 연령, 교육수준, 인종, 종교의 측면에서 살펴보기로 한다.

연령 면에서 가장 큰 특징은 미국 유권자의 고령화라고 할 수 있다. 1992년에는 50세 미만 유권자와 50세 이상 유권자의 비율이 각각 59%와 40%로 50세 미만 유권자의 비율이 훨씬 높았는데, 2016년에는 각각 47%와 51%로 50세 이상 유권자의 비율이 과반을 넘었다. 이와 같은 고령화의 주 원인은 〈표 3〉에서 보듯이 50~64세 연령층이 증가했기 때문이라고 할 수 있다. 즉, 30세 미만 연령층과 65세 이상 고연령층이 전체 유권자에서 차지하는 비율은 지난 24년간 거의 변화가 없는 데 비해 30~49세 연령층은 9%p 감소하고 50~64세 연령층은 9%p 증가했다.

교육수준 면에서는 24년 전에 비해 고학력 유권자의 비율이 증가한 것이 눈에 띈다. 고졸 이하의 학력을 가진 유권자는 17%p 감소한 반면, 대졸 이상 학력을 가진 유권자는 10%p 증가한 것으로 나타났다. 인종 구성에 있어서는 백인의 비율이 감소하기는 했지만 미국 유권자 가운데 가장 큰 비중을 차지하는 것은 여전히 백인으로 2016년 현재 전체 유권자 가운데 70%가 백인인 것으로 나타났다. 흑인과 히스패닉의 경우 그 비율이 다소 증가하기는 했지만 2016년 현재 전체 유권자에서 차지하는 비율은 각각 12%와 9%에 불과하다. 유권자의 종교와 관련해서 가장 큰 변화는 무신론자의 증가라고 할 수 있다. 1990년대 중반에는 8%에 불과했던 무신론자가 2016년에는

◻ 표 3   미국 유권자의 사회인구학적 특성 변화(1992년 vs 2016년)

(%)

	1992			2016		
	전체	공화당 지지자	민주당 지지자	전체	공화당 지지자	민주당 지지자
연령						
18~29	19	21	18	16	13	20
30~49	40	40	40	31	29	32
50~64	21	19	23	30	33	29
65세 이상	19	19	19	21	25	19
교육수준						
고졸 이하	50	45	55	33	34	32
대재	26	28	25	33	35	31
대졸 이상	23	28	21	33	31	37
인종						
백인	84	93	76	70	86	57
흑인	10	2	17	12	2	21
히스패닉	5	3	6	9	6	12
기타	1	2	1	7	5	8
종교*						
백인 기독교	50	62	40	34	52	19
백인 천주교	21	20	22	13	18	10
흑인 기독교	8	1	14	8	1	15
무신론자	8	6	10	21	12	29
기타	13	11	15	22	16	26

* 종교는 1996년과 2016년 데이터임
출처: Pew Research Center(2016)

21%로 두 배 이상 증가했다. 같은 기간 백인 기독교도와 천주교도의 비율
은 각각 16%p, 8%p 감소했다.

　다음으로 공화당 지지자와 민주당 지지자의 사회인구학적 특성은 어떻
게 변했는지 살펴본다(〈표 3〉 참조).7) 1990년대에는 공화당 지지자와 민주

당 지지자 간 연령 면에서 차이가 거의 없었으나, 2016년 현재 50세 미만 유권자의 비율이 더 높은 정당은 민주당이다. 민주당 지지자 가운데 52%가 50대 미만 유권자인 데 반해 공화당 지지자의 경우에는 이에 훨씬 못 미치는 42%가 50대 미만 유권자이다. 24년 전과 비교해 볼 때 민주당은 젊은 유권자가 더 지지하는 정당이 되었으며 공화당은 50세 이상 고연령층이 더 지지하는 정당이 되었다는 것을 알 수 있다. 특히 공화당은 전체 유권자의 경우보다 고령화 정도가 더 심한 것으로 나타났는데, 전체 유권자의 51%가 50세 이상 고연령층인 데 반해 공화당 지지자의 경우에는 58%가 50세 이상 고연령층이다.

교육수준에 있어서 90년대에는 공화당 지지자들의 교육수준이 더 높았으나 2000년대 초반 부시(Bush) 정부하에서 양당 지지자들의 교육수준이 역전되었다. 이때부터 고학력자들이 민주당을 더 지지하게 되었고, 그 결과 2016년 현재 민주당 지지자의 37%가 대졸 이상인 반면, 공화당 지지자의 경우에는 31%가 대졸 이상의 학력을 지닌 것으로 나타났다. 한편, 전체 유권자 가운데 고졸 이하 백인(non-college whites)의 비율은 1992년 63%에서 2016년에는 45%로 감소했다. 고졸 이하 백인 유권자 비율의 감소는 특히 민주당에서 더 뚜렷이 나타나는데 1992년 59%에서 2016년에는 32%로 27%p나 감소했다. 이에 반해 공화당의 경우에는 고졸 이하 백인 유권자 비율이 9%p 감소하는 데 그쳐(67% → 58%), 양당 간 고졸 이하 학력을 지닌 백인 유권자 비율의 차이가 1992년 8%p에서 2016년에는 26%p로 증가했다. 양당의 백인 지지자의 학력 격차가 시간이 흐를수록 커졌다는 것을 알 수 있다.

한편 각 당 지지자의 인종 구성 변화를 살펴보면, 민주당에서는 백인의 비율이 줄고 유색인종의 비율은 증가했다. 지난 24년간 민주당에서 백인 지지자의 비율은 76%에서 57%로 19%p나 감소했다. 반면에 히스패닉의 비율은 1992년 6%에서 2016년 12%로 두 배가 되었고, 흑인의 비율은 4%p

---

7) 여기서 공화당 지지자와 민주당 지지자는 유권자의 정당일체감에 의해 구분한 것이다.

증가해 21%가 되었다. 민주당은 소수인종의 지지를 받는 정당이라는 사실이 시간이 흐를수록 점점 분명해지고 있다. 한편, 공화당 지지자 가운데 백인의 비율은 1992년 93%에서 2016년에는 86%로 감소했다. 히스패닉과 흑인의 비율은 2016년 현재 각각 6%와 2%에 불과하다. 이전보다 백인의 비율이 감소하기는 했지만 공화당은 여전히 백인들의 정당이라는 것을 알 수 있다.

종교와 관련해서 변화가 큰 집단은 민주당이다. 2016년 조사 결과, 민주당 지지자 10명 가운데 3명가량(29%)이 종교가 없는 것으로 나타났는데 이는 1990년대 중반과 비교할 때 무신론자가 19%p 증가한 것이다. 백인 기독교도와 천주교도의 비율은 20여 년 전과 비교해 절반가량으로 줄어들어 두 집단을 합해도 30%가 안 된다. 민주당 지지자들과 비교할 때 공화당 지지자들의 종교적 변화는 상대적으로 적다고 할 수 있다. 2016년 현재 공화당 지지자 중 백인 기독교도와 천주교도의 비율을 합하면 70%가 되는 것으로 나타났다.

종합하면, 민주당 지지자와 공화당 지지자는 사회인구학적 특성 면에서 1990년대보다 더 큰 차이를 보이고 있다. 민주당은 젊고, 고학력 집단이며, 백인의 비율이 상대적으로 적고, 덜 종교적인 집단이 된 반면 공화당은 모든 면에서 민주당과 반대되는 특성이 점점 뚜렷해지고 있다.

지금부터는 2016년 11월에 실시된 대통령선거에서 민주당 후보와 공화당 후보가 어떤 집단들로부터 표를 많이 얻었는지 살펴본다. 이를 위해 대통령선거가 끝난 뒤 실시한 전국 출구조사(National Exit Poll) 결과를 이용했다.[8]

2016년 선거에서 민주당 후보였던 힐러리 클린턴은 남자(41%)보다는 여자(54%) 유권자들에게서 더 많은 표를 얻은 것으로 나타났다. 또한 다른 인종에 비해 흑인들로부터 88%라는 압도적인 지지를 받은 것으로 나타났으며, 히스패닉 응답자의 65%, 백인 응답자의 37%가 클린턴에게 투표했다고 응답했다. 그리고 응답자 연령이 낮을수록 클린턴에게 투표했다는 응답률이

---

8) 출처: Exit Polls 2016(CNN).

높았다(29세 이하 55%, 65세 이상 45%). 교육수준별로는 큰 차이가 없는 가운데 클린턴에게 투표했다고 응답한 비율은 대졸자가 다소 높았다(고졸 45%, 대졸 49%). 응답자 종교별로 유태인의 민주당 지지율이 가장 높았는데 10명 가운데 7명(71%)이 클린턴에게 투표했다고 응답했다. 뒤를 이어 천주교도 (45%), 개신교도(39%) 순으로 민주당 투표율이 높았다. 이상의 결과들을 종합하면, 전통적인 민주당 지지집단인 흑인과 유태인을 비롯해 2000년대 이후 민주당에서 그 비율이 증가하고 있는 저연령층, 고학력층, 여성의 민주당 지지율이 다른 집단들에 비해 높았다는 것을 알 수 있다. 다시 말해 민주당 지지기반에는 변화가 없었다고 할 수 있다.

그러나 2016년의 출구조사 결과를 이전 시기의 결과들과 비교해 보면 이번 선거에서 민주당 지지자들의 정당지지가 어떻게 달라졌는지 알 수 있다. 〈그림 1〉은 2000년부터 2016년까지 다섯 번의 대통령선거에서 각 집단별로 민주당 후보에게 투표했다고 응답한 비율 즉, 지지율을 그래프로 나타낸 것이다. 민주당 지지기반은 2016년 선거에서도 민주당 후보에게 높은 지지를 보냈지만 시계열적으로 비교해 볼 때 지지율이 감소한 집단도 있다는 점이 눈에 띈다. 대표적으로 흑인, 히스패닉, 18~29세 연령층이 그러한 경우에 해당한다.

구체적으로 집단별로 살펴보면, 트럼프의 여성 비하 발언 및 성추행 혐의 등에도 불구하고 여성 유권자의 민주당 후보 지지율은 2012년에 비해 오히려 1%p 감소했다. 이는 더 많은 지지를 끌어낼 수 있는 정치적 환경이 조성됐음에도 불구하고 클린턴이 여성 유권자 동원에 상대적으로 성공하지 못했다는 것을 의미한다.

뿐만 아니라 흑인들로부터 88%라는 높은 지지를 받기는 했지만 2008년과 2012년 선거에서 흑인들의 오바마에 대한 지지율(각각 95%, 93%)에는 미치지 못한 것으로 나타났다. 2004년 이후 증가세에 있던 히스패닉 유권자의 지지도 2016년 선거에서는 감소했다. 4년 전에는 히스패닉 유권자의 71%가 오바마에 투표했지만 이번 선거에서는 65%만이 클린턴에게 투표했다. 멕시코 이주민들을 범죄자로 비하하고 멕시코 국경에 불법이민을 막을 장벽을 설치하겠다는 트럼프의 공약에 분노한 히스패닉 유권자들의 민주당 지지 증가가 예상됐으나 실제로 이들의 민주당 지지율은 증가하지 않았다. 오히려 히스패닉 유권자의 트럼프 지지율(29%)은 2012년 롬니 지지율(27%)보다 2%p 더 높았다. 히스패닉 유권자의 지지를 확대할 수 있는 기회를 민주당 캠페인이 제대로 활용하지 못했다는 것을 알 수 있다. 한편 백인들의 지지율(37%)은 2000년 이후 실시된 선거들 중에서 가장 낮았다. 유태인의 클린턴에 대한 지지율(71%) 역시 이전 시기 다른 민주당 후보들에 대한 지지율보다 낮았다.

클린턴에 대한 젊은 층의 지지도도 오바마 지지율에 못 미친다. 2008년 선거에서는 29세 이하 응답자의 66%가 오바마에게 투표했다고 응답했지만 이번 선거에서는 55%만이 클린턴에게 투표했다고 응답했다. 대학생을 비롯해 젊은 층에서 열광적으로 오바마를 지지했던 것과는 차이를 보인다.

〈그림 1〉에서도 볼 수 있는 것처럼 2016년 이전 선거에서는 유권자 교육수준에 따른 민주당 지지율에 거의 차이가 없었다. 이에 반해 2016년 선거에서는 대졸 이상 학력을 지닌 유권자의 지지율이 다소 증가한 반면, 대졸 미만 유권자의 지지율은 다른 어떤 선거에서보다 낮았다. 특히 대졸 이상 학력을 가진 백인(45%)과 대학을 졸업하지 않은 백인(28%)의 지지율 차이가 다른 어떤 선거에서보다도 컸다.

앞에서도 살펴보았듯이, 민주당 지지기반은 집단의 크기가 작고 투표참여율이 상대적으로 낮기 때문에 선거에서 승리하려면 지지집단의 지지를 최대한 끌어내는 것이 승리의 일차적인 관건이다. 그런데 클린턴은 민주당 지지집단으로부터 2008년과 2012년에 오바마가 받았던 것만큼의 지지를 끌어내지 못했다는 것을 알 수 있다.[9]

---

9) 국민투표(popular vote)에서는 클린턴이 트럼프보다 280만 표가량을 더 얻었다. 그러나 2012년에 민주당의 오바마는 공화당의 롬니보다 500만 표가량을 더 얻어 상대후보와의 격차가 더 컸다. 한편 2004년 선거에서 공화당의 부시는 62,040,610표를 얻었는데 이번 선거에서 트럼프는 62,984,824표를 얻어 부시보다 90만 표가량을 더 얻은 것으로 나타났다.

그림 1   집단별 민주당 후보 지지율: 2000~2016년

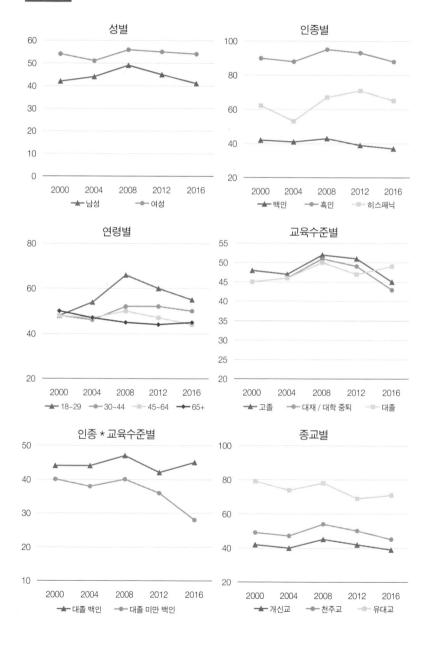

클린턴이 오바마가 받았던 것만큼의 지지를 받지 못했다는 것은 출구조사 결과뿐만 아니라 주(州)별 득표율에서도 확인할 수 있다. 4년 전에는 공화당이 승리했는데 이번에 민주당 승리로 바뀐 주는 한 곳도 없다. 반면에 4년 전에는 민주당이 승리했는데 이번 선거에서 공화당 승리로 바뀐 주는 여섯 곳(플로리다, 아이오와, 오하이오, 펜실베이니아, 위스콘신, 미시간)이나 된다. 만일 클린턴이 미시간, 펜실베이니아, 위스콘신 같은 러스트벨트(Rust Belt) 지역의 주(州)에서 오바마가 받았던 만큼의 지지를 받았다면 278명의 선거인단을 확보할 수 있었을 것이다(Sabato el al. 2016).[10]

이들 러스트벨트 지역 주들의 공통점은 유권자 가운데 대학을 졸업하지 않은 백인 유권자 비율이 높다는 것이다. 미시간과 위스콘신에서는 대학을 졸업하지 않은 백인 유권자 비율이 더 높고 펜실베이니아에서는 대학을 졸업한 백인 유권자 비율과 고졸 이하 백인 유권자 비율이 거의 비슷하다(Sabato et al. 2016). 이번 선거에서 대학을 졸업하지 않은 백인 유권자의 민주당 지지율이 2000년 이후 가장 낮았다는 출구조사 결과는 이들 주에서 클린턴이 왜 패배했는지에 대한 하나의 설명을 제공한다.

한편, 트럼프는 공화당의 주요 지지집단인 백인, 65세 이상 고연령층, 저학력층, 개신교도로부터 높은 지지를 받았다(〈그림 2〉 참조). 공화당 지지 기반에도 변화가 없다는 것을 알 수 있다. 2000년 이후 출구조사 결과들을 비교해 보면, 이번 선거에서 트럼프는 부시가 2000년과 2004년 선거에서 승리했을 때 지지집단들로부터 받았던 것만큼 혹은 그 이상의 지지를 받았다는 것을 알 수 있다. 특히 대학을 졸업하지 않은 백인들의 지지(67%)는 2000년 이후 실시된 선거들 가운데 가장 높았다. 반면 대학을 졸업한 백인 유권자의 공화당에 대한 지지는 그 어느 때보다 낮아 학력별로 지지율에 큰 차이를 보였다.[11]

---

10) 미시간, 위스콘신, 펜실베이니아에서는 1990년대 이후 민주당이 계속해서 우세였다.
11) 출구조사 결과만 가지고는 왜 이번 선거에서 학력에 따라―특히 백인 유권자의 학력에 따라―지지율에 큰 차이가 나타났는지를 확인하기 어렵다. 이에 관해서는 유권자 서베이 데이터(survey data)를 이용해 후속연구에서 다루어져야 할 것이다.

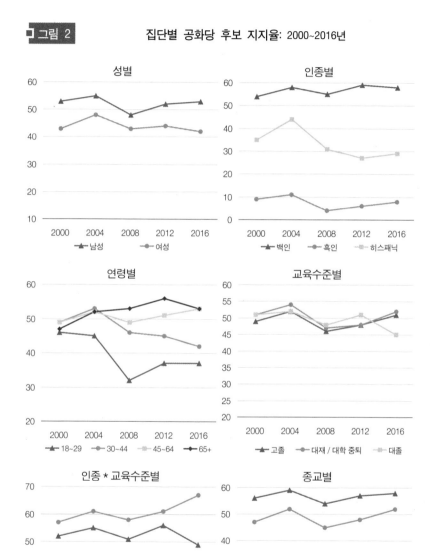

그림 2 집단별 공화당 후보 지지율: 2000~2016년

요약하면, 2016년 선거에서 양당의 후보는 전통적인 지지집단들로부터 높은 지지를 받았고 지지기반에는 변화가 없었다. 그러나 민주당 지지기반은 4년 전에 비해 민주당 후보를 덜 지지한 반면, 공화당 지지기반은 4년 전만큼 혹은 그보다 더 공화당 후보를 지지한 것으로 나타났다. 이러한 결과는 정치적·물질적·인적 자원 면에서 상대정당 후보를 월등히 앞서는 것으로 평가받았던 클린턴이 일반 유권자의 지지를 이끌어내는 데는 상대적으로 실패했다는 것을 보여준다.

그렇다면 무엇이 공화당 지지자들로 하여금 대통령후보로서 보기 드문 이력과 논란을 불러일으키는 견해를 가지고 있는 트럼프에게 투표하게 만들었는가? 왜 여러 가지 면에서 트럼프보다 우세하다는 평가를 받았던 클린턴에게 투표한 공화당 지지자가 적었는가? 이와 관련해서는 다음 절에서 논하기로 한다.

IV. 2016년 미국 대통령선거
유권자 투표패턴 및 선거의 범주

선거 연구자들은 대통령선거 결과가 발표되고 나면 이번 선거의 의미가 무엇인지 파악하고자 노력해 왔다. 그 일환으로 유권자의 투표패턴이 이전 선거들과 연속성이 있는지를 분석해서 대통령선거를 분류하는 연구들이 이루어졌다(Key 1955; Campbell 1966; Pomper 1967; Knuckey 1999). 대통령선거의 분류와 관련해 가장 많이 알려진 것이 'critical election/normal election'의 구분이다(Key 1955). 중대선거(critical election)는 두 가지 중요한 특징을 지니는데, 하나는 과거와는 다른 선거 균열(electoral cleavage)이 나타나는 것이고 다른 하나는 이전과는 다른 새로운 투표패턴(new patterns of voting)이 나타나 이후 선거들에서도 지속되는 것이다.[12]

캠벨(Campbell 1966)은 대통령선거를 지속선거(Maintaining election), 일탈선거(Deviating election), 재편성선거(Realigning election)의 세 범주로 분류했다. 재편성선거는 키(Key 1955; 1959)가 말하는 중대선거에 가까운데 이전에 나타났던 유권자의 투표패턴이 지속되지 않고 단절되는 선거이다. 반면 지속선거와 일탈선거에서는 이전 선거들에서 나타났던 유권자의 투표패턴이 지속된다. 지속선거와 일탈선거의 차이는 전자의 경우 우위정당(majority party)이 다시 승리를 하는 반면,[13] 후자에서는 후보의 인기와 같은 선거 당시의 요인에 의해 야당이 승리를 한다는 것이다.

선거를 이와 같이 세 개의 범주로 분류하는데 두 가지 기준이 사용되었다. 하나는 우위정당이 계속 집권하느냐 여부이고, 다른 하나는 유권자의 투표패턴에 변화가 있느냐 여부이다. 두 가지 기준을 사용할 경우 서로 다른 네 개의 선거 범주가 만들어져야 하는데 캠벨은 세 개의 범주만을 제시하고 있다. 팜퍼(Pomper 1967)는 캠벨의 분류 체계가 두 개의 범주로 나뉘어야 하는 것을 재편성선거라는 하나의 범주로 묶어 혼용하고 있다고 지적한다. 즉, 캠벨의 분류 체계에서 재편성선거는 유권자의 투표패턴이 변하고 우위정당이 바뀌는 선거로 정의된다. 그런데 투표패턴의 변화가 반드시 우위정당의 교체를 가져오는 것은 아니다.

팜퍼(1967)는 이러한 문제점을 해결하기 위해 〈그림 3〉에서 보듯이 네 개의 선거 범주를 제시한다. 〈그림 3〉에서 가로축은 우위정당의 재집권 여부를 나타내고, 세로축은 유권자 투표패턴의 변화 여부를 나타낸다. 이 분류 체계에서 재편성선거는 유권자의 투표패턴이 바뀌면서 야당이 집권당이 된 선거를 가리킨다. 그리고 변형(Converting)선거는 유권자 투표패턴에 변

---

12) 여기서 새로운 투표패턴은 상당수 유권자가 지지정당을 바꿔 다른 정당에 투표하는 경우를 가리킨다. 새로운 투표패턴이 지속되는 경우 이는 정당의 지지기반에 변화가 생겼음을 시사한다.

13) 우위정당(majority party)은 단순히 집권당을 의미하는 것은 아니다. 1932년부터 1948년까지 민주당이 대통령선거에서 계속 승리했고 의회 다수당이 되었다. 이 시기의 민주당이 바로 캠벨과 다른 학자들이 말하는 우위정당의 예에 해당한다.

◻ 그림 3　　　　　　　　　대통령선거의 범주

우위정당

		승리	패배
투표패턴	지속	지속(Maintaining)선거	일탈(Deviating)선거
	변화	변형(Converting)선거	재편성(Realigning)선거

화가 생겼지만 우위정당이 계속 집권하게 된 선거를 가리킨다.

　이 범주체계에 따라 선거를 분류하기 위해서는 유권자 투표패턴이 이전과 달라졌는지 여부를 판단해야 한다. 유권자의 투표패턴이 변했다면 정당의 지역별 득표율 양상이 이전과는 다를 것이다. 전통적인 지지강세 지역의 득표율이 감소하고 새로운 지역이 지지기반으로 떠오를 것이다. 한편 정당 지지기반이 안정적이고 지속성이 있다면 두 선거에서의 투표패턴은 높은 상관관계를 보여 줄 것이다. 그리고 선거 간 상관관계가 높은 시기가 일정 기간 지속될 것이다. 기존 연구에서는 투표패턴이 단절되지 않고 지속되는 기간을 찾기 위해서 주별 정당 득표율을 가지고 상관관계 분석을 실시한 후 생성된 상관계수 매트릭스(matrix)를 이용했다(Pomper 1967; Knuckey 1999). 이 방법은 중대선거와 정당체계의 재편성(realignment)을 파악하는데도 적합한 것으로 여겨진다(Knuckey 1999). 특정 선거가 중대선거이고 그로 인해 정당체계의 재편성(realignment)이 일어났다면, 해당선거와 이전 선거들과의 상관관계는 낮을 것이다. 그리고 중대선거를 계기로 새로운 정당체계가 시작되기 때문에 중대선거와 이후 선거들과의 상관관계는 높을 것이다.

　기존연구(Pomper 1967; Knuckey 1999)에 의하면 유권자 투표패턴의 지속 여부에 따라 1936년부터 1996년까지를 다음과 같이 세 시기로 구분할 수 있다: (1)1936년~1956년, (2)1960년~1968년, (3)1972년~1996년. 먼저, 첫 번째 시기에서 1936년부터 1948년까지 실시된 어떠한 두 선거의 상관계수도 0.8 이상으로 높다. 상관계수들의 평균은 0.91이다. 이와 같은 결과는 유권자 투표패턴에 거의 변화가 없고 뉴딜 정당연합이 형성되던 시기의 정당 지지기반이 그대로 유지되었다는 것을 의미한다. 이 시기에는 민주당이 대통령선거와 의회선거에서 계속 승리하면서 우위정당이 되었다. 유권자 투표패턴에 변화가 없고 우위정당이 계속 승리했기 때문에 이 시기에 실시된 대통령선거는 모두 지속선거로 분류할 수 있다.

1932년 이후 16년 만에 공화당 후보가 승리한 1952년 선거와 공화당 대통령이 재선에 성공한 1956년 선거의 경우 이전 시기 선거들과의 상관계수가 0.5~0.8 정도로 낮아졌다. 상관계수 평균은 0.71이다. 그렇지만 이전 시기의 투표패턴과 완전히 단절되었다고 할 정도로 상관계수가 낮거나 상관계수의 부호가 바뀌거나 하지는 않았다. 또한 다음 시기 선거들보다는 뉴딜 시기 선거들과 상관관계가 더 높다. 우위정당인 민주당이 패배하기는 했지만 유권자 투표패턴은 그대로 유지되었다고 볼 수 있기 때문에 이 두 선거는 일탈선거로 분류할 수 있다. 이전 선거들과의 상관관계가 다소 낮아진 것은 새로운 선거균열에 의한 것이라기보다는 당시 공화당 아이젠하워 후보의 인기로 인해 공화당에 투표한 경우가 증가했기 때문이라고 할 수 있다.

두 번째 시기에서 1960년 선거와 이전 시기에 실시된 선거들과의 상관관계는 매우 낮다. 1960년 선거와 가장 상관관계가 높은 선거가 1952년 선거인데 두 선거의 상관계수는 0.56에 불과하다. 심지어 1964년과 1968년 선거는 첫 번째 시기 선거들과의 상관계수가 (-)이다. 이는 첫 번째 시기에 나타났던 유권자 투표패턴과는 다른 패턴이 나타났다는 것을 의미한다. 이 결과는 1960년대부터 남부지역의 백인들이 민주당을 이탈하고 뉴딜 정당지지연합에 균열이 생기기 시작했다는 주장을 뒷받침해주는 자료이다. 1960년과 1964년 선거의 경우 유권자 투표패턴에 변화가 나타났지만 우위정당인 민주당이 승리했기 때문에 변형선거의 범주에 속한다. 이와 달리 유권자 투표패턴에 변화가 있고 공화당이 승리한 1968년 선거는 재편성선거로 분류할 수 있다.

1972년 이후부터 1996년까지 실시된 선거들의 경우 첫 번째와 두 번째 시기에 실시된 선거들과의 상관관계는 낮지만 이 시기에 실시된 선거들 상호 간의 상관관계는 높은 것으로 나타났다. 이는 뉴딜 정당체계에서와는 다른 투표패턴이 안정적으로 지속되었다는 것을 보여준다. 따라서 1972년 이후를 포스트 뉴딜 정당체계(post-New Deal party system)라고 칭할 수 있을 것이다(Knuckey 1999).

뉴딜 정당체계에서는 민주당이 대통령선거와 의회선거의 승리를 모두 차지하면서 우위정당이 되었지만 포스트 뉴딜 정당체계에서는 대통령선거에서는 공화당이, 의회선거에서는 민주당이 우세했다. 학자들은 유권자들이 대통령선거와 그 밖의 다른 선거들에서 표를 분할하기도 한다는 점을 고려해, 이 시기의 공화당을 대통령선거에서의 우위정당으로 간주할 것을 제안한다(Cavanagh & Sundquist 1985; Ladd 1989). 따라서 유권자 투표패턴이 안정적으로 지속되던 이 시기에 공화당이 승리한 선거들은 모두 지속선거로 분류할 수 있다. 반면에 민주당이 승리한 1976년, 1992년, 1996년 선거는 일탈선거로 분류된다.

여기서는 1996년 이후에 실시된 대통령선거들을 변수로 추가해서 상관관계 분석을 실시한 후 포스트 뉴딜 정당체계하에서 유권자 투표패턴에 변화가 나타난 시기가 있었는지를 살펴본다. 〈표 4〉는 상관관계 분석 결과를 보여주는데 투표패턴이 단절되었거나 새로운 투표패턴이 나타났다고 볼 수 있을 만한 기간은 없다. 이 시기 전체 상관계수 평균은 0.76이다. 따라서 1972년부터 시작된 포스트 뉴딜 정당체계가 2016년까지 지속되고 있다고 말할 수 있다. 민주당이 승리한 1976년, 1992년, 1996년, 2008년, 2012년 대통령선거는 일탈선거로 분류할 수 있다. 반면 공화당이 승리한 선거들은 모두 지속선거에 해당한다. 2016년 선거의 경우도 유권자 투표패턴에 변화가 없고 공화당이 승리를 했기 때문에 지속선거로 분류할 수 있다.

상관관계 매트릭스에서 또 하나 눈길을 끄는 것은 2000년 이후 실시된 선거들 간의 높은 상관관계이다(〈표 4〉의 굵은 선으로 표시된 부분 참조). 2000년부터 2016년까지 선거 간 상관계수는 모두 0.8 이상으로 높고 상관계수 평균은 0.94이다. 직전 선거에 나타난 투표패턴이 거의 그대로 반복되고 있다고 말할 수 있다. 트럼프와 같은 후보가 당선된 것은 미국 사회의 큰 변화를 의미하고 유권자의 투표패턴도 변했을 것이라는 추측과 달리 연

| | 표 4 | | | 주별 민주당 득표율 상관관계 매트릭스 (1972~2016년) | | | | | | | | |

	1972	1976	1980	1984	1988	1992	1996	2000	2004	2008	2012	2016
1972	–	.43	.40	.82	.87	.69	.77	.73	.81	.78	.73	.68
1976	–	–	.92	.76	.61	.82	.71	.64	.56	.41	.42	.44
1980	–	–	–	.80	.63	.84	.73	.68	.60	.47	.50	.50
1984	–	–	–	–	.93	.92	.89	.85	.85	.77	.76	.74
1988	–	–	–	–	–	.83	.83	.78	.81	.76	.73	.68
1992	–	–	–	–	–	–	.93	.87	.84	.73	.73	.73
1996	–	–	–	–	–	–	–	.96	.94	.84	.84	.82
2000	–	–	–	–	–	–	–	–	.96	.89	.90	.89
2004	–	–	–	–	–	–	–	–	–	.94	.95	.93
2008	–	–	–	–	–	–	–	–	–	–	.98	.94
2012	–	–	–	–	–	–	–	–	–	–	–	.97
2016	–	–	–	–	–	–	–	–	–	–	–	–

구 결과는 이전 선거들에서 나타난 유권자의 투표패턴이 이번 선거에서도 지속되었다는 것을 보여준다.

애브라모위츠 외(Abramowitz & Webster 2015; Abramowitz 2016)도 최근 실시된 대통령선거들에서 유권자의 투표패턴이 상당히 안정적이었다고 주장한다. 다시 말해, 특정 유권자 집단과 특정 지역들에서는 민주당이나 공화당을 계속해서 일관되게 지지해 왔다는 것이다. 미국 유권자의 투표패턴이 이처럼 안정적인 모습을 보이고 민주당과 공화당의 지지기반이 변화 없이 지속되는 이유 중의 하나로 이들은 양당 지지자가 서로 다른 특성을 지닌 집단이 되어 공통점을 찾기 어렵게 되었다는 사실을 들고 있다.

2차 대전 이후 70여 년의 세월이 흐르는 동안 오늘날처럼 민주당 지지자와 공화당 지지자가 이념이나 사회인구학적 특성 면에서 간극이 큰 적이 없었다는 사실은 여러 데이터를 통해 확인할 수 있다. 앞에서도 살펴보았듯이 사회인구학적 특성 면에서 양당 지지자는 그 어느 때보다도 서로 다른 특성을 지닌 집단들이 되었다. 뿐만 아니라 이슈에 대한 태도에 있어서도 시간이 흐르면서 민주당 지지자와 공화당 지지자 간에 차이가 점점 커졌다. 예를 들면, 1994년의 경우 공화당 지지자 가운데 23%는 중도 민주당 지지자보다도 진보적인 태도를 지니고 있었다. 또한 민주당 지지자 가운데 17%는 중도 공화당 지지자보다도 보수적인 태도를 지니고 있었다. 이에 반해 2014년에는 전자와 후자의 비율이 각각 4%와 5%로 크게 줄어들었다.[14]

이처럼 양당 지지자가 서로 다른 특성을 지닌 집단들로 변해 가면서 나타난 현상 중의 하나는 상대정당과 상대정당 지도자에 대해 부정적인 감정을 갖는 유권자들이 크게 증가한 것이다(Abramowitz et al. 2015; Abramowitz 2016). 미국선거연구(American National Election Studies) 데이터에 의하면 1980년 이후 미국 유권자들이 지지정당에 대해 갖는 호오도에는 거의 변화가 없다. 1980년에 지지정당 선호도는 평균 72점이었는데 2012년에는 평균 70점인 것으로 나타났다.[15] 반면 상대정당에 대한 선호도는 1980년에 평균 45점이었는데 2012년에는 30점으로 감소했다. 이는 상대정당에 대한 부정적 감정의 증가가 지지정당에 대한 긍정적 감정의 증가보다 더 커지고 있다는 것을 의미한다. 그리고 상대정당에 대한 부정적 감정은 특히 2000년을 기점으로 눈에 띄게 증가하고 있다.

뿐만 아니라 과거에 비해 상대정당 지도자나 후보에 대해서도 훨씬 부정적인 감정을 갖고 있는 것으로 나타났다. 예를 들면, 선거 전에 실시한 2016 미국선거연구 파일럿 조사(2016 ANES Pilot Study) 데이터에 의하면 민주당 지지자의 클린턴 호감도는 평균 71점인 데 반해 트럼프 호감도는 19점인 것으로 나타났다. 마찬가지로 공화당 지지자의 트럼프 호감도는 65점인 데 반해 클린턴 호감도는 13점에 불과한 것으로 나타났다. 각 당에서 선

---

14) Pew Research Center, "Political Polarization in the American Public"(2014).
15) 정당에 대한 호오도 측정에서 0점은 가장 부정적인 감정, 100점은 가장 긍정적인 감정을 나타낸다.

두를 달리는 후보가 아닌 다른 후보의 지지자들—즉, 민주당의 샌더스 지지자나 공화당의 비(非)트럼프 지지자들—도 상대정당의 선두후보에 대한 부정적인 감정이 큰 것으로 나타났다. 따라서 지지정당의 선두후보를 지지하지 않는다고 해도 상대정당과 상대정당 후보에 대한 부정적인 감정 때문에 결국 지지정당의 선두후보에게 투표할 확률이 높다고 할 수 있다.

이처럼 지지정당을 위해서라기보다는 상대정당이 싫어서 지지정당에 투표하는 부정적 당파성(negative partisanship)과 상대정당과 상대정당 후보에 대한 부정적 감정에 의한 정서적 양극화(affective polarization)는 2000년대 이후 지지정당에 대한 투표율 증가 및 일관투표의 증가와도 관련이 있다. 2012년 대통령선거의 경우 민주당 지지자와 공화당 지지자의 90% 이상이 지지정당 후보에게 투표한 것으로 나타났다. 뿐만 아니라 상원과 하원 선거에서의 분할투표율은 1952년 이후 가장 낮았다.

애브라모위츠 외(2015)는 이런 이유들로 인해 투표에 영향을 미칠 수 있는 여러 요인들이 있음에도 불구하고 선거마다 동일한 투표패턴이 되풀이된다고 주장한다. 이는 2016년 선거도 예외가 아니다. 2012년 선거에서 공화당을 지지했던 주들의 거의 대부분이 이번에도 공화당을 지지했고 민주당을 지지했던 주들의 거의 대부분이 이번에도 민주당을 지지했다. 경합주(swing states)는 이번에도 경합주인 것으로 나타났다. 즉, 2012년에 공화당이 승리했던 24개 주에서 이번에도 공화당이 승리했으며 민주당이 승리했던 21개 주에서는 이번에도 민주당이 승리했다. 경합주는 미시간, 위스콘신, 펜실베이니아를 포함해 여섯 곳이었고 그중 이들 세 주의 결과가 승패를 좌우한 것으로 나타났다.

부정적 당파성과 정서적 양극화는 트럼프와 같은 후보의 등장에도 불구하고 왜 유권자의 투표패턴이 바뀌지 않았는지, 왜 여러 가지 면에서 트럼프보다 우세하다는 평가를 받았던 클린턴이 공화당 지지자들을 견인하는 데 실패했는지를 설명해 준다.

V. 결론 및 함의

본 연구에서는 2016년 미국 대통령선거에서 민주당과 공화당 후보가 어떤 사회집단들로부터 주로 지지를 받았는지, 그리고 유권자 투표패턴에 변화가 있었는지 여부를 분석해서 이번 선거의 의미를 살펴보고자 하였다. 분석 결과, 두 당의 후보 모두 당의 주요 지지기반으로부터 가장 많은 지지를 받은 것으로 나타났다. 민주당의 경우 흑인, 유태인, 저연령층, 여성, 고학력 집단의 지지가 다른 집단들에 비해 높았다. 공화당은 백인, 65세 이상 고연령층, 저학력층, 개신교 집단의 지지가 높았다. 따라서 정당 지지기반에는 변화가 없는 것으로 나타났다. 또한 2016년의 유권자 투표패턴은 이전 선거들에서의 투표패턴과 거의 동일한 것으로 나타났다. 정당 지지기반이 안정적으로 지속되고 있고 유권자 투표패턴에도 변화가 없기 때문에 1970년대부터 시작된 포스트 뉴딜 정당체계가 현재까지 지속되고 있다고 말할 수 있다. 유권자 투표패턴에 변화가 없고 포스트 뉴딜 정당체계하(下) 대통령선거의 우위정당인 공화당이 승리했기 때문에 2016년 선거는 대통령선거의 범주 가운데 지속선거(Maintaining election)로 분류될 수 있다.

정당 지지기반의 측면에서 선거 승리요인을 살펴보면, 트럼프는 '집토끼' 수성에 성공한 반면 클린턴은 이전 선거들에서 민주당 후보들이 받았던 것만큼의 지지를 민주당 지지기반으로부터 끌어내지 못한 것으로 나타났다. 공화당 지지기반과 비교할 때 민주당 지지기반은 집단의 크기가 작고 투표 참여율이 상대적으로 낮기 때문에 지지집단의 지지를 최대한 끌어내는 것이 승리의 일차적 관건이다. 그런데 클린턴은 흑인, 히스패닉, 여성, 30세 미만 젊은 층으로부터 오바마가 받았던 것만큼의 지지를 받지 못했다. 반면 트럼프는 2000년과 2004년에 부시가 지지집단으로부터 받았던 것만큼 혹은 그 이상의 지지를 받았다.

집단별 정당지지와 관련해 특히 이번 선거에서 눈에 띄는 점은 학력별 지지양상의 차이이다. 고졸 이하 백인 유권자의 공화당 지지율이 과거보다 훨씬 높아졌다. 그 결과 대학을 졸업한 백인 유권자와 고졸 이하 백인 유권자의 정당지지의 차이가 2000년 이후 가장 큰 것으로 나타났다. 이번 선거의 승패를 결정지은 것으로 평가되는 미시간, 위스콘신, 펜실베이니아의 경우 대학을 졸업한 백인 유권자 비율보다 고졸 이하 백인 유권자의 비율이 더 높다는 사실은 이들 주에서 클린턴이 왜 패배했는지에 대한 하나의 설명을 제공한다. 이전 선거들과 비교해 왜 이번 선거에서 백인 고졸자의 공화당 후보 지지가 크게 증가했는지에 관해서는 유권자 서베이 데이터를 이용해 후속연구에서 다루어져야 할 것이다. 뿐만 아니라 왜 민주당 지지집단들이 이전만큼 민주당 후보를 지지하지 않았는지에 대해서도 후속연구가 있어야 할 것이다.

　　2016년 선거 결과를 이해하기 위해서는 미국 사회에서 일어나고 있는 정치 엘리트와 유권자의 변화를 함께 이해할 필요가 있다. 정당 지지기반이 안정적으로 유지되고 있을 뿐만 아니라 2000년대 실시된 대통령선거에서 민주당 지지자와 공화당 지지자의 90% 이상이 지지정당에 투표한 것으로 나타났다. 뿐만 아니라 공화당을 지지하는 주들은 계속해서 공화당을, 민주당을 지지하는 주들은 계속해서 민주당을 지지하는 것으로 나타났다. 이처럼 그 어느 때보다도 지지정당 투표율이 높고 또 이것이 지속되는 이유는 미국 유권자들의 부정적 당파성과 정서적 양극화 때문이라는 주장이 제기되고 있다. 즉, 지지정당을 위해서라기보다는 상대정당이 싫어서 지지정당에 투표하고, 상대정당과 상대정당 후보에 대한 부정적 감정이 크기 때문에 지지정당을 이탈해서 상대정당에 투표하기가 어렵다는 것이다.

　　부정적 당파성과 정서적 양극화는 미국 유권자들이 이념적으로, 정서적으로 양극화되고 있음을 보여주는데 흥미로운 점은 이와 같은 유권자의 이념적·정서적 양극화가 정치 엘리트의 양극화와 그 시기를 같이 하고 있다는 점이다. 엘리트의 양극화가 일반 유권자의 양극화에 영향을 미치는가와 관련해서는 학자들 사이에서 논쟁이 계속되고 있다. 두 현상의 인과관계는 차치하고서라도 유권자의 양극화로 인해 지지정당 투표율이 그 어느 때보다도 높아졌고 그로 인해 다른 요인들은 거의 투표에 영향을 미치지 못하는 것으로 나타나고 있다. 이는 워싱턴 정치의 아웃사이더일 뿐만 아니라 대통령후보로서 논란을 불러일으키는 견해와 행동을 보여준 트럼프가 어떻게 이전 시기 공화당 후보들이 받았던 것만큼 혹은 그보다 더 높은 지지를 받을 수 있었는지를 설명해 준다. 이와 같은 상황이 앞으로 미국 정치와 민주주의에 어떤 결과를 가져올지에 대해서는 관심을 가지고 지켜봐야 할 것이다.

▪ 참고문헌 ▪

조기숙. 2016. 『포퓰리즘의 정치학: 안철수와 로스 페로의 부상과 추락』. 서울: 인간
　　사랑.

Abramowitz, Alan I. 2016. "Donald Trump, Partisan Polarization, and the 2016
　　Presidential Election." *Larry J. Sabato's Crystal Ball*.

Abramowitz, Alan I., and Steven Webster. 2015. "The Only Thing We Have
　　to Fear is the Other Party." *Larry J. Sabato's Crystal Ball*.

Axelrod, Robert. 1970. "Where the Vote Comes From: An Analysis of Electoral
　　Coalitions: 1952-1968." *American Political Science Review* 66(1): 11-20.

_____. 1986. "Presidential Election Coalitions in 1984." *American Political
　　Science Review* 80(1): 281-284.

Brooks, Clem, and Jeff Manza. 1997. "Social Cleavages and Political Align-
　　ments: U.S. Presidential Elections, 1960 to 1992." *American Sociological
　　Review* 62(6): 937-946.

Campbell, Angus. 1966. "A Classification of Presidential Elections." In Angus
　　Campbell, Philip E. Converse, Warren E. Miller and Donald E. Stokes,
　　eds. *Elections and the Political Order*. New York: John Wiley and Sons.

Carmines, Edward G., and Geoffrey C. Layman. 1997. "Issue Evolution in
　　Postwar American Politics: Old Certainties and Fresh Tensions." In B.
　　E. Shafer, ed. *Present Discontents: American Politics in the Very Late
　　Twentieth Century*.

Cavanagh, Thomas E., and James L. Sundquist. 1985. "The New Two Party
　　System." In John E. Chubb and Paul E. Peterson, eds. *The New
　　Directions in American Politics*. Washington D.C.: Brookings Insti-
　　tution.

CNN. 2016. "Exit Polls 2016."

Kazin, Michael. 2016. "Trump and American Populism: Old Whine, New
　　Bottles." *Foreign Affairs*.

Key, V. O., Jr. 1955. "A Theory of Critical Elections." *Journal of Politics* 17(1): 3-18.

_____. 1959. "Secular Realignment and the Party System." *Journal of Politics* 21(2): 198-210.

Knuckey, Jonathan. 1999. "Classification of Presidential Elections: An Update." *Polity* 31(4): 639-653.

Ladd, Everett Carll. 1989. "The 1988 Elections: Continuation of the Post-New Deal System." *Political Science Quarterly* 104(1): 1-18.

Pew Research Center. 2014. "Political Polarization in the American Public."

_____. 2016. "The Parties on the Eve of the 2016 Election: Two Coalitions, Moving Further Apart."

Pomper, Gerald. 1967. "Classification of Presidential Elections." *Journal of Politics* 29(3): 535-566.

Sabato, Larry J. Kyle Kondik, and Geoffrey Skelley. 2016. "16 for 16: Bite-Sized Observations on a Wild Election." *Larry J. Sabato's Crystal Ball.*

Stanley, Harold W., and Richard G. Niemi. 2006. "Partisanship, Party Coalitions, and Group Support, 1952-2004." *Presidential Studies Quarterly* 36(2): 172-188.

제4장

미국 대선후보들과 미디어

박영환
영남대학교

I. 서론

2016년 미국 대선은 워싱턴 '아웃사이더'의 돌풍으로 막을 내렸다. 유권자의 기득권 정치세력에 대한 분노가 고스란히 표로 이어져 누구도 예상하지 못한 결과를 낳았다. 온갖 기행과 막말, 추문 등으로 선거운동 기간 내내 유권자와 미디어의 중심에 섰던 '정계 이단아' 트럼프(Donald J. Trump)가 무기력한 양당체제, 신자유주의 경제질서하에 아무런 희망도 찾지 못한 시민들의 불만을 기회 삼아 이번 대선에서 이변을 연출하는 데 성공하였다. 트럼프의 대선 출마를 한 기인의 돌출 행동쯤으로 여겼던 언론은 그의 극단적인 주장과 튀는 언행들을 연일 뉴스거리로 삼으며 엘리트 정치에 신물이 난 미국 시민들에게 트럼프를 간접홍보까지 하였다. 언론의 간접홍보로 사람들의 입에 오르내리면서 공짜 미디어 효과를 톡톡히 누린 트럼프는 소외되고 분노한 백인들을 파고들었다. 분노하는 저소득·저학력 백인들에 제대로 귀 기울이지 않은 기성 워싱턴 정치는 유권자들의 가려운 데를 긁어주는 트럼프에게 미디어의 집중적인 관심을 빼앗기게 되면서 미국 대통령선거는 비호감의 아웃사이더에게 주류 워싱턴 기득권 세력의 변화를 이끌게 하는 기회를 제공하였다.

트럼프가 사실상 공화당 대통령후보로 기정사실화 되면서 트럼프에 대한 언론의 보도 논조는 부정적인 어조로 급변하게 된다. 57개의 미국 주류 언론들이 클린턴 지지를 선언하면서 주류 언론들의 트럼프 때리기가 노골화 되었다. 트럼프에 대한 불리한 편파보도가 도를 넘게 되자 급기야 트럼프는 언론을 부정직한 집단이라 성토하면서 일부 주류언론의 선거활동 취재 자격을 박탈하기까지 하였다. 대선 출마발표와 초반 경선레이스 동안 호의적이었던 미디어의 보도는 이후 선거 전날까지 줄곧 부정적인 보도로 바뀌면서 트럼프는 불리한 환경에서 대선을 치러야 했다. 유권자들의 반응도 트럼프의 인식과 크게 다르지 않았다. 2016년 10월 17~18일에 조사된 퀴니팩대의 여론조사에서 유권자의 55%는 미디어가 트럼프에게 왜곡 편파보도를 하고 있다고 응답하였다. 또 갤럽의 10월 27~28일 조사에서 53%의 유권자들은 미디어가 힐러리에게 호의적인 보도를 하고 있다고 응답을 한 반면, 트럼프에 호의적인 보도를 하고 있다는 대답은 겨우 8%에 불과하였다.

이 글은 2016년 미국 대선에서 미디어의 주요 후보들에 대한 보도행태를 분석하고자 한다. 예비경선이 시작된 시점에서부터 선거 전날까지를 분석범위로 하여 민주·공화 양당의 주요 후보들에 대한 미디어의 보도방식이 어떻게 나타났는지를 살펴본다. 구체적으로 시기를 예비경선 단계, 전당대회 단계, 전당대회 이후부터 선거 전 단계로 나누어 양당의 주요 후보들의 미디어 보도행태 분석을 실시한다.

Ⅱ. 시기별 미디어의 대선후보 보도행태 분석

1. 예비경선 단계[1]

예비경선 단계를 경선 초반기, 수퍼화요일 기간, 경선 중반기, 경선 후반기로 나누어 살펴본다. 구체적인 분석대상이 되는 양당의 주요 후보들은 경선과정에서 유의미하게 순위 경쟁을 펼치면서 승리의 가능성을 엿보인 후보들로 선택된다. 공화당의 경우 트럼프, 크루츠(Ted Crutz), 루비오(Marco Rubio), 케이식(John Kasich)이 해당되며, 민주당의 경우 클린턴(Hillary Clinton)과 샌더스(Bernie Sanders)가 해당된다.

1) 경선 초반기

미국 대선의 첫 관문은 2016년 2월 1일 개최된 아이오와 코커스와 2월 8일 열린 뉴햄프셔 프라이머리이다. 여기에 2월 말까지 진행된 네바다 코커스와 사우스캐롤라이나 프라이머리까지 경선 초반기에 포함시켜 민주·공화 양당의 주요 후보에 대한 미디어 보도행태를 분석한다.

(1) 공화당 경선과정

공화당의 아이오와 경선 결과 크루츠가 전체 28% 득표로 1위를 차지하였고 그 뒤를 트럼프 24%, 루비오 23%, 케이식 2%를 득표하였다. 뉴햄프셔 경선에서는 트럼프 35%, 케이식 16%, 크루츠 12%, 루비오 11%순으로 득표를 하였다. 네바다 경선에서는 트럼프 46%, 루비오 24%, 크루츠 21%, 케이식 4%순으로 득표를 하였으며, 사우스캐롤라이나 경선에서는 트럼프 33%, 루비오 23%, 크루츠 22%, 케이식 8%순으로 득표를 하였다. 전반적

---

[1] 예비경선 단계의 내용은 Thomas E. Patterson, "News Coverage of the 2016 Presidential Primaries: Horse Race Reporting Has Consequences"(2016)를 바탕으로 작성하였음을 밝힌다.

으로 초반 경선의 4곳 중에 3곳에서 승리한 트럼프의 부상이 두드러졌으며 아이오와에서 승리한 크루즈의 승리도 인상적이었다. 대의원 확보 수는 트럼프가 82명, 크루즈가 17명, 루비오가 15명, 케이식이 6명을 각각 획득하였다.

　　이런 경선 결과를 반영하듯 초반 경선레이스에서 트럼프의 미디어 보도량은 다른 세 후보를 압도하였으며 미디어의 보도 논조도 긍정적이었다. 분석에 활용되는 데이터는 미디어테너(Media Tenor)에서 수집한 것으로 5개의 주요 방송사(ABC, CBS, CNN, Fox, NBC)와 6개의 주요 일간지(the Los Angeles Times, The New York Times, USA Today, The Wall Street Journal, The Washington Post, The Washington Times)의 경선 관련 보도 및 기사를 분석한 것이다. 〈그림 1〉과 〈그림 2〉는 공화당 주요 후보들의 경선 초반기 미디어의 보도량과 보도 논조를 보고하고 있다. 〈그림 1〉과 〈그림 2〉에 따르면 경선 초반 공화당 후보들에 대한 미디어의 전체 보도량에서 트럼프가 차지하는 비율이 37%로서 제일 높았으며 미디어 보도의 긍정적 어조도 트럼프가 가장 높았다(57%). 그 뒤로 크루즈가 전체 보도량 28%, 긍정적 보도

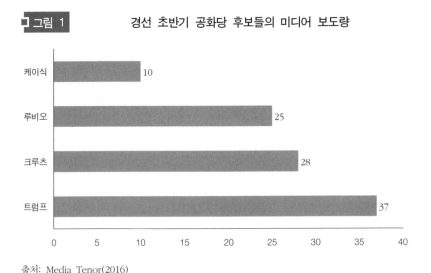

▮ 그림 1　　　　　　　경선 초반기 공화당 후보들의 미디어 보도량

출처: Media Tenor(2016)

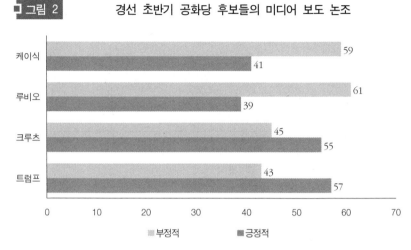

그림 2   경선 초반기 공화당 후보들의 미디어 보도 논조

출처: Media Tenor(2016)

논조 55%로 2위를 차지하였다. 예상외로 루비오의 미디어 보도량은 25%로 3위이며, 부정적 보도 논조가 네 후보 중에서 가장 높은 비율을 차지하였다 (61%). 그리고 케이식의 보도량은 10%로 전체 공화당 후보 중에서 가장 낮았으며 부정적 보도 논조도 59%에 달하였다.

이와 같은 결과는 미디어의 속성을 잘 반영한 것이라 할 수 있다. 미디어의 보도 속성은 선거과정에서 시시각각 변하는 경마식 순위 경쟁과 승리 예측을 보도하는 것에 있으며, 이것이 유권자들의 관심을 이끌어내는 데 주요 인자라는 것을 미디어는 잘 알고 있다. 후보의 정책입장이나 선거의 주요 이슈에 대한 보도는 일정한 지속성을 지닌 것으로 유권자들의 관심을 반복적으로 유도해내는 데는 한계가 있다. 그러므로 미디어의 보도행태는 언제나 선거 경쟁과정에서 경마식 순위나 승리 예측에 집중된다. 이런 점에서 트럼프에 대한 미디어의 관심과 호의적인 반응은 충분히 예상할 수 있는 일이다. 또 왜 루비오가 미디어의 관심이 낮고 부정적 보도 논조가 많은지에 대한 이유도 설명될 수 있다. 사실 많은 전문가들은 주류 공화당을 대변하는 루비오가 공화당의 초반 경선레이스의 선두주자가 될 것이라 예상을 하였다. 그러나 이러한 예측은 아이오와 코커스에서 무너졌다. 루비오는 1위는 고사하고 트럼프의 뒤를 이어 3위를 차지하였다. 당연히 미디어의 관심은 의외의 선전을 펼치며 승리한 또 다른 주류 공화당 후보인 크루즈에게 집중되었으며, 루비오에 대한 관심은 현저히 떨어졌고 그에 대한 보도 논조도 부정적인 경향으로 흘러갔다.

(2) 민주당 경선과정

　초반 민주당 경선레이스는 샌더스의 예상외의 선전으로 경선과정이 혼전 양상을 띠었다. 클린턴의 당연한 승리는 샌더스의 거센 돌풍으로 빛이 바랬다. 아이오와 경선에서 49.9% 대 49.6%로 클린턴이 0.3% 차이로 간신히 이겼다. 이어진 뉴햄프셔 경선에서 샌더스는 60% 대 38%라는 압도적인 차이로 승리하였다. 네바다 경선에서도 클린턴은 6% 차이로 간신히 샌더스를 따돌렸으며(53% 대 47%), 사우스캐롤라이나 경선에서는 클린턴이 압도적으로 샌더스를 누르고 승리하였다(76% 대 24%).

　앞서 지적하였듯이 초반 경선의 결과가 미디어의 보도경향에 결정적 영

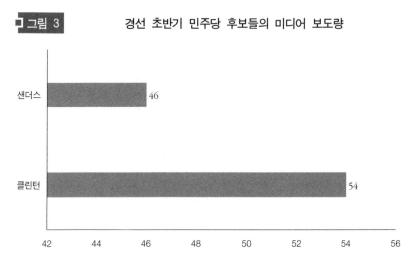

▢ 그림 3　　경선 초반기 민주당 후보들의 미디어 보도량

출처: Media Tenor(2016)

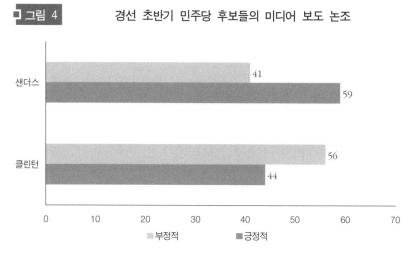

□ 그림 4　　　경선 초반기 민주당 후보들의 미디어 보도 논조

출처: Media Tenor(2016)

향을 미친다. 샌더스의 돌풍은 미디어의 관심과 논조에 영향을 주었다. 〈그림 3〉과 〈그림 4〉에서 보이는 것처럼, 초반 민주당 경선레이스에서 누구나 당연하게 생각했던 클린턴의 압도적인 승리의 예상이 샌더스의 거센 도전에 부딪치면서 클린턴의 경선에 빨간불이 켜졌다. 이를 반영하듯 미디어의 보도량도 두 후보에게 엇비슷하게 나누어졌다. 미디어의 보도 논조도 클린턴의 기대에 못 미친 성적과 샌더스의 예상외의 선전을 고스란히 반영하여 클린턴에 대한 부정적 논조가 56%, 샌더스에 대한 긍정적 논조가 59%로 각각 나타났다.

2) 수퍼화요일 기간

수퍼화요일 기간은 3월 1일 12개 주에서 개최된 수퍼화요일과 뒤이은 3월 8일 4개 주에서 개최된 미니화요일(Mini Tuesday)까지의 예비경선을 포함한다. 이 기간 동안 공화당은 총 18곳에서 경선을 치렀으며 민주당은 총 16곳에서 경선을 치렀다.

(1) 공화당 경선과정

공화당의 수퍼화요일 기간 예비경선 결과 트럼프는 11개 주에서 1위를 차지하였고, 크루츠가 6개 주, 루비오가 1개 주에서 승리하였다. 확보한 대의원 수는 트럼프가 367명, 크루츠가 326명, 루비오가 109명, 케이식이 49명이다. 미니화요일 경선이 끝나고 루비오는 후보직을 사퇴하였다.

12개 주에서 동시에 치러진 수퍼화요일 경선은 미디어에게 특별한 관심을 불러일으켰다. 이제까지 시간을 두고 각각 한 주에서 치러진 경선 결과를 집중적으로 보도하다가 3월 1일 12개 주에서 동시다발적으로 경선이 치러지면서 미디어의 관심은 시시각각 변하는 주별 단위의 경선 결과에 집중하였다. 미디어의 보도도 경마식 순위경쟁에 초점을 맞추면서 긴장감을 유지한 채 각 후보들의 대의원 확보와 승리 예측에 보도를 하는 행태를 보였다. 이를 반영하듯 수퍼화요일 기간에 미디어 제일의 관심은 총 18곳 중 11곳에 승리한 트럼프였다. 〈그림 5〉와 〈그림 6〉에서 보고되고 있는 것처럼 트럼프의 미디어 보도량은 크루츠(22%)나 루비오(22%)의 2배에 달하는 44%였다. 이 수치는 경선 초반기의 37%보다 7%가 많은 수치이다. 또 트럼

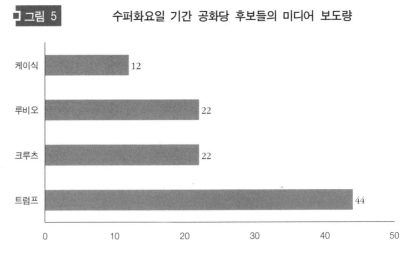

□ 그림 5 수퍼화요일 기간 공화당 후보들의 미디어 보도량

출처: Media Tenor(2016)

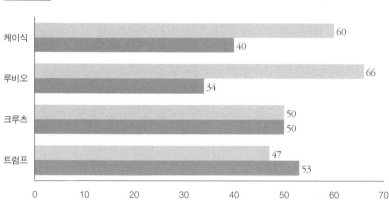

□ 그림 6   수퍼화요일 기간 공화당 후보들의 미디어 보도 논조

출처: Media Tenor(2016)

프에 대한 미디어의 호의적인 논조도 네 후보 중에서 가장 높은 53%이다. 이것은 수퍼화요일 경선 기간에서 확고한 승리를 거둠으로써 유력한 공화당 대통령후보로 등장한 트럼프에 미디어가 집중적인 관심을 보인 결과이다.

한편 6개 주에서나 승리한 크루츠는 트럼프의 압승에 힘입어 미디어의 관심을 많이 받지는 못하였지만, 그에 대한 미디어의 어조는 부정적이지만은 않았다. 50% 대 50%로 긍정적·부정적 보도가 균형을 이루었다. 루비오는 경선 초반기에서의 기대 저하가 그대로 이어지면서 미디어의 부정적 어조가 네 후보 중에서 가장 높았다(66%).

(2) 민주당 경선과정

총 16곳에서 치러진 민주당의 수퍼화요일 기간 예비경선 결과 샌더스의 상승세는 경선 초반기에 이어 그대로 지속되었다. 클린턴이 9개 주, 샌더스가 7개 주에서 승리를 하였다. 다만 주별 대의원 규모와 경선방식의 상이성에 따라 클린턴이 확보한 대의원 수는 670명, 샌더스가 확보한 대의원 수는 469명이었다.

민주당 경선에 대한 미디어의 반응은 후보들의 대의원 수 확보보다 각
주에서의 승패 결과에 더 집중되었다. 〈그림 7〉과 〈그림 8〉에 따르면, 샌
더스에 대한 미디어의 관심은 클린턴 못지않게 이루어져 거의 50%에 육박

그림 7　　　수퍼화요일 기간 민주당 후보들의 미디어 보도량

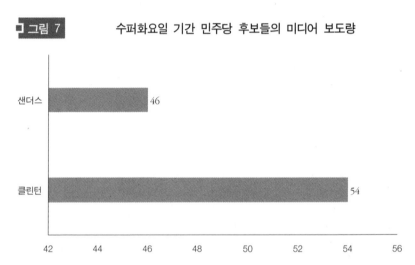

출처: Media Tenor(2016)

그림 8　　　수퍼화요일 기간 민주당 후보들의 미디어 보도 논조

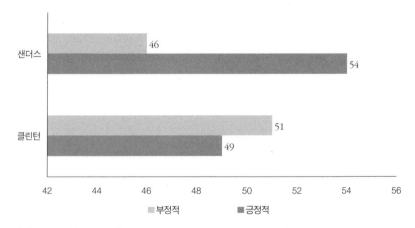

출처: Media Tenor(2016)

하는 46%에 달하였으며 이는 경선 초반기 돌풍을 일으켰을 때 결과와 똑같은 수치였다. 더욱더 인상적인 것은 샌더스에 대한 미디어의 논조가 공화당과 민주당의 모든 후보들을 통틀어 호의적인 어조가 가장 높았다는 점이다(54%). 한편 클린턴에 대한 미디어의 논조는 경선 초반기부터 이어진 부정적 어조(51%)가 긍정적 어조(49%)보다 미세한 차이로 우세하였지만 그 차이는 2%에 불과하였다. 이것이 의미하는 바는 수퍼화요일 경선 기간을 거치면서 클린턴의 민주당 대통령후보 가능성이 높아짐으로 해서 초반 부정적 평가에서 벗어나 미디어가 클린턴을 긍정적인 시각에서 보도를 하기 시작하였음을 시사하는 것이라 할 수 있다.

3) 경선 중반기

수퍼화요일 예비경선 이후(루비오 후보직 사퇴) 공화당의 크루즈와 케이식이 후보직을 사퇴한 5월 3일 인디애나 주 프라이머리까지 경선 중반기로 설정하여 미디어의 보도행태를 분석한다. 이 기간 동안 공화당은 14곳, 민주당은 20곳에서 경선이 치러졌다.

(1) 공화당 경선과정

경선 중반기 총 14곳에서 치러진 공화당 경선에서 트럼프는 11곳에서 이기면서 압도적인 승리를 구가한 결과 540명의 대의원을 확보하였다. 반면 크루즈는 2곳에서 1위를 차지하고 159명의 대의원을 확보하였다. 케이식은 경선과정에서 처음으로 자신이 주지사로 있는 오하이오 주에서 1위를 차지하였으며 확보한 대의원 수는 95명이었다.

경선에서 트럼프의 압도적인 승리는 미디어의 관심에서도 그대로 나타났다. 〈그림 9〉, 〈그림 10〉에 보고되고 있는 것처럼 트럼프는 두 후보를 합친 것보다 많은 51%의 미디어 보도량을 기록하였다. 그러나 경선과정에서 처음으로 트럼프에 대한 미디어의 논조가 부정적 어조로 바뀌었다. 54% 대 46%로 부정적 어조가 긍정적 어조보다 많았다. 기업가로서 아웃사이더의 등장이 기성 정치권에 변화를 불러일으키고 있다는 트럼프에 대한 호의적 시각은 어디까지나 후보선출 가능성이 희박할 때까지였다. 그러나 트럼프가 사실상 공화당 대통령후보로 유력해지면서 주류 언론은 트럼프의 자질 부족, 극단적인 공약, 각종 의혹에 걱정 어린 시선을 보내면서 트럼프를 대

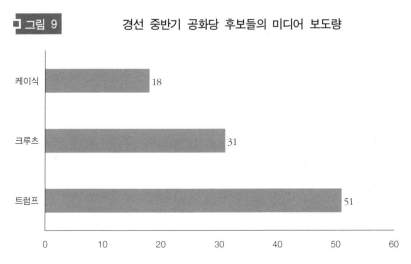

그림 9   경선 중반기 공화당 후보들의 미디어 보도량

출처: Media Tenor(2016)

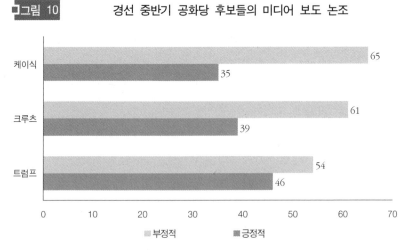

그림 10   경선 중반기 공화당 후보들의 미디어 보도 논조

출처: Media Tenor(2016)

통령이 돼서는 안 될 인물로 그리기 시작하였다. 그 결과 주류 언론의 트럼프에 대한 보도 논조는 부정적으로 바뀌기 시작하였다. 한편 크루즈의 대통령후보 가능성이 현저히 떨어지면서 미디어의 그에 대한 관심은 부정적 논조로 바뀌기 시작하여 경선과정 중에서 가장 높은 61%를 기록하였다.

(2) 민주당 경선과정

민주당의 경선 중반기 경선은 총 20곳에서 클린턴이 11곳, 샌더스가 9곳에서 승리를 함으로써 두 후보가 박빙의 승부를 펼쳤다. 대의원 확보 수도 클린턴이 샌더스보다 불과 50명이 더 많은 850명을 얻었다. 그러나 〈그림 11〉과 〈그림 12〉에서 보듯이 미디어의 반응은 사뭇 경선 결과와 다르게 나타났다. 보도량에서 클린턴은 샌더스보다 21%가 더 많은 61%를 기록하였다. 특히 미디어의 논조에 있어 클린턴은 경선과정에서 처음으로 호의적인 논조의 비율이 부정적인 논조의 비율보다 높았다(51% 대 49%). 그리고 샌더스에 대한 미디어의 보도 논조 역시 처음으로 부정적 논조가 긍정적 논조를 압도하였다(54% 대 46%). 이런 결과는 두 가지 측면에서 설명이 가능

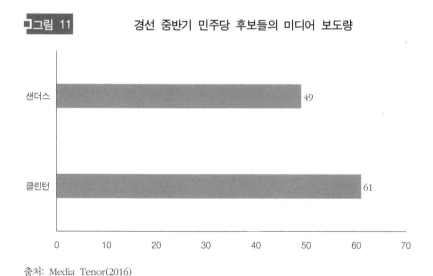

□그림 11   **경선 중반기 민주당 후보들의 미디어 보도량**

출처: Media Tenor(2016)

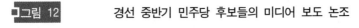

그림 12   경선 중반기 민주당 후보들의 미디어 보도 논조

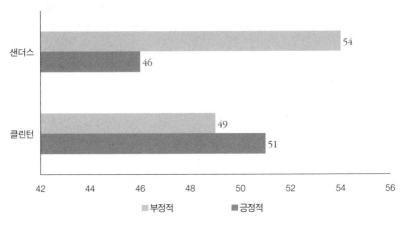

출처: Media Tenor(2016)

하다. 첫 번째는 경선이 종반에 다다르면서 샌더스가 선전하고 있긴 하지만 이미 확보한 대의원 수와 남아 있는 곳(캘리포니아 주 등)의 경선 결과 예측, 수퍼대의원 확보 현황을 고려할 때 클린턴의 대통령후보 당선 가능성이 높기 때문에 이와 같은 미디어의 보도행태가 나타났다는 설명이 가능하다. 두 번째는 이미 주류 언론에서는 대통령으로 클린턴을 지지선언하였고, 샌더스의 경우 민주당을 대표하는 주류 후보가 아니기 때문에 이제 더 이상의 샌더스에 대한 호의적인 보도는 접고 클린턴으로 확실한 지지표명으로 방향을 바꾼 것으로 이해할 수 있다.

4) 경선 후반기

경선과정의 종반기에 접어들면서 공화·민주 양당은 각각 9곳에서 경선을 치렀다.

(1) 공화당 경선과정

트럼프는 크루즈와 케이식이 사퇴하면서 경선 후반기에 유일하게 후보로 남아 나머지 9개 주를 휩쓸어 총 427명의 대의원을 확보하였다. 〈그림 13〉, 〈그림 14〉에서 보고되고 있는 것처럼, 비록 공화당 내 경쟁 후보가 사라졌다고 하지만 여전히 미디어의 보도량에서 트럼프는 민주당의 다른 두 후보보다 앞섰다(43%). 그리고 트럼프에 대한 미디어의 보도 논조는 부정적 경향이 더 강하게 나타나면서 경선과정 중 가장 높은 비율을 기록하였다 (61%). 공화당 후보로서 자질논란을 겪고 있는 트럼프를 주류 언론이 본격적으로 견제하기 시작하였다는 의미이다.

(2) 민주당 경선과정

종반 경선레이스에서 클린턴은 5곳, 샌더스는 4곳에서 각각 승리를 거두었다. 그러나 클린턴이 대의원 수가 많이 걸린 캘리포니아 주와 뉴저지 주에서 승리를 거두면서 손쉽게 대의원의 과반수 이상을 획득하게 되었다. 민주당 대통령후보로 기정사실화되었지만 클린턴에 대한 미디어의 논조는 긍정적이 못하였다. 〈그림 14〉에 따르면 부정적 논조가 긍정적 논조보다 2% 더 많았다(51% 대 49%). 그 이유는 일찍 공화당의 대선후보로 확정된

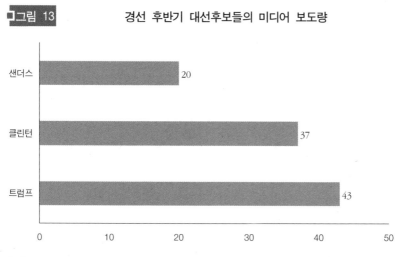

그림 13 경선 후반기 대선후보들의 미디어 보도량

출처: Media Tenor(2016)

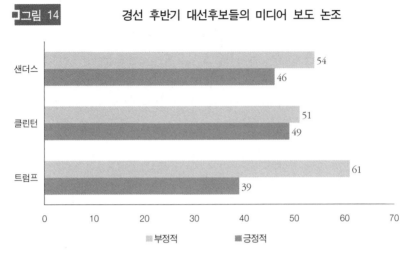

그림 14 경선 후반기 대선후보들의 미디어 보도 논조

출처: Media Tenor(2016)

트럼프가 클린턴으로 공격의 방향을 정하면서 클린턴에 대한 비난의 뉴스가
많이 보도되었기 때문이다. 샌더스 또한 미디어의 부정적 논조가 긍정적 논
조보다 많았다(54% 대 46%).

2. 전당대회 단계[2]

공화·민주 양당의 전당대회를 전후로 한 4주 기간을 분석범위로 삼아
양당의 대통령후보 지명자들에 대한 미디어 반응을 분석하고자 한다. 구체
적으로 공화당 전당대회가 개최된 7월 셋째 주(7월 18일~21일)인 이전 주(7
월 둘째 주)에서부터 민주당 전당대회가 개최된 7월 넷째 주(7월 25일~28일)

---

2) 전당대회 단계의 내용은 Thomas E. Patterson, "News Coverage of the 2016
National Conventions: Negative News, Lacking Context"(2016)를 바탕으로 작성
하였음을 밝힌다.

인 다음 주(8월 첫째 주)까지가 분석의 대상에 해당된다.

1) 후보자들에 대한 미디어의 전반적인 반응

전당대회 단계 4주차 동안 공화·민주 양당의 후보 지명자들에 대한 미디어의 반응은 어떻게 나타났는가? 〈그림 15〉에 보고되고 있는 것처럼 미디어는 여전히 트럼프에 대한 관심을 지속적으로 보여주고 있다. 트럼프는 클린턴보다 7%가 많은 보도량을 보이고 있다(27%). 여기에 대한 설명은 트럼프의 뉴스 가치로 볼 수 있다. 앞서 언급한 것처럼, 오늘날 미디어의 속성은 독자들의 관심을 유발할 수 있는 뉴스거리에 초점을 맞춘다. 부정적인 사건이나 독자들의 입에 오르내리는 가십거리, 변화무쌍하면서 끊임없이 이야기를 재생산해내는 소재거리에 미디어의 관심이 집중된다. 이런 점에서 트럼프는 미디어의 훌륭한 뉴스거리가 된다. 워싱턴의 아웃사이더로서 막말과 기행으로 기득권 정치세력을 공격하고 극단적인 공약과 자질 부족, 각종 추문으로 얼룩진 트럼프의 모습은 뉴스매체에 더없는 소재거리가 되었다. 이에 반해 클린턴은 전통적인 엘리트 정치인의 전형으로서 미디어로부터 관

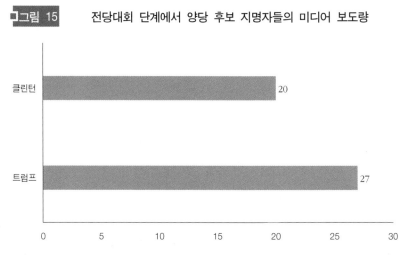

■ 그림 15   전당대회 단계에서 양당 후보 지명자들의 미디어 보도량

출처: Media Tenor(2016)

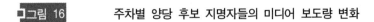

그림 16　주차별 양당 후보 지명자들의 미디어 보도량 변화

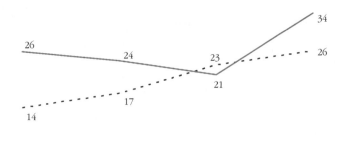

출처: Media Tenor(2016)

심을 모으기에 적합한 소재가 되지 못한다.

　한편 전당대회 단계에서 각 주차별 후보 지명자들의 미디어 보도량은 어떻게 나타났는지 살펴보자. 〈그림 16〉에 보여지듯이 민주당 전당대회가 개최된 3주차를 빼고 모든 시기에서 트럼프에 대한 미디어의 보도량이 클린턴의 보도량보다 많았다. 민주당 후보 지명이 있었던 3주차에 미디어의 클린턴에 대한 관심이 폭증하였다는 것은 충분히 예상할 수 있는 일이다.

2) 트럼프에 대한 미디어의 보도행태

　미디어의 트럼프에 대한 보도에서 어떤 주제들이 다루어졌는가? 전통적인 후보와 차별되는 몇 가지 사항이 눈에 띈다. 〈그림 17〉에 따르면 정책/이슈에 대한 보도가 13%를 차지하고 있다. 그리고 개인적 자질과 성격이 8%를 차지하고 있다. 이 수치들은 역대 후보 지명자들에 비해 높게 나타난 것이며, 뒤에서 살펴볼 클린턴에 비해서도 높게 나타났다. 트럼프의 정책/이슈를 미디어가 13%나 다루었다는 것은 '멕시코와의 국경에 장벽설치', '무슬림 입국 전면 금지', '불법체류자 전원 추방', '나토 방위공약' 등과 같은

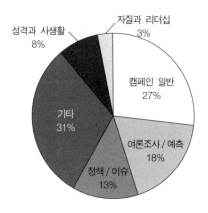

그림 17

주제별 미디어 보도량(트럼프)

- 자질과 리더십 3%
- 성격과 사생활 8%
- 캠페인 일반 27%
- 여론조사 / 예측 18%
- 정책 / 이슈 13%
- 기타 31%

출처: Media Tenor(2016)

실현불가능하거나 극단적인 트럼프의 공약 때문일 것이다. 그리고 트럼프의 성격과 사생활에 미디어가 8%나 다루었다는 점은 대선후보 출마선언부터 경선과정에서 보여준 트럼프의 거침없는 언사, 기행, 각종 의혹 등에서 기인하는 바가 클 것이다.

각 뉴스 주제별로 보도 논조를 살펴보자. 〈그림 18〉에 보고되고 있는 것처럼 4가지 주제에서 모두 부정적 어조가 긍정적 어조를 압도하였다. 부정적 어조가 가장 높게 나타난 뉴스 주제는 정책/이슈(86%)였고, 다음으로 성격과 사생활(80%), 자질과 리더십(78%)순이었다. 여론조사/예측에서는 상대적으로 긍정적 보도가 높았다(30%).

전당대회 단계에서 트럼프에 대한 미디어 보도의 논조는 부정적 어조가 긍정적 어조를 압도하였다. 〈그림 19〉에 따르면 1주차에서 4주차 전 기간 동안 부정적 어조가 긍정적 어조에 비해 우세하였다. 공화당 대통령후보로 공식 지명된 2주차에서도 미디어의 호의적인 관심을 받아 긍정적 논조가 다른 시기에 비해 조금 높게 나타났지만(45%) 여전히 부정적 논조가 우세하였다(55%). 특히 트럼프에 대한 미디어의 부정적 어조는 민주당 전당대회가 개최된 3주차에서 증가하기 시작하여(80%) 4주차 때는 가장 높은 91%에 달하였다. 그 이유는 민주당 전당회가 끝난 직후 7월 30일 트럼프의 무슬림계 이라크전 전몰군인 유족 비하 발언이 결정적이었다.

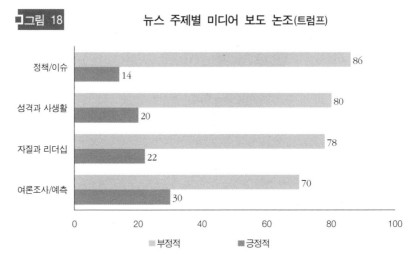

그림 18   뉴스 주제별 미디어 보도 논조(트럼프)

출처: Media Tenor(2016)

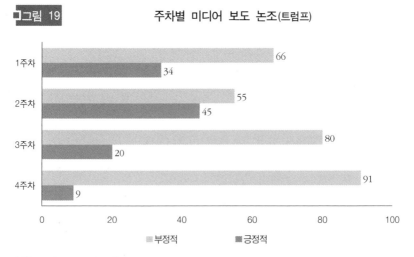

그림 19   주차별 미디어 보도 논조(트럼프)

출처: Media Tenor(2016)

3) 클린턴에 대한 미디어의 보도행태

　주제별 클린턴에 대한 미디어 보도는 트럼프와 다르게 나타났다. 〈그림 20〉에 따르면 정책/이슈, 성격과 사생활에서 트럼프에 비해 클린턴의 미디어 보도량은 적게 나타났다. 특히 정책/이슈에서 4%의 보도량은 퍼스트레이디 8년, 연방 상원의원 8년, 국무장관 4년이라는 클린턴의 화려한 경력에 의해 준비된 정치인이라는 이미지가 각인되어 트럼프에 비해 미디어 보도가 적게 다루어진 것으로 보인다. 무엇보다 트럼프와 차별되는 클린턴의 뉴스 주제는 클린턴 본인 문제와 깊은 관련이 있다. 단일 주제로 e메일 스캔들이 미디어 보도량에 있어 무려 8%를 차지하고 있다. 이 수치는 정책/이슈 보도량이나 성격과 사생활 보도량의 두 배에 달하는 것으로 클린턴의 치명적인 약점으로 미디어에서 자주 거론되었다.

　〈그림 21〉을 통해 각 주제별 미디어의 논조를 살펴보면 트럼프에 비해 자질/리더십, 여론조사/예측, 정책/이슈에서 긍정적 보도 논조를 발견할 수 있다. 특히 자질/리더십은 6개 주제들 중 미디어의 긍정적 어조가 가장 높게 나타났다(69%). 앞서 지적한 것처럼 클린턴의 화려한 공직 경력에서 기

▢그림 20

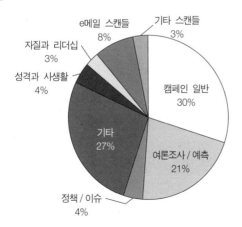

주제별 미디어 보도량(클린턴)

출처: Media Tenor(2016)

인하는 바가 클 것이다. 그리고 트럼프와 대결에서 클린턴의 높은 지지율과 본선에서 당선 가능성이 높게 나타나면서 여론조사/예측에서도 미디어의 호의적인 보도(56)가 많이 나온 것으로 이해할 수 있다. 한편 부정적 어조가

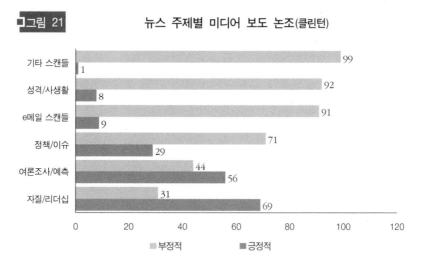

□그림 21　　　　**뉴스 주제별 미디어 보도 논조(클린턴)**

출처: Media Tenor(2016)

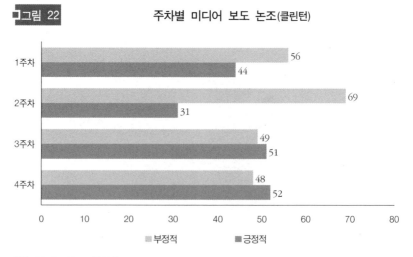

□그림 22　　　　**주차별 미디어 보도 논조(클린턴)**

출처: Media Tenor(2016)

압도적으로 높은 뉴스 주제는 기타 스캔들(99%)과 e메일 스캔들(91%)이었다. 기타 스캔들의 경우 국무부와 클린턴 재단과의 유착관계가 폭로되면서 미디어로부터 클린턴이 집중적인 공격을 받은 결과이다. 또 클린턴이 국무장관 시절 자택에 구축한 개인 e메일 서버로 공문서를 주고받은 것이 알려지면서 위법 논란이 일어났다. e메일 스캔들에 대한 미디어의 부정적인 보도가 많은 이유이다.

전당대회 단계에서 클린턴의 전반적인 보도 논조는 부정적 어조가 긍정적 어조보다 약간 우세하였지만 민주당 전당대회가 열린 3주차를 기점으로 미디어의 호의적인 어조가 증가하였다. 〈그림 22〉에서 나타나고 있는 것처럼 전당대회 기간의 후반 단계(3주차와 4주차)에서 클린턴에 대한 긍정적 논조가 부정적 논조를 앞서는 경향을 발견할 수 있는데 이는 전당대회 효과와 트럼프의 무슬림 전몰용사 비하 발언이 결정적이었다. 그리고 각종 클린턴의 대통령 당선 가능성을 보여주는 여론조사 결과도 한몫하였다. 2주차에서는 힐러리에 대한 부정적 논조가 69%까지 치솟았는데 이는 공화당 전당대회에서 트럼프가 대선후보로 공식지명되면서 언론의 관심이 트럼프로 집중된 것과 트럼프가 공격의 화력을 클린턴에 집중한 결과이다.

III. 전당대회 이후부터 선거 전 단계

전당대회 이후부터 대통령선거 전까지의 민주·공화 양당의 대통령후보에 대한 미디어의 뉴스 보도경향은 미디어리서치센터(Media Research Center)의 데이터를 활용해서 분석한다. 미디어리서치센터는 전당대회 직후인 7월 29일부터 10월 20일까지 주요 방송사(ABC, CBS, NBC)의 저녁뉴스를 대상으로 클린턴과 트럼프에 대한 방송사의 뉴스 보도행태를 분석하였다.

데이터에 따르면 ABC, CBS, NBC는 저녁뉴스에서 총 588개의 대선뉴스를 보도하였다는데 이는 전체 총 뉴스의 약 29%에 해당하는 수치이고, 588개의 대선뉴스로 총 보도시간은 1,191분이었다(Noyes 2016). 구체적으로 양 후보들에 대한 보도행태를 살펴보면, 지상파 방송사들은 트럼프의 개인적 논란과 자질 문제를 보도하는 데 클린턴보다 훨씬 많은 뉴스기사를 쏟아냈다. 트럼프의 개인적 논란을 다룬 뉴스 보도시간은 약 440분인 반면, 클린턴의 개인적 논란을 다룬 보도시간은 약 185분이었다(Noyes 2016). 특히 지상파 방송사들이 클린턴의 건강 문제와 e메일 스캔들을 보도하는 데 할애한 시간은 각각 53분과 40분으로 총 93분에 불과하지만 트럼프의 음담패설 관련 문제 한 건을 보도하는 데 할애한 시간은 102분이 되었다. 이밖에도 트럼프의 연방소득세 납부 논란 33분, 이민공약 문제 32분, 선거조작 주장 27분, 푸틴과의 연계 22분 등 많은 논란거리를 트럼프 개인에 맞추어 뉴스를 보도하는 데 많은 시간을 할애하였다(Media Research Center 자료). 지상파 방송사의 이러한 뉴스 보도경향은 트럼프에 대한 미국 유권자들의 비호감도를 상승시키는 데 일조를 하였을 것이다.

〈그림 23〉에 지상파 방송사들의 문장을 단위로 한 트럼프 뉴스 보도의

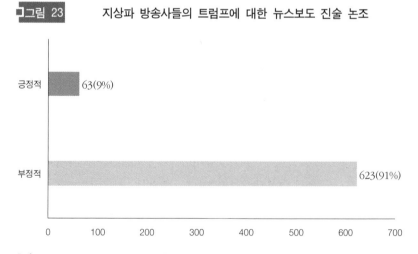

◻그림 23   지상파 방송사들의 트럼프에 대한 뉴스보도 진술 논조

출처: Media Research Center(2016)

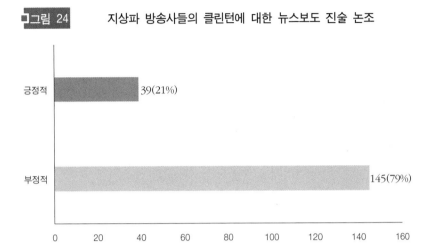

그림 24   지상파 방송사들의 클린턴에 대한 뉴스보도 진술 논조

긍정적   39(21%)

부정적   145(79%)

0   20   40   60   80   100   120   140   160

출처: Media Research Center(2016)

논조를 보고하고 있다. 이 중 91%에 해당하는 623개가 트럼프에 대해 부정적 어조를, 9%에 해당하는 63개가 트럼프에 대해 긍정적 어조로 뉴스를 보도하였다. 방송사들의 트럼프에 대한 뉴스 보도 어조는 압도적으로 부정적이었음을 알 수 있다. 한편 〈그림 24〉에는 클린턴에 대한 지상파 방송사들의 뉴스 보도 논조가 보고되고 있다. 클린턴의 경우도 부정적 논조가 긍정적 논조보다 우세하였지만, 트럼프와 비교하여 상대적으로 부정적 논조의 경향이 덜 하였다. 총 184개의 뉴스 보도 진술 중 클린턴에 대한 긍정적 어조의 진술은 39개로 21%를 차지하였고, 부정적 어조의 진술은 145개로 79%가 여기에 해당되었다.

전당대회 이후부터 대통령선거 직전까지 미국의 지상파 방송사들은 전반적으로 트럼프에 대한 부정적인 개인적 자질과 논란거리를 집중적으로 보도하였으며, 그 보도 어조도 부정적 경향이 압도적이었다. 그 결과 유권자들에게 비호감후보로서 트럼프를 각인시키는 데 어떤식으로든 영향을 미쳤을 것이라 짐작할 수 있다.

IV. 결론

지금까지 이 연구는 2016년 미국 대통령선거 운동 기간 동안 미국 미디어의 주요 후보들에 대한 보도행태를 크게 세 시기로 나누어 분석하였다. 구체적인 시기 구별은 예비경선 단계, 전당대회 단계, 선거이전 단계이며 보도행태를 분석하는 데 있어 구체적 분석대상은 미디어의 후보들에 대한 보도량과 보도 논조이다. 연구 결과를 요약하면 다음과 같다.

미디어의 보도행태는 시기별로 뚜렷한 특징을 보여준다. 대의원 확보를 위한 경쟁이 뜨거운 당내 예비경선 단계에서는 미디어의 보도초점이 정당별 후보들의 경마식 순위와 주별 승리 예측에 맞추어진다. 이렇다 보니 미디어의 관심은 후보들의 자질이나 공약에 집중되기보다 경선에서 예상외로 돌풍을 일으키거나 끊임없이 이야기 소재거리를 만들어내는 후보에 쏟아지기 마련이다. 예비경선에서 트럼프의 경우가 대표적인 사례라 할 수 있다. 경선 시작 이전만 하더라도 돌풍을 일으킬 것이라고 누구도 예상치 못한 가운데 TV 리얼리티쇼 진행자이자 부동산 거물의 아웃사이더 정치인이 쏟아내는 막말과 기행은 미디어로부터 집중적인 조명을 받았다. 여기에다 워싱턴 정치에 신물이 난 백인 중하위 소득계층이 트럼프를 통해 분노를 표출하자 미디어의 관심은 트럼프에게 더욱 집중되었다.

예비경선 단계에서 민주·공화 양당을 통틀어 미디어로부터 가장 많은 보도량과 호의적인 보도를 받은 후보가 트럼프였다는 사실은 우연이 아니다. 마찬가지로 샌더스의 경우도 미디어의 보도 속성을 잘 보여주는 사례이다. 엘리트 정치인의 전형이자 기성정치권을 대변하는 클린턴보다 금권정치를 강력히 비판하며 소득불평등을 더욱 심화시키는 신자유주의에 맹공을 퍼붓는 샌더스가 미디어의 관심을 끄는 데 제격이었다. 특히 미국 대선의 풍향계라 할 수 있는 뉴햄프셔 주 경선에서 샌더스가 클린턴을 누르고 승리하면서 샌더스에 대한 미디어의 보도와 긍정적인 논조는 더욱 증가하였다.

그러나 당내 예비경선이 끝나고 정당별 후보가 확정되면서 미디어의 보도행태는 변하기 시작하였다. 세계에서 가장 큰 영향력을 행사하는 인물을 뽑는 본선무대가 펼쳐지면서, 대선후보의 대통령으로서 능력과 공약, 개인적 자질에 관한 미디어의 후보 검증공세가 부쩍 증가하였다. 이와 함께, 미디어의 이념적 성향에 따라 특정 후보에 대한 미디어의 보도행태가 이질적으로 나타나게 되는데 선거운동 기간 중 발생하는 이벤트나 후보 개인의 실수, 스캔들은 이러한 보도행태를 더욱 부채질하였다. 트럼프가 클린턴에 비해 전당대회 직후부터 미디어의 압도적인 부정적 보도에 시달린 이유가 바로 여기에서 비롯되었다고 할 수 있다.

본선 기간 동안 미디어의 압도적인 부정적 보도에도 불구하고 트럼프가 대통령에 당선되었다는 점은 대통령선거에 대한 미디어의 효과를 다시 생각해보게 한다. 이번 미국 대선에서 미디어의 보도가 선거 결과에 크게 작용을 못하였다는 점에서 미디어의 효과가 없었다고 보는 게 맞을 듯 하지만 한편으로 트럼프에 대한 미디어의 일방적인 부정적 보도행태가 위기를 느낀 트럼프 지지자들에게 투표장으로 이끌었을 수도 있다는 점에서 미디어의 최소효과가 나타났다고 주장할 수 있을 것이다. 검증할만한 자료의 부족으로 이러한 가설의 진위여부를 증명할 수 없지만 후속연구에서 밝혀지기를 기대해본다.

세계 최강국의 제45대 미국 대통령으로서 트럼프에 대한 세계인들의 걱정과 불안은 점점 고조되고 있다. 대선 기간 동안 세계 각국들의 미디어 보도도 트럼프에 호의적이지 않았으며 한국의 경우도 마찬가지였다. 한국 언론 매체들의 트럼프에 대한 부정적 논조는 어디에서 비롯되었는가? 외국의 지도자에 대해 한국 미디어의 보도행태를 결정하는 것은 양국의 정치·경제·안보의 이해관계, 역사적 상황, 국내외의 정치적 요인, 개인적 수준의 요인 외에 다른 요인이 존재하는가? 앞서 제기한 미디어의 보도 속성을 고려한다면 미디어의 고유적 행태가 한 국가 내에서뿐만 아니라 국가들 간의 관계에서도 그대로 적용될 수 있다는 추론을 해봄직하다. 이에 대한 체계적인 후속 연구가 뒤따라야 할 것이다.

■ 참고문헌 ■

Noyes, Rich. 2016. "MRC Study: Documenting TV's Twelve Weeks of Trump Bashing," http://www.newsbusters.org/blogs/nb/rich-noyes/2016/10/25/ (검색일: 2016.11.10).

Patterson, Thomas E. 2016a. "News Coverage of the 2016 Presidential Primaries: Horse Race Reporting Has Consequences," https://shorenstein center.org/wp-content/uploads/2016/07/Election-2016-Primary-Media-Coverage.pdf/(검색일: 2016.11.10).

_____. 2016b. "News Coverage of the 2016 National Conventions: Negative News, Lacking Context," https://shorensteincenter.org/wp-content/upl oads/2016/09/2016-Convention-News-Coverage.pdf/(검색일: 2016.11.10).

제 2 부

정당 및 선거 경쟁

제5장

2016년 미국 대통령선거와 여성 유권자

민태은
통일연구원

I. 서론

미국 여성의 참정권과 관련하여 2016년 제45대 미국 대통령선거는 매우 역사적인 선거이다. 여성 최초로 힐러리 클린턴(Hillary Clinton, 민주당)이 주요 정당의 대선 주자가 된 것이다. 이는 1872년 빅토리아 크래플린 우드헐(Victoria Claflin Woodhull)이 여성으로는 처음으로 대선후보에 도전한 이후 144년 만의 일이다. 그리고 미국에서 1920년 여성이 참정권을 얻은 지 약 백 년 만의 일이다. 그래서 이번 대선은 정치적 경험이 많은 관료적 후보와 매브릭(Maverick) 후보 간의 대결로 묘사된 만큼이나 여성 후보와 남성 후보 간의 대결로 그려졌다. 사실 미국에서 의회 진출의 경우만 하더라도 여성 후보는 의원예비선거(congressional primaries)과정부터 남성 후보보다 당의 후보가 되는 것이 사회정치적으로 더 어렵다(Lawless and Pearson 2008; Palmer and Simson 2006). 따라서 2016년 미국 대통령선거는 여성이 마침내 주요 정당의 대선후보가 되었다는 점에서 매우 역사적인 선거이다.

그런데 흥미롭게도 대선 기간 동안 공화당의 도널드 트럼프(Donald Trump)는 과거의 어느 대선후보보다 여성비하 논란으로 비난받았다. 그리고 이러한 이유로 최초의 여성 대선 주자인 힐러리가 여성 유권자로부터 큰 지지를 받을 것으로 예상되었다. 그러나 결과는 힐러리가 투표에 참여한 여성 유권자의 54%의 지지를 받는 데에 그쳤다. 이는 여성 투표자 과반 이상의 지지를 받은 것이지만 이전 선거에 비해 높은 득표는 아니다. 사실 여성 유권자가 민주당(Democratic Party) 후보를 더 선호하는 것은 1980년대 이후 미국 정치의 일반적 특징이다. 예를 들어 버락 오바마(Barack Obama) 대통령은 투표에 참여한 여성 유권자 55%의 지지를 받으며 2012년 재선에 성공했다. 따라서 힐러리가 여성 유권자로부터 받은 과반 이상의 지지는 이전 후보에 비해 높은 지지라고 할 수는 없다. 오히려 최초의 여성 대선후보와 논쟁적 여성관을 가진 남성 후보와의 경선이라는 2016년 대선의 배경을 고려하면 여성 유권자의 지지가 낮았다고도 볼 수 있다.

왜 여성 유권자들이 여성 후보 힐러리 대신 트럼프를 선택하였을까? 다시 말해 2016년 대선에서 여성 유권자의 선택을 결정한 요인은 무엇인가? 본 장은 이 질문에 답하고자 한다. 그리고 이 질문에 답함으로써 최초의 여성 대권 후보 힐러리의 패인을 논의한다. 분석 결과에 의하면 이번 대선에서 여성 유권자들이 후보자를 선택할 때 그들의 성 정체성과 후보자의 성(gender)은 중요한 역할을 하지 않았다는 것이다. 나아가 후보자의 성 인식(gender perception), 특히 여성에 대한 태도 역시 큰 역할을 하지 않았다. 2016 대선 당일 치러진 출구조사 자료는 이러한 추정을 뒷받침한다. 트럼프가 여성을 대하는 방식에 '신경이 쓰인다'고 대답한 응답자가 전체 조사대상 투표자의 70%이다. 그런데 이들 중 30%에 가까운 투표자가 트럼프를 선택했다. 이러한 결과는 많은 수의 미국 유권자가 후보자의 남녀에 대한 인식을 크게 문제시하지 않는다는 점을 보여준다. 특히 여성들이 남성보다 더 트럼프의 발언에 민감할 수 있었던 점을 고려하면 신경이 쓰인다고 응답한 사람 중에는 여성이 차지하는 비율이 높을 것이다. 다시 말해 트럼프의 여성에 대한 시각은 문제라고 인식하지만 그것이 여성 유권자의 투표선택을 결정하는 요인으로 작용하지는 못했다고 볼 수 있다. 즉, 여성 유권자의 성 정체성이 이번 대선에서 후보자 선택에 결정적인 역할을 하지 못했다.

대신 이번 선거 결과는 전통적인 미국 유권자의 정치행위 결정요소인 정당일체감이 여성 유권자의 선택에 결정적 역할을 했음을 보여주고 있다. 미국에서 여성 유권자는 남성 유권자에 비해 공화당 후보보다 민주당 후보를 더 많이 지지하는 것으로 알려져 있다(Hansen 2014; Whitaker 2008). 그리고 여성 유권자들이 민주당 후보를 더 지지하는 이유는 근본적으로 여성 유권자들이 민주당을 더 많이 지지하기 때문이다(Hansen 2014; Lewis-Beck et al. 2008; Whitaker 2008). 그리고 이번 선거 결과 역시 이러한 미국 정치의 특징을 확인시켜 주었다. 다시 말해 2016년 대선에서 여성 유권자들은 전통적인 미국 유권자의 모습을 보여주었다.

또한 이번 대선에서 여성 유권자들의 정책선호와 후보자들의 정책수행에 대한 평가가 투표선택에 주요한 역할을 한 것으로 분석된다. 보다 구체적으로 후보자의 경제정책과 외교정책 수행능력에 대한 평가가 여성 유권자의 투표선택으로 이어졌다. 선행연구는 여성 유권자는 남성 유권자에 비해 낙태, 의료, 그리고 교육 분야 정책에 더 많은 관심을 가지고 있다고 설명한다. 그리고 선거 후보자가 이러한 정책에 대해 어떠한 태도를 취하는지가 여성 유권자의 후보자 선택에 중요한 역할을 한다고 지적한다. 그런데 이번 대선 기간 동안에 실시된 여론조사에서 주요 정책순위에서 남성 유권자와 큰 차이가 없는 것으로 나타났다. 물론 낙태와 소수자 문제에서 여전히 남녀 유권자의 시각 차이는 존재했다. 그러나 이번 대선에서 여성 유권자들에게 중요한 정책은 경제와 외교 분야였으며 이와 관련한 후보자 평가가 그들의 선택에 큰 역할을 하였다.

이러한 여성 유권자의 경제 및 외교정책에 대해 높아진 관심은 현재 미국의 국내외 환경을 반영한다. 그러나 힐러리가 여성 후보임에도 불구하고 여성들의 관심 사안을 쟁점화하지 않은 것도 한 이유로 판단된다. 그리고 이는 힐러리의 패인 중 하나로 볼 수 있다. 선행연구에 의하면 여성 후보의 캠페인 전략과 쟁점안(案)은 다르다(McDermott 1998; Herrson et al. 2003). 왜냐하면 유권자들이 성(gender)을 후보자의 정책 입장과 당선 후의 정책 수행능력을 예측·평가하는 데 사용하기 때문이다. 여성 유권자들의 경우 남성 유권자보다 사형이나 핵무기와 같은 무력사용에 부정적인 것으로 알려져 있다. 특히 남성 유권자에 비해 인정(compassion)에 바탕을 둔 정책에 관심이 많고 진보적이다. 구체적으로, 여성 유권자들은 여성을 포함한 사회의 소외계층을 도와줄 소득 재분배정책, 교육정책, 복지정책, 그리고 동성애 문제에 관심이 더 많고 진보적이다(Delli and Fuchs 1993; Kacufmann and Petrocik 1993; Hernson et al. 2003). 따라서 선거에서 여성 후보가 이러한 인정에 바탕을 둔 사안을 캠페인에서 쟁점안으로 다룰 때, 여성 유권자의 강한 지지를 얻어 선거에서 승리하는 데 유리하다(Herrson et al. 2003; Plutzer and Zipp 1996). 하지만 이번 대선 캠페인에서 여성 후보로서 힐러리는 여성들의 관심 사안을 경제 문제와 연계시켜 적극적으로 쟁점화하지 않았다. 그리고 힐러리의 이러한 '중도적' 캠페인이 여성 유권자의 강한 지지를 이끌어 내지 못하는 결과로 이어졌다.

2012년 선거에 비해 2016년 미국 대통령선거에서 여성 유권자의 눈에 띄는 변화는 유색인종 여성 유권자들의 민주당 후보에 대한 지지가 줄어들었다는 점이다. 그리고 이전 선거에 비해 인종과 학력에 따른 여성 유권자 간의 균열이 보다 뚜렷하게 나타났다. 51%의 대졸 이상의 고학력 백인 여성이 힐러리를 지지했다. 반면 고졸 이하의 백인 여성 중 압도적 다수인 62%가 트럼프를 선택했다. 다시 말해 여성 유권자 사이에서 인종이 학력과 상호작용하여 확실한 균열을 드러내 보인 것이다. 이러한 균열은 여성 유권자들의 인종이라는 인구학적 요인과 사회경제적 요인이 상호작용하면서 과거보다 경제 및 외교정책에 대한 입장 차가 보다 분명해졌다는 것을 의미한다. 그런데 이러한 여성 유권자 간 차이를 완화시킬 성 정체성에 바탕을 둔 사안이 이번 대선에서 쟁점화되지 못했다. 그리고 이는 힐러리가 여성 유권자들로부터 기대만큼 지지를 받지 못한 이유로 판단된다.

요약하면 2016년 대선에서 정당일체감은 여성 유권자의 선택에 중요한 역할을 한 반면, 그들의 성 정체성과 이에 기반을 둔 정책 평가는 큰 영향을 미치지 못했다. 이는 최초의 여성 후보인 힐러리가 여성과 연관된 이슈의 쟁점화를 통해 여성 유권자를 보다 많이 결집시키지 못한 결과이기도 하다.

이 글은 네 절로 구성되어 있다. 먼저 다음 절에서는 선행연구를 바탕으로 여성 유권자들의 정당일체감, 정책선호 그리고 투표행위의 일반적 특징과 2016년 대선에서 여성 유권자의 특징을 넓은 맥락에서 논의한다. 두 번째 절에서는 성 차이가 나타나는 원인을 간단히 설명한다. 세 번째 절에서는 이를 바탕으로 2016년 여성 유권자의 투표행태를 보다 구체적으로 분석한다. 그리고 마지막 절에서 이번 대선 결과를 요약 정리한다.

여성 유권자들의 정치행위의 특징을 이해하는 것은 현대 미국 정치에서 여성의 역할을 이해하고 나아가 미국 정치를 이해하는 데 매우 중요하다. 왜냐하면 무엇보다도 수적으로 유권자의 절반이 여성이기 때문이다.[1] 미국 정치에서 정치행위에 중요한 영향을 미친다고 알려진 주요 집단 정체성으로 성(gender)뿐만 아니라 인종(race), 그리고 거주 지역 등이 있다. 이 중에서 인종차이(racial gap)가 정치행위에 미치는 영향이 성별차이(gender gap)보다 크다고 알려져 있다. 그러나 단일 사회집단으로 정치적 영향이 크다고 알려진 흑인도 전체 유권자의 20%가 되지 않는다. 반면 여성 유권자는 인구의 절반이다. 특히 투표에 참여하는 유권자의 절반 이상이 여성이다. 구체적으로 미 인구조사국(US Census Bureau)에 따르면 2016년 유권자의 52%가 여성이다. 그리고 이번 대선 직후 실시된 출구조사에 따르면 투표에 참여한 유권자의 약 53%가 여성이다. 따라서 수적인 면에서 정치집단으로서 여성이 선거나 정책 결과에 미치는 영향은 매우 크다.

이러한 주요한 정치사회집단으로서 여성 유권자의 정치행위는 남성 유권자와 차이가 있다고 알려져 있다. 즉 '성별 차(gender gap)'가 있다는 것이다.[2] 따라서 여성 유권자들의 후보자 선택을 포함한 정치행태의 특징을 살

---

1) 2016 World Bank 자료에 따르면 미국 여성 인구는 현재 전체 인구의 50.4%이다.
2) 정치학에서 '성별 차'란 선거에서 후보자 선택에 있어 남녀의 차이를 의미한다(Lewis-

펴보는 것은 미국의 다양한 정치현상을 이해하고 예측하는 데 매우 중요하
다. 다음 절에서는 먼저 여성 유권자의 정당일체감에 대해 살펴본다.

II. 여성 유권자의 정치행위

1. 여성 유권자의 정당일체감

정당에 대한 애착심으로 정의되는 정당일체감(Party Identification)은 개
인의 다양한 정치행위(Political Behavior)를 결정짓는다. 특히 미국 정치에
서 정당일체감은 유권자의 정책선호와 선거에서 후보자 선택과 밀접한 관계
가 있다. 그런데 이렇듯 중요한 정당일체감이 사회집단에 따라 특징적인 분
포가 있는 것으로 알려져 있다. 예를 들어 흑인의 압도적 다수가 민주당
(Democratic Party)을 지지한다. 흑인의 민주당 지지는 미국이 대공황을 겪
던 1930년대로 거슬러 올라간다. 당시 민주당 대통령 프랭클린 루스벨트
(Franklin D. Roosevelt)는 미국의 경제재건을 위한 뉴딜정책을 실시했다. 그
일환으로 흑인에 대한 고용차별을 비롯한 각종 경제적 차별을 없애는 일련
의 행정명령(executive order)을 내렸다. 루스벨트의 이러한 조치는 흑인들
의 시민권(civil rights) 확보로도 이어졌다. 이러한 이유로 흑인들은 루스벨
트 대통령과 의회 다수당이었던 민주당을 지지하는 핵심 지지층이 되었고
지금까지 그 지지를 이어오고 있다.

흑인과 더불어 민주당을 지지하는 것으로 알려진 또 다른 사회집단이 바
로 여성 유권자들이다(Hansen 2014; Lewis-Beck et al. 2008; Whitaker 2008).

Beck et al. 2008, 325). 그러나 실제 연구에서 '성별 차'는 선거후보자 선택뿐만 아니
라 다양한 정치행위에서 남녀 간의 차이를 일컫는다.

2016년 7월 퓨리서치센터(Pew Research center)가 발표한 자료에 따르면 1992년부터 2016까지 지난 24년간 투표를 위해 등록한 여성 유권자의 50~56% 정도가 민주당을 지지하거나 민주당 편향성이 있는 것으로 나타났다.[3] 같은 조사 자료에 따르면 2016년 7월 현재 등록 여성 유권자의 54%가 민주당을 지지하는 것으로 나타났다. 반면 남성 유권자의 40~45%가 민주당을 지지해 온 것으로 조사되었다. 2016년의 경우 41%의 남성 유권자가 민주당 지지 혹은 편향성을 가지고 있는 것으로 조사되었다.

한편 공화당은 남성 유권자로부터 탄탄한 지지를 받아오고 있다. 같은 기간 동안 남성 유권자의 약 48~51%가 공화당을 지지해 왔다(퓨리서치 2016. 07.28). 여성 유권자는 약 37~39%가 공화당을 지지하거나 공화당 편향성을 가지고 있는 것으로 나타났다. 같은 자료에 따르면 2016년의 경우 전체 여성 유권자 중 38%의 여성 유권자가 공화당을 지지하거나 공화당 편향성이 있는 것으로 나타났다. 이는 민주당 지지 여성 유권자가 54%인 것과 비교하면 16% 포인트 정도 낮다. 여성 유권자 간 지지정당의 차이가 가장 컸던 해는 버락 오바마(Barack Obama) 대통령이 처음 당선되었던 2008년 대선이다. 당시 투표를 위해 등록한 여성 유권자 중 55%가 민주당을 지지하거나 민주당 편향성이 있는 것으로 조사되었다. 당시 공화당을 지지하고 공화당 편향성이 있던 여성은 전체 여성 유권자의 34%로, 민주당 지지 여성 유권자 수보다 21% 포인트 정도 낮았다.

이번 대선 출구조사에 따르면 민주당을 지지한다고 밝힌 여성 유권자는 전체 여성 투표자 가운데 43%로 집계되었다. 여성 유권자 전체가 아니라 투표에 참여한 여성 유권자만을 대상으로 살펴본 결과지만, 여전히 민주당을 지지하는 여성 유권자의 비율이 높은 것으로 나타났다. 특히 편향성이 있는 사람을 제외한 수치라는 점을 고려하면 더욱 그러하다. 한편 남성 투

---

3) "A Closer Look at the Gender Gap in Presidential Voting," http://www.pew research.org/fact-tank/2016/07/28/a-closer-look-at-the-gender-gap-in-presidenti al-voting/(검색일: 2016.09.27).

■ 표 1	2016년 대선 투표자들의 정당일체감			
	민주당 지지	공화당 지지	무당파	합계
여성 투표자	43%	30%	27%	100%
남성 투표자	28%	36%	36%	100%
합계	36%	33%	31%	100%

출처: CNN 출구조사(Exit Poll) 결과를 바탕으로 산출. 출구조사에서 정당 편향성은 조사되지
않았음

표자의 경우 공화당 지지자의 비율이 높았다.

민주당을 지지하는 여성 유권자를 연령과 인종별로 살펴보면 몇 가지
특징을 발견할 수 있다. 먼저 연령별로 살펴보면 여성 유권자 중에서도 젊
은 층이 민주당을 더 지지한다(MacManus 2014). 특히 1980년 이후에 태어
난 18세에서 35세 사이의 밀레니얼(millennial) 세대의 민주당 지지율은 공
화당에 비해 매우 높다. 2016년의 경우 밀레니얼 세대의 22%가 공화당을
지지하는 반면 민주당을 지지하는 비율은 34%에 이른다.

인종별로 살펴보면 백인 여성의 공화당 지지율은 1990년대 이후 꾸준히
상승하였다. 2016년의 경우 공화당을 지지하는 백인 여성 유권자가 더 많은
것으로 조사되었다. 2016년 투표등록을 한 백인 여성 유권자(registered White
non-hispanic voters) 중 47%가 공화당을 지지하거나 공화당 편향성이 있는
것으로 조사되었다.4) 반면 민주당을 지지하거나 민주당 편향성이 있는 등
록 여성 유권자는 46%로 집계되었다. 즉, 백인 여성의 경우는 보수당을 지
지하는 사람이 1% 포인트 더 많은 것으로 나타났다. 이들 백인 여성 유권자
가 2016년 대선에서 공화당 대선 주자 트럼프가 대통령으로 당선되는 데에
큰 역할을 하였다.

---

4) "Party Affiliation among Voters: 1992-2016," http://www.people-press.org/2016/
   09/13/2-party-affiliation-among-voters-1992-2016/(검색일: 2016.09.26).

2. 여성 유권자의 정책선호

정당일체감과 더불어 정책선호는 선거에서 후보자 선택과 같은 개인의 정치행위를 결정하는 데 중요하다. 많은 연구가 여성들의 정책선호가 남성과 다르다고 설명한다(Carroll 2005; Cook 1993; Sapiro and Conover 1997; Lewis-beck et al. 2011; Whitaker 2008). 먼저 관심정책 분야를 살펴보면 남성 유권자들은 총기규제나 국방 및 안보를 정책의 우선순위에 둔다고 알려져 있다. 반면 여성 유권자들은 소위 인정(compassion)정책으로 알려진 낙태, 육아, 교육, 의료(health care) 그리고 복지를 주요 정책으로 꼽는다. 특히 '여성과의 전쟁(War on Women)'으로 요약되는 여성의 낙태 및 출산권(reproduction rights)은 선거마다 여성 유권자들이 후보를 평가하는 주요한 정책으로 알려져 있다. 또한 어린이, 소수인종, 성 소수자와 같은 사회적 약자 보호 문제 그리고 불평등 문제 역시 여성 유권자의 주요 관심정책으로 알려져 있다(Hansen 2014; Lewis-Beck et al. 2008; Whitaker 2008). 한편 정책지지 방향에 있어 여성들은 남성보다 낙태, 복지, 불평등 문제에 진보적인 태도를 취하는 것으로 알려져 있다. 반면 사형제도, 무력사용, 약물남용에 있어서는 남성보다 보수적 태도를 취하는 것으로 알려져 있다. 따라서 여성이 남성보다 모든 문제에 '진보적'이라고 할 수 없다.

물론 이러한 정책선호와 관련하여 나타나는 성 차이는 시대에 따라 변화한다. 정책선호와 관련하여 남녀 간 차이가 본격화된 선거로 1980년 대통령선거가 꼽힌다. 당시 공화당 후보였던 로널드 레이건(Ronald Reagan)은 대선 경선 기간 동안 낙태와 '남녀평등헌법수정안(ERA: Equal Rights Amendment)'에 강하게 반대하였다.[5] 대신 국내적으로는 전통적인 가족의 가치(family value)를 지키고 외교적으로는 강경한 외교군사 노선을 자신의 핵심 슬로건(slogan)으로 하여 선거 캠페인을 펼쳤다. 이러한 레이건의 정책입장은 그

---

5) '남녀평등헌법수정안'은 사회 모든 분야에 걸친 남녀차별을 없애는 것을 목표로 1960년대부터 여성운동가와 다양한 여성사회단체를 중심으로 제안된 헌법수정안이다.

후 공화당의 대표적인 정책 노선이 되었다. 그리고 이러한 레이건의 정책입장은 많은 여성 유권자들을 민주당 지지자로 변화시켰다(Jeff Manza & Clem Brooks 1998).

그러나 몇몇 연구들은 남성들이 남녀평등의 가치를 받아들이게 됨에 따라 낙태와 남녀의 역할과 관련한 정책지지에 남녀 간 차이는 크지 않다고 주장한다(Anderson 1997; Delli Carpini and Fuchs 1993; Kacufmann and Petrocik 1993; Hernson et al. 2003; Whitaker 2008). 그럼에도 불구하고 또 다른 연구들은 여성은 여전히 의료와 교육 분야를 남성보다 중요하게 여긴다고 지적한다(Carroll 2005). 2004년 부시 대통령은 소위 '안보 엄마(security mom)'로부터 많은 지지를 받으며 재선에 성공했다. 여성 유권자들의 높아진 안보에 대한 관심이 그 원인으로 지목되었다.[6] 하지만 캐롤(Carroll)은 '안보 엄마'들이 테러 불안감 때문에 강경한 외교정책을 제시한 부시를 선택한 것이 아니라고 주장한다(2008). 부시를 선택함에 있어 여성 유권자들의 주요한 관심정책은 여전히 의료와 교육이었다고 설명한다.

하지만 2016년 유권자를 대상으로 조사된 자료를 보면 정책선호에서 의료와 교육정책에 대한 남녀 간 차이는 크지 않은 것으로 나타났다(Pew Research 7월). 반면 낙태와 관련해서는 분명한 남녀 간 차이가 나타났다. 구체적으로 퓨리서치 조사에 의하면 여성 유권자의 77%, 남성 유권자의 71%가 투표에 매우 중요한 정책 사안으로 의료를 꼽았다. 교육의 경우는 여성 유권자의 69%, 남성 유권자의 63%가 매우 중요하다고 응답하였다. 그러나 낙태와 관련해서는 남녀 간 차이가 큰 것으로 나타났다. 여성 유권자의 52%가 낙태를 매우 중요한 사안으로 생각하는 반면, 남성 유권자는 38%만이 낙태를 투표와 관련하여 중요한 정책이라고 보았다. 즉, 낙태는 1980년대 이후 항상 여성 유권자에게 중요한 문제였다. 또한 동성애자 문제의 경우, 여성 유권자가 훨씬 높은 비율로 남성 유권자에 비해 투표선택에 중요

---

6) 이들 '안보 엄마(security mom)'로 불린 부시 지지자들은 결혼하여 자녀를 둔 백인 여성이 주를 이루었다.

	여성 유권자	남성 유권자
경제	83%(1)	85%(1)
테러	82%(2)	78%(2)
의료	77%(3)	71%(4)
총기정책	74%(4)	69%(5)
외교정책	74%(5)	76%(3)
이민	71%(6)	69%(6)

표 2　남녀 유권자의 주요 정책 사안

( ): 순위
출처: 퓨리서치센터(Pew Research Center)

하다고 인식하고 있는 것으로 나타났다(여성 49%, 남성 32%). 이러한 결과는 동성애자 문제는 미국 사회에서 여전히 다수 여성의 지지를 받는 민주당의 주요 사안이라는 점을 시사한다.

하지만 투표에 있어 중요하다고 생각하는 정책순위에서 상위권에 있는 정책의 경우 남녀의 차이는 크지 않은 것으로 나타났다(〈표 2〉). 남녀 모두 경제와 테러 그리고 외교 문제를 투표에 있어 중요한 정책이라고 꼽았다. 물론 2016년에도 정책선호에서 남녀 간 차이는 존재한다. 예를 들어 전통적인 여성들의 관심정책인 낙태에 대해서는 여전히 남녀 간 차이는 존재한다. 그러나 주요 정책에 대한 인식에는 성 차이가 크지 않다는 것이다. 테러와 외교와 같은 안보 이슈에 대한 여성 유권자의 관심은 이제 남성 유권자와 큰 차이가 없다. 이는 적어도 이번 대선에서 여성의 정책선호가 변한 결과로 보아야 할 것이다.

2016 경선과정과 관련하여 정책선호에서 흥미로운 사실은 무역정책에 대한 남녀 간 차이이다. 트럼프가 경선 기간 내내 당선되면 강한 보호무역정책을 실시하겠다고 밝히면서 무역정책은 주요 대선 쟁점이었다. 이러한 무역정책에 대해 남성 유권자의 62%가 무역정책을 투표결정에 중요한 정책이라고 했던 반면, 여성 유권자는 52%만이 중요하다고 응답했다. 10% 포

인트나 차이가 났다. 앞서 설명했듯이 남녀 유권자가 거의 같은 수준으로 경제를 투표결정에 매우 중요한 정책으로 꼽았다. 또한 지난 10월 발표된 시카고 국제문제협의회(Chicago Council on Foreign Affairs) 자료에 따르면 무역이 미국의 경제, 일자리, 기업 그리고 소비자에 미치는 영향에 대한 평가에서 남녀 간 큰 차이가 없었다. 그런데 경제정책의 핵심이며 이번 대선 기간 내내 중요한 쟁점안이었던 무역정책을 실제 투표결정에서 얼마나 중요하게 보는지는 남녀 유권자가 상당한 차이를 보인 것이다. 이러한 결과는 트럼프가 경제 문제와 관련하여 보호무역주의를 쟁점화한 캠페인이 남성 유권자에게 보다 설득력 있게 다가갔을 것이라는 점을 시사한다. 그리고 선거 결과는 이러한 설명을 뒷받침한다. 지난 대선의 공화당 후보와 비교해서 트럼프가 남성 유권자로부터 5% 포인트 이상 더 높은 지지를 받은 것이다.

반면 힐러리는 여성 후보 입장에서 경제 및 외교 문제에 대한 여성 유권자의 높아진 관심을 그들의 관심정책과 연관시켜 쟁점화하지 못했다. 즉 여성 유권자의 관심정책인 사회적 약자에 대한 정책과 복지정책을 여성 후보자 시각으로 부각시키지 못함으로써 여성 후보라는 이점을 살리지 못했다. 그리고 이는 기대만큼 여성 유권자의 지지를 받지 못하는 결과로 이어졌다.

3. 여성 유권자와 투표참여

미국에서 헌법상 여성 유권자의 참정권이 인정된 것은 수정헌법 제19조가 비준된 1920년이다. 그러나 실질적으로 흑인 여성을 포함한 모든 여성의 참정권이 주어진 것은 투표권법(Voting Rights Act of 1965)이 통과된 1965년이다. 이 법을 통해 흑인을 포함한 소수인종과 민족들이 차별 없이 투표할 수 있게 되면서 마침내 여성들은 유권자로서 법적 지위를 보장받게 되었다. 이후 여성들의 정치참여는 꾸준히 증가해 왔고, 1980년대 이후 여성 유권자는 미국 대선 결과를 결정하는 주요한 사회집단으로 자리 잡았다.

1) 투표율

과거 여성의 투표율은 남성에 비해 낮았다. 그러나 여성의 교육수준이 높아지고 사회진출이 늘어남에 따라 여성 유권자와 남성 유권자의 투표율 차이는 사라졌다(Beckwith 1986). 오히려 1980년대부터 여성의 투표율이 남성의 투표율보다 높아졌다.[7] 예를 들면 2012년의 경우 여성 유권자의 63.7%가 투표한 반면 남성 유권자의 투표율은 59.8%였다. 출구조사에 의하면 이번 대선의 경우도 투표한 유권자의 53%가 여성인 것으로 조사되었다.

2) 후보자 지지

선거 후보자 선택에 있어 여성 유권자들은 남성 유권자에 비해 민주당 후보를 더 높은 비율로 지지한다. 이러한 현상은 1960년대부터 시작되었다. 그러나 1980년대까지는 남녀 지지율 차이는 5%를 넘지 않았다. 그런데 지난 1980년대부터 민주당 후보들은 평균 약 7% 이상의 더 많은 표를 여성 유권자로부터 얻었다(Lewis et al. 2011; Pew Research). 예를 들어 1980년 대선에서 민주당 후보 지미 카터(Jimmy Cater)가 공화당 후보 레이건에게 패할 때 남성 유권자의 36%로부터 표를 얻는 데 그친 반면, 여성 유권자의 45%가 카터 후보를 지지했다. 1996년 민주당 후보 빌 클린턴이 당선될 때 여성 투표자의 54%가 클린턴에게 투표하였다. 한편 이보다 11% 포인트가 낮은 43%의 남성 유권자가 빌 클린턴에게 투표하였다. 당시 클린턴 당선자와 공화당 후보 밥 돌(Bob Dole) 간의 득표율 차이가 8.5% 포인트였던 점을 감안하면 남녀 간 지지율에서 11% 포인트 차이는 매우 크다.

지난 2012년 제44대 대통령선거에서도 유사한 결과가 나왔다. 민주당 후보 오바마가 유권자들로부터 공화당 존 매케인(John McCain) 후보보다 약 7.5% 포인트 앞선 득표를 기록하였다. 그런데 여성 투표자 중 민주당 후보 오바마를 선택한 비율은 55%였다. 한편 남성의 45%가 오바마에게 투표하

7) "The Gender Gap," http://www.cawp.rutgers.edu/sites/default/files/resources/closerlook_gender-gap-07-15-14.pdf(검색일: 2016.11.20).

였다. 이는 여성보다 10% 포인트 낮은 것이다. 요약하면, 여성 유권자는 남성 유권자에 비해 민주당 후보를 선택하는 비율이 높다. 이번 대선에서도 힐러리 민주당 후보는 투표에 참여한 여성 유권자 54%의 표를 얻었다. 반면 트럼프는 41%를 얻는 데 그쳤다. 따라서 이번 선거는 남녀 유권자의 투표행위와 관련하여 보편적인 미국 정치의 특징이 계속된 선거라 할 수 있다.

III. 성별 차(Gender Gap)의 원인

정치행위에서 남녀 간의 차이가 나타나는 원인에 대한 이론적 논의는 크게 두 가지로 대별된다. 먼저 남녀 간의 다른 사회화과정을 강조하는 설명이다. 남녀의 정치행위의 원인으로 사회화과정에 주목하는 설명에 따르면 여성과 남성은 사회 및 문화적으로 기대되는 성 역할에 부합하도록 사회화된다. 그리고 그 결과 가치와 정치적 행위에서 서로 구별된다(Kelly and Boutilier 1978; Sapiro 1983; Ruddick 1989; Sears and Huddie 1990). 일반적으로 여성은 어린 시절부터 소녀로서 그리고 성인이 된 후 어머니로서 '여성적'이고 양육과 같은 가족 중심적인 삶을 살도록 키워진다. 그 결과 여성은 남성과는 다른 정책 관심사를 갖게 된다. 구체적으로 여성은 가족과 자녀들을 위한 교육, 의료를 포함한 복지와 환경 문제에 더 관심을 가진다는 것이다. 그리고 이러한 관심정책을 중심으로 정당과 선거 후보자를 평가하고 선택한다는 것이다.

두 번째 설명은 1960년대 이후 증가한 여성의 사회진출에 주목한다(Carroll 1988; Gurin 1985; Conover 1988; Cook 1993; Jeff Manza & Clem Brooks 1998). 이에 따르면 교육의 확대와 취업 등을 통한 여성의 사회진출 증가는 경제 및 심리적으로 여성의 자립을 가져왔다. 그리고 이러한 변화는 가족구조의 변화와 맞물려 일어났다. 미혼 및 이혼 여성이 증가하면서 여성들은 전통적 결혼을 바탕으로 한 가정 중심의 가치와는 다른 사회·물질적 가치를 추구하게 되었다. 특히 남녀 차이로 인한 임금격차, 승진 불이익 등 남녀차별 문제, 나아가 사회불평등에 대한 문제의식이 높아지게 되었다. 소위 여성주의(feminism)를 바탕으로 남성과 다른 정책, 정당, 그리고 후보자 선호가 형성되었다는 것이다. 구체적으로 많은 여성 유권자는 보수정당인 공화당이 여성의 역할에 대해 전통적 견해를 가지 있고 복지정책보다 군사정책에 더 관심이 있는 것으로 인식하고 있다. 그 결과 여성은 남성에 비해 민주당과 민주당 후보를 더 지지하는 것으로 알려져 있다(Conovor 1988; Cook 1993).

IV. 2016년 대통령선거와 여성 유권자

앞서 설명했듯이 여성 유권자의 민주당 후보에 대한 높은 지지는 미국 정치의 한 특징이다. 이번 대선에서도 민주당 후보 힐러리는 여성 유권자로부터 상대 후보보다 더 많은 표를 받았다. 〈표 2〉에 보이듯이 여성 유권자의 54%가 힐러리에게 투표했다. 이보다 13% 포인트 낮은 41%의 여성 유권자가 트럼프를 차기 대통령으로 선택했다. 반면 공화당 후보 트럼프는 남성 유권자의 지지를 더 많이 받았다. 힐러리가 남성 유권자 41%로부터 표

▢ 표 3   여성 투표자의 후보자 선택

	트럼프	클린턴	합계
여성(53%)	41%	54%	100%
남성(47%)	52%	41%	100%

출처: CNN 출구조사를 재구성하여 인용. 다른 제3후보자들을 선택한 응답자들의 퍼센트는 표기하지 않았음

를 얻은 반면, 트럼프는 남성 유권자의 52%의 지지를 얻었다. 따라서 이번 대선에서도 후보자 선택에 있어 과거와 같은 유형으로 남녀 유권자 간에 차이가 나타난 것으로 볼 수 있다.

사실 경선 기간 동안 힐러리는 미국 최초의 여성 대통령후보라는 사실과 논란을 불러일으킨 상대 후보의 여성관으로 인해 이전의 민주당 후보보다 여성 유권자로부터 큰 지지를 받을 것으로 기대되었다. 이러한 기대는 두 가지 전제를 바탕으로 하고 있다. 먼저 여성 유권자들은 남성에 비해 여성이 과소대표(underrepresentation)되는 문제를 해소하고자 여성 후보자를 선택할 것이라는 것이다. 즉, 기술적 대표성(descriptive representation)을 추구한다는 것이다(Hansen 2014; 2008; Whitaker 2008). 두 번째로 여성 유권자들은 '공유된' 성 정체성을 바탕으로 후보자를 선택한다는 것이다. 이는 단순히 여성이라기보다 여성이라는 성 정체성을 바탕으로 공유하는 관심사가 있다고 보는 것이다. 즉, 여성 후보자가 여성의 문제에 관심이 더 많고 관련 문제를 보다 잘 해결할 것이라는 전제를 바탕으로 하고 있다(Hansen 2014; Whitaker 2008). 그 결과 여성 후보자가 여성 문제를 강조하여 여성 유권자를 겨냥한 캠페인을 할 경우 선거에서 여성 유권자들에게 압도적 지지를 받고 승리할 확률이 높아진다(Herrson et al. 2003). 이 두 가지 전제 모두 여성 유권자의 성 정체성이 여성 후보자 선택에 중요한 역할을 한다고 추정한다. 즉 성(gender)도 정당일체감 등과 마찬가지로 유권자를 특정 방향으로 이끄는 유도체 역할을 한다는 것이다.

그러나 이번 대선 선거 결과에 따르면 힐러리 후보는 여성 유권자로부터 이전 수준의 지지를 받은 것으로 나타났다. 이러한 결과는 선거에서 여성 유권자의 투표선택에 그들의 성 정체성(gender identification)이 큰 역할을 하지 않았다는 점을 시사한다. 그렇다면 이번 대선에서 여성 유권자의 여성 후보자 선택을 설명할 수 있는 것은 정당일체감(party identification)이다. 즉 민주당을 지지하는 여성이 많기 때문에 힐러리에 대한 여성 유권자의 지지가 높은 것이다. 구체적으로 출구조사 자료에 따르면 민주당을 지지한다고 밝힌 여성 투표자의 91%가 민주당 후보 힐러리를 선택하였다. 반면 공화당을 지지한다고 밝힌 여성 투표자의 88%가 공화당 후보 트럼프를 지지하였다.

무당파 여성 투표자의 경우 클린턴에 대한 지지가 다소 높은 것으로 집계되었다. 무당파 여성 투표자 중 47%가 힐러리를, 42%가 트럼프를 선택했다. 한편 더 많은 무당파 남성 투표자가 트럼프를 지지했다. 무당파 남성 투표자의 50%가 트럼프에게, 42%가 힐러리에게 투표하였다. 이러한 남녀 유권자의 지지후보 차이를 후보자의 성(gender)의 차이가 견인했다고 볼 수도 있다. 그러나 무당파 유권자의 경우, 투표선택에 있어 후보자의 능력과 정책에 따른 평가를 중시한다. 따라서 이번 대선에서 이들 무당파 유권자도 후보들의 정책 수행능력과 정책에 대한 평가를 기반으로 후보자 선택을 했다고 할 수 있다. 이번 대선 결과는 이러한 예측을 어느 정도 뒷받침한다.

앞서 설명한 대로 선거 전 실시된 퓨리서치 여론조사에 따르면 남녀 유권자 모두 가장 높은 비율로 투표결정에 중요한 국가 문제로 경제를 꼽았다. 다음으로 남녀 모두 비슷한 비율로 테러, 의료, 총기규제, 외교정책 그리고 이민을 꼽았다. 대선 출구조사 결과 역시 이와 유사하다. 투표자들이 경제, 테러, 외교, 이민을 미국이 처한 가장 중요한 문제로 인식하고 있는 것으로 나타났다(〈표 4〉). 특히 퓨리서치 조사 결과와 마찬가지로 가장 많은 52%의 투표자가 경제를 미국이 처한 가장 중요한 문제라고 응답했다(〈표 4〉). 경제를 가장 중요한 문제라고 응답한 사람의 구성을 살펴보면 트럼프

□ 표 4   투표자의 주요 정책에 대한 인식

정책분야	트럼프	힐러리
경제(52%)	41%	52%
테러(18%)	57%	40%
외교(13%)	33%	60%
이민(13%)	64%	33%

출처: CNN 출구조사 결과를 재구성하였음. 다른 제3후보자들을 선택한 응답자들의 퍼센트는 표시하지 않았음

를 선택한 사람이 41%, 힐러리를 선택한 사람이 52%이다. 그리고 퓨리서치 조사 결과와 마찬가지로 두 번째로 중요한 사안으로 테러(18%)가 꼽혔다.

그런데 경제와 관련한 후보자 평가가 후보자 선택으로 그대로 이어진 점이 출구조사 결과에 확연히 드러난다.[8] 트럼프에게 투표한 사람의 94% 가 트럼프가 경제를 더 잘 다룰 것이라고 응답했다. 힐러리에게 투표한 사람도 거의 비슷한 수준으로(95%) 힐러리가 경제를 더 잘 다룰 것이라고 응답했다. 이러한 결과는 다른 정책과 관련한 후보자에 대한 평가를 묻는 그어떤 문항보다도 높은 상관관계이다. 거의 모든 투표자가 자신이 선택한 후보자의 경제정책 수행능력을 상대 후보보다 더 높이 평가한 것이다. 즉 남녀 공히 이러한 평가를 했다고 할 수 있다. 따라서 경제와 관련한 정책 평가가 이번 대선에서 여성 유권자의 후보자 선택을 주도했다고 볼 수 있다.

또한 투표자들이 두 번째로 중요한 문제로 꼽은 테러에 대한 정책 평가 역시 트럼프 지지자와 힐러리 지지자의 태도는 확연히 달랐다. 출구조사에서 현재 이슬람국가(ISIS: Islamic States of Iraq and Syria)에 대한 전쟁(fight against ISIS)이 '아주 잘되고 있다'고 응답한 사람의 85%가 힐러리를 선택했다. 반면 '아주 잘못되고 있다'고 응답한 사람의 83%가 트럼프를 선택했다. 이는 경제수행 능력을 묻는 문항 다음으로 힐러리 지지자와 트럼프 지지자가 응집력을 보이는 문항이다. 즉 남녀 모두 테러와의 전쟁에 대한 정책 평가가 유권자의 후보자 선택과 밀접한 상관관계가 있다는 것이다. 따라서 여성 유권자가 후보자 선택에 있어 테러정책에 대한 평가가 주요한 역할을 하였을 것이라는 추정을 가능하게 한다. 이러한 결과는 미국 여성 유권자가

---

8) 후보자 수행능력과 정책 평가에 대한 CNN 출구조사가 남녀에 따라 발표되지 않았다. 그러나 다음을 근거로 응답자의 절반이 여성이라고 추정하고 논의를 진행한다. 먼저 경제와 테러와 관련한 문항에 대한 출구조사 결과를 보면 트럼프 지지자와 힐러리 지지자가 각각 매우 높은 응집력을 보이고 있다. 또한 퓨리서치 결과에 따르면 이 두 가지 정책을 주요 정책으로 꼽는 데에 남녀의 차이가 거의 없다. 즉 출구조사에서 경제와 테러를 가장 중요한 정책으로 선택한 응답자의 남녀 비율이 동등하다고 추정할 수 있다.

투표선택에서 중요하게 생각하는 정책이 변화하고 있음을 시사한다. 또한 정책과 더불어 후보자의 정책수행 능력 평가가 여성 유권자 선택에 중요한 역할을 하고 있음을 보여주고 있다. 또 다른 주목할 만한 변화가 인종에 따른 여성 유권자의 후보자 지지에서 나타났다. 선거 직후 언론과 많은 전문가는 백인 여성, 특히 저학력 백인 여성의 트럼프에 대한 지지에 주목했다. 그런데 백인 여성의 공화당 후보 지지는 이전의 많은 선거에서 나타났던 모습이다. 지난 2012년 대선에서 오바마는 백인 여성 42%의 표를 얻었다. 반면 상대 공화당 후보 미트 롬니(Mitt Romney)는 백인 여성 56%의 표를 얻었다. 이번 대선에서 힐러리는 오바마보다 1% 포인트 높은 43%의 표를 백인 여성 유권자로부터 얻어 오히려 오바마보다 '선전'하였다.

오히려 주목해야 하는 것은 유색인종 여성 유권자이다. 이들의 표 이탈이 오히려 힐러리의 패인 혹은 트럼프의 승리 원인 중 하나인 것으로 보아야 한다. 2016년 대선에서 힐러리는 흑인 여성 투표자의 94%, 히스패닉 여성 투표자의 69%의 지지를 받았다(〈표 5〉). 유색인종 여성 유권자로부터 압도적 지지를 받았다고 볼 수 있다. 그러나 이는 지난 2012년 대선에서 오바마가 흑인 여성 투표자의 96%, 히스패닉 여성 투표자 76%의 표를 얻은 것에 비하면 저조한 득표이다. 따라서 이번 대선에서 힐러리는 여성 후보임에도 불구하고 오바마에 비해 유색인종 여성 유권자의 지지를 결집시키지 못했다고 할 수 있다. 다수의 유색인종 여성 유권자는 미국에서 경제, 인종 그리고 성에서 사회적 약자이다. 그리고 이들에게 사회소외계층과 여성의

□ 표 5　　　　　　　　　　　여성 투표자 — 인종별

	트럼프	클린턴
백인 여성	52%	43%
흑인 여성	4%	94%
히스패닉 여성	25%	69%

출처: CNN 출구조사 결과를 재구성하였음. 다른 제3후보자들을 선택한 응답자들의 퍼센트는 표시하지 않았음

문제는 매우 중요한 관심정책이다. 따라서 힐러리가 여성 후보로서 이러한 여성 유권자의 관심정책을 상대 후보에 비해 특징적으로 쟁점화하지 못한 것이 이들의 표를 결집시키지 못한 한 가지 원인이다. 그리고 이번 대선에서 유색인종 여성 유권자의 민주당 후보에 대한 낮은 지지는 여성 유권자의 후보자 선택 및 정당지지의 변화를 암시한다. 이러한 변화의 원인은 무엇인지, 그리고 지속될 변화인지의 여부는 현재로서는 분명하지 않다. 이에 대한 보다 체계적인 연구가 필요하다.

이번 대선에서 백인 여성 유권자가 학력을 중심으로 뚜렷한 균열을 보인 것은 주목할 만하다. 투표에 참여한 대졸 이하 백인 여성의 61%가 공화당 후보 트럼프를 선택한 것이다. 이들의 다수가 공화당 지지자일 수 있다. 또는 이들에게 가장 중요한 이슈가 경제와 테러를 포함한 외교일 수 있다. 즉, 경제적 불안감과 안보에 대한 불안감이 이들의 선택을 견인했다고 해석할 수 있다. 그런데 왜 학력을 기준으로 백인 여성 사이에서 후보자 선택에 큰 차이를 보이는가라는 의문이 남는다. 일반적으로 남녀 모두 학력수준이 낮을수록 구직이 어렵고 임금수준이 낮다. 특히 여성의 경우 더욱 그러하다. 비록 경기가 나아지고 있다고 하나 미국은 오랜 경기침체를 겪고 있다. 따라서 이번 대선에서 학력수준이 낮은 백인 여성 유권자들은 자유무역과 이민으로 인해 자신들의 경제적 기회가 박탈될지도 모른다는 불안감이 상당히 높았던 것으로 보인다. 그리고 안보 불안감은 이러한 경제 불안감을 더욱 가중시켰을 수 있다. 따라서 저소득층의 실업 및 일자리 문제 해결과 반

□ 표 6   **백인 여성 투표자 ─ 학력별**

	트럼프	클린턴
대졸 이하 백인 여성	61%	34%
대졸 이상 백인 여성	44%	51%

출처: CNN 출구조사 결과를 재구성하였음. 다른 제3후보자들을 선택한 응답자들의 퍼센트는 표시하지 않았음

테러 및 반이민정책을 강조한 트럼프의 전략이 저학력 백인 여성 유권자들에게 보다 설득력 있게 다가간 것으로 보인다.

V. 결론

본 연구는 개인 수준의 자료를 바탕으로 한 분석이 아니라 집합적 수준에서 분석한 것이라는 한계가 있다. 그럼에도 불구하고 분석 결과에 따르면 2016년 미국 대통령선거는 여성 유권자의 투표결정이 정당일체감과 중요한 상관관계가 있음을 다시 한번 확인시켜주었다. 정당에 대한 국민의 불신, 그리고 무당파의 증가로 인한 '정당의 쇠락(party decline)'이 미국 정치의 한 현상으로 논의되고 있다. 그러나 여성 유권자의 후보자 선택으로 살펴본 이번 대선 결과는 여전히 정당일체감이 미국 정치의 모습을 결정한다는 점을 보여주었다.

또한 여성 유권자들이 후보자를 선택하는 데에 있어 정책선호와 후보자에 대한 정책수행 능력 평가 역시 중요한 역할을 한 것으로 나타났다. 그런데 이번 2016년 대선에서 전통적인 여성 유권자의 관심 이슈인 낙태, 성차별과 관련된 문제는 여성 유권자의 주요 관심사가 아니었다. 이번 선거에서 정책선호 상위순위에 있어 여성 유권자가 남성 유권자와 크게 다르지 않은 것으로 나타났다. 남성 유권자들과 마찬가지로 여성 유권자들도 경제와 외교정책을 미국이 직면한 가장 중요한 사안으로 꼽았다. 그리고 이에 대한 각 당 후보의 정책수행 능력을 평가하여 투표선택을 하였다. 이는 현재 미국 사회가 직면한 문제가 경제와 외교 문제라는 사실을 반영한다.

그런데 후보자는 캠페인 기간 동안 특정 정책을 쟁점화하여 표를 결집시킨다. 따라서 이러한 여성 유권자의 관심정책의 변화는 힐러리가 여성 후보로서 이점을 살리지 못했기 때문으로도 볼 수 있다. 선행연구에 따르면 공직에 출마하는 여성 후보자가 여성과 관련된 사안을 포함하여 여성들의 관심정책을 쟁점화하여 여성 유권자를 집중 공략할 때 여성 유권자의 표를 결집시켜 승리할 수 있다. 따라서 이번 대통령선거에서 힐러리가 여성들의 관심정책을 차별적으로 쟁점화하지 않은 것이 여성 유권자로부터 기대 이하의 지지를 받은 원인으로 볼 수 있다.

2016년 미국 대선에서 여성 유권자의 일반적 특징에는 큰 변화가 없었다. 여전히 민주당을 지지하고 민주당 후보를 지지했다. 그러나 최초의 여성 대통령후보자인 힐러리가 과거 선거에 비해 여성 유권자들로부터 더 많은 지지를 받을 것이라는 예상은 빗나갔다. 이러한 예상은 여성 유권자들이 여성 후보가 있을 경우 공직에서 여성의 기술적 대표성(descriptive representation) 확보와 여성의 관심정책을 보다 적극적으로 추진할 것이라는 기대에 기반하고 있었다. 그러나 이번 대선에서 여성 유권자들은 성 정체성보다 미국이 국가적으로 직면한 문제와 관련한 정책에 대한 평가를 기반으로 투표선택을 했다.

이러한 변화는 앞으로 정당일체감이 미국의 여성 유권자들 투표선택에 미치는 영향을 재고하게 한다. 앞으로는 더 많은 여성 유권자들이 정치적 애착심이나 성 정체성에 기반을 둔 정책 평가보다 경제정책이나 외교정책에 대한 평가를 바탕으로 후보자를 선택할 가능성이 있다. 만약 이러한 방향으로 변화가 지속된다면 민주당이 여성 유권자로부터 얻는 지지수준에 변화를 가져올 수 있다. 즉 민주당이 여성 유권자의 정당이라는 특징이 퇴색할 수 있다는 것이다.

■ 참고문헌 ■

Beckwith, Karen. 1986. *American Women and Political Participation: The Impacts of Work, Generation, and Feminism.* Westport, Conn.: Greenwood.

Carroll, Susan J. 1988. "Women's Autonomy and the Gender Gap: 1980 and 1982." *The Politics of the Gender Gap.* Edited by Carol Mueller. Newbury Park, Calif.: Sage.

Conover, Pamela Johnston. 1988. "Feminists and the Gender Gap." *Journal of Politics* 50: 985-1010.

Cook, Elizabeth A. 1989. "Measuring Feminist Consciousness." *Women and Politics* 9: 71-88.

_____. 1993. "Feminist Consciousness and Candidate Preference among American Women, 1972-1988." *Political Behavior* 15: 228-46.

Delli, Carpini, Michael X., and Ester R. Fuchs. 1993. "The Year of the Woman? Candidates, Voters and the 1992 Elections." *Political Science Quarterly* 108(1): 29-36.

Gurin, Patricia. 1985. "Women's Gender Consciousness." *Political Opinion Quarterly* 49: 143-63.

Hansen, Susan. 2014. *Politics of Sex.* New York, NY: Routledge.

Herrnson, Paul, J. Celeste Lay, and Atiya Stokes. 2003. "Women Running 'as Women': Candidate Gender, Campaign Issues and Voter-Targeting Strategies." *Journal of Politics* 65: 244-55.

Kaufmann, Karen M., and John R. Petrocik. 1999. "The Changing Politics of American Men: Understanding the Sources of the Gender Gap." *American Journal of Political Science* 43(3): 864-87.

Kelly, Rita Mae, and Mary Boutilier. 1974. *The Making of Political Woman: A Study of Socialization and Role Conflict.* Chicago: Nelson-Hall.

Lawless, Jennifer, and Kathryn Pearson. 2008. "The Primary Reason for Women's Underrepresentation? Reevaluating the Conventional Wisdom."

Journal of Politics 70(1): 67-82.

Lewis-Beck, Michael, Jacoby W. G., Norpoth H., Herbert F. Weisberg. 2008. *The American Voter Revisited*. Ann Arbor, MI: University of Michigan Press.

MacManus, Susan A. 2014. "Voter Participation and Turnout: The Political Generational Divide among Women Voters." In *Gender and Elections: Shaping the Future of American Politics*, 3rd Edition. Susan J. Carroll and Richard Logan Fox, eds. New York: Cambridge University Press.

McDermott, Monika. 1998. "Voting Cues in Low-Information Elections: Candidate Gender and Social Information Variable in Contemporary United States Elections." *American Journal of Political Science* 41: 270-83.

Plutzer, Eric, and John Zipp. 1996. "Identity Politics, Partisanship, and Voting for Women Candidates." *Public Opinion Quarterly* 60: 30-57.

Ruddick, Sara. 1989. *Maternal Thinking*. Boston: Beacon Press.

Sapiro, Virginia. 1983. *The Political Integration of Women*. Urbana: University of Illinois Press.

Sears, David O., and Leonie Huddy. 1990. "On the Origins of Political Disunity among Women." *Women, Politics and Change*. Edited by Louise Tilly and Patricia Gurin. New York: Russell Sage.

Whitaker, Duke. 2008. *Voting the Gender Gap*. Chicago, IL: University of Illinois Press.

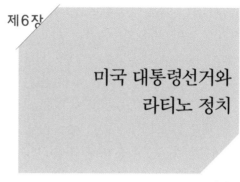

제6장

미국 대통령선거와 라티노 정치

이병재
연세대학교

I. 머리말

라티노는 미국의 인종 및 민족집단 중 인구가 가장 빠르게 성장하는 집단이다. 1965년의 하트-셀러 법안(Hart-Celler Act)[1]이 통과된 이후 아시아, 아프리카, 라틴 아메리카로부터의 이민 쿼터가 폐지된 후 라틴 아메리카로부터의 이민은 꾸준히 증가해왔다. 1960년경의 미국 출생 라티노 인구는 대략 550만, 이민 라티노는 80만에 불과했지만, 2014년 현재 라티노 인구는 5,540만에 달한다(Stepler and Brown 2016).[2] 이는 미국 인구의 17.4%이다. 인

---

[1] 공식명칭은 'An Act to Amend the Immigration and Nationality Act'로서 1921년의 Emergency Quota Act 이래로 시행되어 오던 특정 국가로부터의 이민을 제한하는 쿼터를 폐지하는 법안으로서 1968년 6월 30일부터 효력을 발휘했다.

[2] Jens Manuel Krosgstad and Mark Hugo Lopez, "Hispanic Population Reaches record 55 million, but growth has cooled," Pew Research Center, June 25, 2015

구조사국의 전망에 따르면 2060년에는 미국의 라티노 인구가 1억 1천9백만
에 이를 것으로 추정되는데, 이는 미국 인구의 사분의 일에 육박한다(Colby
and Ortman 2015, 9). 물론 상당수의 라티노는 투표권이 없지만, 젊은 층이
많은 라티노의 인구분포로 볼 때 라티노는 유권자 수가 가장 빠르게 증가하
는 인종집단이다(Campbell 2015).3) 2016년 대통령선거에서 라티노 유권자
수는 대략 2,730만에 이르며, 이는 미국 전체 유권자의 11.3%에 달한다.

이러한 인구증가율로 볼 때 라티노 인구가 영향력 있는 정치세력이 될 것
이라고 기대하는 것은 당연한 일이다. 라티노는 이제 "잠자는 거인(sleeping
giant)"이 아니라, "잠에서 깨어나는 거인(an awakening giant)"이라고 불리
기 시작했고(Fox News, Nov. 8, 2016), 많은 선거 분석가들은 2016년 대통
령선거에서 라티노의 영향력이 강하게 나타날 것이며 선거의 결정적인 요인
으로 작용할 것이라고 주장했다(The Hill, Nov. 6, 2016). 이러한 라티노 인
구의 증가와 더불어 2016년 대통령선거에서는 라티노에 적대적인 도널드
트럼프라는 공화당 후보 때문에 라티노 투표율이 더욱 높을 것으로 기대되
었다(The Huffington Post, Oct. 31, 2016).

하지만 11월 8일 출구조사(exit poll)에서 나타난 선거 결과는 이러한 기
대와 다른 양상을 보여주었다. 출구조사에 따르면 라티노 유권자의 66%가 힐
러리 클린턴에게 표를 던졌으며, 28%가 트럼프에게 투표했다(CNN, Nov.
09, 2016). 물론 어느 한 후보에 대한 66%의 지지는 압도적인 지지이며, 이
는 2008년 대통령선거에서 라티노 유권자가 오바마 민주당 대통령후보에게
보냈던 지지와 비슷한 수준이다. 하지만 이는 2012년 오바마가 받은 라티노
의 지지보다는 낮은 수준이다. 그렇다면 예상보다 많은 라티노들이 선거 전
의 예상과 달리, 라티노 특히 멕시코계 이민자에 대한 적대적인 언사에도
불구하고 트럼프를 지지한 것일까?

(http://www.pewresearch.org/fact-tank/2015/06/25/u-s-hispanic-population-gro
wth-surge-cools/).

3) 라티노는 매 30초마다 한 명씩 유권자로 편입되는 비율로 인구가 증가한다고 한다
(Campbell 2016).

본 장에서는 2016년 미국 대통령선거에서 나타난 라티노의 투표행태에 대한 고찰을 통해 이 질문에 답하고자 한다. 이 장의 구성은 다음과 같다. II절은 라티노의 인구학적 특성 및 변화에 대한 논의이다. III절에서는 라티노의 전반적인 정치성향 및 투표행태에 대한 논의와 라티노가 역대 대통령선거에서 보인 투표행태에 대해 살펴보고, IV절에서는 이번 2016년의 대통령선거에서 나타난 라티노의 투표행태를 살펴보고, 이를 둘러싼 논쟁을 개관하고자 한다.

II. 라티노 유권자의 인구학적 특성 및 변화

현재 미국 거주 라티노 유권자의 대부분은 스페인어권의 중미, 혹은 남미에서 직접 이주해 온 1세대 라티노들이 아니라 라티노 부모나 조부모를 가진 2세대, 혹은 3세대 라티노이다. 2세대, 3세대 라티노들은 미국에서 출생하고 교육받았으며, 부모 혹은 조부모 세대에 비해 영어를 더 잘 구사하며, 관심사나 정치의식 면에서 이전 세대와는 현저히 다른 경향이 있다. 또한 2, 3세대 라티노들의 거주 지역은 1세대 라티노들보다 넓게 퍼져 있는 경향이 있다.

1. 라티노의 인구 구성

흔히 "라티노/라티나(Latino/a)" 혹은 "히스패닉(Hispanic)"을 병행해서 사용하지만 엄밀히 말하자면 이 둘이 정확히 일치하는 것은 아니다. 라티노는 일반적으로 라틴 아메리카와 문화적 유대를 가지고 있거나 혹은 지리적으로 라틴 아메리카에 속한 국가의 사람들을 지칭하지만, 히스패닉은 스페인 사람 혹은 스페인어 사용자를 지칭한다. 미국 인구조사에서는 히스패닉 혹은 라티노를 "인종과 상관없이 도미니카, 쿠바, 멕시코, 푸에르토리코, 중남미, 또는 기타 스페인 문화나 기원(origin)을 가진 사람"을 지칭한다. 여기서 기원이란 "혈통이나 국적(heritage, nationality group, lineage), 미국 이민 이전의 본인 혹은 조상의 출생지"를 의미한다. 따라서 라티노 또는 히스패닉은 인구센서스의 분류에 따른 인종상 백인, 흑인, 아시아인 등의 어떤 인종에도 포함될 수 있다.[4] 인구조사에서 "당신은 히스패닉입니까?(Is this person of Hispanic, Latino, or Spanish origin?)"라는 질문이 별도로 존재하지만 "당신의 인종은 무엇입니까?(What is this person's race?)"에 대한 선택지에 히스패닉, 혹은 라티노라는 항목은 없다.

세부적으로 살펴보면 라티노의 인구 구성은 간단하지 않다. 라티노는 많은 세부 민족을 포함한다. 미국 거주 라티노 중 2010년 현재 멕시코계 라티노가 64.9%로 가장 높은 비율을 차지하며, 푸에르토리코계 9.2%, 쿠바계 3.7%, 엘살바도르계 3.6%, 도미니카공화국계 3.0%, 과테말라계 2.2%, 콜롬비아계 1.9%, 온두라스계 1.4%, 에콰도르계 1.3%, 페루계 1.2% 등이 그 뒤를 따른다(Motel and Patten 2012).

2000년을 넘어서면서 이민보다는 출생이 라티노 인구증가의 주요 원인을 차지하게 되었다(Bell 2016, 5). 이러한 변화는 라티노 유권자의 연령별 분포 양상에 반영되는데, 라티노 유권자의 구성을 보면 점점 더 젊어지고 있으며, 미국 출생 및 미국에서 교육받은 인구가 증가함을 알 수 있다. 현재 미국 출생 라티노의 거의 절반이 18세 이하이고, 2012년 이래 라티노 유권자의 증가는 주로 귀화보다는 선거연령에 도달하여 새로이 유권자가 된 320만의 라티노가 주요 원인이다. 18세에서 35세의 젊은 층인 밀레니얼(millennial)이 라티노 유권자의 44%를 차지하는데, 이는 미국의 모든 인종집단 중 가장 높은 밀레니얼 비율이다. 2012년 이후 투표연령에 도달한 라티노와 더불

---

4) 브라질이나 중남미지역의 네덜란드령 또는 영국령 식민지를 포함하는 경우도 있지만 이들 국가는 엄밀히 말하면 히스패닉은 아니다.

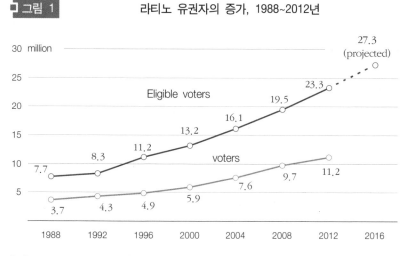

□ 그림 1   라티노 유권자의 증가, 1988~2012년

출처: www.pewhispanic.org

어 120만 명의 라티노 이민자들이 귀화를 통해 시민권을 얻었다. 최근 들어 경제 상황의 급격한 악화와 더불어 푸에르토리코로부터의 이민자가 급격히 증가하여 2014년에만 83,844명의 새로운 푸에르토리코 출신 유권자가 유입되었다(Krogstad 2015).

다른 이민자 집단의 경우도 마찬가지지만, 2세대나 3세대 라티노들은 부모나 조부모 세대들보다 일반적으로 교육수준이 높고 영어를 더 잘 구사한다. 라티노는 여타 인종집단보다 고등학교나 대학교 중도 포기 비율이 상대적으로 높기는 하지만, 그 비율은 차츰 감소하고 있다(Duncan and Trejo 2011, Krogstad 2016b). 라티노의 평균 교육수준은 계속 상승하고 있다. 학력별로 보면 고졸 이하 학력을 가진 라티노보다 최소 대학 중퇴 이상의 학력을 가진 라티노 유권자의 수가 2배에 달한다. 2000년에는 이 두 집단의 숫자가 비슷했다. 미국 출생 라티노의 영어구사 능력 역시 나아졌는데, 영어를 능숙하게 사용한다고 응답한 라티노의 비율이 1980년의 71.9%에서 2014년에는 89.4%로 늘어났다. 2015년 퓨히스패닉(Pew Hispanic)이 실시한 조사에 의하면, 라티노의 68.4%가 집에서 영어만을 사용하거나 영어를 매우 잘 구사한다고 대답했다(Krogstad et al. 2015). 남녀 성비에 있어서 라티노는 여성이 약간 많으며, 대략 남성 유권자보다 여성 유권자가 1백만 정도 많다.

2. 라티노 유권자의 지리적 분포

라티노는 예전에는 주로 미국 남서부와 몇몇 대도시(특히 시카고, 뉴욕, 마이애미 등)에 집중되어 거주하고 있었지만, 최근 들어 라티노 거주 지역은 미국 전역으로 확산되고 있다. 물론, 아직까지는 상당수의 라티노가 캘리포니아와 텍사스에 거주하고 있기는 하다. 2014년 현재 캘리포니아와 텍사스에 각각 1,500만과 1,040만의 라티노가 거주하고 있으며, 이는 전체 라티노 인구의 45%에 달한다. 하지만 캘리포니아와 텍사스에 거주하는 라티노의 비율은 점차 감소하고 있다.

〈그림 2〉는 라티노 인구의 지리적 분포를 지도상에 표시한 것으로써 질

□ 그림 2   라티노 인구의 지리적 분포

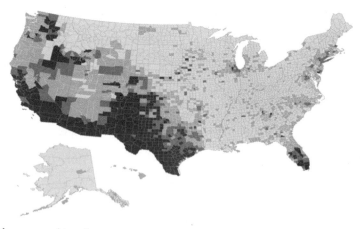

출처: www.pewhispanic.org

은 색이 더 많은 인구를 나타낸다. 2014년 현재 라티노 인구가 100만 명이 넘는 주는 8개인데, 캘리포니아(1,500만), 텍사스(1,040만), 뉴욕(370만), 일리노이(220만), 애리조나(210만), 뉴저지(170만), 콜로라도(10만), 뉴멕시코(100만), 조지아(90만)이다. 2000~2014년 사이에 라티노 인구증가율로 볼 때 가장 급격한 증가폭을 보인 주는 사우스다코타 주이다. 2000년 사우스다코타의 라티노 인구는 대략 10,000명이었는데, 2014년에는 29,000명으로 190%의 증가를 보이고 있다. 2000년 이후 빠른 라티노 인구 증가율을 보이고 있는 주는 사우스다코타(190%), 테네시(176%), 사우스캐롤라이나(172%), 앨라배마(164%), 켄터키(154%), 아칸소(141%), 노스다코타(141%), 메릴랜드(141%), 노스캐롤라이나(136%), 버지니아(120%)이다. 물론, 라티노 인구의 급격한 증가율을 보인 10개 주의 라티노 인구는 절대수에 있어서 다른 주에 여전히 훨씬 뒤진다. 이 10개의 주 중에서 라티노 인구가 백만이 넘는 주는 없다. 앨라배마의 라티노 인구는 총 19만에 이르지만, 이는 앨라배마 전체 인구의 3.9%에 불과하고, 앨라배마 전체 유권자의 1.8%에 불과하다. 2007년 이래 가장 빠른 비율로 라티노 인구가 증가하는 노스다코타의 경우도 라티노 인구는 18,000명에 불과하며, 이는 전체 노스다코타 인구(약 74만)의 2% 정도에 불과하다(Stepler and Lopez 2016).

라티노의 인구 비율을 주별로 본다면 뉴멕시코가 48%로 가장 높은 비율을 보이고 있다. 캘리포니아(39%), 텍사스(39%), 애리조나(31%), 네바다(28%), 플로리다(24%), 콜로라도(21%)에서 라티노가 전체 인구의 20% 이상을 차지하며, 뉴저지, 뉴욕, 일리노이에서도 라티노 인구는 10% 이상을 차지하고 있다. 2012~2016년의 증가추세를 유지한다면 로드아일랜드의 라티노 인구는 다음 대통령선거 때에는 잠재적 유권자의 10%를 차지할 것이며, 하와이, 매사추세츠, 아이다호 등에서도 라티노가 비슷한 비율을 차지할 것으로 추정된다(Bell 2016).

III. 라티노의 정치 성향

1. 이슈별 정치 성향

라티노 유권자들에 대한 일반적인 믿음 중의 하나는 라티노들이 이민이라는 단일 이슈 투표자라는 것이다. 하지만 최근 들어 라티노 투표행태에 대해 많은 연구자들이 대체로 동의하는 것은 라티노들이 단일 이슈 투표자들이 아니며, 이제 다른 인종집단과 정치적·경제적·사회적 관심사에서 커다란 차이를 보이지 않는다는 점이다(Lopez and Taylor 2012). 다른 미국인들과 마찬가지로 라티노 역시 중요하게 여기는 이슈는 교육·일자리·건강보험 등이다. 이민 문제가 라티노의 투표율과 정치지형에 영향을 미치는 일종의 쐐기 이슈(wedge issue)로 작용해온 것은 사실이지만(News Taco, June 14, 2011), 교육·일자리·건강보험 등의 다른 이슈들보다 모든 라티노들에게 더욱 중요성을 가지는 이슈라고 단정짓기는 어렵다.

역사적으로 라티노들은 대통령선거에서 공화당보다는 민주당을 지지하는 경향을 보여 왔는데, 가장 두드러진 이유 중 하나는 공화당 대통령후보들이 보인 반이민적 정서를 자극하는 화법이다. 하지만 지방선거에서는 공화당 후보들이 이민 관련 이슈들보다는 자신들 지역에 특화된 이슈들에 집중함으로써 성과를 거두기도 했다(Bell 2016). 민주당은 역사적으로 라티노 유권자들에게 많은 표를 얻어오기는 했지만, 라티노 공동체에 더 다가서려는 노력을 게을리했으며 라티노 유권자의 지지를 지금까지 당연시했다는 비판을 받기도 했다. 이민 문제는 중요한 쐐기 이슈이기는 하지만, 라티노 유권자들에게 중요한 것이 이민 문제만은 아니기 때문이다.

2. 라티노 유권자의 정당별 지지도 변화

라티노는 대략 1960년부터 대통령선거에서 민주당을 선호하는 경향을 보여왔다. 공화당 후보 중에서는 레이건과 조지 W. 부시가 가장 많은 비율의 라티노 표를 얻었는데, 레이건은 1984년 37%, 부시는 2004년에 40%를 얻었다. 클린턴은 1996년 대통령선거에서 역사상 가장 높은 라티노 득표율을 기록했으며(72%), 그다음 높은 득표율은 오바마가 2012년에 얻은 71% 였다. 최소한 2000년 선거부터는 라티노들이 민주당을 압도적으로 지지하기 시작한 것으로 보인다. 2006년에 민주당 49%, 공화당 27%로 그 차이가 좁혀지기는 했지만, 오바바 행정부 때 다시 벌어져서, 2012년 라티노들의 민주당 선호도가 70%로 정점에 달했다(Lopez et al. 2014).

그렇다면 공화당은 왜 라티노들에게 인기가 없을까? 공화당의 주요 지지층을 생각해보면 놀라운 일은 아니다. 공화당의 주요 지지층은 미국의 남

□ 표 1 역대 대통령선거 정당별 전체 유권자 및 라티노 유권자 지지율, 1980~2012년

연도	민주당 후보			공화당 후보		
	대통령 후보	전체 유권자(%)	라티노 유권자(%)	대통령 후보	전체 유권자(%)	라티노 유권자(%)
1980	카터	41.0	56	레이건	50.5	35
1984	먼데일	40.6	61	레이건	58.8	37
1988	두카키스	45.7	69	부시	53.4	30
1992	클린턴	43.0	61	부시	37.5	25
1996	클린턴	49.2	72	돌	40.7	21
2000	고어	48.4	62	부시	47.9	35
2004	케리	48.3	58	부시	50.7	40
2008	오바마	52.9	67	매케인	45.7	31
2012	오바마	51.1	71	롬니	47.2	27

출처: www.pewhispanic.org

부·중서부·서부 지역의 백인, 노동자, 나이든 유권자들인데, 공화당은 한 편으로는 이런 지지기반을 지속적으로 유지하면서 또 다른 한편으로 다양화 되는 미국의 인구 구성의 변화에 적응해 나가는 데 어려움을 겪어온 것이 사 실이다. 일반적으로 현재와 같은 모습의 공화당의 정당 형태는 1964년의 공 화당의 대통령후보였던 애리조나 상원의원 골드워터(Barry Morris Goldwater) 로 그 뿌리를 추적할 수 있다. 골드워터는 기본적으로 뉴딜의 유산을 거부 하였으며, 인권 법안들 대부분을 주의 권한에 대한 연방정부의 침해로 간주 했다(Dionne, Jr. 2016).

닉슨(Richard Nixon)은 1968년과 1972년 두 차례의 대통령선거에서 침 묵하는 다수로 간주되던 백인, 노동자, 사회적 보수주의자들에게 다가가고 자 했던 소위 "남부 전략(Southern Strategy)"의 성공으로 인해 당선되었다 (Dionne, Jr. 2016).[5] 이 침묵하는 다수는 1960년대 민주당의 인종 문제에 대한 노선이 진보적인 방향으로 선회하면서 대거 민주당 지지를 철회했던 사람들이라고 할 수 있다.

레이건은 1986년 이민개혁 및 통제법(Immigration Reform and Control Act)을 지지했는데, 이는 시민권 취득을 위한 방법과 불법이민자의 고용에 대한 기준 강화 사이의 균형을 맞추고자 한 것이었다. 레이건의 선거운동의 주요 주제는 "복지여왕들(welfare queens)"에 대한 공격이었는데, 복지여왕 이란 수십 개의 가명을 이용해서 정부로부터 복지혜택을 받아 고급 승용차 를 몰고 다니는 사람을 조롱하여 붙인 명칭이었다. 라티노들에게 가장 인기 있었던 공화당 소속 대통령이었던 부시는 라티노에게 다가가기 위해 많은 노력을 기울였고, 이러한 노력의 일환으로 2007년 포괄적인 이민개혁 법안 (Comprehensive Immigration Reform act)을 지지했다. 하지만 부시의 노력 은 공화당 내의 티파티 운동(Tea Party movement)에 의해 강한 반대에 부딪 쳤는데, 티파티는 불법이민자 사면정책에 강하게 반발했으며, 강력한 국경

---

5) 디온(E. J. Dionne, Jr.)은 이러한 전략이 골드워터부터 트럼프까지 연결되며 트럼프 승리의 가장 큰 이유라고 본다(Dionne, Jr. 2016).

보호와 더 적극적인 이민감시를 지지했다.

2012년 대통령선거에서 롬니가 소수인종 유권자 득표에서 처참한 성적을 거두자, 공화당 전국위원회는 공화당의 선거 실패 이유 분석을 위해 이른바 "성장과 기회 프로젝트(Growth and Opportunity Project)"를 가동했다.[6] 여기서 많은 제안이 나왔지만, 최종 보고서에서 가장 두드러진 점은 급증하는 라티노 인구를 겨냥한 정책과 메시지를 개발할 필요성을 강조한 것이었다. 정책적인 측면에서 이는 시민권 취득의 길을 열어주는 것을 포함한 포괄적 이민개혁을 지지하고, 소위 "자발적인 추방(self-deportation)"의 포기를 의미하는 것이었다. 물론 이러한 방향으로 공화당의 정책이 실제로 바뀌는 것은 또 다른 문제이며 쉽지 않은 일이기는 하다. 동 보고서는 "미국은 라티노를 원하지 않는다고 공화당이 말하는 것을 라티노가 듣는다면 우리가 하는 다음 말을 들으려 하지도 않을 것이다"라고 결론을 내리고 있다. 다양한 노력에 힘입어 여성 유권자와 소수인종의 공화당 지지가 지역 수준에서 소폭 상승한 면도 있지만, 공화당 지지자들은 여전히 대부분 강력한 국경보호와 반이민적인 태도를 보인다.

라티노가 역사적으로 민주당을 지지해온 것은 사실이지만, 그들이 모든 이슈에 있어서 민주당의 노선을 지지한다고 볼 수는 없다. 특히 이민 문제가 아닌 다른 정책적 이슈에 집중할 수 있는 주 혹은 지방선거에서는 더욱 그렇다(Krogstad and Lopez 2014). 2011~2014년 사이에 공화당에 정당일체감을 가지는 라티노는 20%에서 27%로 상승했고, 민주당에 정당일체감을 가지는 라티노는 70%에서 63%로 감소했다(Lopez et al. 2014). 2014년 중간선거의 의회선거에서 민주당은 전체적으로 62%를, 공화당은 36%의 라티노 지지를 얻었다. 하지만 공화당은 몇몇 중요 지방선거에서 좋은 성적을 거두었다. 조지아 주의 상원의원과 주지사선거에서 공화당 후보들이 라티노 유권자 표의 42%와 47%를 각각 얻었으며, 텍사스에서도 공화당 상원의원과 주지사 후보들은 각각 라티노 표의 48%, 44%를 얻었다.

---

6) Growth and Opportunity Project(http://goproject.gop.com).

현재까지 라티노 표를 획득하기 위한 공화당의 전략은 주로 하위 공직자선거에 집중하는 것이었다(Krogstad and Lopez 2014). 2014년 선거 이전에 전국적으로 선출직에 있는 라티노는 6,084명이었는데, 이는 10년 전에 비해서 25% 증가한 것이다. 2015년 현재 32개의 주 의회에 302명의 라티노 공직자가 있으며, 그중 62명(21%)이 공화당 소속이다. 여기에는 두 명의 라티노 상원의원과 7명의 하원의원이 포함된다. 이 숫자는 라티노 공화당 공직자 숫자가 약간 증가했다는 것을 보여준다. 민주당 라티노는 2014년 주의회선거에서 2석을 잃었고, 공화당 라티노는 11석을 얻었다. 의회에서는 민주당 라티노는 1석을 잃었고 공화당은 2석을 얻었다. 12명의 라티노가 주정부의 고위직을 차지하고 있으며, 그중 8명은 공화당이다. 여기에는 2명의 주지사도 포함되는데 네바다의 브라이언 산도발(Brian Sandoval)과 뉴멕시코의 수잔나 마르티네즈(Susana Martinez)이다.

3. 이민 및 주요 이슈에 대한 라티노의 태도

미디어에서는 라티노 문제를 다룰 때 주로 이민 관련 이슈에 초점은 맞추지만, 라티노가 단일한 집단이 아닌 것처럼 라티노 공동체의 관심사 역시 다양하다. 2004~12년 사이의 퓨리서치센터의 라티노 내셔널 서베이에 따르면, 등록된 유권자들 상당수가 교육을 미국이 당면한 "극도로 중요한(extremely important)" 이슈라고 간주한다고 대답했다(2013년의 경우 57%). 2007년 경제 위기 이후에는 경제와 일자리가 그다음 중요한 관심사이며 (2013년의 경우 52%), 건강보험이 그 뒤를 차지하고 있다(43%). 대략 등록된 라티노 유권자의 1/3가량이 이민을 극도로 중요한 이슈라고 간주하고 있어서(35%) 다른 이슈보다 이민은 상대적으로 덜 중요하게 여겨지고 있다(Lopez et al. 2014).

앞서 말한 것처럼 라티노에 대한 공화당의 태도는 대체로 반이민 정서로 대표되기 때문에 공화당과 라티노는 가까워질 수 없다는 주장이 주를 이루지만, 다른 한편 라티노의 사회 이슈에 대한 보수적인 태도 때문에 반드시 그렇지는 않다고 보는 입장도 있다. 예컨대, 1980년 대통령후보였던 레이건이 광고 및 홍보 전문가였던 소사(Lionel Sosa)에게 "라티노들은 공화당 지지자들이다. 그들은 단지 그 사실을 아직 모를 뿐이다(Latinos are Republican. They just don't know it yet)"라고 말했던 것은 널리 알려진 사실이다(Time, Aug. 8, 2005). 2013년 퓨리서치의 여론조사에 따르면 절반 이상의 라티노가 모든 종류의 낙태 금지에 찬성했는데, 이는 비라티노 응답자의 40%에 비해 높은 것이다. 또한 라티노는 비라티노에 비해 차터 스쿨이나 스쿨 바우처 프로그램을 더 지지하는 경향이 있다(DiPerna 2015). 물론 이러한 몇 가지 이슈에 대한 태도를 바탕으로 라티노들이 전체적으로 보수적이라고 단정지을 수 없다는 주장도 있다. 예컨대, 라티노의 다수(79%)가 맞벌이 및 가사 및 자녀양육을 분담하는 결혼 형태를 선호하는 반면, 18%만이 남편이 밖에서 일하고 아내는 집안에서 일하는 가부장적인 형태의 가정을 선호하는 것으로 나타났다. 한편, 라티노의 67%가 작은 정부보다는 큰 정부를 선호하고 있음을 보여준다(Pew Research Center 2014).

바레토와 세구라(Matt Barreto and Gary Segura)는 라티노가 아직 스스로 깨닫지 못한 공화당 지지자라는 레이건의 주장이 틀렸다고 반박한다. 그들은 라티노가 대부분의 이슈들에 있어서 비라티노 백인들보다 약간 진보적인 입장이라고 주장한다. 라티노는 이민과 소수인종 우대정책(affirmative action)에 대해 찬성하며, 사형제에 반대하는 경향이 있다. 라티노들이 자립적인 삶의 태도(self-help)를 강하게 지지하지만, 이것이 반드시 적극적인 정부의 역할에 반대하는 것을 의미하는 것은 아니라고 주장한다(Barreto and Segura 2014).

불법이민 문제에 있어서 라티노와 일반 유권자들은 그 해결책에 있어서 커다란 차이를 보인다. 라티노 디시전(Latino Decision)이 2013년 실시한 여론조사에 의하면 라티노들은 국경 경계 강화와 더불어 시민권을 얻는 방법을 제시하는 포괄적 이민개혁을 더 많이 지지한다(81%). 2014년의 여론조사에서는 라티노 유권자 74%가 불법 노동자들에게 시민권을 얻을 수 있는 길을 열어주어야 한다는 데 찬성한 반면, 21%만이 추방을 지지했다. 같은 질문에 대해 찬성(77%)-반대(18%)였던 2012년에 비해서는 추방에 대한 지지가 약간 증가했지만, 비라티노 유권자들의 추방에 대한 지지는 같은 시기에 훨씬 더 큰 폭으로 증가했다. 2014년 57%가 시민권 부여를 지지했는데, 이는 2012년의 65%보다 감소한 것이었다. 반면 2014년에는 38%가 본국 추방을 지지했는데, 이는 2012년에 비해 10% 포인트 증가한 것이다(Damore 2016). 미국에 거주하는 라티노들, 특히 시민권을 이미 가지고 있는 라티노들에게는 이민이 가장 중요한 이슈는 아니겠지만, 상당수의 라티노 유권자들을 투표장으로 향하도록 만드는 쐐기 이슈일 수는 있는 것이다.[7]

반이민정책은 정당 지지기반의 구성 및 재구성에도 커다란 영향을 미친다. 캘리포니아를 보면 1994년에 지난 10년 동안 공화당이 지역 수준에서 라티노 공동체에 다가가기 위해 기울였던 노력이 주민발의안 187(Proposition 187)의 통과로 물거품이 되었다. 발의안 187은 불법이민노동자들의 공교육을 포함한 공공 서비스 이용을 금지하고 지역 경찰이 이민법 위반으로 체포

---

[7] 바레토와 콜링우드에 따르면 이민은 2012년의 대통령선거에 나타난 라티노 투표행태에 있어서 두드러진 특징이며, 오바마의 청소년 추방 유예 프로그램(DACA: Deferred Action for Childhood Arrivals)에 대한 지지가 라티노 유권자들의 지지를 이끌어 내는 데 커다란 역할을 했다(Barreto and Collingwood 2015). 반면, 롬니는 부시나 매케인보다 낮은 비율의 라티노 표를 얻었는데, 이는 롬니가 DACA를 폐지하겠다는 약속, 자발적인 추방 이민정책, 그리고 라티노들은 대체로 찬성했던 오바마케어로 알려진 건강보험개혁법(Affordable Care Act)에 대한 반대 등이 그 이유라고 할 수 있다. 바레토와 콜링우드는 이러한 전략의 기원을 해리 리드(Harry Reid, 민주당-네바다)와 마이클 베넷(Michael Bennett, 민주당-콜로라도)의 성공적인 상원 선거운동에 기인한다고 본다. 베넷은 2009년 공석이 된 자리에 취임한 직후 "외국인 미성년자를 위한 개발, 구호, 교육 법안(Development, Relief, and Education for Alien Minors Act, DREAM Act)"을 공동 발의했으며, 리드는 상원 다수 지도자로서 이 법안을 표결에 부치기 위해서 많은 노력을 기울였다. 공화당 상원의원들의 거부와 자신의 지역구에서는 반이민정책을 주장하는 샤론 앵글(Sharron Angle)의 도전에 직면해서 리드는 그 법안을 군건히 지지했으며, 라티노 공동체에 다가서려는 노력을 지속적으로 경주했다. 2010년 상원의원선거에서 라티노 유권자의 90%—이는 네바다 유권자의 12%에 달한다—가 리드에 투표했으며, 리드는 앵글에 5.7% 차이로 승리를 거둘 수 있었다(50.3% 대 44.6%).

된 사람들을 이민국에 반드시 신고하도록 하는 법안이었다. 당시 캘리포니아 주지사였던 공화당의 피트 윌슨(Pete Wilson)은 이 발의안을 지지했다. 1996년 캘리포니아 유권자들은 발의안 209를 통과시켰는데 이는 공공기관에서 소수인종 우대정책을 금지하는 것이었다. 또한 1998년에는 주민발의안 227이 통과되었는데, 이는 공립학교에서 영어만을 사용하도록 하는 것이었다. 이러한 주민발의안들은 캘리포니아의 라티노 인구의 급격한 증가와 시기적으로 대체로 일치했는데, 예컨대 1994년에서 2004년 사이에 백만 명 이상의 라티노가 새롭게 유권자가 되었다. 1996년과 2000년 선거에서 가장 투표 참가율이 높았던 라티노는 발의안 187이 통과된 이후 등록한 유권자들이다. 장기적으로 보면 캘리포니아 라티노들의 민주당에 대한 지지는 더욱 강해졌다고 할 수 있다. 발의안 187 통과 2년 후 캘리포니아 라티노 유권자들 중 75%가 민주당 지지자였는데, 발의안 통과 2년 전에는 민주당 지지의사를 밝힌 라티노는 65%였다(Barreto and Segura 2014).

  향후의 대통령선거에서 이민 이슈는 라티노 유권자들에게 지속적으로 쐐기 이슈로 작용할 가능성이 높다. 왜냐하면 이민 이슈는 이민자 본인이나 가족에게는 개인적인 문제이지만, 라티노 공동체 전체와 관련된 문제이기도 하기 때문이다. 미국 내에는 수백만의 1세대 이민 라티노와 더불어 많은 불법이민자들이 존재한다. 퓨리서치센터의 추정에 의하면 2014년 현재 대략 1,110만 정도의 불법 라티노 이민자들이 미국에 체류하고 있다(Krosgstad et al. 2016). 라티노 디시전이 2014년 실시한 조사에서 58%의 라티노가 자신이 아는 사람 중에 불법이민자가 있다고 대답했으며, 2013년에 실시한 조사에서는 응답자의 1/3이 자신의 가족 중에 불법이민자가 있다고 대답했다(Damore 2016; Barreto and Segura 2014). 사실 그 수치는 이보다 훨씬 더 높을 가능성이 있다. 따라서 상당히 많은 수의 잠재적 라티노 유권자들에게 있어서 이민자에 대한 공격은 자신 혹은 자신의 가족에 대한 공격일 수도 있는 것이다. 반이민 정서를 자극하는 공화당의 화법은 라티노 공동체 전체에 대한 공격으로 여겨지기 쉽고, 이는 라티노 공동체 전체의 유대와 행동으로 연결될 수 있기 때문이다.

4. 라티노의 저조한 정치 참여

라티노 유권자의 비율은 꾸준히 늘어나고 있지만 다른 인종 및 민족집단과 비교해서 라티노의 투표율은 매우 낮은 편이며, 이는 그 수의 증가에도 불구하고 라티노의 정치적 영향력이 증대되지 않은 가장 큰 이유 중의 하나이다. 2012년의 대통령선거에서는 기록적으로 많은 라티노가 투표에 참가했지만(1,120만), 이는 라티노 전체 유권자의 48%에 불과하다. 대통령 선거의 경우 백인이나 흑인 유권자는 모두 60% 이상이 투표한다. 2014년 중간선거에서 중간선거 역사상 가장 많은 라티노가 참여했지만(680만), 이는 라티노 유권자의 27%에 불과하다. 하지만 비율상 이는 중간선거 역사상 가장 낮은 라티노 투표율이며, 미국 전체 투표율보다는 14%나 낮다. 투표하지 않은 라티노들은 투표하지 않은 이유로 다른 인종 및 민족집단과 비슷한 이유를 대고 있다. 가장 큰 이유는 일정이 맞지 않아서이며, 두 번째 이유는 자신의 투표가 별다른 차이를 만들지 않을 것이라 생각하기 때문이다

□ 그림 3   **인종별 투표율, 1988~2014년**

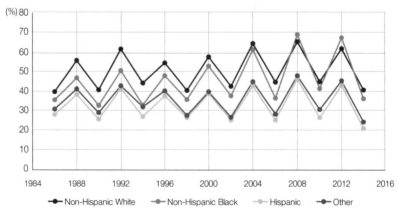

Citizen Voting-Age Population
Turnout Rates by Race and Ethnicity

-●- Non-Hispanic White   -●- Non-Hispanic Black   -●- Hispanic   -●- Other

출처: http://www.electproject.org/home/voter-turnout/demographics

(Current Population Survey Nov. Supplement, 1994-2014).

〈그림 3〉의 그래프는 1984~2014년의 중간선거와 대통령선거에서 나타난 각 인종별 투표율이다. 대체적으로 2008년 선거 이전에는 백인 〉 흑인 〉 라티노의 순서였으나, 2008년과 2012년의 대통령선거에서는 흑인이 가장 높은 투표율을 기록했으며, 백인, 라티노가 그 뒤를 따랐다(이 그래프에는 나타나지 않지만, 아시아인의 투표율은 역사적으로 라티노보다 더 낮다).

라티노의 투표율이 저조한 이유는 몇 가지를 들 수 있는데, 가장 큰 이유는 라티노 인구 구성에서 찾아볼 수 있다. 첫째는, 젊은 층이 라티노 유권자의 상당수를 차지하는데, 미국에서 청년층 투표율은 인종을 불문하고 다른 연령대에 비해 낮다. 최소한 1996년 이래로 18~29세 연령대의 투표율은 다른 어떤 연령대보다 낮았다. 라티노 밀레니얼 세대의 경우도 마찬가지이다. 2012년에는 36.9%의 라티노 청년층이 투표했는데, 이는 모든 라티노 연령대에서 가장 낮은 수치일 뿐 아니라 백인 청년층(55%), 흑인 청년층(47.5%)보다 낮은 수치이다. 2014년 중간선거에서는 라티노 밀레니얼은 15.2%만이 투표했는데, 이는 2010년의 17.6%보다 낮아진 것이다. 인구에서 차지하는 비중은 날로 커져가고 있지만, 라티노 청년층은 여전히 가장 낮은 투표율을 보이고 있다.

둘째 이유는, 라티노 인구 중 일부의 "선택적 소멸(selective attrition)"에 기인한다. 여론조사에서 인종은 응답자 본인의 대답에 근거하는데, 라티노 중에서 일부는 스스로를 라티노가 아닌 백인으로 응답하는 경우가 있다. 이들은 많은 경우 부모나 조부모 중에서 최소한 한 사람이 스페인어를 사용하는 중앙 아메리카나 라틴 아메리카에서 출생한 후 미국으로 이민온 경우이다. 이 경우 본인의 인종을 라티노 혹은 백인이라고 대답하는 것은 본인의 선택이다. 던칸과 트레호의 연구에 의하면 이러한 라티노, 즉 부모 혹은 조부모 중의 최소한 한 사람이 이민왔으며, 나머지 부모나 조부모는 미국 태생의 백인인 사람 중에서 본인을 라티노로 규정하지 않는 사람들의 교육수준과 소득수준이 본인을 라티노로 규정하는 사람보다 높다고 한다(Duncan and Trejo 2011). 마찬가지로 이러한 라티노 집단의 투표 참가율은 본인을 라티노로 정의하는 집단보다 높은 경향이 있다(Leal et al. 2012). 하지만 이 집단의 투표율은 일반적으로 백인의 투표율에 포함된다.

셋째, 주요 정당이 라티노 유권자들에게 다가가려는 노력이 미흡했기 때문이기도 하다. 2014년의 라티노 디시전의 선거 전날 여론조사에 따르면 라티노의 절반 정도만이 민주당이 자신들의 관심사에 "진실로 주의를 기울인다"라고 느끼고 있고, 42%는 공화당이 라티노 문제에 "그다지 주의를 기울이지 않는다"라고 느낀다고 응답했다. 또한 투표에 참여하는 요인으로서 각 정당이 라티노 문제에 대해 보이는 관심보다 정당일체감이 더 크게 작용한다고 응답했다. 투표율 참여 증진 운동에 참여한 250여 개의 지역 조직 운동가들을 대상으로 National Council of La Raza(NLCR)가 2016년에 실시한 설문조사에서 응답자들은 공화당과 민주당 모두에 비판적이었다. 대부분의 응답자들은 어느 정당도 진실로 라티노들에게 주의를 기울이지 않는다고 대답했다. 절반 이상의 응답자는 민주당이 라티노 표를 당연시하고 있으며, 56%의 응답자들은 공화당이 "때때로 라티노에 적대적"이라고 대답했다(NLCR 2016; Bell 2016).

넷째는, 카운티 수준에서 적용되는 투표 등록 시 사용되는 신분확인제도 때문이다. 2008~2015년 사이에 34개의 주에서 새로운 신분 확인 시스템을 도입했다. 이 중에서 11개의 주는 보다 강화된 특정한 형태의 아이디 확인 요건을 도입했다. 이 필수 아이디가 없는 경우는 임시 투표를 할 수밖에 없고 자신의 표가 개표되기 위해서는 절차를 밟아야 했다. 이 11개의 주 중에서 9개의 주는 사진이 있는 신분증을 지참해야 한다. 미국에서 두 번째로 라티노 유권자 인구가 많은 주인 텍사스는 엄격한 신분확인제도를 가지고 있고, 미국에서 다섯 번째로 라티노 유권자가 많은 애리조나는 사진이 있는 신분증을 요구하지는 않지만 신분확인 규칙이 매우 까다롭다.

IV. 2016년 대통령선거

라티노 유권자들은 "잠자는 거인(a sleeping giant)"이라고 불리어 왔으며, 많은 사람들이 이번 미국 대통령선거에서 라티노 유권자들이 드디어 잠에서 깨어나는 거인이 되어서 진보정치의 보호막이 될 것이라고 생각했다. 더 복스(The Vox)를 비롯한 많은 라티노 미디어 및 운동단체들이 2016년이야말로 라티노 투표가 커다란 영향력을 발휘할 것이라고 예측했다(The Vox, Nov. 7, 2016). 이러한 예측이 근거 없는 것은 아니었다. 앞에서 기술한 바와 같이 반이민 정서는 라티노 유권자들을 투표장으로 향하게 할 수 있는 중요한 요인 중의 하나이다. 이런 면에서 트럼프를 대통령후보로 선출한 공화당이 라티노 표를 얻는 데 난항을 겪을 것은 자명한 것이었다.

트럼프는 자신의 대통령후보 출마를 선언하면서 "When Mexico sends its people, they're not sending their best. They're sending people that have lots of problems, and they're bringing those problems with us. They're bringing drugs. They're bringing crime. They're rapists. And some, I assume, are good people."라고 말하였으며, 선거운동 기간 내내 지속적으로 멕시코 국경에 장벽을 설치할 것이며, 그 비용은 멕시코가 지불할 것이라고 주장했다. 물론, 트럼프만이 이민 문제에 적대적인 태도를 취한 것은 아니었다. 마지막까지 남은 공화당 경선후보였던 테드 크루즈(Ted Cruz)는 불법이민자의 시민권 취득에 강력하게 반대하였다.

1. 2016년 라티노 유권자의 양상

라티노 인구가 늘어나면 당연히 라티노 유권자의 수도 늘어난다. 앞서 말한 것처럼 2000년을 기점으로 미국 출생으로 인한 라티노 인구의 증가가 이민으로 인한 증가를 넘어섰다. 퓨리서치센터는 2016년 선거를 맞이하는 라티노 유권자의 인구 구성의 특징을 다음과 같이 지적하고 있다(Krogstad 2016a).

첫째, 라티노 유권자의 44%가 밀레니얼이며, 라티노 유권자의 상당수를 차지한다. 2012년부터 2016년 사이에, 약 320만의 미국 출생 라티노가 투표연령에 새롭게 진입했는데, 이는 이 기간의 라티노 유권자 증가의 약 80%를 차지한다.

둘째, "반드시 투표(absolutely certain to vote)"하겠다고 대답한 라티노 유권자 중 1/5이 처음 투표하는 사람들이다. 밀레니얼 중에서 36%가 처음 투표한다고 응답했지만, 밀레니얼이 아닌 유권자들인 36세 이상에서는 9%만이 처음 투표한다고 응답했다.

셋째, 이번 대통령선거에서 경합주(battleground state)로 분류되는 주들 가운데 라티노 유권자가 상당수를 차지하는 주는 그다지 많지 않다. 7개의 경합주 중에서 라티노 유권자가 상당한 비율을 차지하는 주는 애리조나 (22%), 플로리다(18%), 네바다(17%) 세 곳뿐이다. 다른 경합주들 중 조지아, 아이오와, 노스캐롤라이나, 오하이오의 라티노 비율은 전체 유권자의 5% 이하이다. 라티노 유권자의 절반 이상(52%)이 경합주가 아닌 캘리포니아, 텍사스, 뉴욕 등에 거주하고 있다.

넷째, 라티노 유권자들은 미국이 나아가는 방향에 대해 점차로 불만족스러워하고 있다. 퓨리서치센터의 2016년 여론조사에서 57%의 라티노 유권자들이 미국이 나아가는 방향에 대해 만족하지 못한다고 대답했는데, 이는 2012년의 50%에 비해서 상승한 숫자이다. 여론조사 응답자 중 미국 출생자의 경우 63% 대 45%로 이민자에 비해 미국이 나아가는 방향에 대해 더욱 더 불만족스러워하고 있다.

다섯째, 2012년에 비해 2016년 대통령선거에서 반드시 투표할 것이라고 응답한 라티노 유권자의 비율이 약간 낮다. 2016년에는 69%의 라티노 유권자들이 대선에서 "반드시" 투표할 것이라고 대답했는데 이는 2012년의 77%에 비해 하락한 것이다. 역대 선거에서 라티노 투표율은 다른 인종집단에 비해 낮았다. 예컨대 2012년 선거에서 라티노 투표율은 48%였는데, 백인 투표율은 64%, 흑인 투표율은 67%였다.

여섯째, 라티노는 오랫동안 민주당이 라티노들의 문제에 공화당보다 더 관심을 갖는다고 여겨왔지만 민주당에 대한 견해는 유동적이었다. 2016년의 여론조사에 의하면 라티노 문제에 대해 민주당이 더 주의를 기울인다고 응답한 라티노가 54%인 반면, 공화당이 더 관심을 갖는다고 응답한 라티노는 11%에 불과했다. 여론조사의 이 질문에 대해 민주당이 2012년(61%) 이래 지속적으로 유리한 고지를 점해 오기는 했지만, 민주당이 더 많은 관심을 가진다고 대답한 라티노의 비율은 미세하게 감소해왔다. 약 1/4의 라티노 유권자들은 양당 간에 별 차이가 없다고 본다.

일곱째, 클린턴은 젊은 밀레니얼 라티노들보다는 연령대가 높은 라티노들로부터 더 많은 지지를 받는다. 클린턴을 지지하는 18~35세의 밀레니얼 라티노의 2/3(64%)가 클린턴을 지지해서라기보다는 트럼프를 반대하기 때문에 투표할 것이라고 대답한다. 나이 많은, 밀레니얼 세대가 아닌 층(36세이상)의 대답은 반대이다. 65%가 자신들은 클린턴을 지지하는 것이지 트럼프를 반대하는 것은 아니라고 대답했다. 전체적으로 클린턴 지지자의 절반이상의 라티노 등록유권자들(55%)이 트럼프를 반대하기보다는 클린턴을 지지한다고 답했다.

여덟째, 3/4 이상의 라티노 유권자들이 트럼프의 라티노 또는 다른 집단들에 대한 막말을 가족, 친구, 직장동료들과 얘기한 적이 있다고 답한다. 라티노, 멕시코 이민자, 그리고 다른 집단들에 대한 트럼프의 막말 때문에 더 많은 유권자들이 투표할 것으로 보인다.

2. 출구조사, 여론조사, 투표 결과

이러한 상황을 고려할 때 많은 라티노들이 11월 8일 투표장에 나타날 것이라고 예측하는 것은 놀라운 일이 아니다. 게다가 이러한 예측을 가능케 했던 것은 이전의 선거에 비해서 높은 라티노의 조기투표율이었다. 애리조나의 경우 11%에서 13%로 증가했으며, 텍사스는 26%, 플로리다에서는 무려 152%가 증가했다. 이 밖에 경합주인 노스캐롤라이나, 조지아, 네바다에서의 라티노 조기 투표율도 이전보다 높았다(The Vox, Nov. 7, 2016). 라티노의 투표율이 높을 것이라고 예측했던 근거는 무엇보다도 공화당 대통령후보인 트럼프가 선거운동과정에서 행한 라티노에 대한 많은 막말에 근거한다.

대부분의 미디어에 제공된 에디슨 리서치의 출구조사에 의하면 선거 당일 투표에서 클린턴은 라티노 표의 66%를, 트럼프는 28%를 얻었다. 클린턴이 얻은 라티노 표는 오바마가 2008년 대통령선거에서 얻었던 67%와는 비슷하지만, 2012년의 대통령선거에서 얻은 71%보다는 낮다. 2016년 선거에서 인종별 출구조사 결과를 보면, 백인 유권자의 37%가 클린턴에, 57%가 트럼프에 표를 던졌으며, 흑인 유권자는 89%가 클린턴을, 8%가 트럼프를, 아시아계 유권자의 경우 65%가 클린턴을, 27%가 트럼프를 지지했다. 백인과 비백인으로 나누어 본다면 백인 유권자는 클린턴 37% － 트럼프 57%로, 비백인 유권자는 클린턴 74% － 트럼프 21%로 상반된 투표 결과를 보였다(CNN, Nov. 8, 2016).

선거 이전에 많은 여론조사기관들은 라티노에 적대적인 트럼프의 다양한 막말 및 멕시코 국경의 장벽설치 등의 선거공약 때문에 기록적인 숫자의 라티노가 투표장에 나올 것이라고 예측했다. 놀라운 사실은 출구조사 결과 트럼프가 28%의 라티노 표를 획득했다는, 즉 트럼프를 지지한 라티노 유권자의 비율이 2012년 롬니를 지지했던 라티노의 비율보다 높았다는 것이다. 〈표 2〉에서 보여주는 바와 같이 2016년 실시되었던 대부분의 여론조사에서 라티노의 트럼프 지지율은 최대 20%를 넘지 않았다는 점을 고려할 때, 28%는 이해하기 어려운 수치인 것이다.

물론 66%가 압도적인 지지율이기는 하지만, 문제는 기대했던 것만큼 클린턴 지지가 압도적이지는 않았다는 것이다. 라티노 투표가 전체 투표수에서 차지하는 비율은 대략 11%로서 2012년과 비슷하다. 투표율에서도 2012년과 별다른 차이가 없고, 트럼프가 획득한 표가 롬니의 표보다 많다는 사실은 소위 "역트럼프 효과(reverse Trump effect)"가 라티노에게 작용되지 않

◻ 표 2　　　　　2016년 여론조사 결과에 나타난 라티노의 트럼프 지지율

조사기관	라티노의 트럼프 지지율(%)
유니비전/워싱턴 포스트	19
엔브이비시/텔레문도	17
날레오/텔레문도	14
플로리다 인터내셔널대학/뉴라티노 투표	13
저스틴 그로스	18

출처: www.latinodecisions.org

◻ 표 3　　　　　　　　　인종별 득표율(출구조사)

응답자: 24,558명

인종	클린턴	트럼프	기타/무응답
백인(71%)	37	57	6
흑인(12%)	89	8	3
라티노(11%)	66	28	6
아시안(4%)	65	27	8
기타(3%)	56	36	8

출처: www.cnn.com

았다는 것을 의미한다. 물론 이 글의 앞부분에서 말한 바와 같이 라티노 유권자의 절대수가 인구증가와 이민으로 인해 증가했기 때문에 실제 투표자의 수는 늘었지만, 투표한 비율 면에 있어서는 별다른 차이를 보이지 않는 것이다. 출구조사에 나타난 각 인종별 클린턴과 트럼프의 지지도는 〈표 3〉과 같다.

　〈표 4〉는 출구조사에 나타난 인종 및 연령별 각 후보 지지율을 보여준다. 라티노의 경우 연령대에 따라 약간의 차이를 보이는데, 65세 이상의 집단에서 73% 대 25%로 클린턴에 대한 지지가 가장 높으며, 45~65세 집단에서 64%로 클린턴에 대한 지지가 가장 낮다는 것을 알 수 있다. 하지만 앞서

| 표 4 | | 인종별, 연령대별 득표율 | |

응답자: 24,558명

인종, 연령대	클린턴	트럼프	기타
백인, 18~29	43	47	10
백인, 30~44	37	54	9
백인, 45~64	34	62	4
백인, 65 이상	39	58	3
라티노, 18~29	68	26	6
라티노, 30~44	65	28	7
라티노, 45~64	64	32	4
라티노, 65 이상	73	25	2
흑인, 18~29	85	9	6
흑인, 30~44	89	7	4
흑인, 45~64	90	9	1
흑인, 65 이상	91	9	NA
기타	61	31	8

출처: www.cnn.com

기술한 바와 같이 모든 연령대에서 트럼프에 대한 지지는 25% 이상을 보이고 있다. 이는 2016년 내내 실시되었던 대부분의 여론조사에서 보였던 라티노의 트럼프 지지율과는 상당히 차이가 있는 수치이다.

　이러한 결과가 어떻게 가능할 수 있었을까? 선거 전에 많은 미디어에서는 라티노가 진보정치의 보호막 역할을 할 것이라고 희망 섞인 예측을 하였지만, 사실 라티노의 인구 구성과 지리적 분포상 최소한 가까운 미래에는 실현되기 어려운 것이었다. 대부분의 라티노들이 캘리포니아, 뉴욕, 텍사스 등의 지역에 거주하고 있기 때문에, 라티노 유권자의 표심이 해당 주의 선거 결과에 별다른 차이를 주지 못한다. 트럼프는 소위 러스트벨트(rust belt)라 불리는 쇠락한 오대호 연안의 공업 지역에 선거운동을 집중했는데, 이 지역의 라티노 인구는 어차피 얼마 되지 않는다. 예컨대, 펜실베이니아의 경우 유권자의 4.5%, 오하이오 2.3%, 위스콘신 3.6%, 미시간 3.1%, 아이오와

□ 그림 4   28개 주의 출구조사 결과와 실제 투표 결과의 비교

2016년 대통령 선거: 출구조사와 실제 투표 비교

대통령선거 클린턴 v. 트럼프	CNN 발표 출구조사 (EP) [1]				실제 투표 결과 (VC) [1]			출구조사 / 실제 결과 차이	
	클린턴	트럼프	트럼프- 클린턴	차이에 대한 허용 오차	클린턴	트럼프	트럼프- 클린턴	트럼프에 유리	차이에 대한 허용 오차와의 불일치 정도
뉴저지	59.8	35.8	-24.0	5.8	54.87	41.94	-12.9	11.0	5.2
미주리	42.8	51.2	8.4	4.7	38.01	57.14	19.1	10.7	6.1
유타	32.4	41.8	9.4	5.7	27.81	46.80	19.0	9.6	3.9
오하이오	47.0	47.1	0.2	5.3	43.51	52.05	8.5	8.4	3.1
메인	51.2	40.2	-11.0	5.0	47.88	45.13	-2.8	8.2	3.2
사우스캐롤라이나	42.8	50.3	7.5	4.9	39.93	55.63	15.7	8.2	3.2
노스캐롤라이나	48.6	46.5	-2.0	3.0	46.70	50.54	3.8	5.9	2.8
아이오와	44.1	48.0	3.9	3.5	42.18	51.78	9.6	5.7	2.2
펜실베이니아	50.5	46.1	-4.4	3.8	47.65	48.79	1.1	5.6	1.8
뉴햄프셔	49.4	44.2	-5.3	4.6	47.54	47.35	-0.2	5.1	0.5
인디애나	39.6	53.9	14.3	4.5	37.91	57.17	19.3	4.9	0.5
위스콘신	48.2	44.3	-3.9	3.5	46.94	47.87	0.9	4.8	1.4
조지아	46.8	48.2	1.4	3.7	45.57	51.33	5.8	4.4	0.6
네바다	48.7	42.8	-5.9	3.8	47.89	45.53	-2.4	3.5	
켄터키	35.0	61.5	26.5	5.7	32.69	62.54	29.8	3.3	
버지니아	50.9	43.2	-7.7	3.5	49.75	44.96	-4.8	2.9	
콜로라도	46.5	41.5	-5.0	5.0	46.91	44.80	-2.1	2.9	
플로리다	47.7	46.4	-1.4	3.0	47.79	49.06	1.3	2.6	
뉴멕시코	47.9	37.8	-10.1	4.6	48.26	40.04	-8.2	1.8	
애리조나	43.6	46.9	3.3	4.5	45.32	49.64	4.3	1.0	
오리건	50.7	38.8	-12.0	5.5	51.88	40.91	-11.0	1.0	
캘리포니아	60.0	31.5	-28.5	3.7	61.46	33.25	-28.2	0.3	
미시간	46.8	46.8	0.0	3.6	47.33	47.60	0.3	0.2	
텍사스	42.3	51.8	9.5	3.7	43.37	52.65	9.3	-0.2	
일리노이	53.6	38.4	-15.2	7.6	55.40	39.41	-16.0	-0.8	
미네소타	45.7	45.8	0.1	4.7	46.85	45.37	-1.5	-1.6	
워싱턴	51.3	35.8	-15.5	5.6	55.66	38.06	-17.6	-2.1	
뉴욕	55.8	39.8	-16.0	5.1	58.85	37.44	-21.4	-5.4	0.3
전체	47.9	44.7	-3.2	1.3	47.70	47.50	-0.2	3.0	1.7

* 최종결과는 아니며, 2016년 11월 10일 현재 결과임
  소아레스(Theodore de Macedo Soares)가 작성한 표와 노트임
출처: www.tdmsresearch.com

2.9% 등으로 모두 5% 미만의 라티노 유권자가 거주하고 있을 뿐이다. 트럼프가 라티노, 특히 멕시코계 라티노를 향해 적대적인 화법을 구사했을 때마다 잃게 되는 라티노 표보다는 반사적으로 얻게 되는 백인 유권자의 표를 계산해 본다면 선거인단 수에서는 이득이 되었던 것이라고 볼 수도 있다.

〈그림 4〉는 28개 주의 출구조사 결과와 실제 득표수에서 나타난 각 후보별 득표수와 득표율을 표시한 것이다. 출구조사 결과와 실제 득표를 비교해 보면, 노스캐롤라이나, 펜실베이니아, 위스콘신, 플로리다의 4개 주에서는 승자가 다르다는 것을 알 수 있다. 노스캐롤라이나(선거인단 수 15)의 경우 출구조사에서는 클린턴 48.6%, 트럼프 46.5%로 클린턴이 2.1%의 차이로 승리할 것으로 예측했으나, 개표 결과 클린턴 46.1%, 트럼프 49.9%로 트럼프가 승리했다. 펜실베이니아에서는 출구조사가 클린턴 50.5%, 트럼프 46.1%로 예측했으나, 개표 결과 클린턴 47.6%, 트럼프 48.8%였다. 위스콘신의 경우 출구조사는 클린턴 48.2%, 트럼프 44.3%를 예측했으나, 개표 결과 클린턴 47.6%, 트럼프 48.8%였다. 플로리다에서는 클린턴 47.7%, 트럼프 46.4%로 예측되었으나, 개표 결과 클린턴 47.8%, 트럼프 49.0%였다. 이 네 주의 선거인단 수의 합계는 74이다. 클린턴과 트럼프가 최종적으로 얻은 선거인단의 수가 각각 227과 304였음을 보면, 이 차이는 선거의 최종 승자를 다르게 예측하기에 충분한 숫자였다. 하지만 이러한 문제는 통계상의 오차를 고려한다면 불가피한 일이다.

더 심각한 문제는 라티노 투표의 경우에 드러난다. 라티노 디시전(Latino Decisions)이라는 라티노 전문 여론조사기관의 공동 창립자인 세구라와 바레토(Gary Segura and Matt Barreto)는 에디슨 리서치의 출구조사 결과에 지속적으로 의문을 제기했다. 이들은 대통령선거 직후부터 출구조사의 결과가 틀렸으며, 2016년 대선에서 클린턴이 오바마가 2012년에 얻은 표보다 많은 비율의 표를 라티노에게 얻었으며, 2016년 선거에서 라티노의 투표율은 2012년보다 높았다고 주장한다. 클린턴은 라티노 표의 79%를 획득했고, 트럼프가 얻은 라티노 표는 18%에 불과했다는 것이다. 즉, 출구조사에서 나타난 클린턴(66%)의 라티노 득표율보다 실제로는 13%를 더 얻었다는 주장이다. 2012년의 대통령선거의 경우도 라티노 디시전은 오바마가 롬니보다 52% 더 많은 라티노 표를 얻었다고 주장하였으나, 출구조사는 이보다 적은 44% 만을 오바마가 더 얻었다고 주장했다. 만약 바레토와 세구라의 주장이 맞다면 소위 "역트럼프 효과"가 라티노에게 작용했다고 할 수 있다. 그렇다면, 출구조사와 라티노 디시전의 조사 결과의 차이는 어디서 기인하는 것일까?

우선적으로 출구조사와 라티노 디시전의 표본 선택방법에서 커다란 차이가 있다. 출구조사는 무작위 표본을 바탕으로 한 조사가 아니라 일정한 수의 투표소에서 선택적으로 수집한 투표자의 응답에 바탕한 투표 후 실시된 면접조사이다. 따라서 에디슨 리서치를 비롯한 출구조사기관에서 말하듯이 출구조사의 결과를 지리적으로 밀집된 지역에 거주하는 특정 집단 — 예컨대 흑인, 라티노, 아시아인과 같은 소수 집단 — 을 분석하는 목적으로 사용하는 것은 적합하지 않다(Barreto et al. 2006). 이는 전국적 단위의 표본을 선택하는 여론조사에서는 불가피한 문제점이다. 에디슨 리서치의 출구조사의 경우 3,000명 이상의 인력이 동원되어 17시간 동안 10만 건 이상의 인터뷰를 진행한다고 한다.[8] 하지만 출구조사에서 사용하는 표본의 특성상 세부 집단 — 특히 특정지역에 밀집해서 거주하는 집단 — 의 경우 충분히 표본에 반영되기 어렵다.

라티노 디시전의 결과는 선거 전날인 11월 7일 실시된 자체 여론조사 데이터에 바탕하고 있다. 라티노 디시전의 설명에 따르면, 자신들의 표본은 모든 주의 라티노 유권자들을 라티노 인구분포를 고려하여 무작위로 추출한 표본에 근거하고 있으며, 서베이는 영어와 스페인어 모두 가능한 면접자에 의해 실시되었다. 표본은 총 5,600명이었으며, 라티노 인구의 규모에 따라 면접 대상의 숫자를 할당했기 때문에 결과적으로 인터뷰 대상자들이 지리적으로 실제 라티노 인구의 분포와 비슷하게 분포해 있다고 한다. 결국, 몇몇 선거구에 표본이 집중되어 있는 출구조사보다 라티노 표본의 대표성이 더욱 확보되었다는 주장이다.

---

8) http://www.edisonresearch.com/behind-numbers-2016-national-election-exit-poll/

라티노 디시전의 분석 결과는 다음과 같다. 2016년의 대통령선거에서 최소 1,310만, 최대 1,470만의 라티노가 투표에 참여했다. 이는 2012년의 1,120만에 비해 현격한 증가이며, 모든 경합주에서 라티노의 조기투표 참여율 역시 2012년보다 높았다. 〈표 5〉는 라티노 디시전의 선거 전날 여론조사의 결과에 근거하여 추정한 주요 주별 라티노의 각 후보별 득표율과 출구조사에서 나타난 주단위 각 후보별 라티노 득표율을 나타낸 것이다. 대부분의 주에서 커다란 차이를 보이는 것을 알 수 있으며, 출구조사에서 나타난 트럼프 지지율이 라티노 디시전의 결과보다 대체적으로 높다는 것을 알 수 있다. 또한 모든 지역에서 출구조사가 라티노의 클린턴 지지를 실제보다 낮게 추정했다는 것을 보여준다. 가장 큰 차이를 보인 주는 노스캐롤라이나의 25%이며, 위스콘신, 애리조나, 네바다 등에서도 20% 이상의 차이를 보였다

표 5   라티노 디시전의 조사와 출구조사의 라티노 지지율 비교

주	라티노 디시전		출구조사		차이(%)
	클린턴(%)	트럼프(%)	클린턴	트럼프	
애리조나	84	12	61	31	23
캘리포니아	80	16	71	24	9
콜로라도	81	16	67	30	14
플로리다	67	31	62	35	5
일리노이	86	10	없음		계산 불가
노스캐롤라이나	82	15	57	40	25
네바다	81	16	60	29	21
뉴욕	88	10	74	23	14
오하이오	80	17	67	26	13
텍사스	80	16	61	34	19
버지니아	81	15	65	30	16
위스콘신	87	10	63	34	24
전체	79	18	66	28	13

출처: www.latinodecisions.com, www.cnn.com

(Segura and Barreto 2016).

또한 출구조사의 데이터를 자세히 살펴보면 이해하기 어려운 점이 있다. 예를 들어, 텍사스의 경우를 살펴보자. 출구조사에 의하면 텍사스의 라티노는 클린턴에 61%, 트럼프에게 34%의 표를 던졌다. 오바마는 2012년에 65,915,795표를 얻었으며, 클린턴은 2016년에 65,853,625표를 얻었다. 그 차이는 불과 62,170표이다. 텍사스에서 라티노가 가장 빠르게 인구가 증가하는 집단임을 고려할 때 라티노의 트럼프에 대한 지지가 34%에 이른다는 것은 이해하기 힘든 결과임에는 틀림없다. 그렇다면 실제로 라티노는 클린턴을 얼마나 지지한 것일까?

출구조사와 라티노 디시전의 주장을 검증하기 위해서 가장 좋은 방법은 라티노 전체의 투표 결과를 조사하는 것이겠지만, 이는 불가능한 일이다. 우리가 구할 수 있는 실제 데이터는 선거구별 각 후보별 득표수일 뿐, 각 투표에 해당하는 유권자의 인종에 대한 개인 수준의 데이터를 구할 수는 없기 때문이다. 우리가 취할 수 있는 차선책은 각 선거구별 데이터를 이용한 간접적인 방법이다. 선거구별 데이터가 공개되면서 이러한 주장을 검증할 수 있게 되었다.

〈표 6〉과 〈그림 5〉은 각각 텍사스의 라티노 인구밀집 카운티와 선거구 중 선택적으로 라티노의 투표율과 각 후보의 득표율을 나타낸 것이다. 물론

□ 표 6 텍사스의 라티노 인구 밀집 카운티의 투표율과 후보별 득표율(%)

카운티	라티노	클린턴	트럼프	2012 투표율	2016 투표율
스타	96	79	19	45	47
짐 호그	94	77	20	44	54
매버릭	94	77	21	38	44
웹	94	74	23	46	49
사발라	93	78	2	48	53
브룩스	92	75	24	46	46

출처: www.latinodecisions.com

📊 그림 5   텍사스의 라티노 인구 밀집 선거구의 후보별 득표율(2012, 2016년)

(%)

VTD	카운티	라티노	오바마	롬니	클린턴	트럼프	민주-변화	공화-변화
2150149	hidalgo	98.2	74.1	25.9	83.3	11.9	9.3	-14.0
2150001	hidalgo	97.3	73.6	18.6	81.0	15.3	7.4	-3.3
2150250	hidalgo	96.1	78.6	21.4	84.9	11.3	6.3	-10.1
2150057	hidalgo	97.1	70.6	26.9	76.2	20.9	5.6	-6.0
1410161	el paso	95.6	75.6	23.3	80.4	13.1	4.8	-10.2
2150044	hidalgo	98.2	76.4	20.9	80.6	14.3	4.2	-6.6
3550085	nueces	94.0	78.4	16.1	82.4	11.9	4.0	-4.2
2150254	hidalgo	89.9	60.7	26.8	64.5	27.4	3.8	0.6
610014	cameron	92.7	78.8	20.5	82.2	14.9	3.4	-5.7
2150240	hidalgo	95.4	64.1	32.5	67.4	26.8	3.3	-5.7
1134085	dallas	95.2	81.3	17.3	83.4	12.2	2.1	-5.1
610069	cameron	97.0	78.5	19.8	79.9	17.5	1.4	-2.4
610017	cameron	96.3	79.9	19.1	81.3	16.7	1.4	-2.4
2150040	hidalgo	98.2	82.5	15.5	83.7	13.5	1.2	-2.0
2150047	hidalgo	91.2	75.3	22.1	76.1	20.4	0.8	-1.7
2150183	hidalgo	98.9	72.7	26.7	73.1	20.2	0.4	-6.5
2150197	hidalgo	99.2	86.5	10.1	86.9	9.2	0.4	-0.9
2150179	hidalgo	98.0	75.6	20.6	75.9	21.5	0.4	0.9
1410150	el paso	95.4	80.2	18.1	80.6	14.0	0.4	-4.1
2150228	hidalgo	99.3	82.5	13.9	82.8	11.6	0.2	-2.3
610009	cameron	95.4	83.1	16.0	83.3	14.1	0.2	-1.8
610071	cameron	94.0	81.4	17.5	81.6	15.5	0.2	-1.9
2150234	hidalgo	95.4	80.6	14.0	80.7	13.4	0.1	-0.6

출처: www.latinodecisions.com

여기 나타난 지역은 라티노 인구가 대부분 90% 이상인 라티노 밀집 지역이며 대표성을 가지고 있는 것은 아니다. 하지만 정도의 차이는 있지만 거의 모든 지역에서 2016년 라티노의 클린턴 지지는 2012년의 오바마 지지보다 높았으며, 2016년의 라티노 투표율 역시 2012년보다 높았다. 이러한 현상은 텍사스의 라티노 인구밀집 지역에만 해당하는 것이 아니라, 애리조나, 플로리다(마이애미), 뉴멕시코, 위스콘신, 일리노이, 뉴욕 등의 주에서 라티노 인구가 상대적으로 높은 지역에서는 공통적으로 나타나는 현상이다.

3. 생태학적 추론(ecological inference)을 통한 추정

카운티 수준의 데이터를 살펴본 후 몇 가지 가설을 제시할 수 있다. 첫 번째 가설은 도시 지역의 라티노는 클린턴을 압도적으로 지지한 반면, 농촌 지역의 라티노 유권자의 표가 트럼프를 향했다는 주장이다(Cadava 2016). 이 주장은 이번 대통령선거에서 전반적으로 나타난 농촌 지역의 유권자들의 늘어난 공화당 지지와 궤를 같이 하는 것으로서 라티노 역시 거주 지역에 따라 다른 투표행태를 보였다는 주장이다. 라티노를 비롯한 소수인종들은 주로 도시 지역에 거주하는 경향이 있으므로 실제로 농촌 지역에 거주하는 라티노의 숫자는 많지 않다. 두 번째 가능성은 진실은 라티노 디시전과 출구조사의 중간에 있다는 것으로서 클린턴이 출구조사 결과보다는 많은 라티노의 표를 얻었지만, 2012년의 오바마보다는 적은 라티노의 표를 얻었다는 것이다(Enten 2016). 안타깝게도 현재 가용한 집적 데이터를 사용하여 이 주장들을 직접 검증하는 것은 불가능하며, 불가피하게 생태학적 추론(ecological inference)을 할 수밖에 없다. 생태학적 추론은 집단수준의 데이터를 이용하여 개인 행위를 추론하는 통계기법인데, 이 글에서는 킹(Gary King)이 개발한 방법을 사용하고, 선거구 수준의 데이터를 사용하여 텍사스에서의 라티노의 투표를 추정해 보고자 한다(King 1997; King et al. 2004).

텍사스의 경우, 4,372개의 선거구에서 수집한 페드라자와 윌콕스-아출레타(Francisco Pedraza and Bryan Wilcox-Archuleta)의 데이터는 텍사스 전역을 포괄하며 대략 텍사스 라티노 인구의 75%를 포함한다. 이 데이터를 살펴보면 2012년의 오바마의 득표와 비교했을 때 2016년의 클린턴은 거의 모든 선거구에서 더 많은 표를 얻었으며, 인구 중 라티노 비율이 높은 지역에서 더욱 많은 표를 얻었다는 것을 알 수 있다. 75% 이상의 유권자가 라티노인 864개의 선거구 중에서 723개의 선거구에서 클린턴은 오바마보다 많은 표를 얻었으며, 130개의 카운티에서 적은 표를, 11개에서 비슷한 표를 얻었다.

이 864개의 선거구 중 692의 선거구에서 클린턴과 트럼프 간의 표 차이는 오바마와 롬니 간의 표 차이보다 컸다. 클린턴이 오바마보다 적은 표를 얻었다는 것은 텍사스의 경우에는 맞지 않는 것이다.

〈그림 6〉은 전체 인구 중 라티노의 비율과 클린턴의 득표율의 관계를 로우즈(lowess) 평활기 선 기법을 이용하여 탐색적으로 두 변수의 관계를 살펴보았다. 대체적으로 라티노 인구가 증가하면서 선형적으로 클린턴에 대한 지지도 증가함을 알 수 있다. 마찬가지로 라티노 인구 비율이 감소하면서 트럼프에 대한 지지도는 증가하는 것을 알 수 있다. 하지만 실제로 얼마나 많은 라티노가 클린턴을 지지했는지를 알 수는 없다. 차선책으로서 이 4,372개의 텍사스 선거구에 대해서 생태학적 추론을 하는 것이 가능하다. 생태학적 추론의 결과 텍사스에서 클린턴은 77%의 라티노 표를 얻었고, 트럼프는 18%를 얻었다.[9] 이 결과로 보면 텍사스의 경우 출구조사의 61% 대 34%보다는 라티노 디시전의 80% 대 16%가 더 진실에 근접한 것으로 보인다.

이러한 결과는 텍사스에만 해당하는 것이 아니다. 애리조나, 캘리포니

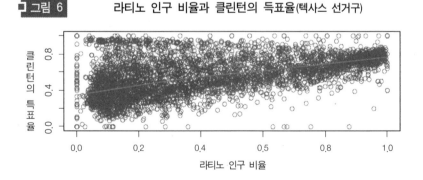

□ 그림 6 라티노 인구 비율과 클린턴의 득표율(텍사스 선거구)

아, 네바다, 뉴욕 등에서 모두 생태학적 추론의 결과 라티노 투표자의 80% 이상이 클린턴에게 표를 던졌다고 추정된다. 출구조사 결과에 의하면 이들 주에서 각각 61%, 71%, 60%, 73%의 라티노가 클린턴에 투표했다. 출구조사의 오차범위를 고려하더라도 이는 너무나 커다란 차이라 할 수 있다. 물론 최종적인 결론을 내리기에는 아직 너무 이르다. 하지만 현재까지의 생태학적 추론의 결과 및 카운티 수준 데이터를 검토한 결과는 실제로 라티노에게 역트럼프 효과가 작용하였으며, 실제로 2012년보다 더 많은 라티노가 투표장으로 향했으며, 민주당 후보인 클린턴에게 투표한 것으로 보인다.

V. 결론

이 글에서는 라티노의 인구학적 구성 및 변화, 정치적 성향 및 이슈에 대한 태도, 2016년 대통령선거에서 나타난 투표율과 각 후보별 득표율을 살펴보았다. 현재로서는 전체 데이터를 검토한 것이 아니며 선택적으로 몇몇 주에 한하여 라티노 투표율과 득표율만을 대상으로 분석한 것이라서 이 글의 논의를 근거로 2016년 선거에 나타난 라티노 투표행태를 결론적으로 말하기는 어렵다. 현재의 분석 결과로 볼 때 라티노의 투표율은 ― 특히 라티노 인구밀집 지역에 거주하는 라티노의 투표율은 ― 2012년보다 높았으며, 민주당 후보에 대한 지지는 압도적이었다. 물론, 이 글의 말미에서 사용한 생태학적 추론의 방법에는 많은 한계 및 문제점이 있고, 가용한 선거구 및 카운티 수준의 집적 데이터로 가능한 분석은 한계가 있는 것은 사실이며,

---

9) 생태학적 추론을 인구크기에 따라 구분하여 수행한 연구에 의하면 인구가 적은 카운티에서는 클린턴이 77%를, 트럼프가 14%를 얻었으며, 중간 정도 인구의 카운티의 경우에는 클린턴이 73%, 트럼프가 19%, 대도시의 경우에는 클린턴 80%, 트럼프 14%를 얻었다(Pedraza and Wilcox-Archuleta 2016).

선거구별 데이터에 대한 분석은 현재 진행 중인 작업이다(2017년 2월 현재).
　제한된 데이터를 통해서 잠정적으로 얻을 수 있는 결론은 실제로 잠자
는 거인이 깨어나고 있다는 점이다. 물론 2016년의 선거가 가지는 후보자의
특성을 배제할 수는 없지만, 예전의 선거에 비해서 참여가 늘어나고 있는
것은 명확해 보인다. 젊은 인구가 압도적으로 많은 라티노 인구의 특성과
높아지는 교육 및 경제수준을 고려할 때 잠에서 깨어난 라티노가 선거에서
영향력을 행사하는 것은 이미 일어나고 있다.

▪참고문헌▪

Barreto, Matt A., Fernando Guerra, Mara Marks, and Stephen A. Nuño. 2006. "Controversies in Exit Polling: Implementing a Racially Stratified Homogenous Precinct Approach." *PS*, Vol.39(3): 477-483.

Barreto, Matt, and Gary Segura. 2014. *Latino America: How American's Most Dynamic Population is Posed to Transform the Politics of the Nation*. New York: PublicAffairs.

Barreto, Matt, and Loren Collingwood. 2015. "Group-based Appeals and the Latino Vote in 2012: How Immigration Became a Mobilizing Issue." *Electoral Studies* 40: 490-99.

Bell, Aaron. 2016. "The Role of the Latino Vote in the 2016 Election." CLALS Working Paper Series, No.13.

Cadava, Geraldo. 2016. "Rural Hispanic voters—like white rural voters—shifted toward Trump. Here's why." *Washington Post* (Nov. 17).

Campbell, Alexia Fernandez. 2016. "Every 30 Seconds, a Latino Reaches Voting Age. You Read That Right." *The Atlantic* (Aug. 26).

Colby, Sandra L., and Jennifer M. Ortman. 2015. "Projections of the Size and Composition of the U.S. Population: 2014 to 2060." United States Census Bureau(March).

Damore, David. 2016. "10 Reasons Why Immigration Politics Will Affect the Latino Vote." Latino Decisions(Feb. 16).

Dionne, E. J., Jr. 2016. *Why the Right Went Wrong: Conservatism—From Goldwater to Trump and Beyond*. New York: Simon & Schuster.

DiPerna, Paul. 2015. "Latino Perspectives on K-12 Education & School Choice." Friedman Foundation(September).

Duncan, Brian, and Stephen J. Trejo. 2011. "Who Remains Mexican? Selective Ethnic Attrition and the Intergenerational Progress of Mexican Americans." David L. Leal and Stephen J. Trejo, eds. *Latinos and the Economy*. New York: Springer.

Enten, Harry. 2016. "Trump Probably Did Better With Latino Voters Than Romney Did." Fivethirtyeight.com, Nov. 18.

King, Gary, Ori Rosen, and Martin A. Tanner, eds. 2004. *Ecological Inference: New Methodological Strategies*. New York: Cambridge University Press.

King, Gary. 1997. *A Solution to the Ecological Inference Problem*. Princeton, NJ: Princeton University Press.

Krogstad, Jens Manuel. 2015. "Puerto Ricans leave in record numbers for mainland U.S." Pew Research Center(Oct. 14).

_____. 2016a. "Key Facts about the Latino Vote in 2016." Pew Research Center(October 14).

_____. 2016b. "5 facts about Latinos and education." Pew Research Center (July 28).

Krogstad, Jens Manuel, and Mark Hugo Lopez. 2014. "Hispanic Voters in the 2014 Election." Pew Hispanic Center(Nov. 7).

Krogstad, Jens Manuel, Renee Stepler, and Mark Hugo Lopez. 2015. "English Proficiency on the Rise Among Latinos." Pew Research Center(May 12).

Leal, David, B. J. Lee, and Shinya Wakao. 2012. "The Disappearing Latinos." Paper Presented at the MPSA Annual Meeting.

Lopez, Mark Hugo, and Paul Taylor. 2012. "Latino Voters in the 2012 Election." Pew Research Center(Nov. 7).

Lopez, Mark Hugo, Ana Gonzales-Barrera, and Jens Manuel Krogstad. 2014. "Latino Support for Democrats Falls, but Democratic Advantage Remains." Pew Research Center(Oct. 29).

Motel, Seth, and Eileen Patten. 2012. "The 10 Largest Hispanic Origin Groups: Characteristics, Rankings, Top Counties." Pew Research Center(June 27).

National Council of La Raza. 2016. "Poll of Community Influencers Highlights Priorities and Mood of Latino Voters in Primary Season."

Nuño, Stephen A., and Bryan Wilcox-Archuleta. 2016. "Viewpoints: Why exit polls are wrong about Latino voters in Arizona." Azcentral, Nov. 26.

Pedraza, Francisco, and Bryan Wilcox-Archuleta. 2016. "Donald Trump did not win 34% of Latino vote in Texas. He won much less." *The Washington Post*, Dec. 2.

Pew Research Center. 2014. "The Shifting Religious Identity of Latinos in the

United States."

Segura, Gary, and Matt Barreto. 2016. "Lies, Damn Lies, and Exit Polls." Latino Decisions, Nov. 10.

Stepler, Renee, and Anna Brown. 2016. "Statistical Portrait of Hispanics in the United States." Pew Research Center(April 19).

Stepler, Renee, and Mark Hugo Lopez. 2016. "Ranking the Latino Population in the States." Pew Research Center(September 9).

제7장

미국 대선과
백인 노동자들의 투표성향

장승진
국민대학교

I. 서론

지난 2016년 11월 8일에 실시된 미국 대통령선거 결과 트럼프(Donald Trump)가 제45대 대통령으로 당선되었다. 공화당의 대통령후보로 선출되기 이전까지 어떠한 공직도 맡아본 경험이 없었으며, 무엇보다도 선거과정 내내 다양한 막말과 기행, 비현실적인 공약 제시로 끊임없이 논란을 불러일으켰다는 점에서 트럼프의 승리를 예측한 사람은 많지 않았다. 선거 결과가 당초의 예상과 달랐던 것만큼, 2016년 대통령선거는 많은 이야깃거리를 던져주고 있다. 혹자는 이번 선거를 통해 드러난 미국 사회의 정치적·이념적 분열에 주목할 것이며, 또 다른 사람들은 2000년 부시(George W. Bush) 대통령에 이어 또다시 전국 득표율에서 뒤진 후보가 선거에서는 승리하는 결과가 나타났다는 점에서 미국 선거제도가 가지는 독특한 성격과 함의에 주목할 수 있다. 그리고 본 장에서는 트럼프의 당선을 통해 드러난 백인 노동자들의 정치적 선호와 선택에 주목하고자 한다.

2012년 대선에서 공화당의 롬니(Mitt Romney) 후보가 승리를 거둔 주와 2016년 대선에서 트럼프가 승리를 거둔 주를 비교해보면 트럼프는 롬니에 비해 미시간, 펜실베이니아, 위스콘신, 오하이오, 아이오와, 플로리다 등 6개 주에서 추가로 승리를 거두었을 뿐이다. 더구나 득표율 자체만을 보았을 때 트럼프가 얻은 득표율이 롬니의 47.2%에 비해 오히려 더 낮았다는 점을 고려한다면, 이들 6개 주에서의 승리가 트럼프의 당선에 결정적인 영향을 끼쳤다는 점을 알 수 있다. 그런데 이 중 매 선거마다 경합주(swing state)로 분류되는 오하이오, 아이오와, 플로리다 등과는 달리, 위스콘신의 경우 1984년 선거 이래로 그리고 미시간과 펜실베이니아의 경우 1988년 선거 이래로 공화당이 단 한 번도 승리한 적이 없는 주였다. 그리고 이들 세 주— 그리고 오하이오까지 포함하여—는 소위 "러스트벨트(Rust belt)" 지역의 핵심으로 자동차 산업을 비롯한 제조업에 기반한 경제구조가 쇠락하면서 극심한 경기침체와 높은 실업률을 경험하고 있으며, 이에 따라 유권자의 상당수를 차지하는 백인 노동자들의 경제적 불안과 불만이 팽배한 지역이었다 (Gest 2016). 결과적으로 2016년 선거에서 백인 노동자들이 경제적 불안과 불만에 대한 항의의 표시로 기존의 주류 정치권에 속하지 않는 트럼프를 지지한 것이 트럼프의 당선에 큰 역할을 했다는 분석이 줄을 이었다.

이러한 맥락에서 본 장은 2016년 선거에서 백인 노동자들이 트럼프를 지지한 이유와 배경이 무엇인지 살펴보고자 한다. 물론 지난 선거의 유권자 투표선택과 관련한 본격적인 설문자료들이 아직까지 공개되지 않은 상황에서 백인 노동자들 사이에서 트럼프가 높은 득표율을 거둔 원인에 대한 본격적인 분석은 현실적으로 어려운 것이 사실이다. 대신에 본 장에서는 미국선거연구(ANES: American National Election Studies) 누적자료를 사용하여 1970년대부터 최근의 선거까지 백인 노동자들의 정치적 태도와 선택이 어떻게 변화해왔는지 살펴보고 이를 통해 2016년 선거에서 나타난 백인 노동자들의 선택의 연속성과 특이성을 살펴보고자 한다. 다시 말해서 2016년 선거에서 나타난 백인 노동자들의 선택이 1970년대 이래로 진행된 장기적인 변화의 결과인가 아니면 트럼프라는 비-전통적인 후보에 의해 촉발된 예외적인 현상인지 살펴보고자 한다. 이를 통해 2016년 선거에서 나타난 백인 노동자들의 트럼프 지지가 가지는 의미와 이것이 미국 정치와 선거를 이해하는 데 있어서 제공하는 함의에 대해 간접적으로 살펴볼 수 있을 것이다.

II. 미국 선거와 백인 노동자 계급

전통적으로 미국의 선거와 유권자들의 투표행태를 설명하는 데 있어서 계급 혹은 계층이라는 요소는 크게 부각되지 않았다. 물론 유권자의 경제적·사회적 위치와 특성은 유권자의 선택을 설명하는 주요 이론에 빠지지 않고 등장한다. 예를 들어 다운스(Downs 1957)로 대표되는 합리적 선택이론에 따르면 유권자들은 중요한 이슈―혹은 그러한 이슈들의 종합으로서의 이념성향―에 있어서 자신의 선호와 정당 및 후보의 입장 사이의 거리로 정의되는 정치적 효용(payoffs)에 의거하여 지지를 결정하게 되며, 이때의 선호는 각자의 경제적·사회적 위치와 특성에 의해 결정된다. 마찬가지로 미시간 학파(Campbell et al. 1960)로 대표되는 사회심리학적 이론에서도 유권자들의 경제적·사회적 위치와 특성은 그들의 정당일체감(party identi-fication)에 영향을 끼침으로써 궁극적으로 투표선택과 연결된다. 그러나 이러한 이론에서 유권자의 계급적 속성은 사회경제적 지위(socioeconomic status)라는 개인 수준의 변수로 치환될 뿐 공통의 경제적·사회적 위치와 특성에 의해 정의되는 집단에 대한 소속감―즉 계급의식(class consciousness)―으로 이어지지는 않았다. 마찬가지로 투표선택 또한 개별 유권자들의 선호를 반영하는 것으로 취급될 뿐 비슷한 사회경제적 지위를 공유하는 유권자들의 집단적 선택으로 간주되지 않았다.

이러한 경향은 계급 및 계층 문제와 관련한 미국 사회의 특수성과 연관되어 있다고 할 수 있다. 서유럽 대부분의 국가에서 국민혁명과 산업혁명이라는 두 가지 거대한 역사적 사건을 거치면서 자본가와 노동자 간의 갈등이 지배적인 정치적 균열(cleavage)로서 등장했던 것과는 달리(Lipset and Rokkan 1967), 미국의 경우 노동자들의 정치적 지지를 동원할 수 있는 사회주의 정당이 등장하지 못했으며 대신에 노동자들의 계급적 이해관계는 강력한 양당제하에서 민주당에 의해 포섭(co-opt)되어 희석되었다. 이러한 "미국 예외주의(American exceptionalism)"의 원인에 대해서는 다양한 의견이 제시될 수 있으나(Foner 1984; Hartz 1955; Lipset and Marks 2000), 중요한 점은 미국에서는 노동자들이 단일한 경제적 계급으로서의 의식을 발전시키거나 공동의 이해관계에 기반하여 정치적 영향력을 행사하는 현상을 찾아보기 어렵다는 사실이다. 더구나 시간이 흐르면서 미국의 경제구조가 변화를 겪으면서 노동자 계급의 숫자 자체도 급격히 감소했을 뿐만 아니라 이들이 경제적 특징 또한 심대한 변화를 겪게 되었다(Abramowitz and Teixeira 2009). 따라서 미국 유권자들의 정치적·사회적 태도를 결정하는 데 있어서 계급이 지속적으로 중요한 영향을 끼쳐왔다는 간헐적인 주장에도 불구하고(e.g., Manza and Brooks 1999), 미국에서는 "계급정치(class politics)"가 별다른 의미를 가지지 못한다는 것이 지배적인 견해였다고 할 수 있다(Kinston 2000; Pakulski and Waters 1996).

미국 선거에서 계급으로서의 백인 노동자들이 새롭게 논쟁의 대상으로 발견된 계기는 2004년 대통령선거였다. 2004년 선거에서 전통적으로 고소득자들의 이해관계에 부합하는 감세정책을 내세운 공화당 후보가 상대적으로 소득 및 교육수준이 낮은 유권자들이 많이 거주하는 주에서 승리하는 현상이 극명하게 나타났다. 이러한 현상에 주목한 토마스 프랭크(Frank 2004)는 그의 책에서 공화당이 낙태, 총기규제, 동성결혼 등과 같은 사회적·도덕적 이슈에 기반하여 미국의 백인 노동자들을 성공적으로 동원할 수 있었으며, 이들이 자신의 경제적 이해관계에 반하여 공화당을 지지한 것이 부시 대통령이 재선에 성공할 수 있었던 중요한 요인이었다고 주장했다. 결과적으로 경제적 보수주의에 기반한 자산가 계급과 사회적 보수주의에 기반한 백인 노동자 계급 사이의 새로운 동맹이 기존의 뉴딜연합(New Deal coalition)이 대체함에 따라 전통적인 의미의 계급정치가 변화했다는 것이다.

사실 프랭크의 주장 자체는 그리 새로운 것이라고 할 수 없다. 2004년 선거에서 유권자의 종교적 성향 및 사회적·도덕적 이슈에 대한 태도가 투표선택에 중요한 영향을 끼쳤다는 사실 자체는 다른 연구에 의해서도 확인된 바 있다(Campbell 2007; Campbell and Monson 2008; Green 2007). 혹은 보다 넓은 맥락에서 1960년대 이후 남부지역을 중심으로 백인들이 민주당에 대한 지지에서 벗어나 점차 공화당 지지세력으로 편입되어 왔으며, 그러한 점진적 재편성(secular realignment)의 중심에는 인종 문제를 비롯한 시민적 권리와 자유(civil rights and liberties) 이슈에서 상대적으로 진보적 입장을 취하는 민주당에 대한 백인들의 불만과 거부감이 존재한다는 것 역시 새로운 발견이라고 할 수 없다(Carmines and Stimson 1989; Layman 2001; Valentino and Sears 2005). 그러나 프랭크의 주장이 특히 관심을 끌었던 것은 백인 노동자들의 정치적 성향과 선택에 주목하면서도 이들을 인종이나 종교보다는 계급적 위치에 의해 정의된 집단으로 인식했다는 점이다.

프랭크의 책이 대중적인 관심을 얻게 된 이후 그의 주장에 대한 다양한 반론이 제기되었다. 우선 바텔스(Bartels 2006)는 백인 노동자들이 민주당에 대한 지지를 철회한 것은—이전까지 인종분리정책(racial segregation)에 기반한 일당체제로 인해 민주당에 대한 지지가 비정상적으로 높았던— 남부지역에 국한된 것이며, 남부지역을 제외하면 백인 노동자들 사이에서 민주당에 대한 지지는 크게 하락하지 않았다고 주장한다. 또한 많은 연구들에 따르면 미국 선거에서 사회적·도덕적 이슈의 정치적 중요성이 점차 증가한 것은 사실이지만, 그럼에도 불구하고 유권자들의 투표선택에는 여전히 사회적·도덕적 이슈보다는 경제적 이슈에 대한 선호가 보다 강력한 영향을 끼치며 이러한 영향력은 오히려 소득 및 교육수준이 낮은 유권자일수록 더욱 강하게 나타나고 있다(Abramowitz and Teixeira 2009; Ansolabehere, Rodden and Snyder 2006; Bartels 2006; Gelman 2008). 실제로 1960년대 이래로 백인들 사이에서 공화당에 대한 지지가 점차 증가하고 있기는 하지만 이는 주

로 상대적으로 고소득층에 속하는 백인들 사이에서 공화당에 대한 지지가
상승한 결과이며, 남부 외의 지역에 거주하는 저소득층 백인들 사이에서는
오히려 민주당에 대한 지지가 증가하는 현상 또한 관찰되었다(Abramowitz
1994; Brewer and Stonecash 2001; Stonecash et al. 2000). 결국 백인들 사이
에서 공화당에 대한 지지가 점차 증가하는 현상은 백인 노동자들의 사회적
보수주의를 반영하는 것이 아니라, 미국 정당정치에 있어서 이념적 양극화
가 심화되면서 유권자의 이념성향과 지지정당 및 투표선택 사이의 관계가 점
차 강화된 결과라고 보아야 한다는 것이다(Abramowitz and Saunders 1998;
Carmines and Stanley 1992).

　2008년 오바마 대통령의 당선과 함께 관심의 초점에서 멀어졌던 백인
노동자들은 2016년 대통령선거를 통해 다시 한번 주목받게 되었다. 실제로
2016년 대통령선거의 출구조사 결과는 트럼프의 당선에 백인 노동자들이
상당한 기여를 했음을 시사하고 있다. 〈표 1〉은 백인 유권자들 사이에서
성별, 연령, 교육수준에 따라 트럼프와 클린턴의 득표율이 어떻게 달랐는지
보여주고 있다. 출구조사에 따르면 백인 유권자 사이에서 트럼프에 대한 득
표율은 57%에 달해 37%에 그친 클린턴을 압도하였으며, 특히 ― 흔히 노동
자 계급으로 정의되는[1] ― 고등학교 졸업 이하의 교육수준을 가진 저학력
백인 유권자들 사이에서 트럼프의 득표율은 67%에 달했다. 반면에 클린턴
은 이 유권자 집단에서 28%의 득표율에 그쳤으며, 결과적으로 클린턴과 트
럼프 사이의 득표율 차이는 거의 40%p에 육박했다. 대학교 졸업 이상의 백
인 유권자들 사이에서는 트럼프와 클린턴 사이의 득표율 격차가 4%p에 지
나지 않았다는 점이나, 성별이나 연령 등 다른 요인에 의한 득표율 차이가
교육수준에 따른 차이에 비해 그 정도가 약했다는 점을 고려한다면, 결국
백인 유권자들 사이에서 트럼프가 거둔 승리에는 저학력 백인 유권자의 지
지가 상당한 영향을 끼쳤다는 것을 알 수 있다.[2][3]

----

1) 이에 대해서는 다음 절에서 다시 논의한다.
2) 출구조사에서 나타난 소득수준과 지지후보 사이의 관계를 살펴보면 연소득 5만 달러

| 표 1 | 백인 유권자들의 투표선택, 2016년 대통령선거 출구조사(%) | |

		클린턴	트럼프
성별	남성	31	63
	여성	43	53
연령	18~29세	43	49
	30~44세	37	54
	45~64세	34	62
	65세 이상	39	58
교육수준	대학교 졸업 이상	45	49
	고등학교 졸업 이하	28	67

　시각을 보다 확대하여 〈표 2〉는 2000년 이래로 실시된 대통령선거에서 교육수준에 따른 백인 유권자들의 투표선택의 차이가 어떻게 변화해왔는지 보여주고 있다. 물론 저학력 백인 유권자들 사이에서 공화당 후보에 대한 지지율은 항상 민주당 후보에 비해 높았다. 그러나 2012년 대통령선거까지 만 해도 고등학교 졸업 이하 백인 유권자 사이에서 민주당 후보의 득표율이 36~40% 정도를 꾸준히 유지했으나, 2016년 선거에서는 30% 미만으로 급락하여 2000년 이후 어떤 선거에서보다도 낮은 수준이었다. 반면에 대학교 졸업 이상의 백인 유권자들 사이에서는 민주당 후보의 득표율이 이전 선거에 비해 2016년 대통령선거에서 특별히 높거나 낮았다고 보기 어렵다. 결국

───────────

이하의 유권자들 사이에서 클린턴은 53%의 지지율을 기록하여 41%에 그친 트럼프보다 오히려 더 높은 지지율을 기록하였다. 그러나 저소득층 유권자 집단은 불가피하게 많은 수의 ― 민주당 후보에 대한 지지성향이 강한 ― 유색인종들을 포함하기 마련인데, 어떠한 이유에서건 언론을 통해 보도된 출구조사 결과에서는 소득수준에 따른 투표선택이 인종별로 구분되어 보고되지 않기 때문에 백인 유권자에 국한하여 저소득층 유권자들이 어떻게 투표했는지 살펴보기는 어렵다.

3) 참고로 유색인종 유권자들 사이에서는 대학교 졸업 이상 유권자나 고등학교 졸업 이하 유권자 사이에서나 모두 클린턴에 대한 지지율이 70%를 상회하여 백인 유권자와는 큰 차이를 보였다.

▢ 표 2		교육수준에 따른 백인 유권자들의 투표선택(%)	
		민주당 후보	공화당 후보
2016년	대학교 졸업 이상	45	49
	고등학교 졸업 이하	28	67
2012년	대학교 졸업 이상	42	56
	고등학교 졸업 이하	36	61
2008년	대학교 졸업 이상	47	51
	고등학교 졸업 이하	40	58
2004년	대학교 졸업 이상	44	55
	고등학교 졸업 이하	38	61
2000년	대학교 졸업 이상	44	52
	고등학교 졸업 이하	40	57

자료: 역대 대통령선거 출구조사 결과

저학력 백인 유권자들이 2016년 선거에서 트럼프를 지지한 것은 이전까지의 공화당 후보에 대한 지지와 비교했을 때에도 주목할 만한 수준이었다고할 수 있다.

물론 출구조사 결과는 저학력 백인 유권자들이 트럼프를 지지했다는 사실만을 보여줄 뿐 이러한 높은 지지의 원인이 무엇인지에 대해서는 별다른정보를 제공해주지 못한다. 더구나 선거인단(electoral college) 제도와 같이미국의 대통령선거가 가지는 연방제적 성격을 고려했을 때 전국적인 차원에서 저학력 백인 유권자들의 다수가 트럼프를 지지했다는 점이 갖는 의미를지나치게 확대해석하기 어려운 것 또한 사실이다. 일례로 〈그림 1〉은 2015년 미국공동체조사(American Community Survey)에서 추정된 25세 이상 전체 주 인구 중 고등학교 졸업 이하의 학력을 가진 백인이 차지하는 비중과2016년 각 주에서 트럼프가 획득한 득표율 사이의 관계를 보여주고 있다.우선 두 변수 사이의 상관계수(correlation coefficients)는 0.7에 달해서 저학력 백인의 비율과 트럼프의 득표율 사이에 매우 밀접한 관계가 있다는 사실

그림 1　　　　　주별 저학력 백인 비율과 트럼프 득표율

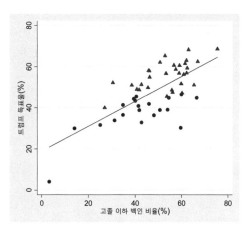

주: 트럼프가 승리한 주는 세모로 클린턴이 승리한 주는 원으로 표시되었다

은 부정할 수 없다. 그러나 〈그림 1〉에서도 잘 드러나듯이 저학력 백인의 비율이 높은 주라고 해서 반드시 트럼프가 승리한 것은 아니며, 또한 상대적으로 저학력 백인의 비율이 그리 높지 않은 주에서 트럼프가 승리한 경우도 쉽게 찾아볼 수 있다. 더구나 러스트벨트 지역에 속하는 펜실베이니아와 미시간의 경우 당초의 예상을 뒤엎고 트럼프가 승리를 거두기는 했지만, 정작 저학력 백인의 비율은 민주당의 전통적 텃밭인 뉴잉글랜드 지역의 주보다도 오히려 낮은 것이 사실이다.

　　결국 2016년 대통령선거에서 백인 노동자들이 높은 비율로 트럼프를 선택한 것은 사실이지만 이러한 높은 지지가 전국적으로 고른 분포를 보이지는 않았으며, 따라서 트럼프를 지지한 백인 노동자들이 공동의 정치적·경제적 이해관계를 공유하고 있었다고 보기는 어렵다. 더구나 2016년 대통령선거에서 승리한 트럼프가 기존의 공화당 대선후보와는 사뭇 다른 비주류 후보라는 점은 이번 선거의 결과와 백인 노동자들의 선택을 여타의 다른 선거와 마찬가지의 맥락에서 이해할 수 있는지에 대해 의문을 제기하는 것 또한 사실이다. 이러한 관점에서 다음 절에서는 미국선거연구(ANES: American

National Election Studies) 누적자료를 사용하여 1970년대부터 최근의 선거까지 백인 노동자들, 특히 교육수준에 기반하여 정의된 저학력 백인 유권자들의 정치적 성향과 태도가 어떻게 변화해왔는지 살펴보고자 한다. 이러한 통시적 관점을 통해 2016년 선거에서 나타난 백인 노동자들의 선택의 연속성과 특이성을 살펴볼 수 있을 것이다.

Ⅲ. 백인 노동자들의 정치적 성향과 태도: 1972~2012년

　　역대 미국 선거에서 나타난 백인 노동자들의 정치적 태도와 선택을 살펴보기 이전에 우선적으로 고려해야 하는 것은 과연 노동자 계급을 어떻게 정의할 것인가 하는 문제이다. 일반적으로 계급을 측정하기 위해 사용되는 직업, 소득, 교육수준 등의 지표는 각기 나름의 장점과 단점을 가지고 있다. 예를 들어 직업의 경우 생산수단의 소유 여부에 기반한 전통적인 의미의 계급 개념과 가장 직접적으로 연관된다는 장점을 가지고 있다. 그러나 조사에 따라 그리고 측정 시기에 따라 직업 분류가 상당한 편차를 보일 수 있으며, 또한 동일한 직업 내에서도 구체적으로 어떤 직위를 가지고 어떤 업무를 수행하는가에 따라 각자의 계급적 속성이 달라질 수 있다는 단점이 있다. 또한 직업을 사용하여 계급을 정의하는 경우 조사 시점에 전일제(full-time) 고용 상태에 있지 않은 사람들이 분석에서 제외되는 문제도 존재한다. 두 번째로 소득의 경우 절대적인 액수를 기준으로 계급을 정의할 것인가 아니면 상대 소득을 사용할 것인가에 따라 노동자 계급의 구성과 크기가 달라질 수 있다는 문제가 있다. 소득의 절대적인 수준을 사용하여 일정한 금액 이하의 소득을 가지는 사람을 노동자 계급으로 정의한다면, 그 기준의 자의성은 차지하고라도 물가상승률에 따라 소득 기준을 보정해야 하는 기술적 문제가 발생한다. 반면에 상대적 소득수준을 사용하여 노동자 계급을 정의하는 경우에는 기준의 자의성 문제는 완화될 수 있지만, 대신에 경제 발전과 산업 구조의 변화에 따라 노동자 계급의 증가 혹은 감소하는 현상을 포착할 수 없다는 단점이 있다. 또한 소득의 경우 개인의 인생과정에서 얼마든지 등락을 경험할 수 있다는 점에서 특정한 시점에 측정된 절대적 혹은 상대적 소득수준으로 계급을 정의하기 어렵다는 점 또한 단점으로 지적할 수 있다.

이러한 관점에서 본 절에서는 개인의 교육수준을 사용하여 계급을 정의하고자 한다. 교육수준은 각자가 보유한 기술수준(skill level) 혹은 인적 자본(human capital)과 밀접하게 연관되며 이는 다시 개인이 현재 가지고 있는 혹은 앞으로 가질 수 있는 직업 및 소득에 중요한 영향을 끼칠 수 있다. 물론 특정한 시점에 개인의 교육수준과 계급적 위치가 일치하지 않을 수 있다는 것은 사실이지만, 사회가 발전하고 산업이 고도화됨에 따라 교육수준에 따른, 보다 구체적으로 대학교를 졸업한 사람과 그렇지 않은 사람들 사이의 경제적 기회와 격차가 지속적으로 확대되고 있다는 점 또한 사실이다. 마지막으로 교육수준을 측정하는 설문은 조사와 측정 시기와 상관없이 거의 일정하며 따라서 비교가 용이하다는 점 또한 현실적인 장점으로 꼽을 수 있다. 따라서 이하에서는 고등학교 졸업 이하의 학력을 가진 응답자들을 노동자 계급으로 정의한다.

미국선거연구에 포함된 백인 유권자 중 노동자 계급, 즉 고졸 이하의 교육수준을 가진 응답자의 비율은 1952년 93%에서 2012년 63%까지 지속적으로 하락하였다.[4] 먼저 〈그림 2〉에서는 교육수준에 따라 본인이 노동자 계급에 속한다고 생각하는, 즉 주관적 계급의식을 가지고 있는 비율이 어떻게 변화해왔는지 보여주고 있다. 객관적인 교육수준의 전반적인 상승에도 불구하고 고졸 이하 백인 유권자들 사이에서 본인이 노동자 계급에 속한다고 생각하는 비율은 50~60%대에서 안정적으로 유지되고 있다. 고졸 이하 백인 유권자들 사이에서 주관적 계급의식이 높은 수준에서 안정적으로 유지

---

[4] 참고로 2012년 선거 출구조사에 따르면 전체 유권자 중 고졸 이하 백인 유권자들이 차지하는 비중은 36%까지 하락하였다.

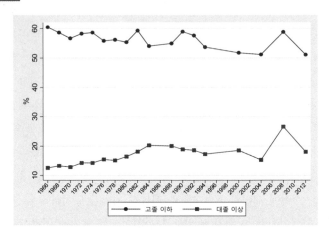

그림 2   백인 유권자들의 주관적 계급의식의 변화

되고 있다는 사실이나 혹은 대학교 졸업 이상의 고학력 백인 유권자들 사이
에서는 스스로를 노동자 계급에 속한다고 생각하는 비율이 ― 2008년 조사
의 예외적인 결과를 제외하고는 ― 항상 20% 이하에 그쳤다는 점 등은 대학
교 졸업 여부에 근거하여 노동자 계급을 정의하는 것이 일정한 타당성을 가
지고 있음을 보여준다고 할 수 있다.

　이어서 〈그림 3〉에서는 1952년 이래로 백인 유권자들 사이에서 민주당
과 공화당에 대한 정당일체감이 어떻게 변화해왔는지 보여주고 있다. 먼저
눈에 띄는 것은 고졸 이하의 백인 유권자들 사이에서 민주당에 대한 정당일
체감을 가지고 있는 비율이 1960년대 초반까지만 해도 50%에 달했지만 이
후 눈에 띄게 하락하는 경향을 보여 2000년대에 이르면 25% 수준까지 떨어
졌다는 점이다. 반면에 대졸 이상의 백인 유권자들 사이에서는 민주당에 대
한 정당일체감을 느끼는 비율이 시간이 갈수록 오히려 다소 상승하고 있다.
따라서 민주당에 대한 정당일체감을 고려한다면 백인 노동자들 사이에서
1970년대 이래로 민주당에 대한 지지가 크게 하락했다고 볼 수 있다. 그러
나 마찬가지로 중요한 사실은 같은 시기에 백인 노동자들 사이에서 공화당
에 대한 정당일체감이 곧바로 증가하지는 않았다는 점이다. 고졸 이하 백인

그림 3   백인 유권자들의 정당일체감의 변화

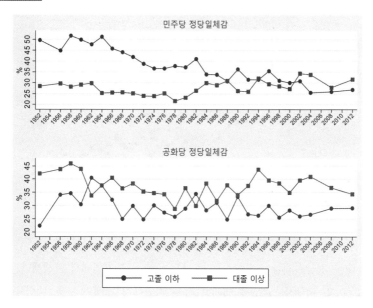

유권자들 사이에서 공화당에 대한 정당일체감을 가지는 비율은 25~30%에
서 꾸준히 등락을 거듭하고 있다. 물론 2000년대 들어와서 고졸 이하 백인
유권자들 사이에서 공화당에 대한 정당일체감이 민주당에 대한 정당일체감
을 추월한 것은 사실이지만, 여전히 대졸 이상 백인 유권자들 사이에서 공
화당에 대한 정당일체감을 가지고 있는 비율이 상대적으로 더욱 높았다. 결
국 백인 노동자들이 민주당으로부터 이탈한 것은 사실이라고 하더라도 이들
중 대부분은 공화당 지지보다는 무당파로 이동했으며, 결과적으로 정당일
체감의 분포에 있어서 전통적인 계급정치가 역전되었다고 보기는 어렵다는
것이다.

　그렇다면 백인 노동자들 사이에서 민주당에 대한 지지가 하락하는 현상
은 전국적인 현상인가 아니면 남부와 같이 특정한 지역에 국한된 현상인가?
이러한 점을 확인하기 위해 〈그림 4〉에서는 백인 노동자들의 정당일체감을
지역별로 구분하여 살펴보았다. 결과에 따르면 백인 노동자들 사이에서 민주

▪ 그림 4   백인 노동자들의 민주당에 대한 정당일체감의 변화, 지역별

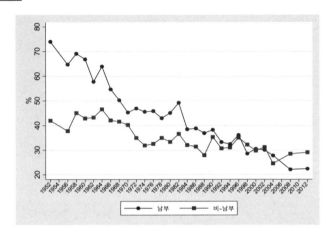

당에 대한 정당일체감이 하락하는 현상은 주로 남부지역에서 발생했다는 점을 알 수 있다. 물론 남부를 제외한 다른 지역에서도 백인 노동자들 사이에서 민주당에 대한 정당일체감이 약화된 것도 사실이다. 그러나 그 하락의 폭과 속도는 남부지역에서 발생한 백인 노동자들의 이탈에 비할 수는 없었다.

흥미로운 점은 민주당에 대한 상대적 호감도의 변화는 정당일체감의 변화와는 사뭇 다른 패턴을 보인다는 점이다. 정당호감도는 0부터 100까지의 척도를 사용하여 값이 커질수록 해당 정당에 대해 보다 호의적인 태도를 가지고 있다는 것을 의미하도록 측정되었다. 〈그림 5〉에서는 백인 노동자들 사이에서 민주당에 대한 상대적 호감도가 지역별로 어떻게 변화해왔는지 보여주고 있다. 여기에서 상대적 호감도란 민주당에 대한 호감도와 공화당에 대한 호감도 사이의 차이를 의미하며, 0보다 큰 값은 민주당에 대해 공화당보다 상대적으로 더 호감을 느낀다는 것을 의미한다. 민주당에 대한 정당일체감과는 달리 1990년대 초반까지만 해도 백인 노동자들 사이에서 민주당에 대한 상대적 호감도는 큰 변화를 보이지 않았으며, 이는 남부의 백인 노동자들 사이에서도 마찬가지였다. 이는 남부의 백인 노동자들 사이에서 민주당에 대한 정당일체감이 훨씬 이전부터 급격하게 감소한 것과는 다른 모

┏ **그림 5**   **백인 노동자들의 민주당에 대한 상대적 호감도의 변화, 지역별**

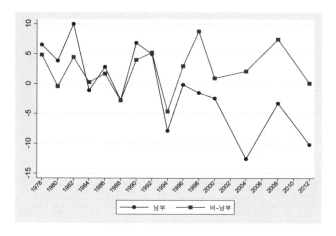

습이라고 할 수 있다. 또한 1990년대 중반 이후 남부의 백인 노동자들 사이
에서 민주당에 대한 상대적 호감도가 급격하게 하락했지만, 남부를 제외한
다른 지역에서는 여전히 큰 변화가 발견되지 않고 있다. 이는 남부를 제외
한 다른 지역의 경우 백인 노동자들이 민주당으로부터 본격적으로 이탈하여
공화당 지지로 옮겨가고 있다고 보기는 어렵다는 사실을 다시 한번 시사하
고 있다.

그렇다면 지지하는 정당과는 별개로 백인 노동자들은 이념적으로 보수
화되었는가? 만일 그렇다면 백인 노동자들의 보수화는 전국적인 현상인가
아니면 정당일체감과 마찬가지로 남부에 국한된 지역적 현상인가? 이러한 점
을 살펴보기 위해 〈그림 6〉에서는 백인 유권자들 사이에서 진보(liberal)-
보수(conservative)의 이념성향이 어떻게 변화해왔는지 살펴보았다. 이념성
향은 매우 진보를 의미하는 1부터 중도를 의미하는 4를 거쳐 매우 보수를
의미하는 7까지의 척도로 측정되었다. 그림에서 첫 번째로 주목할 부분은
백인 노동자들의 이념적 보수화 역시 정당일체감의 변화와 마찬가지로 주로
남부지역에서 주로 발생한 현상이었다는 점이다. 남부를 제외한 다른 지역
에 거주하는 백인 노동자의 경우 대졸 이상 고학력 백인 유권자들과 큰 차

■ 그림 6   백인 유권자들의 이념성향의 변화

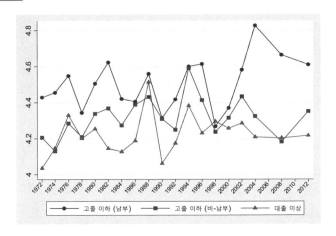

이가 없었다. 다만 남부지역의 백인 노동자들은 1980년대 중반부터 1990년
대까지는 다른 지역의 백인 노동자들과 이념성향에 있어 큰 차이를 보이지
않다가 2000년대 이후로 다른 유권자 집단과 이념적 차이가 증가했다는 점
을 확인할 수 있다. 두 번째로 주목할 것은 비록 2000년대 이후 이념적으로
보수화되기는 했지만, 남부의 백인 노동자들 역시 그 변화의 정도는 그리
크지 않다는 점이다.

    정치적 선호와 태도를 주요 이슈별로 나누어 살펴보았을 때에도 백인
노동자들이 전반적으로 보수화되었다는 증거를 찾기는 어렵다. 〈그림 7〉은
전통적으로 진보-보수 이념의 구성요소로 간주된 정부의 개입과 관련한 이
슈 세 가지와 사회적·도덕적 이슈 세 가지에 있어서 백인 유권자들의 선호
가 지난 30여 년간 어떻게 변화해왔는지 보여주고 있다. 전통적 이슈로는
정부의 지출 확대, 최저생계 보장을 위한 정부의 역할, 그리고 공공의료보험
도입에 대한 태도를 사용하였으며, 사회적·도덕적 이슈로는 낙태 및 성적
소수자에 대한 차별금지법 제정에 대한 태도 그리고 소수인종을 보호하기
위한 정부의 개입에 대해 동의하는 정도를 사용하였다.[5] 이슈들 사이의 비
교를 용이하게 하기 위해 모든 이슈에 대한 태도는 0부터 1까지의 척도로

재코딩되었으며, 값이 커질수록 보다 보수적인 태도를 나타낸다.

〈그림 7〉은 몇 가지 흥미로운 발견을 제시하고 있다. 우선 정부의 개입과 관련한 전통적인 이슈라고 할 수 있는 정부지출 확대나 최저생계보장을 위한 정부의 역할에 대한 태도의 경우 지난 30여 년간 백인 노동자들의 태도가 그다지 변화하지 않았다. 다만 공공의료보험 도입에 대한 태도의 경우 1984년에 비해 2012년에 백인 노동자들이 상대적으로 보수적인 입장을 취하고 있었는데, 이는 오바마 행정부하에서 소위 오바마케어(Obamacare)를 둘러싸고 벌어진 정치적 논란을 반영하고 있는 것으로 추측된다. 두 번째로 백인 노동자들이 대졸 이상 백인 유권자들에 비해 낙태나 성적 소수자 관련 이슈에 있어서 상대적으로 보수적인 태도를 보이는 것은 사실이지만—사회적·도덕적 이슈의 등장으로 인해 백인 노동자들이 이념적으로 보수화되었다는 주장과는 반대로—정작 2012년 현재 백인 노동자들이 가지고 있는 태도는 30여 년 전보다 오히려 진보적이라는 점이다. 특히 낙태에 대한 태도의 경우 대졸 이상 백인 유권자들의 태도가 과거보다 보수적인 방향으로 변화하는 가운데 백인 노동자들의 선호는 오히려 과거보다 진보적인 방향으

---

5) 보다 구체적으로 정부지출 확대에 대한 태도는 "정부가 지출을 줄이기 위해 공공서비스를 축소해야 한다"는 주장과 "정부지출이 늘더라도 공공서비스를 보다 확대해야 한다"는 주장 중 어느 것에 동의하는지를 7점 척도로 측정하였으며, 최저생계보장을 위한 정부의 역할에 대한 태도는 "정부가 모든 사람이 직업을 가지고 일정한 생활수준을 유지할 수 있도록 해야 한다"는 주장과 "정부는 사람들이 각자 성공을 위해 노력하도록 내버려두어야 한다"는 주장 중 어느 것에 동의하는지를 7점 척도로 측정하였다. 공공의료보험에 대한 태도는 정부가 운영하는 공공의료보험제도가 모든 의료비용을 부담하는 체제와 개인이 사보험을 통해 각자의 의료비용을 부담하는 체제 중 어느 것을 선호하는지를 7점 척도로 측정하였다. 낙태에 대한 태도는 여성이 낙태를 선택하는데 있어 얼마나 제한을 두어야 하는가에 대한 태도로서 가장 진보적인 태도는 개인의 선택으로 언제든 가능해야 한다는 입장부터 가장 보수적으로는 낙태를 전면적으로 금지해야 한다는 입장까지의 4점 척도로 측정되었다. 성적 소수자에 대한 태도는 성적 소수자에 대한 차별을 금지하는 법안에 찬성 혹은 반대하는가를 사용하여 측정하였다. 마지막으로 소수인종 보호에 대한 태도는 흑인을 비롯한 소수인종의 경제적·사회적 지위 향상을 위해 정부가 최대한 노력해야 한다고 생각하는지 아니면 이들도 정부에 기대지 않고 스스로 노력해야 한다고 생각하는지를 7점 척도를 사용하여 측정하였다.

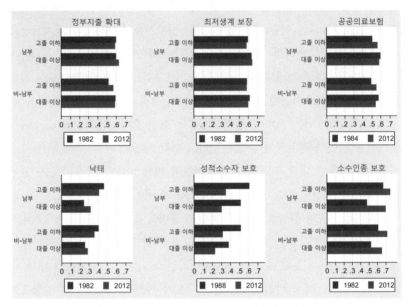

그림 7　　　　　백인 유권자들의 이슈별 선호 변화

주: 공공의료보험 도입에 관한 설문은 1982년 조사에 포함되어 있지 않았기 때문에 1984년 설문
　을 사용했으며, 성적 소수자의 권리 보호와 관련한 설문은 1988년부터 조사에 포함되었다

로 변화했다는 점이 눈에 띤다. 다만 소수인종의 경제적·사회적 지위 향상
을 위한 정부의 역할과 관련해서는 백인 노동자들의 선호가 과거에 비해 크
게 보수적인 방향으로 변화했으나, 이 경우에도 대졸 이상 백인 유권자들이
보수적으로 변화한 것에 비하면 오히려 그 정도는 상대적으로 크지 않았다.
　지금까지 살펴본 것을 정리하면 다음과 같다. 우선 백인 노동자들이
1970년대 이후로 지속적으로 민주당으로부터 이탈해왔다는 점은 분명한 사
실로 확인되었지만, 이러한 변화의 대부분은 주로 남부지역에 발생한 것이
었다. 물론 남부를 제외한 다른 지역의 백인 노동자들 사이에서도 민주당에
대한 정당일체감이 점차 약화된 것은 사실이지만, 첫 번째로 그 정도가 비
교적 약했으며 두 번째로 민주당에 대한 정당일체감의 약화가 공화당에 대
한 정당일체감 획득 혹은 민주당에 대한 호감도의 하락으로 이어지지는 않

았다. 또한 진보-보수 이념성향과 관련하여서도 백인 노동자들이 전반적으로 보수화되었다는 증거는 발견되지 않았다. 비록 대졸 이상 백인 유권자에 비해 백인 노동자들이 상대적으로 더 보수적인 것은 사실이지만, 남부지역을 제외하고는 그 차이가 점차 확대되었다고 하기는 어렵다. 특히 정부의 개입과 관련한 이슈에 대한 태도는 지난 30여 년간 백인 노동자들 사이에서 큰 변화가 없었으며, 흔히 백인 노동자들이 보수적인 후보와 정당에 투표하는 이유로 꼽히는 사회적·도덕적 이슈에 대한 태도는 지난 30여 년간—인종 문제를 제외하고는—오히려 보다 진보적인 방향으로 변화하였다.

결국 지난 40여 년간의 변화가 보여주는 것은 백인 노동자들이 2016년 선거에서 트럼프에게 보낸 지지를 이들의 정치적 성향과 태도가 근본적으로 변화한 결과로 해석하기 어렵다는 점이다. 보다 구체적으로 비록 백인 노동자들이 공화당을 지지하는 성향이 있다는 것을 부정할 수는 없지만 이러한 경향이 최근 들어 특별히 강화되었다는 증거는 찾기 어렵다. 따라서 2016년 대통령선거의 결과는 이번 선거가 가지는 독특한 성격을 반영한 일시적인 현상일 가능성이 높으며, 다음 절에서는 제한적이나마 이와 관련한 몇 가지 자료를 살펴보도록 한다.

IV. 2016년 대선의 후보자 요인과 백인 노동자들의 선호

2016년 대통령선거는 여러모로 기존의 선거와는 다른 양상으로 전개되었다. 트럼프는 수많은 막말과 기행, 그리고 비현실적인 공약 제시로 인해 끊임없이 비판과 조롱의 대상이 되었으며, 이는 선거 막판 여성을 성적으로 비하하는 녹취가 공개되면서 절정에 달했다. 클린턴 또한 월가에서의 고액 강연료 수임, 클린턴 재단의 출연금 모금, 그리고 소위 "이메일 스캔들" 등으로 인한 도덕성 논란을 지속적으로 겪어왔으며, 무엇보다도 영부인, 상원의원, 국무장관 등을 거치며 부패한 워싱턴 기득권 세력의 일부로서 인식되었다. 결과적으로 두 후보 모두 양대 정당의 후보로서는 유례가 없을 정도로 인기 없는 후보였으며,[6] 2016년 선거는 "누가 덜 비호감인가를 경쟁하는 선거(unpopularity contest)"로 전개되었다.[7]

이와 같은 2016년 대통령선거의 특징의 일면은 〈표 3〉을 통해서도 나타나고 있다. 〈표 3〉에서는 2012년에는 오바마가 승리했지만 2016년 선거에서는 트럼프가 승리한 6개 주를 대상으로 2012년과 2016년 각각 후보별 득표율을 보여주고 있다. 6개 주 모두 두 선거 사이에서 공화당 후보의 득표율 차이보다 민주당 후보의 득표율 차이가 훨씬 컸다는 사실을 확인할 수 있다. 보다 구체적으로 표의 마지막 행은 공화당 후보의 득표율이 상승한 정도와 민주당 후보의 득표율이 하락한 정도 사이의 비율을 보여주고 있다. 예를 들어, 위스콘신의 경우 오바마에 비해 클린턴의 득표율이 하락한 정도가 롬니에 비해 트럼프의 득표율이 상승한 정도보다 거의 6배 가까이 컸다는 사실을 보여주고 있다. 결국 〈표 3〉을 통해서 알 수 있는 것은 2016년 선거의 결과를 결정지은 중요한 요인 중 하나는 민주당의 클린턴 후보가 2012년 선거 당시 오바마를 지지했던 유권자들—소수인종, 청년층 등—을 충분히 동원하지 못한 것에서 기인한다는 사실이다.

클린턴이 민주당 지지성향의 유권자를 충분히 동원하지 못했다는 사실은 2016년 백인 노동자들의 선택과 관련해서도 중요한 의미를 가지고 있다. 이 점을 보다 상세하게 살펴보기 위해 이하에서는 2016년 1월에 실시된 미국선거연구 파일럿 조사(ANES 2016 Pilot Study)를 통해 교육수준과 지지정

---

6) 선거 직전인 11월 2~5일에 걸쳐 실시된 갤럽의 여론조사에 따르면 트럼프에 대해서는 유권자의 61%가 비호감을 표시했으며, 이는 1956년 이래 갤럽이 민주당과 공화당의 대선후보에 대한 호감도를 조사한 이래 가장 낮은 수치였다. 동일한 조사에서 클린턴에 대해서는 52%의 유권자가 비호감을 표시함으로써 역대 2위를 기록하였다(http://www.gallup.com/poll/197231/trump-clinton-finish-historically-poor-images.aspx).

7) "Whom do Voters Dislike More, Clinton or Trump?" *Washington Post* 2016-09-21; "How Election 2016 is an Unpopularity Contest Between Hillary Clinton and Donald Trump," *Newsweek* 2016-09-21.

■ 표 3	2012년과 2016년 대통령선거 후보별 득표율(%)				

	2016년		2012년		민주당 변화/ 공화당 변화
	클린턴	트럼프	오바마	롬니	
미시간	47.3	47.5	54.3	44.8	2.6
오하이오	43.2	51.3	50.1	48.2	2.2
펜실베이니아	47.5	48.2	52.0	46.8	3.2
위스콘신	46.4	47.2	52.8	46.1	5.8
아이오와	41.7	51.1	52.1	46.5	2.3
플로리다	47.4	48.6	50.0	49.1	5.2

당별로 미국 유권자들이 트럼프와 클린턴 두 후보를 어떻게 생각하고 있었는지 살펴보고자 한다. 물론 실제 선거가 실시되기 10개월여 전에 실시된 조사라는 한계가 있기는 하지만, 2016년 대통령선거의 투표선택에 대한 본격적인 자료가 아직까지 존재하지 않는 상황에서 미국 유권자들이 2016년 선거와 후보들에 대해 어떠한 생각을 가지고 있었는지 엿볼 수 있는 기회를 제공할 수 있을 것이다.

먼저 〈그림 8〉에서는 지지정당 및 교육수준에 따라 트럼프와 클린턴 두 후보에 대해 백인 유권자들이 가지고 있는 호감도의 평균값을 보여주고 있으며, 비교의 목적을 위해 오바마에 대한 호감도의 평균값 역시 함께 제시되었다. 호감도는 0부터 100까지의 척도로 측정되었으며, 값이 커질수록 해당 후보에 대해 호감을 가진다는 것을 의미한다. 일단 민주당과 공화당 각 정당을 지지하는 백인 유권자들 사이에서 해당 정당의 후보에 대한 호감도가 상대정당의 후보에 대한 호감도보다 훨씬 높게 나타나는 것은 쉽게 예상할 수 있으며 실제로도 확인되었다. 그런데 지지정당이 없는 무당파 백인 유권자들 사이에서 클린턴에 대한 호감도보다 트럼프에 대한 호감도가 상대적으로 높게 나타났으며, 이러한 점은 고졸 이하 유권자들 사이뿐만 아니라 대졸 이상 유권자들 사이에서도 마찬가지였다. 다시 말해서 후보에 대한 호감도라는 측면에서 백인 노동자들이 고학력 백인 유권자들과 비교하여 특별

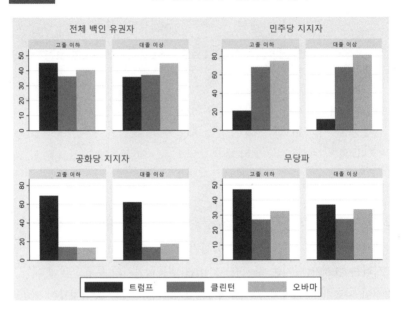

■ 그림 8　　　　　　　　백인 유권자들의 이념성향의 변화

히 차별적인 선호를 보이지는 않았다는 것이다.

　　무당파와 함께 2016년 대통령선거에서 클린턴이 승리하기 위해서 반드시 동원해야 했던 유권자 집단은 민주당 내에서 클린턴에 대해 비판적인 유권자들이었다. 민주당 예비선거과정을 달궜던 소위 샌더스(Bernie Sanders) 열풍은 바로 민주당을 지지성향의 — 상대적으로 진보적인 — 유권자들이 클린턴에 대해 가지고 있던 의구심과 거부감을 반영하고 있다. 실제로 2016년 미국선거조사 파일럿 조사에서 민주당 예비후보에 대한 지지를 밝힌 응답자 중 샌더스를 지지하는 비율(42.46%)은 클린턴을 지지하는 비율(40.95%)보다도 오히려 더 높았다. 심지어 고졸 이하 백인 노동자들의 경우에는 샌더스를 지지하는 비율(50%)과 클린턴을 지지하는 비율(31.34%) 사이의 격차가 오히려 더 커졌다.

　　이러한 관점에서 〈그림 9〉에서는 2016년 1월 당시 민주당에서 샌더스를 비롯해 클린턴과 민주당 대선후보를 다투던 다른 예비후보들을 지지하던

　　　　다른 민주당 예비후보 지지자들의 후보 호감도

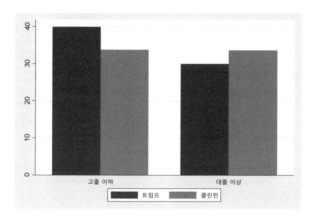

응답자들만을 대상으로 트럼프와 클린턴에 대한 호감도를 보여주고 있다. 이들은 민주당의 예비후보에 대한 선호를 밝혔다는 점에서 이들은 잠재적으로 민주당 지지성향을 가지고 있기는 하지만, 동시에 클린턴을 제외한 다른 예비후보를 지지했다는 점에서 정작 본선에서 민주당 대선후보로 선출된 클린턴에게 투표할지 여부는 불확실한 유권자 집단이라고 할 수 있다. 그런데 그림에 따르면 민주당의 다른 예비후보를 지지하는 백인 노동자들의 경우 클린턴에 대한 호감도보다 오히려 트럼프에 대한 호감도가 상대적으로 더 높다는 것을 알 수 있다. 반면에 대졸 이상 백인 유권자들 사이에서는 클린턴이 트럼프에 비해서는 여전히 다소 높은 호감도를 기록하고 있다. 결국 클린턴은 민주당의 잠재적 지지층을 효과적으로 동원하는 데 어려움을 겪고 있었으며, 특히 백인 노동자들의 경우 본선에서 민주당의 다른 예비후보를 지지하는 유권자들로부터의 지지를 이끌어내는 데 상당한 어려움을 겪었을 수 있다는 점을 보여주고 있는 것이다.

V. 결론

　서구 각국에서 경제적 불평등과 양극화가 심화되면서 1970~80년대를 거치며 정치적 효용성을 다했다는 평가를 받아온 "계급 투표(class voting)" 현상이 다시 주목받는 가운데(Evans 2000; van der Wall et al. 2007), 트럼프가 백인 노동자들 사이에서의 높은 득표율에 힘입어 대통령선거에서 승리한 것은 분명 흥미로운 사건이라고 할 수 있다. 과연 미국의 백인 노동자 계급은 더 이상 뉴딜연합의 일원으로 남아 있기를 거부하고 새로운 정치적·경제적 이해관계를 발견하였는가? 트럼프의 당선은 이러한 백인 노동자 계급의 정치적 변신을 상징적으로 보여주는 현상이라고 할 수 있는가?

　물론 미국의 백인 노동자들은 어떠한 이유에서 트럼프를 지지했는가에 대한 본격적인 대답은 앞으로 다양한 조사자료들이 공개되면서 지속적인 연구의 대상이 될 것이다. 그러나 자료의 한계에도 불구하고 본 장에서 예비적으로 살펴본 바에 따르면 2016년 선거에서 나타난 백인 노동자들의 선택이 이들의 정치적 변신의 결과라고 하기는 어렵다. 다시 말해서 백인 노동자들이 최근 들어 과거와는 다른 새로운 정치적·경제적 이해관계를 형성했다고 볼 증거는 그리 많지 않았다. 오히려 이번 선거에서의 백인 노동자들의 선택은 트럼프와 클린턴 두 후보가 경쟁하는 독특한 선거환경에 대한 대응으로서의 의미가 강하다고 할 수 있다. 무당파층이나 민주당 지지성향의 백인 노동자들은 비록 트럼프에 대해서도 마찬가지로 부정적이었음에도 불구하고 민주당의 대선후보로 선출된 클린턴에 대해 상대적으로 더욱 부정적인 태도를 보이고 있었으며, 결과적으로 민주당은 오바마 대통령을 당선시켰던 참여와 동원을 이들로부터 이끌어내지 못했을 것으로 예상할 수 있다.

　다시 말해서 2016년 대통령선거의 결과는 트럼프의 승리보다는 클린턴의 패배였으며, 백인 노동자들 역시 트럼프를 지지했다기보다는 클린턴에게 투표하기를 거부했다고 보는 것이 정확한 표현이라고 할 수 있다.

▪ 참고문헌 ▪

Abramowitz, Alan I. 1994. "Issue Evolution Reconsidered: Racial Attitudes and Partisanship in the American Electorate." *American Journal of Political Science*, Vol.38, No.1. 1-24.

Abramowitz, Alan I., and Kyle L. Saunders. 1998. "Ideological Realignment in the U.S. Electorate." *Journal of Politics*, Vol.60, No.3. 634-652.

Abramowitz, Alan, and Ruy Teixeira. 2009. "The Decline of the White Working Class and the Rise of a Mass Upper-Middle Class." *Political Science Quarterly*, Vol.124, No.3. 391-422.

Ansolabehere, Stephen, Jonathan Rodden, and James M. Snyder, Jr. 2006. "Purple America." *Journal of Economic Perspectives*, Vol.20, No.2. 97-118.

Bartels, Larry M. 2006. "What's the Matter with What's the Matter with Kansas?" *Quarterly Journal of Political Science*, Vol.1, No.2. 201-226.

Brewer, Mark D., and Jeffrey M. Stonecash. 2001. "Class, Race Issues, and Declining White Support for the Democratic Party in the South." *Political Behavior*, Vol.23, No.2. 131-155.

Campbell, David E., and J. Quin Monson. 2008. "The Religion Card: Gay Marriage and the 2004 Presidential Election." *Public Opinion Quarterly*, Vol.72, No.3. 399-419.

Campbell, David E., ed. 2007. *A Matter of Faith: Religion in the 2004 Presidential Election.* Washington, DC: Brookings Institution Press.

Carmines, Edward G., and Harold W. Stanley. 1992. "The Transformation of the New Deal Party System: Social Groups, Political Ideology, and Changing Partisanship Among Northern Whites, 1972-1988." *Political Behavior*, Vol.14, No.3. 213-237.

Carmines, Edward G., and James A. Stimson. 1989. *Issue Evolution: Race and the Transformation of American Politics.* Princeton: Princeton University Press.

Foner, Eric. 1984. "Why Is There No Socialism in the United States?" *History Workshop* No.17. 57-80.

Frank, Thomas. 2004. *What's the Matter with Kansas?: How Conservatives Won the Heart of America*. New York: Metropolitan Books.

Gelman, Andrew. 2008. *Red State, Blue State, Rich State, Poor State: Why Americans Vote the Way They Do*. Princeton: Princeton University Press.

Gest, Justin. 2016. *The New Minority: White Working Class Politics in an Age of Immigration and Inequality*. New York: Oxford University Press.

Green, John C. 2007. *The Faith Factor: How Religion Influences American Elections*. Westport, CT: Praeger.

Hartz, Louis. 1955. *The Liberal Tradition in America: An Interpretation of American Political thought since the Revolution*. New York: Harcourt Brace.

Kingston, Paul W. 2000. *The Classless Society*. Stanford, CA: Stanford University Press.

Layman, Geoffrey. 2001. *The Great Divide: Religious and Cultural Conflict in American Party Politics*. New York: Columbia University Press.

Lipset, Seymour Martin, and Stein Rokkan. 1967. "Cleavage Structures, Party Systems, and Voter Alignments: An Introduction." In Seymour Martin Lipset and Stein Rokkan, eds. *Party Systems and Voter Alignments*. New York: Free Press.

Lipset, Seyour Martin, and Gary Marks. 2000. *It Didn't Happen Here: Why Socialism Failed in the United States*. New York: Norton.

Manza, Jeff, and Clem Brooks. 1999. *Social Cleavages and Political Change: Voter Alignments and U.S. Party Coalitions*. Oxford: Oxford University Press.

Pakulski, Jan, and Malcolm Waters. 1996. *The Death of Class*. Newbury Park, CA: Sage.

Stonecash, Jeffrey M., Mark D. Brewer, R. Eric Petersen, Mary P. McGuire, and Lori Beth Way. 2000. "Class and Party: Secular Realignment and the Survival of Democrats Outside the South." *Political Research Quarterly*, Vol.53, No.4. 731-752.

Valentino, Nicholas A., and David O. Sears. 2005. "Old Times There Are Not

Forgotten: Race and Partisan Realignment in the Contemporary South." *American Journal of Political Science*, Vol.49, No.3. 672-688.

van der Waal, Jeroen, Peter Achterberg, and Dick Houtman. 2007. "Class is Not Dead—It Has Been Buried Alive: Class Voting and Cultural Voting in Postwar Western Society, 1956-1990." *Politics & Society*, Vol.35, No. 3. 403-426.

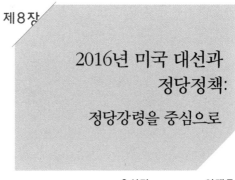

제8장

2016년 미국 대선과 정당정책:
정당강령을 중심으로

유성진   이재묵
이화여자대학교 한국외국어대학교

I. 서론

2016년 미국 대선은 모두의 예상을 뒤엎고 공직경험이 전혀 없는 아웃사이더 트럼프(Donald Trump)의 승리로 끝이 났다. 정치적 비주류를 전면에 내세우고 워싱턴 주류정치인들을 직접적인 비판의 대상으로 삼은 트럼프의 전략은 제도정치권에 대해 유권자들이 갖고 있는 부정적인 평가를 효과적으로 견인해 냈고 스스로를 변화의 주역으로 각인시키는 데 성공하였다. 8년 전 '변화와 희망'에 대한 갈망으로 오바마를 선택했던 미국의 유권자들은 또 다른 '변화'를 위해 트럼프를 선택하였다.

3선 제한으로 현직 대통령이 출마하지 못하는 '공석선거(open seat election)'의 형태로 치러진 2016년 미국 대선은 '현직자 이점(incumbent advantage)'이 존재하지 않는 선거의 모습을 갖고 있었다. 통상 이와 같은 공석선거에서는 유권자들의 선택에 영향을 미치는 세 가지 요소 즉, 정당, 후보,

이슈 중에서 후보와 이슈 등 단기적 요인이 부각되기 쉽다고 알려져 있다 (Weisberg and Wilcox 2003).

다시 말해, 선거의 장에서 유권자들의 선택에는 선거 때마다 크게 변하지 않는 장기적 요인인 정당, 그리고 선거마다 가변적인 성격을 가진 후보, 이슈가 주된 영향을 미친다고 이해되는데, 공석선거에서는 특히 후보의 새로움이 부각되기 쉬운 까닭에 단기적 요인이 영향을 미칠 가능성이 높아진다.

물론 그렇다고 해서 공석선거에서 정당요인의 영향이 결코 간과되거나 과소 평가되어서는 안 된다. 과거에 비해 후보자 요인이 중요해진 것은 사실이지만 결국 선거는 정치권력의 획득을 위한 정당과 정당의 대결구도를 띠기 마련이며, 후보자를 중심으로 정당은 하나의 팀으로서 선거 승리를 위해 총력전을 펼치게 된다.

특히, 2016년 미국 대선은 경선과정에서부터 비주류라고 할 수 있는 공화당의 트럼프와 민주당의 샌더스(Bernie Sanders)가 돌풍을 일으키며 선전을 이어간 까닭에, 변화에 대한 유권자들의 요구가 양당에서 공히 강하게 부각되었으며 정당의 지도부들은 이러한 유권자들의 요구를 외면하기 힘든 상황이었다. 보다 구체적으로 트럼프가 보호무역과 같이 공화당 주류 보수 노선과 차별되는 정책들을 다수 제시하였고, 샌더스 후보도 민주당의 보다 급진적인 변화를 촉구하며 유권자들의 호응을 얻었다는 점은 민주, 공화 양당 모두 이를 일정 부분 수용해야 하는 상황이었음을 알려준다.

이러한 맥락에서 이 장은 민주, 공화 양당의 정당강령(party platform)을 살펴봄으로써 실제로 후보와 유권자들의 요구가 얼마나 정당의 정책에 반영되었는지 검토한다. 선거를 앞두고 채택되는 정당강령은 정당의 정책적 입장을 공포하고 집권 이후 시행할 주요 정책의 내용들을 담고 있어 실제 선거 캠페인과정에서 부각된 요구들이 정당의 정책적 입장으로 얼마나 구체화되었는지 살펴볼 수 있는 중요한 자료이다.[1]

---

1) 2016년 민주당과 공화당의 정당강령은 각각 7월 21일, 7월 18일 발표되었다. 민주당 정강위원회 위원장은 민주당 전국위원회(DNC: Democratic National Committee)의

이 장의 구성은 다음과 같다. II절에서는 정당강령에 대한 기존 연구들을 개략적으로 정리하고, 이어 III, IV절에서는 2016년 대선과정에서 발표된 민주당과 공화당의 정당강령을 세부적으로 검토한다. 마지막 V절에서는 미국 정당정치의 변화와 지속성이라는 측면에서 앞의 분석내용을 되짚어본다.

II. 정당강령은 중요한가?

미국 대선 전당대회(National Convention)에서 각 정당들이 공표하는 정강(party platform)은 일반적으로 그 정당의 성격을 규정해 주는 주요 정책 이슈들과 프로그램들을 명시하고 있다. 정강은 정당을 대표한다고 할 수 있는 사람들(those most central to the party)의 정책 선호를 담고 있는 일종의 선언들(manifestations)이라고도 할 수 있을 것이다(Jordan et al. 2014, 172). 뿐만 아니라 정강은 당원 및 지지자들에게 선거 캠페인과정 및 선거 이후의 정책 방향에 대한 일종의 청사진을 제시해 주기도 한다(Pomper and Lederman 1980; Budge and Hofferbert 1990; Sanonmatsu 2006). 다시 말해, 정강을 통해 정당은 그들의 공략을 문서화하고, 그렇게 함으로써 정당과 후보자는 정치적 책임성을 더해가는 것이라 할 수 있다.

정강이 갖는 정당정치에서의 위상 및 역할에도 불구하고 과연 정강이 실재로 미국 정치과정에서 중요한가에 대해서 학자들은 엇갈린 의견을 제시하고 있다. 즉, 정강의 이론적 중요성에도 불구하고 과연 현실 정치에서 정

의장인 슐츠(Debbie Wasserman Schultz)가, 공동의장은 말로이(Dannel Mallow) 코네티컷 주 주지사와 프랭클린(Shirley Franklin) 전 애틀랜타 시장이 맡았다. 공화당의 경우 정강위원회 위언장은 바라소(John Barrasso) 와이오밍 주 연방상원의원이, 공동의장은 폴린(Mary Fallin) 오클라호마 주지사와 폭스(Virginia Fox) 노스캐롤라이나 주 연방하원의원이 맡았다.

강이 그렇게 중요한 역할을 담당하고 있는가 하는 회의가 교차하고 있는 것이다. 실제로 미 하원의장(House Speaker)을 역임한 바 있는 공화당의 존베이너(John Boehner)는 2012년 한 언론 인터뷰에서 "정강을 읽는 사람을 본 적이 있는가?(Have you ever met anybody who read the party platform?)"라고 언급하며, 현실 정치에서 정강이 갖는 위상에 대해 회의적 시각을 피력한 바 있다.

이러한 미국 정치과정에서 정강이 갖는 애매모호한 역할과 관련해 메이셀(Sandy L. Maisel)은 "한편으로 그들(정강)은 정당이 산출해내는 가장 중요한 문서이다. 정강은 우리에게 정당이 추구하는 바가 무엇인지 알려주기도 하고, 또한 왜 그 정당과 후보들이 당선될만한 가치가 있는지에 대해 명시적으로 정의해주기도 한다. 그러나 다른 한편으로 정강은 그저 가치 없는 종이 쪼가리들에 불과하다. 과연 얼마나 많은 시민들이 정강에 무슨 내용들이 담겨 있는지 알고 있으며, 또한 어떤 차이가 존재하는지 구분해 낼 수 있을까? 누가 정강을 신경 쓰거나 하는가?"라고 정리하고 있다(Maisel 1993, 671).[2] 메이셀은 정강의 역할이 퇴색되게 된 하나의 이유로 정강이 정당의 정책 공략이 아닌 후보자 개인 공약(candidate platforms)으로 변질되었다는 점을 꼬집는다(Maisel 1993). 이는 1972년 이래 전당대회 절차가 점차 정당 중심보다는 후보자 위주로 전개되는 방향으로 변화해 감에 따라 나타나게 된 자연스런 결과라 할 수 있을 것이다.

파인(Terri Fine)은 메이셀과 조금 다른 시각에서 정강의 역할에 대해 회의적 시각을 보여준다. 파인은 정강은 주로 정당 활동가(activists) 등의 진성당원들(the party faithful)의 견해를 반영하게 마련인데, 대선에 출마하는 후보자들은 정강의 내용들이 만약 그들이 일반 유권자(general electorate)들

---

2) "One the one hand, they are the most important document that a political party produces. The platform tells you what party stands for; it defines in explicit terms why partisans deserve to be elected. On the other hand, they are worthless pieces of paper. How many citizens can tell you what is in the parties' platforms? Who know where the differences really lie? Who cares?"

로부터 기대하는 표를 조금이라도 앗아갈 수 있다면 언제든 정강과 거리를
둘 수 있음을 지적하고 있다(Stein 2016에서 인용). 이러한 시각들이 주로 정
당이라는 정책 공급자들 측면에서 정강의 역할을 분석한 것이라면, 유권자,
즉 수요자 측면에서도 과연 정강이 유의미할 수 있는가에 대한 회의적 시각
도 존재한다.

사이즈(John Sides)는 이 문제에 관하여 유권자들의 투표선택에 있어서
과연 정강이 얼마나 영향력이 있을 것이며, 또한 일반 유권자들이 정강으로
부터 얼마나 필요한 정보를 획득할까에 대해 회의적 의견을 피력한 바 있다
(Khimm 2012에서 인용). 즉, 사이즈는 유권자들이 정강을 통해 얻게 되는
정보는 보다 엄밀히 말해 후보 지명자와 그의 러닝메이트의 정책입장이라
할 수 있을 것이라고 지적하였다.

이 같은 정강에 대한 회의적 시각에도 불구하고 여전히 정강이 미국 정
치과정에서 중요한 역할을 담당하고 있다는 분석도 존재하는 것이 사실이
다. 예를 들어, 1980년부터 2004년까지 공화당과 민주당 양당의 정강을 조
사한 페인(Lee Payne)은 연구에 포함된 25년 동안 상하원에서 양당의 정당
투표 결과를 분석해 본 결과 양당의 의원들이 약 82% 수준에서 각 정당의
정강에 부합하는 투표를 하였다는 것을 보여주었다. 이 같은 결과는 동일한
기준으로 분석한 1944년부터 1976년까지의 약 32년간의 기록(66%)에 견주
어도 훨씬 더 높은 수준이라 할 수 있다(Payne 2013).[3] 유권자들이 정강을
별로 신경 쓰지 않는다는 회의적 시각과 관련해서도 반론은 존재한다. 예를
들어, 1972년부터 2000년까지 미국 양대 정당의 정강과 유권자들의 여론조
사 결과(ANES)를 교차해서 분석한 시마스와 에반스(Simas and Evans 2011)
는 유권자들은 정강을 통해 주요 후보자들의 이념적·정책적 입장을 이해하
고 인지한다는 것을 밝혀낸 바 있다. 다시 말해, 특정선거에서 어느 정당의
정강이 보다 보수적으로 이동한다면, 유권자들은 선거에서 그 정당 소속 후

---

3) 페인은 정강과 정책일치도를 연구를 수행함에 있어서 행정부(대통령) 기록은 분석에
   포함하지 않았다.

보의 이념성향을 보다 보수적으로 인지한다는 것이다.

이처럼 미국 정치과정에서 정강이 갖는 역할과 관해서는 긍정과 회의적 시각이 공존하고 있다. 한 가지 분명한 사실은 정강의 영향력 문제는 차치하고서라도 그것이 미국 양대 정당 내부에서 벌어지고 있는 어떤 변화나 당내 정치를 잘 보여주고 있다는 데는 이견의 여지가 없을 것이다. 즉, 정강의 분석을 통해 특정 정당의 정책적 위치나 이념적 성향이 시대에 따라 어떻게 변화해 가는지 유추해낼 수 있다는 것이다. 이와 관련해 엥겔(Stephen Engel)은 1976년과 비교해 1980년 공화당 정강은 이념적 우경화가 두드러져 1976년에 등장했던 남녀평등헌법수정안(Equal Rights Amendment)에 대한 지지가 사라졌던 사실에 주목한 바 있다(Khimm 2012). 2016년 미국 대선과 관련해서는 공화당 트럼프 후보가 기존의 공화당 보수 주류 노선과 차별되는 정책들을 다수 공약으로 제시(예를 들어, 보호무역)했다는 점에서 ㅡ 또 민주당에서는 경선에서 탈락한 샌더스(Bernie Sanders) 후보 측이 정강 작성과정에 깊이 관여해 전반적 좌클릭을 주도했다는 점에서, 과연 이러한 변화들이 양당 정강의 작성과정과 그 결과물들에 어떠한 영향을 미쳤는지에 대해 많은 관심이 제기되었다. 이런 점에서 2016년 미국 대선과 양당의 정강정책을 분석해 보는 것은 미국 정당 정치의 변화와 지속성 차원에서 의미 있는 작업일 것이다.

III. 민주당

1. 전체적인 구성

2016년 민주당 정강은 표지를 포함해 총 55페이지로 구성되어 있다. 2016년 7월 21일 채택된 강령의 서문을 보면, 민주당 강령은 분열보다는 통합의 중요성, 경제적 불평등 문제에 대한 보다 단호하고도 직접적인 해결, 환경 문제, 그리고 다양성 증진 등이 민주당이 앞으로 추구할 핵심원칙임이 드러나 있다. 특히, 2016년 민주당 정강은 이전의 그것과 비교해 경제 문제와 불평등 문제가 보다 비중 있게 다뤄지고 있다는 것이 눈에 띄는 특징이라 할 수 있을 것이다. 또한 미국의 쇠락과 이에 대한 연방정부(오바마 정부)의 책임을 묻는 비판에 집중하고 있는 공화당의 강령과 비교해 볼 때, 민주당 강령은 미국이 현재 국내외의 각종 위협에 잘 대처하고 있음을 부각시키는 한편, 향후 경제불평등 완화와 다양성 증진 등의 방안들을 통해 현재 미국 사회가 당면한 문제들은 해결될 수 있다는 믿음을 드러내고 있다.

민주당의 정강은 서문(preamble) 외에 총 13개의 대주제를 갖추고 그 밑에 각각의 소주제들을 포함하고 있는데, 대주제로는 중산층의 경제적 안정 회복(Raise Incomes and Restore Economic Security for the Middle Class), 양질의 일자리 창출(Create Good-Paying Jobs), 경제적 평등과 공정성을 위한 투쟁(Fight for Economic Fairness and Against Inequality), 사회통합과 기회의 평등 추구(Bring Americans Together and Remove Barriers to Opportunities), 정치개혁과 민주주의 회복(Protect Voting Rights, Fix Our Campaign Finance System, and Restore Our Democracy), 기후변화 대처 및 환경정의 확보(Combat Climate Change, Build a Clean Energy Economy, and Secure Environmental Justice), 양질의 교육환경 제공(Provide Quality and Affordable Education), 보편적 의료보험체계 구축(Ensure the Health and Safety of All Americans), 원칙 있는 리더십(Principled Leadership), 현역 및 예비역 장병들에 대한 지원(Support Our Troops and Keep Faith with Our Veterans), 테러 등 위협에 대한 대처(Confront Global Threats), 미국적 가치 수호(Protect Our Values), 그리고 세계 지도국가로서 미국의 위상과 역할(A Leader in the World) 등 13개가 포함되어 있다.

직전의 2012년 대선 당시 민주당 정강과 비교해 볼 때, 2016년 강령에는 경제적 불평등 문제라든지 노동자, 소수인종, 여성, 그리고 LGBT(Lesbian, Gay, Bisexual, and Transgender) 등 사회경제적 소수자 문제가 보다 자주

다뤄지는 특징이 엿보인다. 일례로 2012년 민주당 정강에서 빈번하게 등장
했던 중산층(middle class)은 2016년 정강에 오직 한 번만 언급되었을 뿐인
반면, 2012년 정강에서 LGBT는 단 2회 언급되었으나 2016년에는 총 19회
등장한다(김진하 2016, 502). 4년 전과 비교해 2016년 민주당 정강에 사회적
약자나 불평등 문제에 대한 관심이 더 증대된 것은 이번 정강초안위원회
(Democratic Platform Drafting Committee)에 5명의 샌더스계 위원이 6명의
클린턴계 위원 등과 대등하게 포함되었고, 또한 급진적 흑인 사상가인 코넬
웨스트(Cornel West), 기후변화 열성 운동가인 빌 맥키번(Bill McKibben), 진
보의원모임(Congressional Progress Caucus)의 공동의장인 키스 엘리슨(Keith
Ellison) 등이 위원으로 참여한 결과라고 평가할 수도 있을 것이다(김진하
2016, 135-6).

2. 주요 부문별 정책

1) 경제부문

경제부문에 있어서 이번 민주당 정강의 핵심은 중산층 재건과 일자리
창출, 그리고 경제적 불평등의 완화 및 해소라는 세 가지 큰 원칙으로 정리
될 수 있을 것이다. 우선, 중산층 재건 및 경제적 안정 확보와 관련해 2016
년 민주당 강령은 중산층을 위한 민주당과 부유층을 위한 공화당이라는 대
립적 프레임을 제시하고 있다. 이와 관련해 민주당은 강령을 통해 중산층
및 저소득층에 대한 다양한 세금경감과 간소화 방안을 제시하는 한편, 고소
득 계층(연소득 25만 달러 이상)에 대해서는 부유세를 부과하여 조세정의를
실현하고자 함을 천명한다.

또한 이렇게 부유세 부과를 통해 확보된 추가재원은 사회보장연금제도
의 확대를 위해 쓰일 수 있다. 민주당 정강은 미국 중산층의 지속적 약화와
몰락의 배경에는 노동자 계층의 약화가 존재하고 있음을 직시하고, 노동자
권익 재건 및 보호를 위한 다양한 정책 제안을 하고 있다. 구체적 정책 방안

으로는 최저임금 15달러로 인상, 성별차이 없는 동등한 급료 지급, 가정과 양육을 위한 근로환경개선, 이익공유제(기업의 이익을 노동자와 공유하는 기업에 인센티브를 제공) 도입, 그리고 신규 노조설립요건 완화 및 단체교섭권 강화 등이 있다.

부유세 도입, 최저임금 수준 인상, 이익공유제 도입, 사회보장연금제도의 확대 그리고 중산층 및 노동자 계층에 대한 다양한 세금감면 및 간소화 혜택 제공 등의 경제민주화정책들은 결국 2016년 대선에서 민주당이 경제적 불평등 해소를 통해 미국 경제의 안정성을 회복하고자 하는 목적이 두드러지는 부분이라 평가할 수 있을 것이다.

중산층 재건을 위한 중요한 전제가 노동자 계층의 복원이라고 한다면 노동자 계층을 두텁게 하기 위해서 양질의 일자리 창출은 필수적일 것이다. 이번 민주당 강령에는 일자리 창출을 위한 다양한 정책 제언들이 등장하는데, 그 대표적 공약이 "미국에서 생산하기(Make it in America)"라 할 수 있을 것이다. 다시 말해, 일자를 해외로 반출하는 기업에 대해서는 세금을 환수하여 국내에 재투자하는 한편, 미국 내 제조업 일자리를 창출하는 기업에 대해서는 다양한 세금 감면 혜택을 제공하는 것이다. 제조업 일자리 창출과 더불어 민주당은 소위 청정에너지 일자리 창출을 공약으로 제시하는데, 이는 과학/기술 및 연구/교육 분야의 혁신을 통해 기후변화에 발맞춘 제조업 개선과 환경친화적인 새로운 직업을 창출 비전을 제시하는 것이라 평가할 수 있다.

그 밖에 주요 경제부문 공약으로는 월가(Wall Street) 개혁 및 금융제도 개혁의 지속적 추진(Dodd-Frank 금융개혁법 사수, 금융거래세 신설, 연방준비이사회의 독립성 확보, 법무부를 통한 반독점 규제), 환태평양경제동반자협정(Trans-Pacific Partnership) 등을 포함한 외국과의 주요 경제 무역협정에 대한 재검토, 저소득층, 장애인, 퇴역군인, 노년층 등의 주거권 확보를 위한 연방정부의 지원 약속 등이 포함되어 있다.

2) 사회부문

민주당 강령에 나타난 사회부문의 정책은 크게 온갖 차별 철폐와 불평
등의 해소에 초점을 맞추고 있다. 민주당은 2016년 정강을 통해 인종과 성
별 등에 기인한 경제, 정치, 사회 등 모든 형태의 불평등은 개인의 자유와
권리보장 그리고 미국 사회의 통합을 위해서 반드시 철폐되어야 함을 재천
명하였다. 여기서 불평등은 물론 편향된 정부정책의 결과일 수 있으나, 이
러한 불평등 문제 해결을 위해 결코 작은 정부가 대안이 될 수 없으며 연방
정부의 역할이 필요함을 강조하고 있다.

사회적 차별의 색채가 강한 편향적 정부정책의 예로 인종 프로파일링
(racial profiling)을 들 수 있는데, 민주당은 정강을 통해 약물과의 약물이나
범죄와의 전쟁에 있어서 특정 인종에 대한 편향성 해소는 형법 정의 실현에
있어서 대단히 중요함을 강조하고, 수사과정에 있어 인종 프로파일링을 중
지할 것을 주장하였다. 또한 인종 편향성으로 직접적 피해가 발생할 수 있
는 두 분야 즉, 약물 및 마리화나에 대한 정부 규제 완화 그리고 사형제 철
폐를 요구하고 있다.

이민 문제에 대해서 민주당은 강제추방 없는 합법적이고 온건한 이민정
책 지지하되, 이민자와 난민들에게 종교적 테스트를 부과하는 것에 반대하
고, 준법하는 밀입국자에 한해서 시민권을 획득할 수 있는 정책들을 추진할
것으로 요구하였다. 또한 민주당은 연방 및 주의 영리시설 교도소에 불법이
민자들을 감금하는 것을 반대하고, 또 가족이 영주권이나 시민권을 갖고 있
는 불법이민자들을 추방해서 3년, 10년, 또는 무기한으로 재입국을 금지하
는 법을 철폐해야 한다고 주장하였다.

이번 민주당 공약에는 여성, 장애인, LGBT 등 다양한 사회적 소수자 그
룹의 권리와 자유 보장 및 보호에 대한 다양한 정책들도 등장하고 있다. 특
히, LGBT 문제가 중요한 사회적 이슈로 미국 내에서 점차 부각됨에 따라
이번 민주당 공약에 빈번하게 등장하는데, 민주당은 LGBT 그룹에 대한 종
교에 기반한 차별 금지뿐만 아니라 고용, 주택, 신용, 연방 자금 등 다양한
사회 부문에서 그들의 권익을 보호하는 공약으로 내걸고 있다.

낙태 문제와 관련해서 민주당은 산모의 목숨이 위험한 아주 특별한 경우를 제외하고는 낙태에 대한 연방 예산 지원을 금지하는 하이드 수정조항 (Hyde Amendment)을 폐지하는 등 여성들의 안전하고 합법적인 낙태 접근성 향상을 요구하였다.

오바마케어(Obama Care)가 오바마 대통령의 가장 핵심적 업적 중의 하나로 거론되는 만큼, 민주당은 정강을 통해 시민의 보편적 권리로서의 의료보험을 강조하였는데, 민주당은 건강보험이 특권이 아닌 권리이기 때문에 의료보험제도는 공공성을 가져야 함을 주창하였다. 따라서 오바마케어를 유지할 뿐만 아니라 현재 19개 주에서 실시되고 있는 저소득층을 위한 공적부조제도(ACA's Medicaid)가 모든 주에 확대되도록 노력할 것임을 공식 천명하였다. 또한 메디케어(Medicare)의 민영화 및 단계적 폐지론에 반대입장을 공식화하고, 한편으로는 공공건강센터를 확충하고, 제약회사의 횡포에 대한 관리 감독을 강화해 처방조제비 및 약값 인하를 지속적으로 추진할 것임을 명시하고 있다.

그 밖에 민주당의 주요 사회부문정책으로는 지역사회 대학(community college)교육을 무상화하고 대학생 부채 완화 지원정책을 도입하여 고등교육에 대한 일반시민의 접근성을 보장하고, 교원 및 교육기관 종사자들에 대한 지원을 강화하는 한편, 시험에 기반한 처벌(test-and-punish) 교육 시스템을 종식시키는 등의 다양한 교육개혁 프로그램이 존재한다. 그리고 총기구매자 및 소유자의 신원조사 확대 및 강화를 통해 총기사용 규제를 추진하고 총기판매자보호법(PLCAA)을 폐지하는 등 다양한 총기 규제정책 등 또한 공약으로 포함하고 있다.

3) 환경 에너지부문

민주당의 환경 및 에너지부문 주요 정책은 기후변화 대처 그리고 클린 에너지 경제 건설 및 환경 정의 구축으로 정리될 수 있을 것이다. 공화당과 달리 민주당의 환경 및 에너지정책이 갖는 큰 특징은 환경 문제가 지구적인 문제와 양질의 직접 창출 간의 양자택일의 문제가 아니라 병립할 수 있는

252 트럼프는 어떻게 미국 대선의 승리자가 되었나

문제로 보고 있다는 데 있을 것이다. 다시 말해서 과학기술의 혁신을 통해 청정에너지와 대체에너지 개발에 박차를 가하여 양질의 일자리를 창출할 수 있으며 동시에 기후변화에 효과적으로 대처할 수 있다는 것이다.

청정일자리 창출과 더불어 이번 민주당 정강에서 환경적 인종주의(environmental racism) 문제가 비중 있게 다뤄지고 있는데, 이는 지구온난화 등 기후변화로 인한 환경 문제의 피해를 일차적으로 저소득층, 소수인종, 알래스카 원주민 등 소위 비주류 시민들이기 때문에 이러한 환경오염의 차별적 피해는 인종주의적으로 접근할 필요가 있다는 것이다. 민주당은 깨끗한 공기와 물은 인종, 성별, 출신 등과 상관없이 모두가 동등하게 누려야 하고 당연히 보호받아야 할 권리이므로 조속히 환경정의 구축을 위한 다양한 정책적 방안들이 도입되어야 함을 강조하였다.

이러한 환경 정의에 입각해 민주당은 기후변화 문제에 보다 적극적으로 대처하기 위해 에너지 효율화를 통해 화석연료 사용을 지속적으로 감소시키고, 청정에너지 개발에 박차를 가해야 한다고 주장하였다. 특히, 오바마 대통령이 지지한 키스톤 파이프라인(Keystone XL pipeline) 반대에 적극 동의하고, 북극 및 대서양 연안에 석유 시추를 반대하며, 환경과 자연보존을 저해하는 모든 시도들을 반대할 것을 민주당은 정강에 명시하고 있다.

4) 정치부문

이번 선거에서 정치개혁과 관련한 민주당의 핵심 공약은 선거권 보장과 민주주의 증진이라고 요약될 수 있을 것이다. 먼저 유권자 측면에서 민주당은 투표권 및 정치참여 권리를 보장하기 위한 정책으로 선거일 휴일제 시행, 조기 투표(early voting)와 우편투표를 확대하고, 유권자 등록제도(voter registration)를 간소화하는 방안들을 제시하였다. 또한 민주당 정강은 공화당이 추진하는 차별적 유권자 신분증법(voter ID laws)에 대한 반대를 명시하고 있으며, 그 밖에 당파적이고 인종적 선거구 획정 부정(gerrymandering)을 방지하는 방안들에 대한 논의도 정강에 포함되었다.

선거 캠페인 및 정치자금제도의 전반적 개선을 위해 연방선거관리위원회(Federal Election Commission)의 감시 감독 권한을 강화하고 정치적 자원과 영향력의 불평등을 초래할 수 있는 초강력 정치활동위원회(슈퍼팩, Super PACs)을 폐지하고자 하는 노력도 중요한 정치개혁 방안으로 이번 민주당 정강에서 언급되고 있다. 그 밖에 일반 유권자들의 정부에의 접근성을 강화하고 보다 유권자 친화적인 정부로 거듭나기 위한 다양한 미시적 정부개혁안들이 정강에 등장하고 있다.

5) 국제 및 외교부문

국제 문제 및 외교부문과 관련해서는 민주당은 국제사회의 위협에 대처하고 미국의 리더십과 미국의 가치를 수호해야 함을 천명하고 있다. 보다 구체적으로 민주당 정강은 미국이 현재 처한 국제적 위협으로 테러리즘, 시리아, 이란, 북한, 러시아, 핵무기와 생화학무기 등을 거명하고 있으며, 이들 각각의 위협에 대한 경쟁 후보인 트럼프의 입장을 비판하고 있다. 예를 들어, 트럼프의 핵무기와 관련한 언급은 핵무기 확산으로 이어져 결국 미국을 더욱 불안하게 만들 것이라 비판하고 있으며, 또한 트럼프의 무슬림 비방은 미국의 원칙에 반할 뿐만 아니라 결국 국제 사회에서 미국의 리더십을 해침으로써 미국을 더욱 불안전하게 만들 것이라는 비판이다.

민주당은 따라서 미국이 직면하고 있는 다양한 외교적 과제를 해결하는 대안으로 원칙에 기반한 리더십과 이를 통한 평화와 안정체제 구축을 제시하고 있다. 즉, 민주당 강령은 미국이 국제사회의 모범적 리더로서 역할을 포기할 수 없으며 국제사회의 평화와 안정을 위해 동맹관계를 더욱 공고히 하고, 외교적 노력을 지속적으로 견지해야 할 것을 주문하고 있는 것이다. 고립주의의 유혹에 빠져 미국이 국제사회의 리더로서의 역할과 책임을 포기하는 것은 결국 미국의 안전뿐만 아니라 경제적 번영에 큰 손해가 될 것이며, 따라서 원칙에 근거한 사안별 대처가 필요하다는 것이다.

한편, 민주당 정강은 기후변화 문제를 긴급하고도 심각한 안보위협으로 인식하고 있으며, 만약 대선에서 승리할 경우 추진할 기후변화에 대한 상당히 구체적인 정책 내용과 비전들을 이번 공약에 포함하고 있다. 이는 기후변화 그리고 그에 따른 위협이 과학적 근거가 상당히 빈약한 과장된 것으로 인식하고 있는 공화당 및 트럼프 후보의 인식과 상당히 대비되는 입장이라 할 수 있다.

국제사회에서의 리더십을 지속적으로 견지하고 나아가 미국이 국제사회에 확산할 여러 미국적 가치들로서 민주당은 여성, 아동 그리고 소녀들의 권리 보장, LGBT 등 문화, 사회, 경제, 인종적 약자들의 권리 보장, 반부패와 고문금지 등을 들고 있다.

한편, 주목할 만한 지역정책으로는 북한에 대한 제재 지속과 동북아시아 중국의 적극적 역할 요구, 무역, 통화, 검열, 인권 등과 관련하여 중국에 대한 압박 지속, 하나의 중국(One China)정책 유지와 대만과의 안전보장협정 준수, 중동에서 견고한 미-이스라엘 관계를 유지하되, 이스라엘-팔레스타인 문제와 관련해서는 두 국가정책(two-state solution) 유지, 유럽에서 NATO와의 동맹 강화, 쿠바와 남미 국가들과의 관계 개선, UN 등 국제기구의 역할 지지와 협력 약속 등이 있다.

IV. 공화당

1. 전체적인 구성

2016년 7월 18일 발표된 공화당의 강령은 미국의 예외주의에 대한 믿음과 정치적 그리고 경제적 자유주의라는 원칙에 기반한 공화당의 정책을 재확인하고, 민주당 행정부가 이러한 미국의 원칙과 자율성을 훼손해 왔다는 비판으로 시작한다.

전체적인 본문의 구성은 아메리칸드림의 재건(Restoring American Dream), 헌법질서의 부활(Rebirth of Constitutional Government), 천연자원(America's

Natural Resources), 정부개혁(Government Reform), 위대한 미국 사회 건설 (Great American Families, Education, Healthcare, and Criminal Justice), 미국의 재도약(America Resurgent) 등 모두 여섯 가지 주제로 구성되어 있는데 이는 2012년의 경우와 크게 달라지지 않은 모습이다.

각 주제의 기술방식을 보면, 오바마 대통령과 민주당 행정부, 그리고 힐러리 클린턴 후보에 대한 비판이 지속적으로 나오며 공화당 행정부는 미국적 가치와 원칙에 근거해서 미국을 재건하겠다는 방식을 취하고 있다. 또한 미국의 재건을 이야기하면서 아이젠하워, 레이건 등 공화당의 전임 대통령들의 업적을 수시로 거명하고 있다는 점이 특기할 만한데, 이는 트럼프 후보가 제시하고 있는 공약들이 그 내용의 과격함에 비해 구체적인 실천방안이 결여되고 있기에 과거 공화당 행정부의 업적에 빗대어 이를 재확인하면서 보완하려 했던 것으로 이해된다.

2. 주요 부문별 정책

1) 경제부문[4]

경제부문에 있어서 공화당 강령의 핵심은 크게 다음의 세 가지로 요약될 수 있다. 우선, 연방정부의 과도한 개입과 확장에 대한 적극적인 비판하고, 이에 대한 대안으로서 연방정부의 권한을 주정부에게 이양할 것을 주창하며 마지막으로, 권한 이양의 구체적인 정책 분야들로 세금, 최저임금, 노동규제 등을 거명하고 이러한 분야에 대한 연방정부의 개입은 더 많은 문제점을 초래함을 분명히 제시하고 있다.

이러한 내용은 공화당의 전통적 입장인 소극적 정부원칙을 재확인하는

---

4) 경제부문의 제목은 "아메리칸드림의 재건(Restoring the American Dream)"으로 명명되었다. 이는 미국 사회가 과거와 달리 여러 문제에 봉착해 있음을 제기하려는 의도로 이해된다.

것이다. 즉, 연방정부의 과도한 개입이 번영을 가져오기보다는 이를 제한 혹은 파괴할 수 있음을 각인시키고, 결국 경제적인 번영은 개인들의 극기(self-discipline), 창업정신, 저축과 투자의 산물임을 강조하고 있다.

구체적인 내용에 있어서는 민주당과 오바마 행정부가 실행하고 있는 여러 경제부문정책들에 대한 비판이 주를 이루고 있다. 우선 민주당과 오바마 행정부가 추진하고 있는 세금정책에 대해 계층 간 분열을 조장한다는 이유로 반대하고, 이를 적극적으로 뒷받침해 온 법원의 행동주의적 판결들에도 비판적 입장을 취하고 있다.

또한 2011년 실행된 월가 금융규제 강화 개혁법안인 '도드-프랭크 법안(Dodd-Frank Wall Street Reform and Consumer Protection Act of 2011)'이 과도한 규제를 통해 자본시장에 대한 연방정부의 무분별한 개입을 초래하고 있다고 비판한다. 특히, 이 법안이 만들어 낸 행정부 조직인 '소비자재정보호국(Consumer Financial Protection Bureau)'이 자유로워야 할 시장에 지나친 간섭을 하고 있다며 극도의 거부감을 표명하고 있다.

더불어 외국과의 무역협정을 진행함에 있어서 미국의 이익을 최우선에 둘 것을 천명하고, 그렇지 않은 어떠한 무역협정에도 반대할 것임을 분명히 하고 있다. 또한 그간 미국의 무역정책에 있어 중국이 불공정한 이득을 보았다고 직접적으로 거명하면서 이를 바로 잡을 것임을 적극적으로 주창하고 있다.

경제부문에 있어서 민주당과 오바마 행정부에 대한 비판과 공화당정책의 재확인은 민주당이 이야기하는 저성장의 뉴노멀(New Normal) 경제의 도래와 이에 따른 적극적인 연방정부의 역할을 직접적으로 부인하는 한편, 연방정부 조직의 비대화를 비판하고 이에 대한 개혁으로서 연방정부의 권한 중 많은 부분을 주정부에게 돌려줄 것을 주창한 공화당의 입장을 대조적으로 부각시키려는 의도를 담고 있다. 이에 대한 역사적 근거로서 레이건 행정부 시기에도 경제적 어려움을 권한 이양을 통해 극복했다는 점을 내세우며 민주당이 제시하는 진단이 허구임을 각인시키려 하고 있다.

2) 사회부문

공화당 강령에 나타난 사회부문의 정책은 크게 두 가지로 세분되어서 제시되고 있다. 우선 개인의 자유와 권리에 대한 내용으로 낙태와 동성애, 결혼 등을 둘러싼 미국 사회의 가치갈등논쟁에서 공화당의 보수적인 입장을 재확인하고 오바마 행정부 기간 동안 나타난 변화들이 개인의 자유와 권리를 제약하는 대단히 부정적인 결과를 초래하였다는 비판이 한 부분을 차지하고 있다. 더불어 이러한 보수적 입장에 발맞추어 가족, 교육, 건강, 법질서 등에서 실행할 구체적인 정책들을 제시하고 있다.[5]

사회부문에 관한 공화당의 강령은 헌법에 나타난 네 가지 기본원칙을 재확인하면서 시작한다. 강령에 따르면 미국의 헌법은 제한정부(limited government), 권력분립(separation of powers), 개인의 자유(individual liberty), 그리고 법치(the rule of law)라는 네 가지 원칙을 토대로 구성되어 있는데, 이러한 원칙들이 오바마 행정부 기간 동안 나타난 변화에 의해 크게 훼손되었다고 주장한다.

주로 논쟁이 되고 있는 사안은 동성 간 결혼과 관련된 일련의 사법 판결에 대한 비판과 그러한 판결이 개인의 권리와 자유를 심각히 침해하고 있다는 점에 집중되어 있다. 특히, 동성 간 결혼을 합법화한 연방대법원의 판결이 결국 사적 영역에 대한 공적인 개입을 초래함으로써 종교집단과 개인들의 자유와 권리를 위협하고 있다는 점을 강하게 부각시키고 있다. 이는 미국의 헌법적 질서에 대한 직접적인 위협으로 시급히 재고(再考)될 필요성을 제시하고 있다. 정치과정이라는 측면에서 흥미로운 사실은 연방법원의 판결이 미국 사회에 미치는 광범위한 영향을 부각시키면서 곧 있을 연방대법관 지명과 인준 문제가 가지는 중요성을 환기하고 있다.

더불어 총기소유의 권리(Second Amendment), 정부로부터 사적 영역의

---

5) 공화당 강령에서는 "헌법질서의 부활(Rebirth of Constitutional Government)"과 "가족, 교육, 건강, 법질서의 재건(Great American Families, Education, Healthcare, and Criminal Justice)"의 두 주제로 나누어서 제시되고 있지만, 여기에서는 사회부문으로 통합해서 정리하였다.

자유를 보장받을 권리(Fourth Amendment), 태아의 생명권에 대한 헌법적 해석(Fifth Amendment)을 주창하여 다양한 이슈들에 있어서 연방정부의 간섭을 최소화할 것을 주창하고 있다. 이러한 비판은 사회 이슈에 대한 연방정부의 간섭이 문제를 해결하기보다는 더 큰 갈등의 소지를 가져올 수 있으며 때문에 지양되어야 한다는 공화당의 전통적인 입장과 궤를 같이 하고 있다.6)

사적 영역에 대한 과도한 연방정부의 개입에 대한 비판은 공화당이 집권 이후 실행할 직접적인 정책에 있어서도 반영되어 있다. 특히, 동성 간 결혼 합법화가 가족질서를 해치고 아이들의 교육에 부정적인 영향을 초래한다고 직접적으로 비판하면서 이를 학교 교육프로그램에 반영하는 것을 정책적으로 막겠다고 공약하고 있다. 더불어 교육부문에 있어서 민주당 행정부의 정책을 연방정부의 과도하고도 일률적인 개입이라 비판하고 교육현장을 잘 아는 주정부 주도의 교육정책을 천명하고 있다.7)

또한 소위 '오바마케어(Affordable Care Act of 2010)'가 소비자 선택의 권리를 침해할 뿐 아니라 '낙태'를 건강관리 문제로 편입함으로써 생명존중권도 침해하고 있다고 비판하고 이에 대한 폐지를 천명하고 있으며,8) 그 외 민주당 행정부에서 규제되었던 줄기세포연구(Stem Cell Research)의 허용을 확대하겠다고 밝히고 있다.

마지막으로 사회안전 문제와 관련해서는 공화당이 "법과 질서의 정당(a

---

6) 아이러니하게도 가치갈등 이슈에 관한 공화당의 입장은 때때로 모순된 상황에 처하기 쉽다. 예를 들어, 동성애 문제에 종지부를 찍기 위한 전임 부시 공화당 행정부의 노력은 결혼이 '이성(異性) 간의 결합'임을 법률적으로 명문화하려는 데에 집중되었는데, 이 역시 사적 영역에 대한 연방정부의 공적인 개입으로 해석될 여지가 충분하다. 이에 관한 보다 자세한 내용은 유성진(2015)을 참고.

7) 민주당 행정부의 교육정책을 "one-size-fits-all approach"라고 표현하고 있다. 공화당이 실행할 교육 관련 정책방향으로는 학교선택권 확대, 고등교육기관의 이념적 편향성 완화, 과도한 등록금 문제 해결 등이 담겨져 있으나, 그것이 어떻게 구체적으로 실현될 것인지는 명확하게 제시되어 있지 않다.

8) 관련하여 낙태권의 보장을 주창하는 "가족계획협회(Planned Parenthood)"에 대한 연방정부의 지원을 금지할 것도 천명하고 있다.

party of law and order)"임을 강조하면서 범죄와 관련한 법률의 간소한 재정립, 범죄의 처리와 관련된 연방정부와 주정부 간 권한의 명료화, 주정부의 재량권 확대, 사형제 합헌 재확인, 약물과의 전쟁 등을 제시하고 있다.

3) 환경 에너지부문

환경 에너지부문에서 천명된 공화당의 강령은 민주당과 오바마 행정부가 펼친 정책에서 크게 변화할 것임을 분명히 하고 있다. 자연환경과 결부된 분야에서 민주당 행정부의 정책을 연방정부의 확대와 이를 통한 규제, 자율성 억압의 측면에서 파악하고 이를 적극적으로 비판하고 있다. 특히, 연방정부의 정책을 "선출되지 않은 관료들(unelected bureaucrats)"에 의한 정당성 없는 규제이라 폄하하고 당파적인 민주당이 이를 지나치게 정치화하고 있다고 비난하고 있다.

또한 유엔 등을 통해서 제기되는 환경 문제가 지나치게 정치화되고 있음을 지적하고 교토협약(Kyoto Protocol)과 파리협정(Paris Agreement) 등 환경 문제 해결을 위한 전 지구적인 협력노력에 대해 반대입장을 분명히 하고 있다. 더불어 환경 문제에 관한 독자적이고 자율적인 정책들, 예를 들어 국내에너지생산 증대, 공유지 개발, OPEC과 다른 원유생산국들의 담합 규제, Keystone XL Pipeline 추진 등을 펼칠 것임을 천명하여 오바마 행정부와 크게 다른 변화를 예고하고 있다.

이러한 정책적 입장들은 공화당이 환경 문제를 심각한 전 지구적 문제로 보다는 국내경제적인 그리고 무역적인 문제로 파악하고 있음을 보여주는 것이며, 이 부문에 있어서도 철저하게 미국의 이익을 위한 정책을 펼칠 것임을 의미한다.

4) 정치와 정부개혁(Government Reform)

정치와 정부부문에 있어서 공화당 강령은 민주당과 오바마 행정부에 의한 연방정부 운영의 결과를 "과도하게 확대된 무반응 관료국가(bloated and unresponsive bureaucratic state)"로 규정하고 다양한 부문에서의 정부개혁을 촉구하고 있다.

우선 저소득층과 노인층을 위한 의료부조제도인 메디케어(Medicare)와 메디케이드(Medicaid), 그리고 은퇴 후 연금제도인 사회연금(Social Security) 제도를 관리기구의 슬림화, 프로그램의 개선 등을 통해서 재정비하겠다는 입장을 밝히고 있다. 변화의 핵심적인 내용은 예산지원은 연방정부가 하되 그 사용은 주정부의 자율에 맡기는 운영방식(Block granting)을 채택하여 연방 정부의 과도한 개입을 방지하고 운영의 효율성을 기하겠다고 주장하고 있다.

트럼프의 핵심 공약사항 중 하나인 이민정책 역시 자세하게 기술되어 있다. 핵심내용은 미국의 이익을 최우선으로 하여 불법이민자의 사면을 전 면 금지하고 멕시코 국경에 장벽을 세울 것, 그리고 미국으로의 입국절차를 엄격하게 시행하겠다는 공약의 내용을 재확인하고 있다.

더불어 연방정부의 여러 기관들이 과도한 규제정책을 실시하여 권한을 과도하게 행사하고 있기 때문에 몇몇 기관들을 전면적으로 개혁하겠다는 방 침을 밝히고 있다. 대표적인 개혁대상 기관들로 IRS(Internal Revenue Service), EPA(Environmental Protection Agency), DHS(Department of Health and Human Services), NLRB(Department of Labor and National Labor Relations Board), FCC(Federal Communications Commission) 등을 거명하고 있는데, 대부분 오바마 행정부에서 권한이 확대된 기관들이라 할 수 있다.

요약해보면, 정치와 정부부문에 있어서 공화당의 정책은 규제를 빌미로 확대된 연방정부의 권한을 축소하는 데 초점을 맞추고 있으나, 그러한 축소 가 초래할 공백을 어떻게 메우게 될 것인지에 대해서는 구체적으로 제시하 지 않고 있다.

5) 국제 및 외교부문

국제 및 외교부문에 관한 공화당의 강령에서는 현재 미국이 국제사회에 서 큰 곤경에 처해 있으며 이는 과거 민주당 카터 행정부의 그것과 유사하 다고 진단하고 있다. 이는 미국이 강대국으로서의 면모를 잃고 국제사회의 변화에 휩쓸리고 있다는 비판을 담고 있는 것이다.

강령에 따르면, 현재 미국이 겪고 있는 곤경은 중국, 러시아, IS에 대한 소극적인 대처가 직접적인 원인이며 레이건 식의 "힘을 통한 평화구축(peace through strength)"으로의 전환을 통해 재도약의 기반을 구축하고 과거의 영광을 되찾아야 한다고 촉구하고 있다. 미국의 재도약을 위해서는 타국과 맺은 군축협정 폐기도 불사해야 한다고 주장하여 대단히 강경한 대외정책을 예고하고 있다.

국제사회의 리더로서 미국의 위치를 재확립하기 위해 민주당의 대외정책을 전면 재검토하고 아이젠하워와 그 이후 공화당 대통령들에 의해 유지된 강력한 대외정책을 복원할 것을 주창하고 있다.

구체적인 정책의 내용으로는 오바마 행정부가 맺은 이란과의 핵협정 파기, 이스라엘과 관계의 유지와 강화, 북한과 중국의 도발에 대한 단호한 대처, 동남아시아 국가들과의 관계 개선, 책임 있는 동맹으로서 NATO의 재정립, 쿠바와의 관계 개선 재고(再考) 등이 기술되어 있다. 더불어 UN이 추진하는 반 이스라엘정책, 여성/아동/장애인들의 권리 증진을 위한 컨벤션, 군축조약, 환경과 개발정책 등이 미국의 국익을 훼손하고 있다고 주장, 반대 입장을 분명히 하고 있다. 결국 국제 및 외교부문에 있어서도 공화당의 강령은 오바마 행정부의 정책들에 대한 전면적인 재검토 및 전환을 예고한다고 볼 수 있다.

V. 결론: 변화와 지속성

모두에 밝혔듯이 선거과정에서 발표되는 정당의 강령은 해당 정당의 정책적 입장들을 요약적으로 담고 있기 때문에 집권 이후 어떠한 정책을 펼칠 것인지 살펴볼 수 있는 가늠자의 의미를 갖는다. 2016년 미국의 대선과정에서 발표된 민주당과 공화당의 강령은 양당이 기존에 표방한 정책적 입장을 재확인하는 동시에 향후 정책방향을 구체화하는 내용을 담고 있었다.

먼저 민주당의 강령은 오바마 행정부가 추진한 정책들을 계승하는 한편, 경제와 불평등 문제를 과거에 비해 한층 적극적으로 거명하고 이에 대한 구체적인 실현방안을 제시함으로써 진보적인 성향이 더욱 강화되었다고 평가할 수 있다. 이는 후보경선과정에서 급진적인 경제정책으로 젊은 유권자들의 폭넓은 지지를 얻은 샌더스의 입장이 크게 반영된 것이다. 실제 정강을 작성하는 과정에서 샌더스를 지지하는 이들이 대거 참여한데다가 기존 정치인의 이미지를 가진 힐러리 클린턴 후보의 입장에서 젊은 유권자들의 지지가 절실한 상황이 결부된 결과로 보인다.

한편 공화당의 강령은 무역과 대외정책에 있어서 미국 우선주의, 국내적인 사회정책에 있어서 법질서의 강조와 연방정부 권한의 축소에 초점을 맞추고 있다. 이러한 강조점에는 민주당과 오바마 행정부 동안 나타난 변화들을 급진적이고 파괴적인 것으로 치부하는 한편 이에 대해 피로감을 갖고 있는 보수성향의 유권자들을 결집하려는 목적을 갖고 있다고 이해된다. 그러나 샌더스 열풍이 강하게 반영된 민주당의 강령에 비해 공화당의 강령은 트럼프가 캠페인과정에서 보여준 파격적인 언사와 행보에 비추어 전통적인 공화당의 입장과 큰 차이를 보이는 것은 아니었다. 무역과 이민정책 등에서 과거보다 크게 우경화된 입장이 반영된 것은 사실이나 이에 관한 구체적인 정책들이 결여되어 있어 실제로 이러한 공약들이 얼마나 현실화될 것인지에 관해서는 아직 지켜볼 필요가 있다.

트럼프의 예상치 못한 승리로 귀결된 2016년 미국 대선은 다른 무엇보다도 제도정치권에 대한 유권자들의 불신이 생각보다 훨씬 더 폭넓게 형성되어 있다는 점을 확인시켜 주었고, 스스로를 차별화하며 이러한 불신을 성공적으로 공략한 트럼프는 수많은 막말과 구설수에도 불구하고 새로운 변화를 이끄는 역할을 부여받았다. 대통령 당선과 함께 트럼프는 제도정치권의 중심에 자리하게 되었으며, 이는 앞으로 스스로가 펼치는 정책들에 직접적인 책임을 지게 되었음을 의미한다. 만일 캠페인과정에서 '차별화'가 가시적인 성과로 이어지지 않는다면 기존 정치인들과 크게 다르지 않다는 평가로 이어져 스스로 덫에 걸리는 함정에 빠질 가능성을 배제하기 어렵다.

　문제는 그가 내세운 무역, 테러리즘, 이민 등 간명한 정책 메시지들이 현실에 있어서 해결하기 대단히 어려운 난제인 데 반해, 트럼프 승리의 일등공신인 저소득 백인 노동자층은 지금보다 훨씬 더 급진적인 결과에 대한 기대감을 갖고 있다는 점에 있다. 더욱이 선거에서 패배한 민주당 역시 지지기반의 확장을 위해 변화를 담지할 새로운 이슈와 정책구상에 집중하고 이에 기반하여 트럼프 행정부의 정책에 대응할 것이다. 따라서 향후 미국 정치는 공화당과 트럼프가 과연 어떠한 정책을 통해서 선거에서 받은 지지에 얼마나 성공적으로 부응하는지에 달려 있으며, 그것이 이번 선거의 변화가 미국 정치의 항구적인 변화로 이어질지 아니면 일시적인 변화에 그칠지 가늠할 것으로 생각된다.

▪ 참고문헌 ▪

김진하. 2016. 『미국 정당을 알면 미국 정치가 보인다: 정강정책과 유권자 연합』. 서울: 도서출판 오름.

유성진. 2015. "동성결혼 합법화는 어떻게 가능하였는가?: 여론과 정당정치 그리고 연방주의." 『한국과 국제정치』 31권 4호. 177-201.

Budge, Ian, and Richard Hofferbert. 1990. "Mandates and Policy Outputs: US Party Platforms and Federal Expenditures." *American Political Science Review* 84(1): 111-131.

Jordan, S., C. M. Webb, & B. D. Wood. 2014. "The President, Polarization and the Party Platforms, 1944-2012." *The Forum* 12(1): pp.169-189.

Khimm, Suzy. 2012. "Do party platforms really matter?" *Washington Post* (August 2012), https://www.washingtonpost.com/news/wonk/wp/2012/08/23/do-party-platforms-really-matter/?utm_term=.fd18115dc97d

Maisel, L. S. 1993. The platform-writing process: candidate-centered platforms in 1992. *Political Science Quarterly* 108(4): pp.671-698.

Payne, L. W. 2013. ""If Elected, I [Still] Promise": American Party Platforms — 1980~2008." *Journal of Political Science* 41: pp.35-62.

Pomper, Gerald M., and Susan Lederman. 1980. *Elections in America: Control and Influence in Democratic Politics.* New York: Longman.

Sanbonmatsu, Kira. 2006. *Where Women Run: Gender and Party in the United States.* Ann Arbor: University of Michigan Press.

Simas, E. N., & K. A. Evans. 2011. "Linking Party Platforms to Perceptions of Presidential Candidates' Policy Positions, 1972~2000." *Political Research Quarterly* 64(4): 831-839.

Stein, Jeff. 2016. "We asked 8 political scientists if party platforms matter. Here's what we learned." *Vox* (July 2016), http://www.vox.com/2016/7/12/12060358/political-science-of-platforms

Weisberg, Herbert, and Clyde Wilcox, eds. 2003. *Models of Voting in Presidential Elections: The 2000 U.S. Election.* Stanford: Stanford Law and Politics.

제3부

이슈 및 정책 경쟁

제9장

2016년 미국 대선과 사회경제적 이슈[*]

이소영
대구대학교

I. 들어가는 말

각 당의 대선후보자를 정하기 위한 당내 경선이 끝나고 본선 경쟁이 불
붙기 시작한 2016년 8월, 미국의 뉴스 잡지 *POLITICO*의 한 시니어 에디터
는 다음과 같이 말한다(Purdum 2016). "2016년 미국 대선은 이슈로 경쟁하
는 선거가 아니다. 이번 대선은 후보자의 캐릭터로 경쟁하는 선거이다 …
누가 더 대통령직에 적합한가를 겨루는 경쟁인 것이다." 이 말은 2016년 미
국 대선에서 정책 이슈의 영향력이 상대적으로 미미했음을 잘 나타내고 있
다. 퓨리서치의 7월 조사에 의하면, 65%의 미국인이 후보자들의 정책 토론

* 이 장은 2016년도 정부재원(교육부 인문사회연구역량강화사업비)으로 한국연구재단의
지원을 받아 연구되었음(NRF-2016S1A3A2925033); 이 장은 『의정연구』 제22권 3호
(2016)에 게재된 저자의 "2016 미국 대선과 미국사회의 균열"의 일부를 활용하여 논지
를 전개하고 있음.

에는 관심이 없으며, 이슈보다는 이번 대선의 드라마가 어떻게 전개될 것인가에 관심이 더 많다고 대답하고 있다.

실제로 2016년 미국 대선은 정책 이슈의 대결이라기보다는 당내 정치적 리더십이 확고한 기존 정치인 대 기존 정치를 비판하는 아웃사이더의 대결이라는 점이 가장 크게 부각되었다. 특히 기존 시스템에 대한 비난과 변화를 모토로 지지자를 끌어 모은 트럼프는 클린턴이 제시한 수많은 공약을 휴지 조각에 불과하다고 주장한다. 그는 클린턴을 "하루 종일 좁은 방에 앉아서 정책이나 쓰고 있는 사람들만 데리고 있다"고 비난하면서 "이미 기존 시스템은 다 망가졌기 때문에 다음 대통령은 기존 시스템을 다 불태워 없애버려야 한다"고 주장하였다(Time October 13, 2016). 이러한 입장하에 트럼프는 확고한 정책 플랫폼 없이 '위대한 미국의 재건'이라는 그의 구호를 실현할 수 있는 모든 정책에 문을 다 열어 놓고 지지자들의 목소리에 따라 정책을 약속해 가는 형식을 취했다. 이 때문에 그는 특정 정책이 실제로 실현될 것인가 또는 비용이 얼마나 들 것인가 등 실현가능성이나 구체적인 내용을 고려하지 않은 채 선거 기간 내내 지지자들의 입맛에 맞는 정책들을 약속하였다. 언론이 디테일 없는 포퓰리즘적 정책을 특징으로 하는 이 아웃사이더에 주목하는 동안 클린턴 후보도 수많은 정책 이슈를 내놓았지만 언론의 주목을 크게 받지는 못하는 추세를 이어갔다.

사실 이번 대선이 정책 대결이 되지 못했던 가장 큰 이유는 주요 정책 분야에 대해 디테일한 정책을 준비하지 않은 트럼프의 책임이 크다고 할 수 있을 것이다. 여성과 이민자 및 유색인종에 대한 끊임없는 비하와 막말, 그리고 세금 포탈 의혹과 부동산 강좌인 트럼프 대학(Trump University)의 사기˙의혹 등 갖가지 스캔들에 더하여 전통적 보수주의자들이 받아들이기 힘든 정책적 입장으로 인해 공화당 지도부와 상당수 공화당 지지자들의 반발을 초래하였음에도 불구하고 트럼프가 지지율에 큰 타격을 입지 않은 채 공화당 경선과 본선에서까지 승리할 수 있었던 것은 아이러니하게도 트럼프의 '정책 이슈에 대한 앨러지'와 특정한 정책적 입장 없이 '지지자들이 기대하는 무엇이든 다 해줄 수 있다' 또는 '내가 다 고칠 수 있다'고 장담하는 나이브

한 캠페인의 영향이 크다고 분석되고 있다. 트럼프와는 반대로 클린턴의 경우는 퍼스트 레이디, 유력 대선후보, 국무장관, 상원의원 등을 거치면서 철저히 준비된 대통령후보였던만큼 정책 또한 매우 상세한 수준까지 제시할 수 있었다. 그러나 선거 캠페인이 이슈보다는 후보자들의 캐릭터 위주로 전개되면서 사실상 클린턴의 정치가로서 준비된 정책적 전문성은 빛을 발하지 못하였다.

캠페인이 본격적으로 진행되면서 경쟁은 정책보다는 양 후보의 캐릭터에 더욱 집중하는 경향을 보였다. 클린턴은 한편으로는 좋은 교육을 받고 잘 준비된, 그리고 샌더스의 진보적 입장도 받아들이는 실용적인 후보자로, 그러나 다른 한편으로는 월가와 가까운, 믿을 수 없는 기성 정치인으로 자리매김해 갔으며, 트럼프는 지지자들에게는 위대한 미국을 재건할, 기존 시스템의 문제점을 해결할 수 있는 후보로, 반대자들에게는 여성차별주의자, 인종주의자, 또는 정치에 대해 아무 것도 모르는 장사꾼 이미지로 자리 잡았다. 각 후보의 지지자들은 이렇게 상반되는 후보자 캐릭터를 바탕으로 자신이 지지하지 않는 후보에 대한 혐오와 적대감을 그 어느 때보다도 강하게 가졌던 것으로 조사되고 있다. 그 결과 유권자들은 자신이 좋아하는 후보자를 선출하기 위해서보다는 자신이 싫어하는 후보자가 대통령이 되는 것을 막기 위해 투표하는 경향을 보였다. 이번 대선 출구조사에 의하면, 트럼프 투표자 중 51%는 트럼프가 좋아서라기보다는 클린턴이 싫어서 트럼프에 투표한 것으로 나타났다.

이렇게 2016년 대선은 트럼프의 다소 즉흥적이며 세부 내용이 부족한 포퓰리즘적 정책들에 대해 언론이 집중하고 유권자들이 반응하는 사이 실질적인 정책 토론은 실종될 수밖에 없는 선거였다. 그럼에도 불구하고, 예상치 못했던 트럼프의 부상과 클린턴의 패배에는 미국 사회에 내재해 있는 사회경제적 요인의 영향이 매우 크게 작용했다고 할 수 있다. 정치적 경험도 전혀 없고 정치에 대한 통찰력도 없어 보일 뿐 아니라 대통령으로서의 소양을 의심케 하는 갖가지 스캔들과 행태들에도 불구하고 트럼프가 준비된 대통령으로 알려진 클린턴을 누르고 승리할 수 있었던 것은 무엇보다 미국 사회가 직면한 사회경제적 상황을 기존 시스템의 실패로 연결할 수 있었기 때문이었다. 민주당 경선에서 기존 미국 시스템의 사회민주주의로의 총체적 전환을 요구한 샌더스가 예상 밖으로 선전한 것 역시 같은 맥락에서 해석될 수 있을 것이다.

그렇다면, 미국 사회의 어떠한 사회경제적 상황과 이슈가 유권자들로 하여금 여성차별적 발언을 일삼고 인종주의적 정책을 제시하며 여러 가지 추문으로 얼룩져 있는 트럼프를 대통령으로 선택하게 하는 데 일조하였을까? 어떠한 상황이 현실적으로 가능할 것 같지 않은, 또는 자유와 평등의 미국적 가치에 정면으로 반하는 정책들을 수많은 유권자들이 열렬히 지지하게 만들었을까?

당연히 캠페인 전략이 중요한 역할을 했겠지만, 이렇게 예상치 못한 전개는 무엇보다 장기적인 저소득과 실업으로 중산층과 노동계층의 소득이 감소하고 이에 따라 경제적 양극화가 심화되면서 사회적 위기감과 변화에 대한 갈망이 그만큼 커졌기 때문에 가능한 일이었다. 2016년 5월의 갤럽조사에 의하면, 미국인들은 경제를 차기 대통령이 해결해야 할 가장 중요한 이슈로 인식하고 있고, 선거를 앞둔 10월 갤럽조사에서도 역시 미국이 직면한 가장 큰 문제가 경제 문제라고 응답하고 있다. 2016년 대선은 침체되었던 미국 경제가 빠른 속도로 회복되고 있는 시기에 치러졌기 때문에 클린턴에게 유리하게 작용할 것이라고 예상되었지만, 예상과 달리 중산층과 저소득층의 경제 상황은 트럼프가 대통령으로 가는 길을 열어주는 중요한 요인이 되었다. 이번 대선 기간 동안 트럼프가 내세운 인종주의, 여성차별, 소수자 차별, 반이민 발언과 정책들은 모두 저소득층 백인 남성 유권자들의 경제적 불만과 위기감을 바탕으로 강력한 지지를 확보할 수 있었다.

이 글에서는 트럼프 대통령을 선택한 미국인들이 직면한 사회경제적 상황에 대한 논의와 더불어, 후보자들이 이를 어떻게 이슈화하였는지, 그리고 그 이슈들이 트럼프의 당선에 어떻게 작용하였는지를 검토해 보고자 한다. 구체적으로 II절에서는 미국의 경제 상황, 특히 이번 대선의 핵심적인 역할을 담당하였던 러스트벨트 지역의 상황과 인종 및 이민자 구성 등을 바탕으로 2016년 미국 대선의 사회경제적 배경을 논의하고, III절에서는 이 배경들이 어떠한 캠페인 이슈로 나타났는지, 그리고 그 이슈들이 후보자 지지에 어떠한 영향을 미쳤는지를 살펴본다. 마지막으로 IV절에서는 이번 대선에 영향을 미쳤던 사회경제적 상황과 이슈들이 미국 사회에 어떠한 함의를 가지는지, 그리고 향후 미국 사회에 어떠한 영향을 미칠 것인지를 논의함으로써 글을 마무리 한다.

II. 2016년 미국 대선의 사회경제적 배경

1. 2016년 미국의 경제 상황

미국 대통령선거에서 경제적 요인은 유권자들의 후보자 선택에 영향을 미치는 중요한 요인으로 작용해 왔다. 유권자들이 현직 대통령이나 집권당의 경제정책에 대한 평가를 바탕으로 회고적 투표를 하는지 혹은 후보자들의 향후 경제정책에 대한 전망을 바탕으로 전망적 투표를 하는지에 대해서는 정치학자들의 견해가 아직도 다르지만 경제 상황이 투표 결정에 핵심적인 요인을 제공한다는 사실은 대부분의 정치학자들이 동의하는 부분이다.

각 후보자의 경제정책이 캠페인과 여론의 중심에 있지는 않았지만 2016년 대선에서도 경제적 요인은 역시 유권자 동원과 후보자 선택에 중요한 배경이 되었다. 미국 경제가 회복기에 접어들었음에도 유권자들, 특히 중산층과 저소득층 노동자들이 체감하는 경제 상황은 여전히 매우 어려운 형편이었다. 2016년은 GDP 성장률이나 실업률 등 거시경제지표에 있어서는 뚜렷한 회복세를 보이고 있었다. GDP와 실업률 등 거시경제지표는 집권당에 대한 회고적 평가의 척도가 되는 중요한 지표이다(Fiorina 1981). 〈그림 1〉에서 나타나듯이 GDP는 지속적으로 상승하여 2009년에 -3%까지 떨어졌던

□ 그림 1   미국의 경제지표의 변화

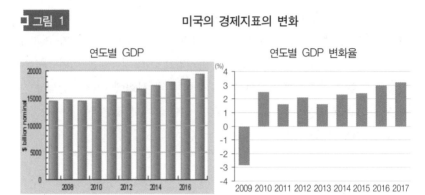

출처: usgovernmentspending.com

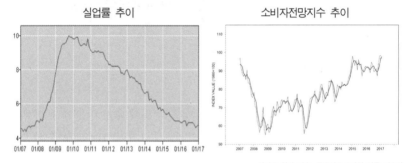

점선은 월별 지수; 굵은선은 3개월 평균 지수값

출처: Bureau of Labor Statistics   출처: Surveys of Consumers, Univ. of Michigan

GDP 성장세가 2015년에는 2.6%, 2016년에는 3%까지 높아졌고 실업률 또한 금융위기 이전 지표로 회복되었다. 미국 유권자들이 향후 미국 경제를 어떻게 전망하고 있는지를 나타내는 소비자전망지수(Consumer Sentiment Index) 또한 2008년 전과 같은 수준으로 회복되어 있었다.

그러나 이러한 거시경제지표의 회복에도 불구하고 25~54세 경제활동인구의 고용률은 2008년 이전에 비해 크게 떨어진 채 회복을 못하고 있었다(〈그림 2〉). 게다가 유권자들이 직접 체감하는 가계소득은 오바마 2기 동안 계속 추락하는 추세였다(〈그림 2〉).

무엇보다 2016년 미국 경제가 직면한 가장 큰 문제는 중산층의 감소와

□ 그림 2   **미국의 고용률 추이와 미국 가정의 가계소득 추이**

미국의 고용률 추이   미국 가정의 가계소득 추이

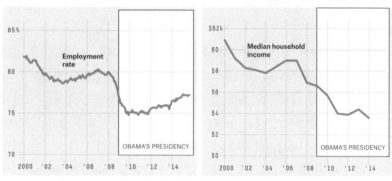

출처: FiveThirtyEightPolitics 2015

경제적 양극화의 심화라고 할 수 있다. 〈그림 3〉에서 알 수 있듯이, 금융위기 이후 장기적인 저소득과 실업으로 노동계층뿐 아니라 중산층의 실질 소득이 감소한 반면, 고소득층의 소득은 가파른 상승세를 보여 왔다. 이 때문에 2011년 "월가를 점령하라(Occupy Wall Street)" 시위에서 등장한 소득 상

□ 그림 3   **미국 가정의 수입별 가계소득 변화 추이와 소득의 양극화**

미국 가정의 계층별 가계소득 변화 추이   중산층과 상위계층의 소득 차(x배)

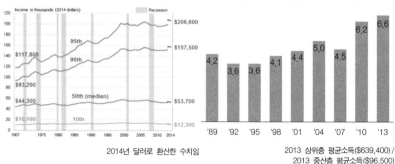

2014년 달러로 환산한 수치임   2013 상위층 평균소득($639,400) /
                                       2013 중산층 평균소득($96,500)

출처: US Census Bureau   출처: Pew Research Center 2014

위층에 대한 분노는 양극화가 심화됨에 따라 미국 사회에 더 크게 자리 잡아가고 있었다. 2014년 퓨리서치 조사에 의하면, 중산층과 소득 상위계층 간 부의 격차가 금융위기 이래 가장 커진 것으로 나타났다(Pew Research Center 2014).

특히 미국에서 비싼 대학 등록금은 저소득층의 대학 교육에 대한 접근성을 떨어뜨릴 뿐 아니라 중산층의 채무를 증가시키는 중요한 요인으로 작용하여 중산층과 상위층의 소득 격차를 더욱 커지게 만드는 중요한 요인이 되고 있다. 대학생들의 대출 금액은 지난 10년간 약 3배가 증가하였는데 2015년에 사립대 학생들의 총 대출 금액은 약 1조 2천억 원에 이르는 것으로 나타났고 학생 개인의 평균 채무액은 3만 달러를 상회하는 것으로 조사되었다. 더구나 2015년에는 대출금에 대한 연간 이자율이 크게 증가하여 많게는 11%까지 이르고 있어 대졸 청년들이나 중산층의 생활을 어렵게 만드는 중요한 요인으로 작용하고 있다(Kamrany et al. 2016).

저소득층과 중산층의 소득증대가 없는 부의 편재 현상은 노동자 계층과 중산층의 분노를 자극할 수 있는 환경을 조성하였다. 이러한 환경에서 트럼프와 샌더스는 각각 백인 노동자와 중산층 유권자들을 동원하는 데 성공할 수 있었다. 특히 트럼프 캠페인은 2008년 경제 위기로 가장 큰 타격을 입은 미국 북부 러스트벨트 지역 노동자들의 열렬한 지지를 이끌어 내는 데 크게 성공하였다.

2. 러스트벨트 지역의 사회경제적 환경

러스트벨트 지역은 2016년 대선에서 트럼프의 승리에 결정적인 역할을 한 지역이다. 러스트벨트는 녹슨 지대라는 의미로 미국 북부의 오대호 인근 펜실베이니아, 오하이오, 미시간, 위스콘신, 일리노이, 인디애나, 아이오와, 뉴욕 주 북부를 포함하고 있다. 이 지역은 과거 제조업으로 호황을 누리다가 제조업의 쇠퇴로 많은 노동자들이 일자리를 잃고 쇠락한 지역이다. 특히 일본산 자동차에 의해 미시간 주 디트로이트가 몰락하면서 이 지역 대도시 제조업의 쇠퇴가 가속화되었다. 1969년과 1996년 사이에 러스트벨트의 제조업 종사자들은 약 33% 포인트 감소한 것으로 조사되었다(Khan 1999). 뿐만 아니라, 이 지역의 소도시들은 과거 광업이 발달했던 곳으로, 광업 종사자들 역시 광업의 쇠퇴에 따라 일자리를 잃고 많은 실업자가 양산되면서 불만이 쌓이고 있던 지역이다. 1980년대 중반 이후 중국 및 아시아 국가들과의 무역적자가 지속적으로 늘어나면서 이 지역 노동자들은 더욱 큰 어려움에 처하게 되었고 실업률이 꾸준히 증가해 왔다. 그 결과 이 지역의 인구 또한 급격히 감소하였다. 미시간 주 디트로이트시, 플린트시, 인디애나 주 게리시, 오하이오 주 영스타운시 등은 2000년과 2015년 사이에 인구가 20% 포인트 이상 감소하였고, 인구 20만 명 이상의 대도시의 경우에도 이 기간에 미시간 주 디트로이트가 29% 포인트, 오하이오 주 클리블랜드가 19% 포인트, 신시내티가 10% 포인트, 뉴욕 주 버팔로가 12% 포인트, 펜실베이니아 주 피츠버그가 9% 포인트, 그리고 인구 270만의 일리노이 주 시카고는 6% 포인트가 감소하는 등 상당한 인구 감소가 있었다.

그러나 다른 한편으로 러스트벨트 지역은 2008년 금융위기 상황으로부터 상대적으로 빨리 벗어난 지역이기도 하다. 오바마는 2008년 대선에서는 금융위기의 여파로 과거에는 민주당과 공화당의 경쟁이 매우 치열한 경쟁주였던 러스트벨트 지역의 모든 주에서 승리하였다. 2012년 역시 경제회복이 가속화된 이 지역의 실업률이 7.3% 이하로 떨어져 버지니아, 플로리다, 노스캐롤라이나 등 2008년 이전까지 고속 성장을 질주했던 선벨트 지역보다 낮은 실업률을 보이자 오바마는 러스트벨트 지역에 전력을 투구하여 인디애나 주를 제외한 전체 러스트벨트 주에서 승리하였다(Brownstein 2012).

특히 오바마 캠프는 러스트벨트 지역의 노동자들에게 '부자 대 노동자'라는 프레임을 만들고, 지역 유권자들이 이 심리적인 필터를 통해 정치와 선거를 바라보게 하는 데 성공하였다. 그 결과, 2012년 공화당 후보인 롬니(Mitt Romney)는 러스트벨트 지역 공장의 해외 이주와 노동자 실업에 일차적 책임이 있는 '부자' 중 한 사람으로 그려졌다. 이 때문에 롬니가 "디트로

이트를 파산하도록 놔두자"고 말할 만큼 이 지역에서 공화당이 승리할 가능성이 낮았다. 이러한 최근 두 차례의 선거 경험은 2016년 대선에서 나타난 러스트벨트 지역의 정치적 이반을 전혀 예상할 수 없게 만든 이유가 되었다. 선거 당일까지도 클린턴 캠프는 이 지역에서의 승리를 확신하였다고 알려져 있다.

산업이 쇠락하기 전까지 러스트벨트 지역은 노동자=민주당 지지, 사주=공화당 지지라는 공식이 성립하고 있었고, 오바마는 이렇게 양분된 정치 세력을 계급 또는 계층 프레임으로 활용할 수 있었다. 그러나 러스트벨트의 노동조합 지도자들과 사주들이 지역 정치 세력으로 경쟁하던 시기는 사실상 과거의 일이었다. 지역 산업이 쇠퇴하면서 많은 비즈니스 오너들과 노동조합 지도자들이 자신의 공장이나 일자리를 잃어가자 러스트벨트 지역의 노동자와 사주는 더 이상 경쟁자 또는 대립관계에 있지 않게 되었다. 지역 경제를 살리기 위해 이들은 협력자가 되었으며, 점차 정치적 활동보다는 연방정부나 주정부의 보조금을 더 받아내기 위한 파트너로서의 활동에 더 초점을 맞추게 되었다. 이들 노동조합 지도자나 비즈니스 지도자들은 지역 정당 활동에 관심을 두지 않게 되었고, 그 결과 지역 정당은 더 이상 지역 이슈를 반영하는 풀뿌리 정당으로서의 역할을 잃어버린 채 이념성이 강한 활동가들만 남아 있게 되었다. 러스트벨트 연구가인 브라운대학의 페이스워즈(Pacewicz 2016) 교수는 이러한 환경이 러스트벨트 유권자들을 점차 정치적으로 소외시키면서 포퓰리즘의 씨를 뿌리게 되었다고 분석하고 있다. 페이스워즈에 의하면, 이 지역의 유권자들은 지역의 전통적인 정치적 지도자들(노동조합 및 비즈니스 리더들)이 제 역할을 못하는 것이 지역의 쇠락에 영향을 미치고 있다고 믿으면서 테크노크라트와 기업친화적 엘리트들에 대한 분노를 쌓아갔다. 이 분노한 지역 유권자들은 2008년에 오바마에게 기대했던 것처럼 2016년에는 트럼프가 이 지역을 흔들어 주기를 원했던 것이다. 오바마는 계급 프레임을 통해, 트럼프는 기존 정치와 이민자들에 대한 분노를 자극함으로써 지역 노동자층의 지지를 확보할 수 있었다.

3. 유색인종의 영향력 증대와 백인 유권자들의 위기감

트럼프가 백인 노동계층 유권자들을 동원할 수 있었던 또 하나의 중요한 요인은 유색인종의 증가에 따른 백인 유권자들의 불안감을 자극하는 데 성공했다는 점이다. 유색인종은 2015년 현재 전체 미국 인구의 39%를 차지하고 있으며, 그중 2000년에 약 360만 명이었던 미국 내 히스패닉 인구는 2015년에는 약 560만 명에 달해 미국 인구의 18%를 차지하고 있다. 특히 2000년에 약 1,300만 명이었던 히스패닉 유권자 수는 급격히 증가하여 2016년에는 약 2,700만 명에 이른 것으로 집계되고 있다(〈그림 4〉). 반면, 2000년에 약 75%를 차지했던 백인 비율은 2015년에는 61%로 낮아졌다 (CPS; Annual Social and Economic Supplement 2016).

히스패닉 유권자들은 1980년대 이래 모든 대선에서 공화당에 비해 민주당을 조금 더 지지하는 경향을 보여 왔다. 그러나 실제 선거에서는 이들의 저조한 투표율로 인해 그 영향력이 제한적이었다. 뿐만 아니라 히스패닉 유권자들의 민주당에 대한 충성도 또한 낮은 편이어서 이들의 민주당과 공화

□ 그림 4   미국의 히스패닉 유권자 수 변화(1988~2016년)

(단위: 백만)

출처: Krogstad 2016, Pew Research Center(October 14)

당에 대한 지지가 극명하게 차이가 나는 것도 아니었다. 그러나 〈표 1〉에서 알 수 있듯이, 2008년과 2012년에 히스패닉 유권자들의 투표참여율도 다소 증가하였을 뿐 아니라 이들의 오바마와 공화당 후보에 대한 지지율도 매우 큰 차이를 보였다. 특히 2012년에는 그 차이가 47% 포인트에 이르고 있다. 히스패닉 유권자들의 오바마에 대한 대규모 지지는 히스패닉 유권자 중 젊은 층 비율이 높다는 사실과 관련이 있다. 2008년 오바마는 30세 미만 젊은 층에서 66%라는 큰 지지로 이 연령층에서 매케인보다 34% 포인트나 많은 지지를 받았다. 이러한 젊은 층의 오바마에 대한 강한 지지는 히스패닉 유권자 중 젊은 층 비율이 높다는 사실과 관련이 있는 것으로 분석되고 있다 (Abramowitz 2010).

오바마 정부 2기에 특히 이민법 개혁 이슈가 정치적 쟁점이 되면서 히스패닉 유권자들과 민주당과의 정치적 연합은 더욱 강고해지는 경향을 보였다. 2016년 선거 전 조사에 의하면, 투표 등록을 마친 히스패닉 유권자의 54%가 민주당이 공화당보다 히스패닉에 대한 고려를 더 많이 한다고 응답하였고, 11%만이 민주당과 공화당이 차이가 없다고 응답하였다(Krogstad 2016). 무엇보다 2012년과 2016년 사이에 미국 태생 히스패닉 인구 중 320만 명이 투표 연령인 18세가 되는 것으로 나타났는데 이 숫자는 지난 4년간 증가한 히스패닉 유권자 수의 약 80%를 차지하는 숫자이다. 2016년 현

표 1　　　　　　　　　　　인종별 후보자 지지율(2004~2012년)

인종	2004			2008			2012		
	전체	케리	부시	전체	오바마	매케인	전체	오바마	롬니
	%	48%	51%	%	53%	45%	%	51%	47%
백인	77	41	58	74	43	55	72	39	59
흑인	11	88	11	13	95	4	13	93	6
히스패닉	8	53	44	9	67	31	10	71	27
아시안	2	56	44	2	62	35	3	73	26

출처: CNN Exit Polls(www.cnn.com/election/)

재 전체 히스패닉 유권자 중 18~35세의 밀레니얼 세대가 44%를 차지하고 있다(Krogstad 2016).

혹인 유권자들 또한 투표참여율에 있어서나 민주당 후보 지지율에 있어서나 2008년과 2012년에 새로운 역사를 썼다. 혹인 유권자들은 2008년과 2012년에 각각 95%, 93%라는 일방적인 지지를 오바마에 보냈을 뿐 아니라 오바마를 지지하는 백인과 혹인의 비율 차이(각각 52%P, 54%P) 또한 1984년 이래 최대치로 기록되고 있다(Abramowitz 2010).

대선을 앞두고 오바마가 불법체류 청소년 추방유예조치를 발표하는 등 이민 이슈가 본격화되면서 유색인종의 민주당 지지가 더 강해진 2012년 대선에서는 유색인종 유권자의 오바마 지지가 80%에 이른 반면, 롬니에 대한 지지는 18%에 불과했다. 반면, 백인 유권자들의 오바마(39%)와 롬니(59%)에 대한 투표의 차는 20% 포인트에 이르고 있다. 이와 같이 백인 유권자들로부터의 낮은 지지에도 불구하고 오바마가 대선에서 승리할 수 있었던 데에는 수적으로 증가한 유색인종 유권자들의 높은 지지가 중요한 역할을 한 것으로 분석되고 있다. 무엇보다도 최근 6차례 선거 중 5차례 선거에서 민주당이 유권자 투표에서 승리하였다는 사실은 민주당과 지지 그룹의 선거연합이 견고해져 왔다는 것을 의미하는 것으로, 클린턴 캠프는 민주당과 선거연합이 강해져 온 유색인종 유권자들, 특히 히스패닉 유권자들의 적극적인 지지를 기대하였다.

이렇게 유색인종 유권자들의 수와 참여가 늘어나고 대통령후보의 당락에 영향을 미칠 정도의 정치력을 행사하며 정책결정과정에도 목소리를 크게 내는 등 그 영향력이 커지자 백인들이 체감하는 정체성에 대한 위기감 또한 커질 수밖에 없었다. 더구나 2010년 총인구조사에 따른 분석에 의하면, 2012년에 미국 내 히스패닉 인구는 2.2%, 아시안은 2.9%, 흑인은 1.3% 증가한 데 반해 백인 인구는 0.09%라는 낮은 인구증가율을 보였다. 이러한 추세라면 향후 30년 내에 백인 인구가 히스패닉 인구보다 적어지게 되어 백인이 수적으로 미국 내 마이너리티가 될 것으로 추정되고 있다(Roberts 2013). 2014년에 미시간대학의 연구진이 진행한 조사 결과는 이민에 대해 부정적인 생각을 가지고 있는 백인들은 모든 이민자들에 대해 부정적이라기보다는 히스패닉 이민에 대해서만 매우 부정적이며 불안감을 가지고 있다는 것을 보여주고 있다(Clement 2014).

히스패닉 이민자 증대에 대한 백인들의 불안감은 2008년 금융 위기 이후 많은 일자리들이 계약직이나 임시직 또는 저임금의 직종으로 변하면서 이민자들이 백인 노동자들의 일자리를 직접적으로 위협하고 있다는 점에서도 더 커지고 있다. 특히 트럼프 지지자들은 다른 유권자들에 비해 이민자 및 외국인 노동자들과 경쟁해야 하는 블루칼라 직종에 50% 이상 많이 종사하고 있는 것으로 조사되었다(Rothwell 2016). 한 연구에 의하면, 자신이 백인이라는 정체성이 강할 경우에 이민자에 대한 부정적인 태도가 더욱 커지는 것으로 나타났는데(Major et al. 2016), 백인들의 정체성에 대한 불안감을 자극하여 이민자들을 불안과 분노의 대상으로 그려내는 데 성공한 트럼프는 이 정체성의 정치를 잘 활용하였다고 할 수 있다. 퀴니팩대학(Quinipac Univ.)의 조사에 의하면, 트럼프 지지자의 80%는 '정부가 마이너리티 그룹을 지나치게 많이 돕고 있다'고 생각하고 있으며, 85%는 '미국이 정체성을 잃어버리고 있다'고 믿고 있는 것으로 나타났다(Admin 2016).

이러한 정체성의 정치가 부각되면서 미국 사회는 이민자의 약 25%를 차지하고 있는 불법체류자에 대한 조치가 핵심적인 사회적 문제로 대두되었다. 2014년 불법체류자 400만 명 이상을 구제하기 위한 법안이 공화당 의회의 반대로 의회 통과에 실패하자 오바마가 이를 행정명령으로 시행하는 과정에서 불법체류자 처리 문제는 더욱 중요한 정치적·사회적 이슈가 되었다. 특히 대부분이 저소득층을 이루고 있는 불법체류자 구제는 이들에 대한 재정 지원이 전제가 되기 때문에 핵심적인 경제적 이슈이기도 하며, 이민에 대한 부정적 생각을 가진 백인들의 가장 중요한 공격 타깃이기도 하다.

요약하건대, 미국의 거시경제지표는 오바마 2기를 거치면서 2008년 금융위기 전으로 회복되는 추세를 보이고 있었지만, 중산층의 몰락을 초래하는 경제적 양극화의 심화와 저소득 노동자들의 소외와 분노, 그리고 유색인종의 증가에 따른 백인들의 불안감 등 다양한 요인이 2016년 대선의 사회경제적 배경을 이루고 있었다.

III. 사회경제적 이슈에 대한 후보자 공약과[1] 대선

　　2016년 미국 대선에서 민주당 클린턴 후보와 공화당 트럼프 후보는 사회경제적 이슈에서 매우 차별적인 입장을 가지고 대선에 임하였다. 전통적으로 양당이 차이를 보여 온 세금 감면, 기업규제, 복지 프로그램, 최저임금, 금융정책 등과 더불어, 2016년 대선의 핵심적인 이슈로 부상한 불법체류와 이민자 지원 문제에 이르기까지 양 후보는 정반대의 공약을 내걸었다. 이 절에서는 사회경제적 이슈에 관한 양 후보의 공약을 살펴보고 이 공약들이 대선에 어떠한 영향을 미쳤는지를 논의해 보고자 한다. 다만, 대선이 끝난 지 얼마 되지 않은 시점이기 때문에 자료의 부족으로 구체적이고 심도 있는 분석은 이후로 미루고 여기서는 개략적인 분석에 머물고 있음을 밝힌다. 또한 이번 대선의 경제 분야 이슈 중 하나인 자유무역협정을 포함한 통상정책은 별도의 장에서 다루고 있기 때문에 이 장에서는 생략하고 국내정책 위주로 살펴보기로 한다.

1. 사회경제적 이슈에 대한 후보자 공약 비교

1) 일자리 창출과 최저임금
　　앞서 언급했듯이, 미국 경제는 성장률에 있어서는 금융위기 이전 상태로

---

1) 다음의 자료들을 참고함. Admin(2016); Associated Press(2016); FiveThirtyEight (2015); Singh(2016); *Wall Street Journal*(2016).

회복을 하였지만 여전히 미국민들이 직접 느끼는 경제적 불안은 극복되지 못하고 있었다. 특히 금융위기가 공식적으로 종료된 지 꽤 긴 시간이 지나고 있었지만 가계소득이 계속 하락하고 고용률 또한 예정수준을 회복하지 못하고 있는 상황에서 경기 회복을 나타내는 거시경제지표들은 미국민들에게 별다른 의미를 가지기가 힘들었다. 이 때문에 프라이머리 시기부터 공화당의 모든 후보들은 오바마와 민주당의 경제정책을 힐난하게 비난하면서 일자리를 제공하고 가계소득을 높이기 위한 일련의 정책들을 제시하는 데 공약의 초점을 맞추었다. 대부분의 공화당 후보들과 마찬가지로 트럼프도 대규모 세금 감면, 규제 완화, 자유무역협정에 대한 재협상 등을 통해 미국 내 일자리를 더 만들겠다는 것을 공약으로 내걸었다. 또한 국방비와 인프라 지출 증대를 통해 일자리 붐을 일으킨다는 계획을 발표하였다. 무엇보다도 트럼프는 아웃소싱과 자유무역에 대해 반대하고 소위 민족주의적 경제정책을 통해 2,500만 개의 일자리 창출과 연간 3.5% 이상의 성장을 약속하면서 미국 역사에서 가장 성장 위주, 일자리 위주의 계획이라고 주장하고 있다. 그러나 사실상은 다른 공약들과 마찬가지로 경제 공약에 있어서 트럼프는 공약에 대한 어떠한 상세한 계획도 제시하지 않았다는 비판을 받았다.

반면, 클린턴은 잡 트레이닝, 주립·시립대학 교육, 인프라 등에 보다 많은 예산을 배정함으로써 일자리를 증대시키는 방안에 대해 매우 상세히 제안하고 있다. 예를 들어, 연방 최저임금 인상이나 이민법의 점검, 그리고 여성의 노동 참여율을 높이기 위한 공공 육아 환경의 개선 등 구체적인 계획을 제시하였다. 또한 인프라에 대한 투자를 통해 일자리를 창출하고 임금을 높이는 방안을 제안하였으며, 장애인 일자리정책도 상세히 제시하고 있다.

한편, 이번 대선에서 후보자들이 언급한 가장 핵심적인 공약들이 저소득층 및 중산층의 경제 상황의 개선에 있었던 만큼 최저임금 이슈 또한 중요하게 언급되는 이슈였다. 특히 프라이머리 기간에 민주당의 샌더스 후보가 현재 시간당 7.25달러인 연방 최저임금 액수를 15달러까지 인상하겠다는 방안을 제시하면서 청년들의 열렬한 지지를 받자 최저임금 이슈는 더욱 중요하게 부상하였다.

최저임금 인상에 대한 트럼프의 공약은 선거 기간 내내 변화를 거듭했다. 초기에는 공화당의 입장과 마찬가지로 최저임금 인상이 필요 없다는 입장을 고수하였으나 이로 인해 비판을 받자 2016년 7월에 이르러서는 10달러로 인상하는 안을 제시하였다. 이는 기존 공화당 지지기반을 벗어나 저소득 노동자층을 지지층으로 하는 트럼프의 전략적 입장 변화로 평가되었다.

클린턴의 경우에는 최저임금 인상에 대해 프라이머리 전 기간에 걸쳐 샌더스와 논쟁을 거듭하였다. 클린턴의 입장은 최저임금 인상은 필요하지만 샌더스가 제안하듯이 시간당 15달러는 너무 많다는 것이었다. 클린턴은 12달러를 제안하고 만약 각 주나 지역에서 동의만 된다면 자체적으로 더 올릴 수 있다는 방안을 제시하였다. 이후 민주당이 장기적으로 15달러로 인상할 것을 당의 공식적인 입장으로 받아들이기로 결정한 뒤에도 클린턴은 이에 동의하지 않았다.

2) 조세정책

조세정책은 정부의 크기와 역할에 대한 미국의 전통적인 논쟁과 관련이 있는 정책이다. 전통적으로 작은 정부를 지지하는 공화당은 기업과 사적 영역에 대한 세금 감면에 초점을 맞추고 정부의 역할을 중시하는 민주당의 경우 부자 증세를 통한 세금의 증대와 복지정책의 확대를 강조해 왔다.

트럼프 역시 프라이머리가 시작되기 전에 부시 대통령 시절 이루어졌던 세금 감면보다 세 배나 많은 세금을 감면하는 것을 주된 내용으로 하는 세금정책을 제안하였다. 대선 레이스 중에 수정된 계획에서 트럼프는 법인세를 39%에서 15%까지 인하하고 부동산에 대한 세금을 없애며, 보육비 공제를 비롯한 기본 공제액 증대 등의 공약을 추가하였다. 또한 현재 최상위계층의 세율인 39.6%를 33%로 인하하겠다는 공약도 함께 내놓았다. 트럼프의 계획대로라면 10년간 정부의 세수가 4.4~5.9조까지 감소할 것으로 추정된다.

클린턴의 조세정책은 부자증세와 이익을 노동자들과 공유하는 기업에 대한 인센티브 지급을 핵심 내용으로 한다. 클린턴은 연간 732,000달러 이상 벌어들이는 최상위 1% 소득자들에 대해 세금을 증대하는 반면, 보육시설을 제공하거나 의료비용을 제공하는 기업에 대해 세금우대를 실시하겠다는 구체적인 계획을 발표하였다. 또한 6년 이하 소유한 재산에 대한 양도소득세를 인상하여 장기적인 투자를 촉진하고 해외에 진출하는 기업에 대한 세금우대 폐지(출국세) 등 보다 강한 규제를 할 것을 약속하였다. 트럼프와 클린턴 모두 해외 진출 기업에 대한 사실상의 증세정책을 내놓은 것은 경쟁 주로 예상되는 러스트벨트 유권자들을 의식한 전략으로 풀이된다.

다른 한편, 클린턴은 연간 2백만 달러 이상 버는 고소득 주택소유자에게는 최소 30%의 세금의 부여하고 5백만 달러 이상 소득자들에게는 추가로 4%를 더 부과하는 방안과 함께, 트럼프와는 정반대로 부동산에 대한 세금을 인상하고 증여세 또한 높이는 방안도 내놓았다. 클린턴은 또 인프라 확충을 위한 비용인 2,750억 달러를 기업에 대한 조세 개혁을 통해 확보하는 한편 중산층의 세금은 줄이겠다는 공약도 제시하였지만 이에 대한 상세한 계획을 발표하지는 않았다.

3) 노령연금과 메디케어, 그리고 건강보험

미국의 노령연금은 가장 시급한 개혁이 필요한 분야이다. 개혁이 제대로 이루어지지 않을 경우 2034년이 되면 수령액의 79%를 세금으로 내야 하는 사태가 예고되어 있다. 노인들을 위한 의료보험인 메디케어 또한 정부가 과다한 비용을 쓰고 있는 분야로서 2015년 미국 연방정부는 노령연금과 메디케어에만 지출의 41%를 사용하였다. 이는 2011년에 비해 5% 포인트나 상승한 수치이다.

그러나 트럼프는 사실 노령연금이나 메디케어에 대한 명확한 공약을 제시하지 않았다. 다만 공화당 지도부가 노령연금과 메디케어 문제를 해결하기 위해 제안하고 있는 퇴직 연령을 높이거나 부유한 퇴직자에게 수혜를 제한하는 등의 방법을 비판하면서 지불능력이 없는 사람들에게 혜택을 주기 위해 낭비하고 남용하는 부분만 없애도 충분하다고 주장한다. 그러나 이러한 주장에 대한 구체적인 계획을 내놓지 않고 있을 뿐 아니라 그 주장 자체의 실효성에 대해서도 전문가들의 비판의 대상이 되었다.

반면, 클린턴의 경우, 배우자가 사망한 미망인이나 돌봄 제공자들에 대한 연금을 확대하는 방안을 제시하였다. 클린턴은 부자중세가 이를 위한 재정을 뒷받침해 줄 것이라고 주장한다. 클린턴의 노령연금정책은 프라이머리에서 경쟁했던 버니 샌더스의 주장을 받아들인 결과 상당히 좌클릭되었다는 평가를 받고 있다. 샌더스는 은퇴자들에 대한 보다 많은 혜택을 약속하였다. 클린턴은 본선 진출 후 샌더스를 열렬히 지지한 유권자들의 지지를 확보하기 위해 상당부분 좌클릭을 감행한 것으로 평가되고 있는데, 연금 문제 또한 그 한 부분이다. 클린턴은 특히 저소득 은퇴자의 연금 혜택을 확대하기 위해 부자중세가 필수적이며 트럼프와는 반대로 지불능력이 없는 사람들에 대한 혜택 프로그램을 확대해야 한다고 주장하였다.

한편, 연방정부 및 주정부 지출의 상당 부분을 차지하는 메디케이드 또한 민주당과 공화당이 대립하는 중요 이슈이다. 민주당은 메디케이드 혜택을 확대하기를 원하지만, 공화당은 혜택을 줄이거나 민간 영역으로 이전시키기를 원한다. 또한 아직은 미완성의 개혁으로 평가되는 오바마의 건강보험개혁에 대해서는 공화당의 모든 후보들이 즉각적인 폐기를, 민주당 후보들은 수정을 이야기해 왔다. 트럼프는 대통령 취임 후 첫 연설에서 정부 의료보험을 사도록 하는 오바마케어의 폐기를 가장 시급한 과제 중 하나로 언급했을 만큼 오바마의 건강보험개혁에 반대하면서 상세한 계획이 없는 대략의 건강보험개혁안을 제시하였다. 보험 구매의 강제성을 폐지한 이 계획에 따르면, 약 1,800만 명의 미보험자가 발생한다. 반면, 클린턴의 건강보험 공약은 전 국민의 보험 가입을 의무화하는 오바마의 개혁안을 유지하는 것을 기본으로 수정이 필요한 부분을 수정하겠다고 말하였다.

4) 이민정책

이민 이슈는 라티노 투표를 다루는 이 책의 다른 장에서 보다 상세히 언급하고 있는 이슈이다. 따라서 이 장에서는 양 후보의 대조적인 이민정책을 간략하게만 비교해 보기로 한다. 앞서 언급했듯이 유색인종의 정치적·

경제적 영향력이 증대되는 가운데 경제 위기 이후 이들이 백인 저소득층과
동일한 노동시장을 공유하게 되고 불법체류 문제가 중요한 정치적 이슈가
되면서 이민정책은 2016년 대선의 가장 핵심적인 이슈가 되었다.

잘 알려진 바대로, 트럼프는 공약의 가장 중심에 이민정책을 두었다. 캠
페인 내내 이민자들에 대한 막말로 비난받은 트럼프는 멕시코와의 국경에
멕시코 정부 돈으로 불법이민자들을 차단하기 위한 대형 벽을 세우겠다는
공약을 제시하였다. 불법체류자 구제를 골자로 하는 오바마의 이민개혁안에
반대하면서 트럼프는 불법체류자들에게 시민권을 부여할 어떠한 방안에도
반대를 표명한다. 이후 이러한 제안이 강한 비난에 부딪히자 이민자들의 지
지를 확보하기 위해 테러 위험이 있는 나라들에서 오는 이민자들만을 일시
적으로 입국 금지시키는 안을 제안하기도 하고 세금을 내는 이민자들과는
함께 일하겠다고 선언하면서 다소 완화된 입장을 보이기도 하였지만, 기본
적으로 이민자에 대한 트럼프의 입장은 공화당 내에서도 비판의 대상이 되
었다. 특히 멕시코 국경에 벽을 만들고 테러 가능성이 있는 지역 출신 무슬
림들을 축출하겠다는 공약은 일부 백인 유권자들을 동원하는 데에는 성공하
겠지만 그 이상의 외연을 확장하기 힘들게 만들 것이라는 점에서 공화당 내
부에서는 트럼프 캠페인이 의회선거에 미칠 부정적 영향에 대한 우려가 커
졌다.

8월 말이 되면서 트럼프는 범죄를 저지른 이민자들과 테러 위험이 있는
이민자들을 추방하고 새로운 이민자들에게 미국의 가치를 테스트하는 새로
운 시스템을 제안하였다. 이 제안에는 이민세관단속국 인력을 세 배로 늘리
고 국경순찰대 5,000명을 추가한다는 안이 포함되어 있지만, 불법이민자 추
방 방안 등이 구체적으로 제시되지는 않았다.

반대로 클린턴은 이민자의 권리를 증진시키기 위해 최초의 전국 단위
이민국을 창설하겠다는 계획을 밝혔다. 약 400만 명의 불법이민자들의 추
방을 막기 위한 오바마의 행정명령에 찬성하는 클린턴은 이민법을 재정비하
여 이민자들에게 합법적인 체류뿐 아니라 시민권을 부여할 수 있는 방법을
마련하겠다고 공약하였다. 트럼프의 이민정책이 히스패닉 이민자들의 강한

비난을 받으면서 민주당과 클린턴은 트럼프의 정책이 이민자들의 분노를 자극하여 보다 많은 유색인종 유권자들이 투표에 참여할 것이라고 기대하였다. 그러나 다음 절에서 살펴보겠지만, 트럼프의 반이민 입장과 인종주의적 발언이 캠페인 기간 내내 비난의 대상으로 부각되었음에도 불구하고 이것이 히스패닉을 비롯한 이민자들을 특별히 더 동원하는 힘을 발휘한 것 같아 보이지는 않는다. 즉, 트럼프의 이민정책은 백인들의 위기의식과 불안감을 자극하는 데에는 성공하였지만 트럼프에 대한 이민자들의 분노와 불안감을 특별히 더 자극하지는 않았다고 할 수 있겠다.

5) 대학 등록금

마지막으로 비싼 대학 등록금으로 인한 대학생들의 대출 문제는 이번 대선에서 매우 중요한 이슈가 되었다. 특히 프라이머리 기간 동안 샌더스가 주립대학 등록금을 2년간 무료로 하겠다는 공약을 내걸면서 이 이슈는 청년층 유권자들의 중요한 관심 이슈로 부상하였다. 미국에서 대학생들의 장기 대출은 중산층의 주택 소유나 저축을 제한하고 대출금 미상환에 의한 신용 불량자를 만들어내는 원인을 제공하고 있다.

트럼프는 사실 대학 등록금 문제를 깊이 있게 언급하지는 않고 있지만 정부가 대출자들을 도울 수 있는 방안을 마련하여야 한다고 말하면서 대출자의 수입의 12.5%를 넘기지 않는 선에서 상환하도록 하고, 상환 기간이 15년을 넘어 가면 빚을 탕감해 주자는 안을 제안하였다. 또한 대학생 대출은 정부가 관여하지 말고 민간 은행들이 처리하도록 하는 방안을 제시하고 있다. 이와 동시에 트럼프는 대학들이 다른 학생들의 꼭두각시 노릇만 하고 있는 학생들의 입학을 제한하기 위해 입학 기준을 엄격히 할 필요가 있다고 주장한다. 하지만 그의 이러한 주장은 그가 설립한 부동산 교육 기관인 트럼프 대학의 불법 행각으로 인해 비난의 대상이 되기도 하였다.

클린턴은 트럼프와 달리 부유한 사람들을 제외한 대부분의 미국인들이 등록금 없이 주립 또는 시립대에 진학할 수 있어야 한다고 주장하면서, 가계 수입이 85,000달러 이하인 경우에 한해 자신이 살고 있는 주나 시의 주

□ 표 2	사회경제적 이슈에 대한 양 후보의 정책적 입장	
	트럼프	클린턴
일자리 창출	- 세금 감면, 규제 완화, 자유무역협정 재협상 - 국방비와 인프라 투자 증대 - 2,500만 개 일자리 창출, 연간 3.5% 성장 - 구체적인 방안 제시 없음	- 잡트레이닝, 대학교육 지원, 인프라 투자증대 - 다양한 여성 노동 참여 방안 - 구체적인 방안 제시
최저임금	- 초기에는 최저임금 인상 반대 - 이후 10달러로 인상 방안	- 시간당 12달러 - 각 주나 지역이 자율적으로 정할 수 있음
조세정책	- 대규모 세금 감면정책 - 법인세 39%에서 15%까지 인하 - 부동산 세금 면제 - 최상위계층 세율율 39.6%에서 33%로 인하	- 부자증세 - 이익을 노동자와 공유하는 기업에 인센티브 - 단기 소유 재산 양도소득세 인상 - 부동산세 및 증여세 인상
노령연금 메디케어 건강보험	- 노령연금 및 메디케어에 대한 구체적 공약 없음 - 지불능력이 없는 사람들을 구제하는 데 낭비하거나 남용하는 부분을 없애야 함 - 오바마케어 폐지(보험 강제 구매 반대)	- 미망인과 돌봄제공자들에 대한 연금 확대 - 저소득자 연금 혜택 확대 위해 부자증세 필수적 - 지불능력 없는 사람들에 대한 혜택 확대 - 오바마케어 유지, 수정
이민정책	- 불법 이민 차단 위해 멕시코 국경에 벽 설치 - 테러 위험 지역에서 온 이민자 입국 금지 - 범죄를 저지른 이민자들과 테러 위험이 있는 이민자들을 추방하는 새로운 시스템 제안 - 이민세관단속국 인력 세 배 확충 - 국경순찰대 5,000명 추가	- 이민자 권리 증진 위해 전국 단위 이민국 창설 - 이민법 재정비로 이민자들에게 시민권 부여할 방법 강구
대학등록금	- 대출자 수입의 12.5%를 넘기지 않는 선에서 상환 - 15년이 지나면 빚 탕감 - 정부가 아니라 민간 은행들이 처리 - 대학의 입학 기준 엄격화	- 고소득자 제외한 대부분의 미국인들에 대한 주립대 및 시립대 무상 교육 - 이자율이 낮은 대출로 바꿀 수 있게 하고 기준에 따라 빚 탕감 가능 - 학생들 채무 불이행 시 대학이 페널티 받음

립대나 시립대에 진학한 학생에게는 등록금을 면제해 주는 방안을 내 놓았다. 클린턴의 공약에 의하면, 2021년까지 이 기준을 가계 수입 125,000달러 이하로 확대시킬 수 있다. 클린턴은 또한 대출자들이 이자가 더 낮은 대출로 바꿀 수 있게 하고 일정 기준에 따라 빚을 탕감하는 방안도 제안하고 있다. 동시에 클린턴은 학생들이 채무를 불이행할 경우 대학들이 재정적 패널티를 받는 방안도 제시한다.

지금까지 살펴본 사회경제적 이슈에 대한 양 후보의 정책적 입장은 〈표 2〉에서와 같이 요약될 수 있다.

2. 사회경제적 이슈와 후보자 지지

여느 대선과 마찬가지로 '경제'는 2016년 미국 대선 유권자들에게도 가장 중요한 이슈로 조사되었다. 퓨리서치센터(Pew Research Center 2016)가 중복 응답을 허용한 2016년 7월의 조사에서 경제를 매우 중요한 이슈라고 응답한 사람들이 84%로 가장 많았다. 이 조사에 따르면, 트럼프 지지자의 90%, 클린턴 지지자의 80%가 경제를 매우 중요한 이슈로 생각한 것으로 나타났다. 미국이 직면한 가장 중요한 문제를 질문한 10월의 갤럽조사에서도 경제가 가장 많은 응답인 17%를 차지하였다. 미국인들에게 두 번째로 중요한 문제는 '정부에 대한 불신'으로 12%의 응답자들이 선택하였다. 실업 및 일자리, 부의 차이, 세금 등 경제와 관련된 여러 이슈들에 대한 응답을 포함하면 경제를 가장 중요한 문제라고 응답한 사람들의 비율은 31%로 올라가고 있다. 그러나 2016년 대선에서 이렇게 경제가 여전히 가장 중요한 문제라고 인식되고 있기는 하지만, 2008년과 2012년에 비해 그 비율은 확연히 줄어들었다는 점에 주목할 필요가 있다. 이라크와 테러리즘 이슈가 부각되었던 2004년에조차 경제를 가장 중요한 문제라고 응답한 비율은 40%에 이르고 있었다. 다시 말하자면, 2016년 대선 유권자들에게 경제 이슈는 과거에 비해 상대적으로 덜 중요한 이슈로 인식되고 있었던 것이다.

■ 그림 5   경제가 가장 중요하다고 응답한 비율(각 대선 연도별 10월 응답률)

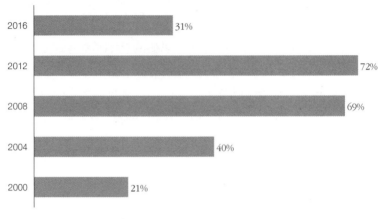

출처: Gallup(October 14, 2016)

　　11월 초에 갤럽에서 발표한 조사 결과에 의하면, 2016년 대선과정에서 후보자들이 자신들에게 중요한 이슈를 언급하고 있다고 생각하는 유권자들은 과반이 못되는 48%에 불과했다. 이 비율은 7월의 조사 결과(62%)에 비해 14%나 하락한 수치였다(Gallup, November 4, 2016). 이는 캠페인 이슈가 후보자 개인의 캐릭터에 집중되었던 대선 레이스 막바지에 정책 이슈에 대한 관심이 크게 감소하였음을 의미한다.

　　이슈에 대한 관심의 감소는 후보자 선택에 있어서 이슈의 영향력이 그만큼 줄어들었을 것이라는 예상을 가능하게 한다. 실제로 앞서 살펴보았듯이, 사회경제적 이슈에 대한 양 후보의 공약을 비교했을 때, 대부분의 이슈에 대해 트럼프는 상세한 계획이 거의 없이 선언적으로 던지기식 공약을 제시하고 있을 뿐 아니라, 비난이나 비판 또는 지지자들의 요구에 직면하여 자신의 정책 입장을 지속적으로 변화시키는 등 명확한 입장을 제시하지 못하였다. 반면, 정치적 경험이 풍부한 클린턴은 모든 이슈에 대해 뚜렷한 입장을 제시하고 있으며, 샌더스의 지지자들을 흡수하기 위해 이민이나 경제 정책에 있어서 진보적 입장을 명확히 함으로써 유색인종과 청년층, 그리고 여성들의 지지를 확보할 기반을 다졌다. 그러나 이번 대선에서는 이슈에 대한 무관심과 후보자 캐릭터에 대한 지나친 관심으로 인해 이들 유권자 집단의 이슈에 대한 입장이 클린턴 지지로 그대로 이어지기는 어려운 환경이었다.

같은 조사에서 트럼프 지지자들은 테러리즘이나 이민정책, 멕시코 불법 이민자정책과 같은 이슈에 대한 트럼프의 입장에 대해서는 대부분 명확히 호불호를 말할 수 있었지만, 어린이를 위한 프리스쿨 교육에 관한 트럼프의 입장에 대해서는 52%나 되는 응답자들이 잘 모르겠다고 대답하였다. 반면, 클린턴 지지자들은 클린턴의 여성정책에 대해서는 매우 잘 알고 있지만 정부 로비에 대한 입장에는 45% 응답자들이 잘 몰라서 호불호를 말할 수 없다고 응답하였다. 이러한 결과를 바탕으로 양 후보의 지지자들에게 영향을 미친 이슈 및 정책들이 완전히 다를 것이라는 것을 예상할 수 있다.

이 조사에서 트럼프 지지에 가장 큰 영향을 미친 이슈는 테러리즘과 이민정책이었으며, 클린턴 지지에 가장 큰 영향을 미친 이슈는 클린턴의 인종 관련 정책 및 교육정책, 그리고 부와 소득분배정책인 것으로 나타났다. 전체적으로 트럼프 지지자들은 테러리즘, 이민, 멕시코 불법이민자 처리, 일자리 창출, 경제정책, 이스라엘 지원, 총기소지, IS 격퇴, 연방재정적자 감소, 고용과 임금정책, 그리고 무슬림에 대한 대처 등의 정책들 때문에 트럼프를 지지한다고 응답하고 있고, 클린턴 지지자들은 클린턴의 인종 관련 정책, 프리스쿨 교육정책, 부와 소득 분배, 연방정부 크기와 효율성, 미국 군대의 사이즈와 힘, IS 격퇴, 경제정책, 일자리 창출, 퇴역군인정책, 낙태, 조세개혁 등의 정책이 클린턴을 지지하게 하는 이슈들이라고 응답하고 있다.

이러한 조사 결과를 바탕으로 예상해 보면, 트럼프는 국가 안보를 중요시하는 보수주의자들과 이민에 반대하면서 백인으로서의 정체성이 강한 백인 유권자들로부터 강한 지지를 받을 것으로 예상할 수 있고, 클린턴은 유색인종과 여성들 그리고 중산층이나 저소득층의 지지를 가장 많이 받을 수 있을 것으로 예상할 수 있다. CNN 출구조사에 의하면, 실제로 트럼프는 보수주의자들과 저학력 백인들의 지지를 가장 많이 받은 것으로 나타났다. 그러나 클린턴에 대한 유색인종과 여성들의 지지는 예상을 밑도는 것으로 나

표 3 2016년 대선후보 지지자들의 인구학적·사회경제적·정파적 구성

분류		전체 %	클린턴 48%	트럼프 46%	분류		전체 %	클린턴 48%	트럼프 46%
성별	남	47	41 (45)	52 (52)	교육	고졸 이하	18	46 (53)	51 (46)
	여	53	54 (55)	41 (44)		대재, 대퇴	32	43 (49)	51 (48)
인종	백인	71	37 (39)	57 (59)		대졸	32	49 (47)	44 (51)
	흑인	12	89 (93)	8 (6)		대졸 후 교육	18	58 (55)	37 (42)
	히스패닉	11	66 (71)	28 (27)	정당 지지	민주당 지지	36	89 (92)	8 (7)
	아시안	4	65 (73)	27 (26)		공화당 지지	33	8 (6)	88 (93)
나이	18~29	19	55 (60)	36 (37)		무당파	31	42 (45)	46 (50)
	30~44	25	51 (52)	41 (45)	이념 성향	자유주의	26	84 (86)	10 (11)
	45~64	30	44	52		중도	39	52 (56)	40 (41)
	65 이상	16	45	52		보수주의	35	16 (17)	81 (82)
수입	〈 30,000	17	53 (64)	40 (33)	종교	기독교	52	39	56
	〈 50,000	19	52 (55)	41 (43)		가톨릭	23	46	50
	〈 100,000	30	46 (49)	49 (49)		유대교	3	71	23
	〈 200,000	24	47	48		기타 종교	8	62	29
	200,000 이상	10	48	47		무교	15	67	25
결혼	미혼	41	55	37					
	기혼	59	44	52					

* (괄호) 안의 숫자는 2012년 민주당 오바마 후보와 공화당 롬니 후보가 획득한 득표율이며 비교를 위해 제공함

출처: CNN Exit Polls(www.cnn.com/election/)

타났다. 또한 2008년과 2012년에 오바마를 적극 지지했던 중산층과 저소득
층도 클린턴 지지에는 그렇게 적극적이지 않았던 것으로 조사되었다.

트럼프는 전형적인 보수주의자의 입장을 가지고 있지 않을 뿐 아니라
개인적 언행과 인종주의적·반이민적 정책으로 공화당 내에서도 수많은 비
판을 받았고, 심지어 부시 전 대통령을 비롯한 공화당 원로들은 클린턴에
대한 지지를 선언하기도 하였다. 그럼에도 불구하고, 〈표 3〉에서 보이듯이
2012년 롬니가 받았던 보수주의자들의 지지를 거의 잃지 않았으며, 공화당
지지자들의 지지율 또한 롬니에 비해 약간 낮아지기는 했지만 그 지지가 클
린턴에게로 옮겨가지는 않은 것으로 나타났다. 더불어 백인들의 클린턴과
트럼프에 대한 지지율의 차이 또한 2012년의 오바마-롬니와 마찬가지로
20% 포인트에 이르러 1980년대 이래 가장 큰 차이를 보이고 있다. 특히
백인 유권자 중에서도 저학력 백인들의 트럼프에 대한 지지가 강했던 것으
로 조사되고 있는데, 〈표 4〉에 그 차이가 잘 나타나고 있다. 대졸 미만 백
인 유권자의 경우, 트럼프에 대한 선호가 클린턴 선호보다 두 배 이상 높았
으며, 대졸 이상인 경우 백인이라도 트럼프를 선호하는 비율과 클린턴을 지
지하는 비율에 큰 차이가 발견되지 않는다. 이 결과는 트럼프에 대한 지지
는 주로 저학력 백인 유권자들로부터 왔다는 여러 분석들을 다시 한번 확인
해 주고 있다.

한편 클린턴의 경우, 트럼프의 이민자 및 흑인에 대한 적대적 정책과 막
말, 그리고 여성에 대한 비하가 이어지는 가운데, 앞서 살펴보았듯이 클린턴

표 4 인종과 교육에 따른 후보자 지지도(%)

교육	백인		히스패닉	
	클린턴	트럼프	클린턴	트럼프
대졸 이상	45	48	72	22
대졸 미만	29	66	76	20

출처: 2016 CNN Exit Polls(www.cnn.com/election/)

의 인종정책 및 여성친화적 교육정책에 대한 선호도가 높은 만큼 유색인종
과 여성들의 지지가 특히 높을 것으로 예상되었다. 그러나 예상과 달리, 히
스패닉과 흑인, 아시안 등 모든 주요 유색인종 그룹에서 클린턴에 대한 지
지율은 2012년 오바마에 대한 지지율에 비해 상당히 낮아진 것으로 나타났
다. 여성들의 클린턴 지지도 또한 오바마에 대한 지지도와 유사한 수준으로
조사되었다. 다만 여성들의 트럼프에 대한 지지율은 2012년 롬니에 대한 지
지율보다 조금 하락하였다. 여성 문제가 큰 이슈가 되지 않았던 2008년이나
2012년에 비해 여성이 이슈가 된 2016년에 여성 유권자들의 민주당 후보에
대한 지지가 더 높아지지 않았다는 사실은 결국 많은 여성친화적 정책을 발
표한 클린턴 캠페인이 여성 유권자를 동원하는 데 성공하지 못했다는 것을
나타낸다고 하겠다.

더불어, 클린턴의 소득분배정책에 대한 선호가 높은 만큼 중산층 및 저
소득층의 지지 또한 예상할 수 있지만 연간 수입 3만 달러 이하의 저소득층
에서 클린턴과 트럼프의 지지율 차이(13%P)는 2012년 오바마와 롬니의 지
지율 차이(31%P)에 비해 크게 감소하였으며, 5~10만 달러의 중산층의 경우
도 2012년과 큰 차이를 보이지 않는 가운데 오히려 이 그룹의 클린턴에 대
한 지지가 오바마에 대한 지지보다 약간 낮아진 결과를 보이고 있다.

유색인종 투표와 관련하여, 2016년에 히스패닉 유권자들은 클린턴에 대
한 우호도가 2012년 오바마에 대해 보였던 만큼 높지 않았던 것으로 조사되
고 있다. 투표등록을 마친 히스패닉 유권자들 중 클린턴에게 투표할 예정인
유권자들을 조사한 퓨리서치의 10월 조사 결과에 의하면, 36세 이상의 히스
패닉 유권자들은 65%가 클린턴이 좋아서 클린턴에게 투표할 것이라고 응답
한 반면, 35세 이하 히스패닉 유권자들은 64%가 클린턴이 좋아서가 아니라
트럼프가 싫어서 투표할 것이라고 말하고 있다. 이 결과는 8월에 실시된 갤
럽조사 결과와도 일맥상통한다. 이 조사 결과에 의하면, 히스패닉 이민 1세
대의 클린턴에 대한 우호도는 87%에 이르고 13%만이 트럼프에 호감을 가
지고 있지만, 미국에서 태어난 젊은 히스패닉 유권자들은 43%만이 클린턴
에 대해 우호적이고 29%는 트럼프에 우호적인 것으로 나타났다. 특히 같은

조사에 의하면, 미국에서 태어난 히스패닉 유권자들은 대부분이 투표등록을 했거나 할 예정이지만, 해외에서 태어난 1세대 히스패닉 이민자들은 등록을 하지 않을 것이라는 응답이 45%에 이르고 있다. 많은 선거 후 분석들이 클린턴의 패배 이유를 20년 만에 최저치를 기록한 투표율에서 찾고 있지만, 더 큰 문제는 이민 문제가 가장 핵심적인 이슈로 부상하고 상대 후보가 이민자들의 분노를 자극하는 상황에서 히스패닉과의 선거연합이 강해질 수 있는 상황이었음에도 불구하고 클린턴 캠페인이 이들을 동원하기 위한 적절한 전략을 구사하지 못했다는 데 있었다고 할 수 있겠다. "민주당은 이민의 증가로 인한 미국 인종의 다양성 증대에 기대를 걸고 있었지만, 유색인종의 증가는 (백인의 불안감을 증대시켜) 오히려 트럼프가 백악관으로 가는 길을 도와준 것 같다"라는 지적(Shifflett 2016)이 정확해 보인다.

경제 이슈만 본다면, 사실 9월 말 조사에서 미국 유권자들은 클린턴보다는 트럼프가 고용과 일자리, 경제일반, 조세, 연방정부 재정적자 등의 경제 이슈를 더 잘 다룰 수 있을 것이라고 평가하고 있었다(Gallup, September 26, 2016). 그러나 앞서 언급한 대로 경제 이슈의 중요성에 대한 인식이 과거에 비해 크게 감소한 상황에서 실제로 이러한 이슈들이 후보자 선택에 유의미한 영향을 미쳤는지는 명확하지 않다. 그러나 적어도 러스트벨트 지역을 포함한 블루칼라 노동자들이 많은 소도시 지역에서 경제 이슈들은 트럼프의 반이민정책과 함께 지지율을 높이는 데 중요한 역할을 한 것으로 평가되고 있다.

트럼프는 거의 모든 캠페인을 저소득·저학력층 백인들이 많은 농촌과 소도시에 집중하였다. 구체적인 실행방안은 없었지만 세금을 감면하고, 규제를 완화하며 자유무역협정에 대한 재협상을 통해 공장을 다시 국내로 복귀시키고 기업을 활성화시키겠다는 약속과, 이를 통해 2,500만 개의 일자리를 창출하고 빠른 경제 성장을 이루겠다는 공약만으로도 공장의 폐쇄와 지역 산업의 몰락으로 일자리를 잃은 저소득층 백인들에게는 매우 매력적인 선언이 되었다. 여론조사에 의하면, 연령대가 높은 블루칼라 백인 노동자들, 복음주의 기독교인들, 그리고 소도시 및 농촌 유권자들은 가장 경제적 관점

이 부정적이고 다인종에 의한 미국의 문화적 변화를 받아들이기 힘들어 하
는 그룹들이었다(Brwonstein 2016). 이들을 동원할 수 있는 가장 적절한 도
구는 구체적이고 디테일한 계획이 아니라 이들의 좌절과 분노를 자극하는
것이었다. 더구나 분노의 대상을 미국의 정치를 포함한 현재 시스템과 그간
막연한 불안감을 가지고 있었던 유색인종들로 구체화함으로써 백인 유권자
들은 캠페인에 보다 더 쉽게 더 감정적으로 접근할 수 있게 되었다.

트럼프가 구체화된 정책을 제시하지 않고 특정한 이념적 입장을 고수하
지도 않은 채 지지자들이 원할 때마다 지지자들의 입맛에 맞는 새로운 정책
을 제안하거나 기존 입장을 바꾸는 모습을 캠페인 전 과정에서 보였지만,
정치에 대한 지식이 많지 않은 이 저학력 지지자들에게 그러한 모습은 큰
문제가 되지 않았다. 이러한 점에서 미국의 농촌과 소도시는 트럼프가 포퓰
리즘적 선거 캠페인을 전개하기에 가장 적절한 환경이었다. 트럼프 캠프의
자원봉사자 매뉴얼에 명시되어 있듯이 "당신은 상품을 파는 것도, 이익이나
해결책을 제시하는 것도 아니다. 당신은 감정과 느낌을 팔아야 한다"는 것
이 트럼프의 캠페인 방식이었다.

특히 러스트벨트 지역에서 이루어진 이런 감정자극형 캠페인은 트럼프
의 승리에 결정적인 역할을 하였다. 2012년에 민주당을 지지했던 6개 주가
이번에는 공화당 지지로 바뀌었는데 이 6개 주에는 러스트벨트 지역인 펜실
베이니아(20석), 위스콘신(10석), 미시간(16석), 아이오와(6석), 오하이오(18
석)가 포함되어 있다. 이 밖에 플로리다(29석)와 메인(1석) 주를 포함하면 총
100개 선거인단 의석에 해당된다. 74개 의석 차이로 패배한 클린턴이 이
러스트벨트 지역 중 몇 개 주에서만 선전하였다면 선거인단 의석에서 승리
할 수 있었을 것이다. 특히 미시간과 위스콘신은 1% 포인트 미만 차이로,
펜실베이니아는 2% 포인트 미만 차이로 트럼프에게 승리를 내어주었다는
점에서 클린턴은 이 지역에서의 패배가 더욱 뼈아플 것이다. 클린턴은 미시
간과 위스콘신 등 러스트벨트 주들의 이반을 전혀 예상하지 못하고 이 주들
을 등한시했다는 평가를 받고 있다. 그러나 실제로 클린턴이 대규모 자원을
투척한 플로리다, 노스캐롤라이나, 오하이오, 그리고 펜실베이니아 주 등 거

의 모든 경쟁주들을 잃었다는 것은 클린턴 캠페인 자체의 문제였다기보다는 민주당이 클린턴이라는 기존 정치를 가장 잘 대표하는 후보를 내세우면서 애당초 이 지역의 유권자들이 원하는 변화에 대한 기대를 읽지 못했다는 것을 의미할 것이다. 이번 대선에서 이 지역은 정책보다는 기존 사회와 기존 정치를 공격해 줄 공격수를 기다리고 있었고 트럼프라는 포퓰리스트가 그 역할을 해냄으로써 공화당과의 새로운 선거연합을 형성할 수 있었다.

블루칼라 노동자들과 저소득, 저학력층 유권자들을 대상으로 한 포퓰리즘적 캠페인에 집중한 트럼프는 그러나 미국 사회의 강한 양극화 기류로 인해 전통적인 공화당 표도 거의 잃지 않았다. 사실 9월 갤럽조사 결과에 의하면, 공화당 지지자 중 트럼프의 이민정책이나 유색인종정책에 지지하는 비율은 고작 43%밖에 되지 않았다. 공화당 지지자들의 트럼프의 경제정책이나 총기정책에 대한 지지가 90%에 육박하였다는 점을 고려할 때 공화당 내에서도 트럼프의 이민정책에 대한 반대가 얼마나 컸는지를 짐작할 수 있다. 앞서 언급했듯이 트럼프에 투표한 공화당 지지자들의 51%가 트럼프가 좋아서라기보다는 클린턴이 싫어서 트럼프를 선택하였다고 응답하였다. 강하게 양극화된 양당체제에서 양당 지지자들은 소수정당 후보로 지지를 바꾼 일부를 제외하고는 다른 대안이 없었던 것이다. 최근 미국 정치는 반대 정당 또는 반대 이념을 가진 사람들에 대한 깊은 적대감을 기반으로 한 양극화의 심화 현상을 보이고 있는데(Gallup, October 6, 2016), 이 때문에 적대적인 정당에 대통령 자리를 양보할 수 없는 공화당 지지자들이나 보수주의자들이 차선책으로 트럼프를 선택할 수밖에 없었던 것이다. 이런 점에서 트럼프는 자신의 정책이나 캐릭터, 또는 선거전략의 승리를 넘어 미국 사회 정치적 구도의 수혜자라고 볼 수 있겠다.

IV. 나가는 말

2016년 미국 대선은 '캐릭터의 선거'였다고 불릴 정도로 정책 이슈의 영향력이 크지 않았던 선거로 평가되고 있다. 유권자들이 경제가 가장 중요한 이슈라고 생각하고는 있었지만 후보자의 경제정책이 유권자들의 투표 선택에 중요한 역할을 하였는지는 의문이다. 다수의 유권자들은 그 내용이 매우 빈약함에도 불구하고 트럼프의 경제정책이 클린턴의 경제정책보다 더 훌륭하다고 생각하는 것으로 조사되었다. 뿐만 아니라, 캠페인 전 기간에 걸쳐 지속적으로 바뀐 트럼프의 경제정책에 대해 심각한 문제를 제기하는 분위기가 형성되지도 않았다. 이처럼 후보자들의 정책에 대한 직접적인 반응은 경제 이슈와 관련해서 뚜렷이 목격되지는 않았다. 오히려 직접적인 경제정책은 아니지만 사회경제적 배경을 강하게 가지고 있는 트럼프의 이민정책이 백인 정체성이 강한 저소득·저학력 백인 유권자들을 자극하는 데 핵심적인 역할을 하였다. 국경에 벽을 설치하고 특정 인종의 입국을 불허하는 정책의 실효성 여부와 관계없이 상당수의 백인 유권자들, 특히 노동시장을 유색인종과 공유하는 블루칼라 노동자들은 트럼프의 이민정책에 강한 지지를 보냈고 또 정책에 대한 정확한 정보나 지식 없이 트럼프가 자신들의 일자리를 보장하고 임금을 상승시켜줄 것이라고 믿었다.

실제로 트럼프에 투표한 사람들은 트럼프의 정책이 훌륭하다거나 리더로서의 자질에 대한 믿음 때문에 트럼프를 선택했다기보다는 변화를 원하였기 때문에 선택했다는 설명이 더 적절해 보인다. 대다수 미국인들은 명확한 정책적 입장도 없이 대선 기간 내내 즉흥적인 정책을 만들어 내거나 정책보다는 유권자들의 감정을 자극하는 전략을 통해 유권자를 동원한 트럼프에 대해 대통령으로서의 리더십이나 자질이 부족하다고 생각하는 것으로 조사되었다(Newport 2016). 출구조사에 의하면, 트럼프에 투표한 사람들 중에서도 23%가 트럼프가 대통령으로서의 자질을 갖추지 못했다고 응답하고 있으며, 20%는 트럼프를 싫어한다고 말하고 있다. 그럼에도 불구하고, 그들이 트럼프를 지지한 이유는 워싱턴 밖으로부터 온 누군가가 워싱턴을 바꾸어야 한다고 믿었으며 트럼프가 그러한 변화를 가지고 올 것이라고 믿었기 때문이었다. 최근 미국민들의 정부에 대한 신뢰는 매우 낮은 편이다. 특히 의료보험개혁, 부유세, 이민법 개혁 등 오바마 재임 기간 동안 추진된 일련의 정책들에 대하여 공화당이 강한 반대 입장을 고수함에 따라 오바마 정부 시기 전체 유권자들의 연방 정부에 대한 신뢰도는 역대 최저인 21%까지, 그리고 공화당 지지자들의 연방 정부에 대한 신뢰도는 13%까지 떨어졌다(Pew Research Center 2015). 최근의 연구가 보여주고 있듯이, 부패 등으로 인해 정부에 대한 신뢰가 매우 낮을 때, 포퓰리스트나 극우 정당이 유권자들을 동원하여 지지를 확보하기 가장 좋은 환경이 된다(Ziller and Schübel 2015). 미국 유권자들의 정치 및 정부에 대한 분노와 낮은 신뢰감을 기반으로 기존의 시스템과 정치 엘리트를 집중 공격한 트럼프는 전형적인 포퓰리스트적 전략을 사용하였다고 할 수 있다.

전통적으로 민주당을 지지해 온 러스트벨트 및 중서부 유권자들의 지지를 확보하고 이들을 동원하기 위해 트럼프는 "나는 무엇이든 해 줄 수 있다"식의 약속을 지속적으로 하였다. 이러한 포퓰리스트적 약속으로 트럼프는 결국 지난 두 차례 선거에서 연속으로 오바마를 지지하였던 676개 카운티 중 209개 카운티에서 승리하였고, 두 선거 중 오바마가 한 번만 이긴 207개 카운티 중에서는 무려 194개 카운티에서 승리하였다. 지난 두 번의 선거에서 오바마를 지지하였으나 이번에는 트럼프로 돌아선 209개 카운티들의 평균 백인 인구 비율은 81%로 여전히 민주당 지지로 남은 467개 카운티의 백인 비율인 51%보다 월등히 높다. 민주당과 클린턴은 흔히 '파란 벽(blue wall)'으로 불리는 지역들 중 하나인 러스트벨트 지역에 대한 자신감이 높았기 때문에 그 지역들보다는 대도시 지역에 더 치중하는 캠페인을 전개하였다. 정책 또한 전통적인 민주당 지지기반인 블루칼라 노동자를 타깃으로 하는 정책보다는 중산층, 여성, 청년 또는 유색인종에 더 초점을 맞추는 경향이 있었다. 그러나 이러한 캠페인은 러스트벨트의 노동자들이 더 이상 노동조합을 중심으로 민주당을 지지하는 정치적 그룹이 아니라는 점을 간과한

전략이었다고 평가된다. 러스트벨트에서 노조는 사라졌으며, 좁아진 노동시
장에서 백인 노동자들은 유색인종들과 경쟁을 해야만 하는 상황 속에 던져
져 있었다. 이미 잊혀진 것 같아 보이던 이 지역에 트럼프의 메시지는 매우
명료한 것이었다: "보호주의자 대통령이 되겠다(Mcquarrie 2016)." 자유무역
협정으로부터 국내 일자리를 보호하고 유색인종으로부터 백인들의 생활권
을 보호하겠다는 메시지였다.

그러나 한 칼럼니스트의 말대로 대규모 변화를 제안하는 것은 실제 그
러한 변화를 가져오는 일보다 훨씬 쉬운 일이다(Newport 2016). 정치적 경
험도 없고, 대통령으로서의 자질도 부족하다고 평가받는 가운데 기존 시스
템과 백인들의 유색인종에 대한 적대감을 자극함으로써 대선에서 승리한 트
럼프가 과연 미국인들이 원하는 변화의 그림을 그려갈 수 있을 것인지 의문
이 드는 것이 사실이다. 특히 이념과 정파성을 바탕으로 한 정치적 양극화
가 심화되면서 대부분의 정치적 선택과 결정이 내집단 편향과 외집단 배타
의 형태로 이루어지고 있는 미국 사회에 2016년 대선을 계기로 다시 인종주
의적-반이민 정서가 더해짐으로써 대결의 정치 양상이 더욱 강화될 수 있다
는 우려의 목소리가 높다.

트럼프는 취임 이후 공약의 이행이 어려울 것이라는 예상을 뒤엎고 대
선 공약을 정책으로 밀어붙이고 있다. 무엇보다도 친기업적 인사들 또는 실
제 민간 기업 인사들로 행정부를 채우면서 규제 완화 및 법인세 인하 등
친기업적 경제정책을 예고하고 있다. 또한 여러 행정명령을 통해 경제 공약
들을 현실화시키고 있다. 환태평양경제동반자협정(TPP) 탈퇴를 위한 행정
명령에 이미 서명하였고, 금융위기 이후 오바마 정부가 금융기관의 자본확
충, 파생상품 투명화, 금융감독 강화 등을 위해 시행한 도트-프랭크법을 일
부 폐지하는 행정명령에도 서명하였다. 도트-프랭크법의 일부 폐지는 시장
의 환영을 받고 있지만, 해외진출 기업의 국내환류정책은 높은 생산비용을
피하려는 미국 기업들을 압박할 수 있어 기업들이 반대하고 있는 형편이다.
그러나 아직은 그 행보를 멈출 것 같아 보이지는 않는다. 무엇보다도 실현
이 불가능해 보였던 멕시코 국경 장벽을 위한 행정명령에도 이미 서명하였

고, 난민들의 입국을 중지하고 이란, 이라크, 시리아 등 7개국 국민의 미국 입국 비자를 최장 120일까지 중단하는 행정명령을 내렸다. 이 입국금지 행정명령은 미국 법원에 의해 위헌 판결을 받고 중지된 상황이지만, 트럼프는 어떤 식으로든 반이민정책을 실현해 나가고자 시도할 전망이다.

퓨리서치의 최근 조사에 의하면, 트럼프의 이러한 행보에 대해 미국민들은 매우 강하게 양극화된 입장을 보이고 있다(Pew Research Center 2017). 트럼프의 업무 수행에 대한 지지가 39%, 반대가 56%로 전체적으로는 트럼프에 대해 부정적인 시각이 강한 가운데, 매우 지지하거나 매우 반대하는 비율이 75%에 이르고 있어 호불호에 대한 양극화가 매우 강하다는 것을 알 수 있다. 강한 호불호가 이렇게 높은 비율로 조사된 것은 양극화가 심화되어 온 오바마 집권기에도 한 번도 없었던 일이었다. 그만큼 트럼프 당선 이후 미국 사회의 균열이 더욱 심각해지고 있다고 볼 수 있겠다. 심지어 매우 불합리해 보이는 난민과 무슬림 7개국 국민 입국 제한 조치에 대해서도 전체적으로는 59%가 반대하고 있지만, 공화당 지지자들은 81%가 찬성하고 있고 민주당 지지자들은 89%가 반대하고 있어 강한 양극화를 보이고 있다.

취임 이후 트럼프의 행정부 구성을 비롯해 거의 모든 정책과 행보는 이렇게 강한 찬반에 직면해 있다. 트럼프의 정책에 반대하는 시위와 랠리가 확대되고 있는 가운데 트럼프 행정부 시기에 미국 사회의 양극화가 더욱 심화될 것이라는 우려가 커지고 있는 이유이다. 선거과정에서 구체적이고 실효성 있는 정책 마련 없이 기존 시스템과 정책의 변화를 약속하고 통합 대신 유권자들의 적대감을 자극한 트럼프가 자신의 정책을 현실화하고 기존의 오바마정책을 계승, 폐기, 변화시켜 가는 과정에서 어떻게 미국 사회 내부의 적대감과 균열을 해소하고 미국민들을 통합해 나갈 것인지 전 세계가 의문과 우려의 눈으로 바라보고 있다.

▪ 참고문헌 ▪

Abramowitz, Alan I. 2010. "Transformation and Polariztion: The 2008 Pre-
sidential Election and the New American Electorate." *Electoral Studies*,
Vol.29, No.4. 594-603.

Admin. 2016. "US Presidential Election: Key Issues and Themes." *Center for
Public Policy Research* (October 6).

Associated Press. 2016. "Why It Matters: Issues at stake in election"(August 20).

Brownstein, Ronald. 2012. "Trading Places: Why Obama is unexpectedly
relying more on the Rustbelt than the Sunbelt." *Quartz* (October 21).

_____. 2016. "How the Rustbelt Paved Trump's Road to Victory." *The Atlantic*
(November 10).

Clement, Scott. 2014. "The data on white anxiety over Hispanic immigration."
Washington Post (August 15).

FiveThirtyEight. 2015. "The Big Issues of The 2016 Campaign"(November 19).

Kahn, Matthew E. 1999. "The silver lining of rust belt manufacturing decline."
Journal of Urban Economics 46(3): 360-376.

Kamrany, Nake M., Jessica Greenhalgh, and Samuel Kosydar. 2016. "Priority
Issues of the 2016 Presidential Election." *The Huffington Post* (Novem-
ber 3).

Krogstad, Jens Manuel. 2016. "Key Factors About the Latino Vote in 2016."
Pew Research Center (October 14).

Major, Brenda, Alison Blodorn, and Gregory Major Blascovich. 2016. "The
threat of increasing diversity: Why many White Americans support
Trump in the 2016 presidential election." *Group Processes & Intergroup
Relations*. Published online before print October 20, 2016.

McQuarrie, Michael. 2016. "How the Rust Blet Delivered Trump the Presi-
dency: A Deep Dive." *Newsweek* (November 19).

Newport, Frank. 2016. "Eight Things We Learned in This Election." *Gallup*
(November 10).

Pacewicz, Josh. 2016. "Here's the real reason Rust Belt cities and towns voted for Trump." *Washington Post* (December 20).

Pew Research Center. "In First Month, Views of trump Are Already Strongly Felt, Deeply Polarized"(February 16).

_____. 2015. "Beyond Distrust: How Americans View Their Government" (November 23).

_____. 2016. "Top voting issues in 2016 election"(July 7).

Purdum, Todd S. 2016. "The 2016 Race Isn't About Issues. It's About Character." *POLITICO* (August 8).

Roberts, Sam. 2013. "Census Benchmark for White Americans: More Deaths Than Births." *New York Times* (June 13).

Rothwell, Jonathan. 2016. "Economic Hardship and Favorable Views of Trump." *Gallup* (July 22).

Shifflett, Shane. 2016. "A Divided America." *The Wall Street Journal* (November 9).

Singh, Kanishka. 2016. "US Presidential Elections 2016: Key issues in the election race between Donald Trump and Hillary Clinton." *The Indian Express* (November 6).

Wall Street Journal. 2016. "Clinton vs. Trump: Where They Stand on Economic Policy Issues."

Ziller, Conrad and Thomas Schübel. 2015. "The Pure People" versus "the Corrupt Elite"? Political Corruption, Political Trust and the Success of Radical Right Parties in Europe." *Journal of Elections, Public Opinion and Parties*, Vol.25, No.3. 368-386.

제10장

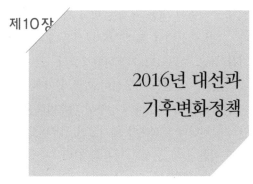

2016년 대선과
기후변화정책

정수현
명지대학교

I. 들어가는 글

기후변화는 이민, 인종, 동성애, 낙태 등과 더불어 미국 사회를 양분시키는 대표적인 쟁점 중의 하나이다. 진보주의자들은 급속한 산업화로 인해 지구온난화 문제가 더욱 심각해지고 있으며 지금부터라도 온실가스 배출을 감축시키지 않으면 거대한 자연재난을 인류가 겪게 될 것이라고 주장하는 데 반해, 보수주의자들은 지구온난화는 빙하기와 간빙기가 교차하면서 발생하는 자연적인 현상에 불과하며 대중매체와 과학자들에 의해서 그 피해가 과장되었다고 지적한다.

이러한 인식 차이는 기후변화에 대한 클린턴(Hillary Clinton)과 트럼프 (Donald Trump)의 입장과 공약에서도 분명히 드러난다. 클린턴은 인류가 기후변화의 위협에 직면하고 있다고 보고 이를 막기 위한 강력한 온실가스 감축 규제를 약속하였지만, 트럼프는 기후변화의 위협은 "거짓(hoax)"이며 온

실가스 배출에 대한 규제는 미국 경제의 거대한 손실을 야기한다고 주장했
다. 그런 측면에서 트럼프의 당선은 오바마(Barack Obama) 대통령이 임기
기간 동안 추진했던 기후변화정책의 근본적인 방향 전환을 의미한다.

본 글은 트럼프의 당선이 미국의 기후변화정책에 어떠한 변화를 가져올
지 전망하기 위해 오바마 정부의 기후변화정책과 2016년 대통령선거 기간 동
안의 클린턴과 트럼프가 제시했던 기후변화 공약들의 차이를 밝히고자 한다.
이를 위한 글의 구성은 다음과 같다. 우선, II절에서는 오바마 대통령의 주
요 기후변화정책을 청정전력계획(Clean Power Plan)과 파리협정(Paris Agree-
ment)을 중심으로 살펴보았다. 다음으로 III절에서는 기후변화에 대한 민주
당원과 공화당원들 간에 입장 차이를 갤럽조사 결과를 통해서 알아보고 이
러한 입장 차이가 클린턴과 트럼프의 공약에 어떻게 반영되었는지 검토하였
다. 마지막으로 IV절에서는 트럼프의 당선이 기후변화정책에 어떠한 변화
를 가져올지에 대해서 전망하겠다.

II. 오바마 대통령의 기후변화정책

1980년대 말부터 미국 의회는 이산화탄소 배출 규제에 대한 논의를 시
작한다. 하지만 공화당과 민주당 간에 기후변화에 대한 시각차이가 너무 커
서 이산화탄소 규제에 관한 신규 법률을 제정하지 못했다. 그러자 1998년
환경보호청(EPA: Environmental Protection Agency)의 법률 고문이던 캐논
(Jonathan Z. Cannon)은 환경보호국장에게 보낸 보고서에서 이산화탄소를
대기오염물질로 간주하여 1990년 개정 청정대기법에 따라 이산화탄소 배출
을 환경보호청의 행정규제로 감축시킬 수 있다고 제안한다. 보다 구체적으
로 살펴보면, 1990년 개정 청정대기법은 109항과 202항에서 "환경보호청은
공중보건 혹은 복지에 위험을 줄 수 있는 대기오염물질을 결정하여 이들 물

질의 배출량을 규제할 수 있다"고 명시하고 있다. 이에 따라 보고서는 의회
는 청정대기법을 통해 환경 보호청에게 어떤 대기오염물질을 규제할 것인지
에 대한 재량권을 준 것이며, 이 재량권에 따라 환경보호청이 이산화탄소를
대기오염물질로 규정하고 이를 규제할 수 있다고 해석한다. 그리고 1999년
이 보고서에 근거하여 국제과학기술평가센터(International Center for Tech-
nology Assessment)를 비롯한 19개 단체는 신규 차량의 온실가스 배출을 규
제할 것을 요구하는 탄원서를 환경보호청에 제출한다.

하지만 2001년 부시(George W. Bush) 대통령의 취임과 함께 환경보호
청의 정책 기조도 변하면서 이 탄원서는 2003년 8월 23일 다음과 같은 두
가지 이유로 기각당한다. 첫째, 환경보호성의 새로운 법률 고문인 페브리칸
트(Robert E. Fabricant)는 전임자 캐논과 달리 1990년 개정 청정대기법이
환경보호청에 이산화탄소 배출 규제에 대한 권한을 부여하지 않았다고 결론
짓는다. 1990년 청정대기법 개정 당시에 이미 의회는 기후변화 문제를 인지
하고 있었지만 다른 대기오염물 질과는 달리 이산화탄소 배출을 제한하는
규제조항을 법률에 명시하지 않았다는 것이다. 둘째, 환경보호청이 설사 그
런 권한을 가졌다고 해도 온실가스 양의 증가와 지구온난화 간의 관계가 분
명하지 않기 때문에 온실가스 배출을 규제하는 것은 시기적으로 적절하지
않다고 보았다.

환경보호청의 탄원서 기각이 결정된 이후 매사추세츠와 11개 주 캘리포
니아, 코네티컷, 일리노이, 메인, 뉴저지, 멕시코, 뉴욕, 오리건, 로드아일랜드,
버몬트, 워싱턴을 비롯한 다수의 단체들이 이에 대한 이의를 신청하였고 결
국 연방대법원은 이 사건을 심의하게 된다. 그리고 2007년 4월 2일 연방대
법원은 매사추세츠 대 환경보호청(*Massachusetts v. Environmental Protection
Agency*)에서 5대4로 환경보호청이 온실가스 배출을 규제할 수 있는 권한을
가진다는 판결을 내린다(Parker and McCarthy 2009).

이러한 법원의 판결기반으로 오바마 대통령은 승용차와 소형트럭의 이
산화탄소 배출량을 제한하고 차량의 평균연비를 증가시키는 규제를 실시하
고, 발전소와 같은 주요 고정오염원의 이산화탄소 배출 규제가 포함되어 있

는 청정전력계획을 발표하였다. 또한 2015년 12월에는 파리협정에 서명함
으로써 미국의 자발적인 온실가스 감축 기여방안'을 약속했다. 이들 내용을
보다 구체적으로 살펴보면 다음과 같다.

첫 번째로 2009년 환경보호청과 도로교통안전국(National Highway Traffic
Safety Administration)은 9개의 자동차 제조사와 캘리포니아 그리고 관련 단
체들과 함께 신규차량에 대한 기업평균연비제도(Corporate Average Fuel
Economy) 기준에 대해 합의를 맺는다. 이 공동기준의 목적은 차량에서 배
출하는 온실가스 배출량을 캘리포니아 규제 수준으로 낮추는 것이었다. 이
합의를 바탕으로 2010년 환경보호청과 도로교통안전국은 2016년 제조차량
의 이산화탄소 배출량을 1마일당 250그램으로 제한하는 규제를 연방공보
(Federal Register)에 공포한다. 이 규제로 인해 2030년까지 규제가 부재할
경우보다 차량의 이산화탄소 배출량이 약 21% 감소할 것으로 예상된다. 이

또한 도로교통안전국은 2016년까지 승용차와 소형트럭의 표준연비를 1
갤런당 34.1마일로 증가시키기로 결정한다. 두 개의 규제 모두 단계적으로
실시하기로 했으며 첫 번째 감축 대상은 2012년 제조차량이었다. 2012년
10월 5일, 환경보호청은 2017년부터 2025년까지 제조되는 경량자동차의
이산화가스 배출 감축을 위한 두 번째 단계의 규제 목표를 공포한다. 자동
차 제조사들은 2010년보다 승용차와 소형트럭의 온실가스 배출량을 약
50%가량 더 감소하기로 했다. 이 합의에 따르면 2025년까지 차량의 이산화
탄소 배출량이 1마일에 190그램으로 줄어들 것으로 예상된다(McCarthy and
Yacobucci 2016).

두 번째로 환경보호청은 이산화탄소 배출 규제를 빌딩과 발전소와 같은
고정오염원에까지 확대시켜나간다. 2011년 1월 12일 환경보호청은 주요 고
정오염원의 이산화탄소 배출 규제 방안에 대한 심의를 했고, 2014년 6월 18
일에는 발전소의 이산화탄소 배출량 감축을 골자로 하는 청정전력계획 초안
을 연방공고에 공포하였다. 그리고 1년여 동안 이해관계인들의 논평을 받은
후 그 내용을 반영하여 2015년 8월 3일 오바마 대통령과 환경보호청은 청
정전력계획(Clean Power Plan)을 최종적으로 발표하였다. 청정전력계획의

목표는 2030년까지 전력 분야로부터의 이산화탄소 배출량을 2005년 수준
보다 32퍼센트 감축하는 것으로, 이를 위해서 각 주정부는 2016년 9월 6일
까지 이 목표치를 달성하기 위한 실행계획을 환경보호청에 제출해야 한다.
환경보호청의 기본적인 계획은 이산화탄소 배출량이 높은 석탄 화력발전소
의 수를 줄여나가고 풍력이나 태양열과 같은 청정에너지 투자를 확대하거나
저소득 지역에서 수요측면의 에너지 효율성 개선 프로그램을 실시하는 주정
부에게는 환경보호청의 청정에너지 우대프로그램(Clean Energy Incentive
Program)을 통해 보상하는 것이다. 또한 탄소 배출권 거래제를 도입함으로
써 탄소 배출량을 허가기준보다 더 감소시킨 주들에게 재정적인 이득을 주
려고 한다(McCarthy et al. 2016).

　마지막으로 오바마 대통령의 주도로 기존의 유엔기후변화체제였던 교토
의정서를 대체할 파리협정(Paris Agreement)에 서명했다. 교토의정서의 경
우 일부 선진국과 동유럽 국가들만 온실감축 의무를 가지고 있었고 개발도
상국은 감축의무에서 면제되었다. 더욱이 미국과 중국은 온실가스 최대 배
출국이면서도 의정서를 비준하지 않았거나 감축의무대상이 아니었기 때문
에 교토의정서의 효용성과 정당성에 대한 의문이 계속 제기되었다. 이러한
문제점을 개선하기 위해서 파리협정은 선진국과 개발도상국에게 모두 법적
인 구속력을 받도록 하였다. 하지만 파리협정은 교토의정서와는 달리 비준
국들에게 일괄적인 온실가스 배출 의무를 부과하지 않았다. 파리협정은 지
구 평균기온 상승을 산업화 이전 대비 2℃보다 낮은 수준으로 유지하고,
1.5℃로 제한하기 위해 노력한다는 공동의 목적을 가지고 각국이 온실가스
자발적 감축기여방안(INDC: Intended Nationally Determined Contribution)
을 제출하도록 하였다. 파리협정의 비준국들이 자발적 감축기여방안을 이행
하지 않았을 경우 이를 강제할 수 있는 수단은 없으며 5년 단위의 이행점검
을 통해 각국이 온실감축 목표를 달성하도록 노력할 것을 권장하고 있다(정
민정·최정인 2016).

　파리협정과 관련해서 한 가지 주목할 점은 국제환경협약에서 일반적으
로 사용하는 "협정(agreement)", "의정서(protocol)"나 "조약(treaty)"이라는 용

어를 사용하지 않은 것인데, 이는 협정의 체결을 위해 상원의 승인을 받지 않기 위한 오바마 대통령의 외교적 전략이 반영된 것이다. 미국 헌법 제2조 제2항에 따르면 외국과의 조약이 효력을 얻기 위해서는 대통령뿐만 아니라 상원의 동의가 필요하다. 가령, 클린턴 대통령은 기후변화협약 제3차 당사자 총회에서 교토의정서를 다른 총회 참석국들과 합의를 하고 이를 서명했지만 상원의 비준을 받지 못함으로써 미국은 캐나다,[1] 안도라, 남수단과 함께 교토의정서를 비준하지 않은 네 개의 국제연합 회원국들 중에 하나가 되었다. 오바마 대통령은 새로운 파리협정 역시 상원의 비준을 받는 것이 어렵다는 것을 알았기 때문에 교토의정서와 달리 별개의 조약이 아닌 미국 상원이 이미 비준했던 유엔기후변화협약의 연장선에 있는 행정협정(executive agreement)의 형식을 채택하여 상원의 동의절차 없이 행정부 차원에서 체결이 가능하게 하였다.[2] 2016년 미국, 중국, 유럽연합 등의 주요국들이 파리협정을 비준함으로써 협정이 비준될 기본 요건[3]을 충족하고 이에 따라 같은 해 11월 4일 파리협정이 발효되었다. 미국 국무성은 자발적 감축기여방안으로 온실가스 배출량을 2025년까지 2005년 수준의 26~28%로 감축하도록 최선을 다하겠다고 발표한다.

---

1) 캐나다는 2002년 12월 17일에 교토의정서를 비준했었지만, 의정서가 요구하는 배출감소 목표를 이행할 수 없게 되자 2012년 12월 15일 비준을 철회하였다.
2) 행정협정은 기존에 상원에서 체결했던 조약의 목표와 내용의 변경 없이 세부적인 사항만 추가하는 정도에서 체결될 수 있으며 이 경우 추가적인 상원의 승인이 요구되지 않는다.
3) 파리협정은 전 세계 온실가스 배출의 55%가량을 책임지고 있는 최소 55개국이 비준한 날로부터 30일 이후에 발효하기로 하였다.

III. 기후변화에 대한 힐러리와 트럼프의 공약 비교

지난 십여 년 동안 민주당과 공화당 지지자들 간의 기후변화에 대한 시각 차이는 점차 증가하고 있다. 많은 민주당원들은 지구온난화가 온실가스 배출에 의해서 가속화되며 이에 대한 대처가 시급하다고 보는 반면에, 공화당원들은 일반적으로 지구온난화는 자연적인 현상에 불과하며 이로 인한 심각성은 언론과 과학자들에 의해서 과장되었다고 인식한다(Dunlap et al. 2016). 〈그림 1〉, 〈그림 2〉과 〈그림 3〉에 나타난 갤럽의 여론조사 결과는 이러한 기후변화에 관한 양당 지지자들 간의 양극화 현상을 잘 나타낸다.

먼저, 〈그림 1〉에 나타난 2001년 갤럽조사 결과를 살펴보면 지난 세기에 지구의 온도변화가 인류에 의한 것이라고 대답한 민주당 지지자들과 공화당 지지자들의 비율은 각각 70%와 53%였다. 하지만 2016년 조사에서는 인류에 의한 지구 온도변화에 대해 동의한 민주당 지지자들 비율은 84%로 증가한 데 반해서 공화당 지지자들의 비율은 43%로 하락했다. 양당 지지자

그림 1　　　지구온난화가 인류에 의해서 유발되었다고 대답한 비율

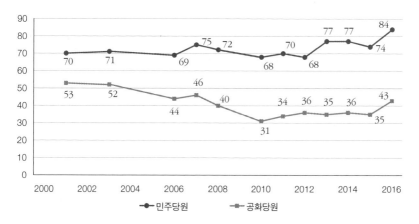

자료: 갤럽(Gallup)

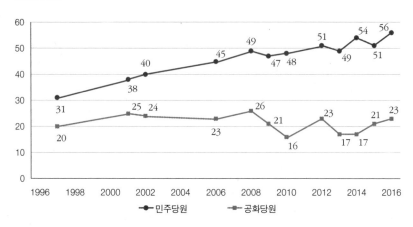

◼ 그림 2 지구온난화가 자신의 생애 동안 심각한 위협이 될 것이라고 대답한 비율

자료: 갤럽(Gallup)

들 간에 기후변화의 원인에 대한 견해의 차이가 17%에서 41%로 증가한 것
이다.

다음으로 〈그림 2〉에서 보는 바와 같이 지구온난화가 자신의 생애 동안
심각한 위협으로 다가올 지에 대해서도 민주당과 공화당 지지자들 간에 견
해차이가 분명히 나타난다. 지구온난화를 심각한 위협으로 인식한 민주당원
과 공화당원의 비율은 1997년 갤럽조사에서 각각 31%와 20%에 반해 2016
년 갤럽조사에서는 각각 56%%와 23%였다. 지난 10년 동안 지구온난화의
심각성에 대해서 공화당원의 인식은 별다른 변화가 없었지만 민주당원은 점
차 더욱 시급한 문제로 받아들이고 있는 것이다.

마지막으로 이런 기후변화에 대한 양당 지지자들 간의 시각 차이는 지
구온난화를 보도하는 언론에 대한 태도에서도 잘 나타난다. 〈그림 3〉에서
보듯이 1997년 갤럽조사에서 지구온난화가 일반적으로 뉴스에서 과장되어
서 보도되었다고 응답한 민주당원과 공화당원의 비율은 각각 27%와 37%으
로 10%의 격차뿐이었지만 2016년 갤럽조사에서는 뉴스의 과장된 보도를
지적한 민주당원과 공화당원의 비율이 각각 12%와 59%으로 47%의 차이를

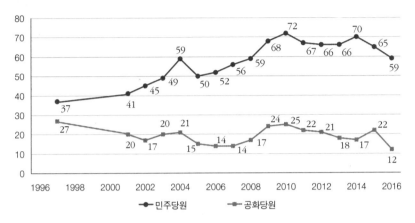

□ 그림 3 지구온난화의 위협이 뉴스에 의해서 과장되었다고 대답한 비율

자료: 갤럽(Gallup)

나타난다.

이와 같은 기후변화에 대한 민주당원과 공화당원들의 양극화 현상은 힐러리와 트럼프의 대선공약에도 잘 반영되어 있다. 클린턴은 오바마 정부의 기후변화정책을 계승하고 발전시켜나갈 것이라고 약속한 데 반해서, 트럼프는 기후변화에 대한 과학자들의 견해를 부정적인 시각을 가지고 오바마 정부의 온실가스 규제들을 철폐하겠다고 말한다. 이런 두 후보의 입장 차이는 기후변화에 대한 근본적인 인식 차이에서 비롯했다. 클린턴은 기후변화는 실제로 발생하고 이에 대한 대처가 시급하다고 자신의 의견을 밝히지만, 트럼프는 기후변화는 "거짓(hoax)"이라고 단언하면서 지구온난화를 자연적인 현상에 불과하다고 주장한다(Schipani 2016). 사안별로 두 후보의 공약을 살펴보면 다음과 같다.

우선, 클린턴은 오바마 대통령이 제안한 청정전력계획을 달성하기 위해 노력할 것이고 이에 대한 공화당원들과 지구온난화 회의론자들의 공격을 방어할 것이라고 공언한다.[4] 또한 석탄산업의 쇠락으로 경제적 피해를 당하는 노동자들을 위해서 재정적인 지원을 제공할 것이며 이산화탄소 배출 감소와 청정에너지 확대 사용을 위해 600억 달러 규모의 청정에너지도전(Clean Energy Challenge)을 시행할 것을 제안한다.[5] 이를 위한 재원은 석유와 가스 생산업자들의 세금 면제를 종식시킴으로써 마련할 수 있다고 밝힌다(Gabriel and Davenport 2015). 반면에 트럼프는 청정전력계획을 포함한 일자리를 없 앨 수 있는 모든 필요 없는 규제들을 철폐할 것을 약속한다.[6]

다음으로 파리협정과 관련된 미국과학자협회의 질문에 대해서 클린턴은 의회에서의 새로운 법률 제정 없이 오바마 대통령이 파리기후회의에서 맺은 약속들을 시행할 것이라고 대답하면서 구체적인 방안으로 청정에너지 기반 시설과 혁신을 위한 투자, 안전하고 책임성 있는 화석연료 생산, 국유지와 공공수역에 있어서 청정에너지 생산의 확대, 메탄 배출 감축 등을 제시한다 (Kaplan 2016). 이에 반해 트럼프는 2016년 5월 26일 노스다코타(North Dakota) 주 비스마르크(Bismarck)에서 있었던 연설에서 오바마 대통령이 의 회의 동의 없이 파리협정을 체결할 것을 비판하면서 파리협정을 취소할 것 이라고 얘기한다(Yachnin and Lehmann 2016). 또한 파리협정이 발효된 직 후에는 이를 "나쁜 거래(bad deal)"라고 부르면서 파리협정이 높은 전기료와 세금을 유발함으로써 미국 가정에 막대한 비용을 부담시킬 것이라는 성명을 발표한다.[7]

마지막으로 온실가스 배출과 밀접한 연관 관계를 가진 에너지정책에 있 어서도 클린턴과 트럼프의 공약에는 분명한 차이를 보인다. 클린턴은 많은 양의 이산화탄소를 배출하는 석유와 석탄 등의 화석연료 사용을 규제에 대 해서 찬성하며 이에 대한 대안으로 재생에너지 산업을 지원함으로써 에너지

---

4) https://www.hillaryclinton.com/briefing/statements/2015/08/02/obama-clean-po wer-plan/(검색일: 2016.6.30).

5) https://www.hillaryclinton.com/issues/climate/(검색일: 2016.6.30).

6) http://money.cnn.com/2016/09/23/news/economy/donald-trump-regulation/(검색 일: 2017.3.1).

7) https://www.donaldjtrump.com/press-releases/trump-campaign-statement-on-pa ris-climate-accord(검색일: 2016.3.1).

가격을 안정시키고 수백만의 신규 일자리를 창출할 수 있다고 주장한다. 보
다 구체적으로 첫 번째 임기기간 동안 5억 개 이상의 태양 전지판을 설치하
고 향후 10년 동안 모든 가구들에 전력을 공급하기에 충분한 청정 재생에너
지를 생산할 것이라는 야심찬 계획을 밝힌다. 또한 천연가스가 석탄에서 청
정에너지로 전환하는 교량적인 역할을 할 것이며 기후변화 문제에 대응하기
에서 가능한 한 빨리 이러한 중간 단계를 뛰어넘기를 원한다고 얘기한다
(Schipani 2016). 반면에 트럼프는 "미국 최우선의 에너지정책(America First
Energy Policy)" 공약에서 화석연료 생산에 대한 규제를 철폐하고 석탄과 세
일가스 산업의 활성화를 통해 에너지 생산량을 늘림으로써 에너지 가격을
안정시키고 에너지 독립을 달성하겠다고 약속한다. 또한 재생에너지에 대해
서는 다소 모호한 입장을 보여주는데, 한편으로는 에너지 독립을 위해서 원
자력과 풍력, 태양열 등의 모든 에너지를 추구한다고 밝히면서도 다른 한편
으로는 풍력이나 태양열 등의 생산 비용이 너무 높다고 비판한다(Schipani
2016). 이런 점을 고려해 볼 때 트럼프의 에너지정책의 한 가지 분명한 점은
재생에너지보다는 화석연료 생산에 더욱 의존적이라는 것이다.

IV. 트럼프 정권의 기후변화정책 전망

트럼프의 당선이 미국의 기후변화정책에 있어서 변화를 가져올 것이라
는 것은 누구라도 쉽게 예상할 수 있다. 더욱이 석유회사들과 가까운 전 오
클라호마 검찰총장인 플롯(Scott Pruitt)을 환경보호청장으로 임명한 것은 오
바마 대통령이 추진했던 기후변화 대책들을 철회하겠다는 트럼프 대통령의
의중이 명백히 드러난 것이다(Davenport and Lipton 2016). 하지만 미국의
규제 제정 절차와 파리협정의 내용을 고려해 볼 때 기후변화와 관련해서 얼
마나 일방적인 트럼프 대통령의 규제 철폐와 협정 탈퇴 시도가 실효성을 거

둘지에 대해서 의문이 생겨난다. 이를 앞서 II절에서 언급했던 오바마 정부의 주요 정책들의 진행과정과 더불어서 설명하면 다음과 같다.

첫 번째로 승용차와 소형트럭의 이산화탄소 배출 규제와 관련해서 환경보호청은 트럼프의 당선 직후인 2016년 11월 30일에 2022년부터 2025년 제조차량에 대한 기술적 타당성과 비용에 대한 중간 평가를 마쳤으며 예정된 바와 같이 기업평균연비제도를 계속 추진하겠다고 발표한다. 그리고 이에 대한 공공여론을 수렴한 후 환경보호청은 2017년 1월 13일에 그 결정을 최종적으로 확정짓는다. 이러한 환경보호청의 규제는 대통령의 행정명령(executive order)이 아니라 2007년 연방대법원의 매사추세츠 대 환경보호청 결정 이후 행정절차법(Administrative Procedure Act)에 의거해서 장기간에 걸쳐 만들어진 것이며, 연방대법원은 규제 신설에 있어서 환경보호청의 전문성을 존중한다고 하였기 때문에 대통령이나 신임 환경보호청장의 권한만으로 규제를 수정하거나 철폐하는 것은 어렵다. 기업평균연비제도를 개정하기 위해서는 반드시 법에 따라 개정절차를 밟아야 하며 이산화탄소를 대기오염물질로 포함시킨 이전의 환경보호청의 판단을 부정해야 하기 때문이다(Sussman 2017). 더군다나 설사 기업평균연비제도 기준을 완화시키는 것이 가능해지더라도 그럴 경우 차량의 최대 구매 지역인 캘리포니아 주가 그러한 결정에 반발해 독자적으로 평균연비를 높일 수 있기 때문에 연방정부의 결정이 실효성을 거두기가 어렵다.

두 번째로 오바마 대통령의 청정전력계획은 웨스트버지니아를 비롯한 몇 개의 주정부와 관련 단체들의 위헌 소송으로 인해 연방대법원이 정책의 타당성을 심사 중이며 현재 시행에 들어가지 못한 상태이다(McCathy et al. 2016). 그러므로 청정전력계획이 환경보호청에 의해서 실행될지의 여부는 2017년 중반 이후 예상되는 연방대법원의 판결에 달려 있다. 만약 연방대법원이 주에 위치한 발전소에 대한 연방정부의 규제가 타당하다고 결정하면 청정전력계획은 원래 계획대로 시행될 것이며 그럴 경우 앞서 기업평균연비제도와 같이 트럼프 정부가 이를 철폐하기는 매우 어려워진다. 반면에 연방대법원이 청정전력계획에 나타난 연방정부의 규제가 위헌이라고 결정한다

면 청정전력계획은 무효화될 것이다. 한 가지 분명한 것은 그 어떤 경우라
도 청정전력계획의 미래는 트럼프 대통령의 의도가 아니라 연방대법원의 판
결에 달려 있는 것이다.

마지막으로 파리협정의 경우 행정협정으로 승인되었기 때문에 트럼프
정부가 탈퇴하기는 그다지 어렵지 않다. 하지만 국제법상 바로 탈퇴가 가능
하지는 않다. 파리협정에 따르면 협정이 발효되면 비준국은 3년 이후에 탈
퇴를 선언할 수 있으며 탈퇴선언 후 1년 뒤에 비준국의 탈퇴가 인정된다.
그러므로 2016년 11월 4일 협정이 발효되었기 때문에 2019년이 되어서야
트럼프 정부가 탈퇴를 선언할 수 있으며 그로부터 1년 후인 2020년 탈퇴
결정이 인정될 수 있는 것이다. 다만 파리협정은 교토의정서와 달리 온실가
스 감축기여방안을 이행하지 않았을 때 처벌조항이 없으므로 트럼프 정부가
이를 이행하지 않는 쪽을 선택할 가능성이 높다.

결론적으로 트럼프 정부하에서 기후변화정책의 변화가 어느 정도 있겠
지만, 미국의 권력분립 구조와 규제제정절차를 고려했을 때 트럼프 대통령
단독으로 현재까지 추진되던 정책을 완전히 되돌리기는 쉽지 않다(Hultman
2016). 이처럼 연방정부와 주정부 기관 등으로 구성된 다수의 거부권 행사
자로 인해 현상타파가 어려운 미국 정책결정과정의 특징은 트럼프 대통령의
반이민 행정명령에 대한 연방법원의 견제에서도 잘 드러났다. 그러므로 트
럼프 정부하에서 온실가스 배출 규제가 신설되지는 않겠지만 입법부와 사법
부의 승인이 없다면 기존의 규제 역시 철폐되지 않고 계속 실행될 것으로
전망해 볼 수 있다.

■ 참고문헌 ■

Davenport, Coral, and Eric Lipton. 2016. "Trump Picks Scott Pruitt, Climate Change Dissenter, to Lead E.P.A." *The New York Times* (December 7), Retrieved from www.nytimes.com(검색일: 2017.3.1).

Dunlap, Riley E., Aaron M. McCright, and Jerrod H. Yarosh. 2016. "The Political Divide on Climate Change: Partisan Polarization Widens in the U.S." *Environment: Science and Policy for Sustainable Development* 58(5): 4-23.

Gabriel, Trip, and Coral Davenport. 2015. "Hillary Clinton Lays Out Climate Change Plan." *The New York Times* (January 27). Retrieved from www.nytimes.com(검색일: 2017.3.1).

Hultman, Nathan. 2016. "What a Trump Presidnecy Means for U.S. and Global Climate Policy." *PlanetPolicy* (November 9), Retrieved from www.brookings.edu(검색일: 2017.3.1).

Kaplan, Karen. 2016. "How Science Would Fare under a Clinton or Trump Administration." *Los Angeles Times* (September 30), Retrieved from www.latimes.com(검색일: 2017.3.1).

Leggett, Jane A., and Richard K. Lattanzio. 2016. "Climate Change: Frequently Asked Questions about the 2015 Paris Agreement." *Congressional Research Service Report*, R44609.

McCarthy, James E., Jonathan L. Ramseur, Jane A. Leggett, Alexandra M. Wyatt, and Alissa M. Dolan. 2016. "EPA's Clean Power Plan for Existing Power Plants: Frequently Asked Questions." *Congressional Research Service Report*, R44341.

McCarthy, James E., and Brent D. Yacobucci. 2016. "Cars, Trucks, and Climate: EPA Regulation of Greenhouse Gases from Mobile Sources." *Congressional Research Service Report*, R40506.

Parker, Larry, and James E. McCarthy. 2009. "Climate Change: Potential Regulation of Stationary Greenhouse Gas Sources Under the Clean Air

Act." *Congressional Research Service Report*, R40585.

Sussman, Bob. 2017. "Can President Trump Roll Back the Obama Emissions and Fuel Efficiency Standards for Light-Duty Vehicles." *PlanetPolicy* (February 3), Retrieved from www.brookings.edu(검색일: 2017.3.1).

Yachnin, Jennifer, and Evan Lehmann. 2016. "Trump's Energy Plan: Save Coal by Unleashing Fracking?" *Scientific American* (May 27). Retrieved from https://www.scientificamerican.com/(검색일: 2017.3.1).

제11장

트럼프 행정부 출범과
미국의 외교안보정책 전망

권보람   정구연
한국국방연구원   통일연구원

I. 서언

'힘을 통한 평화(peace through strength)'를 구호로 레이건 행정부로의
회귀를 표방하는 트럼프 독트린[1]은 미국 공화당 후보 도널드 트럼프에게
지난 2016년 대통령선거에서의 승리를 안겨주었다. 신고립주의로 명명될
만큼 현실주의적인 트럼프 독트린이 대다수 미국 유권자들이 바라는 미국의
국제사회 리더십의 방향성을 담고 있었던 것은 아니며,[2] 그런 의미에서 이

---

1) Peter Navarro, "The Trump Doctrine: Peace Through Strength," *The National Interest* (March 31, 2016); D. Quinn Mills and Peter Navarro, "Trump's Return to Reagan," *The National Interest* (October 11, 2016); Alexander Grey and Peter Navarro, "Donald Trump's Peace Through Strength Vision for the Asia-Pacific," *Foreign Policy* (November 7, 2016).

2) Dina Smeltz, Ivo H. Daalder, Karl Friedoff, Craig Kafura, "America in the Age of Uncertainty," Chicago Council on Global Affairs(2016).

독트린이 선거를 승리로 이끌었던 결정적인 요인이 아니었다. 실제로 선거 기간 동안 트럼프 독트린은 크게 주목받지 못했는데, 이는 그만큼 정제되지 않았던 트럼프 후보의 발언과 스캔들 때문에 유권자들이 그의 공약들을 상대적으로 간과했을 수도 있고, 혹은 힐러리 클린턴 후보의 대외정책 공약과 비교해 너무나 협소한 공약의 외연과 공화당 정강(platform)과의 괴리로 인해 그 신뢰도가 떨어졌을 수도 있을 것이다. 근본적으로 대외정책이 미국 대통령선거에 미치는 영향력이 크지 않다는 점도 간과해서는 안 될 것이다.[3]

그럼에도 불구하고 트럼프 대통령은 이제 제45대 미국 대통령으로서 그의 대외정책 공약, 즉 '힘을 통한 평화'를 구현할 기회를 갖게 된 듯하다. 물론 트럼프 행정부의 향후 대외정책 기조는 그 자체로서도 많은 모순점을 안고 있으며, 향후 행보에 있어서도 여러 차원에서의 불확실성이 존재한다. 우선, 트럼프 대통령이 일관적으로 시행하고자 하는 중상주의적 대외경제정책과 이제까지 미국이 유지해온 자유국제주의적 리더십, 특히 외교안보 현안에 있어서의 미국의 리더십 간의 정합성이 존재할 수 있을 것인가의 문제가 있다. 트럼프 독트린을 통해 구현하고자 하는 대외정책은 신고립주의로 불릴 만큼 현실주의적 역외균형전략의 측면이 큰 데 이에 대해 국제사회가 어떻게 대응할 것인지, 그리고 이것이 궁극적으로 미국의 국제사회 리더십 유지에 기여할 것인지는 매우 불확실하다.

또한 미국 내 여론에 따라 대외정책이 얼마나 변화할 것인지, 국내 문제로 인해 대외정책이 영향을 받을 것인지 등의 불확실성도 존재한다. 이와 같은 논란은 트럼프 대통령 취임 이후 작성한 국가안보 대통령메모 2호(National Security Presidential Memorandum No.2)에 따른 국가안보회의(NSC: National Security Council) 운영 매뉴얼 변화와 더불어 백악관 수석

---

3) Michael S. Delli Carpini and Scott Keeter, *What Americans Know about Politics and Why It Matters* (New Haven: Yale University Press, 1997); Ole Rudolf Holsti, *Public Opinion and American Foreign Policy* (Ann Arbor: University of Michigan Press, 2004); John Zaller, *The Nature and Origins of Mass Opinion* (New York: Cambridge University Press, 1992).

전략가인 스티브 배넌(Stephen K. Bannon)이 합참의장과 국가정보국장을 제치고 이례적으로 NSC 상임위원으로 임명된 사실에 기인한다. 세간에서는 배넌 외에 토머스 보설(Thomas Bossert) 국토안보보좌관, 마이클 플린(Michael Flynn) 전 국가안보보좌관과 함께 이념적으로 편향되어 있는 강경론자들이 NSC를 이끌게 되었다는 점을 우려했다. 그러나 유관 부처 간 협의 없이 행정명령 13767호인 "국경안보 및 이민시행 개선안(Border Security and Immi-gration Enforcement Improvement)"이 대통령 독단으로 처리되어 혼선을 빚는 지금의 상황을 고려해볼 때 NSC가 정책결정과정에 있어 얼마나 유효할지는 미지수이다. 외교안보부처 실무진들이 자리를 채울 때까지 선거 기간 논란을 일으켰던 트럼프 대통령의 대외정책 공약은 여과 없이 나타날 것으로 예측된다.

이에 본 장에서는 2016년 미국 대통령선거 기간 동안 논의되었던 주요 외교안보 현안과 민주·공화 양당의 후보가 제시했던 대외정책 공약, 그리고 오바마 행정부와의 차별성을 논의하고자 한다. 비록 본 장이 집필되고 있는 2017년의 시점에 이르러서도 미국의 외교안보 분야 실무진의 인선이 확정되지 않았고 주요 대외정책 기조상의 불확실성이 존재하지만, 본 연구를 통해 이러한 불확실성의 원인을 식별하고 조금이나마 이를 불식시킬 수 있는 계기가 되기를 기대한다.

II. 제45대 대선과정에서 논의된 주요 외교안보 현안 및 주요 후보의 대외정책 공약

1. 특징

2016년 대통령선거에서만큼 미국 유권자들이 후보들에 대해 가졌던 기

대감과 호감도가 낮았던 적은 없었다. 실제 후보들의 공약 내용보다 상대
진영 후보가 마음에 들지 않아 투표하겠다는 유권자들의 비중이 가장 높았
고, 선거 후 부과된 후보별 성적표에 따르면 클린턴, 트럼프 후보 모두 낙제
점수를 겨우 면했다.[4] 전통적으로 미국 대통령선거에서 대외정책 현안이
유권자의 선택이나 선거 결과에 미치는 영향은 미미하다. 그러나 미국의 글
로벌 리더십 수행에 결정적인 영향을 미칠 수 있는 국내 분위기를 이해하기
위해서는 미국 국민들이 선거 기간 동안 어떤 현안을 가장 중요시하는지,

표 1   2016년 미국 유권자에게 가장 중요한 현안 우선순위

2016년 대통령선거에서 당신의 후보 선택에 "가장 중요한" 현안은 무엇인가?	응답자(%)
경제	84
테러리즘	80
대외정책	75
건강보험	74
총기정책	72
이민	70
사회보장	67
교육	66
대법원장 임명	65
소수인종	63
무역정책	57
환경	52
낙태	45
동성연애자, 성전환자	40

출처: Pew Research Center(2016년 6월 15~26일)

4) Carroll Doherty, Jocelyn Kiley, Bridget Jameson, "Public Uncertain, Divided Over America's Place in the World," Pew Research Center(2016.5.5).

표 2		주요 후보 지지자별 현안 우선순위	
현안	힐러리 지지자(H)	트럼프 지지자(T)	우위
경제	80	90	T
테러리즘	74	89	T
대외정책	73	79	T
건강보험	77	71	H
총기정책	74	71	H
이민	65	79	T
사회보장	66	68	T
교육	73	58	H
대법원장 임명	62	70	T
소수인종	79	42	H
무역정책	52	64	T
환경	69	32	H
낙태	50	41	H
동성연애자, 성전환자	54	25	H

출처: Pew Research Center(2016년 6월 15~26일)

어떠한 목표를 추구하는지, 어느 정당을 더 신뢰하고 있는지 등을 살펴볼 필요가 있다.

2016년 6월에 실시한 퓨리서치센터(Pew Research Center) 여론조사에 따르면 경제와 테러리즘, 대외정책이 유권자들의 선택에 가장 중요한 영향을 미친 현안이었다(〈표 1〉). 〈표 2〉를 보면, 이 현안에 대해 트럼프 후보 지지자들이 힐러리 후보 지지자들보다 더 중요하게 인식했다는 것을 알 수 있는데, 전통적으로 그래왔듯 대외정책에 대한 공화당의 정책 수행 능력이 민주당보다 더 많은 신뢰를 얻고 있음을 보여준다.

〈표 3〉은 미국에게 가장 위협적인 현안 순위를 보여주는데, ISIS와 사이버 공격, 글로벌 경제의 불안정이 가장 위협적인 것으로 나타난 반면 중국

◻ 표 3   국가에 대한 위협

현안	중대한 위협(%)
ISIS	80
사이버 공격	72
글로벌 경제 불안정	67
전염병 확산	60
이라크, 시리아 난민	55
기후변화	53
중국의 부상	50
러시아와의 긴장관계	42

출처: Pew Research Center(2016년 4월 12~19일)

◻ 표 4   미국 대외정책 목표의 중요도(%)

목표	중요하지 않다	다소 중요하다	매우 중요하다
미국 노동자의 일자리 보호	4	20	76
외국산 석유에 대한 미국 의존도 감소	3	22	74
핵무기 비확산	2	24	73
충분한 에너지 공급 확보	3	30	66
국제테러리즘 척결	5	33	67
군사력 우위 유지	9	38	52
불법이민 통제 및 관리	10	42	47
해외 미국 기업의 이익 보호	11	44	44
국제 기아 해소	8	48	42
기후변화 제한	18	40	41
동맹국 안보 보호	8	54	38
유엔의 강화	18	44	37
국제 인권 보호	13	54	32
외부 공격으로부터 약소국 보호	12	62	25
민주화 추진	29	53	17

출처: "Foreign Policy in the Age of Retrenchment," The Chicago Council on Global Affairs
    (2014)

과 러시아와의 대립은 위험 순위가 가장 낮았다. 국제 난민 문제나 기후변화의 우선순위도 중간 수준에 머물렀다. 〈표 4〉는 미국 대외정책이 추구해야 할 목표에 대한 선호도를 보여주는데, 국내 일자리 보호가 가장 중요한 목표인 반면 타국의 민주화 추진은 가장 낮은 목표로 인식되었다. 또한, 미국이 에너지 자립을 유지하고 핵무기 비확산을 추구하며 국제테러리즘 척결에 앞장서는 것은 중요하지만, 동맹국을 방어하거나 약소국의 안보를 지키는 목표는 덜 중요한 것으로 나타났다. 이 결과는 자국민 보호를 최우선시하자는 내부지향적인 여론을 반영하는 것으로서 미국이 글로벌 문제에 대해 무조건적으로 개입하기보다는 국익에 부합하는 이슈를 선별한 후 우선순위를 정하고 절제하면서 개입할 것을 국민들이 요구하고 있음을 보여준다.

2. 주요 후보의 대외정책 공약 비교[5]

지난 2016년 제45대 대통령선거 당시 민주·공화 양당 대선후보는 기존의 각 소속당의 전통적인 대외정책 기조로부터 거리를 둔 공약들을 제시했다. 우선 힐러리 클린턴 민주당 후보의 경우, 전통적으로 '국방에 강경한 입장(strong on defense)'을 보이는 공화당보다도 더욱 매파적(hawkish)인 대외정책 공약을 제시했다고 평가받았다. 반면 도널드 트럼프 공화당 후보의 경우, 전통적인 공화당 대외정책 기조와는 상반된 '미국 우선주의(America First)'를 슬로건으로 내세우며 소위 신고립주의적 대외정책 기조를 제시했다. 이는 힐러리 클린턴 후보의 경우 외교가 우선이며 무력사용은 최후의 수단으로 고려하는 민주당의 전통적인 기조에서 벗어난 것으로 볼 수 있으며, 공화당의 도널드 트럼프 후보는 미국의 제재국면에 놓여 있는 러시아와의 화해 분위기를 조성함으로써 논란을 불러일으켰는데, 이는 트럼프 후보의 대외정책 기득권 세력(foreign policy establishment)에 대한 반감에 일정

---

5) 이 장의 일부는 2016년 통일정책연구에 출판되었던 논문을 수정·보완한 것입니다.

부분 근거한다. 궁극적으로 이러한 트럼프의 성향은 'Never Trump,' 즉 공화당 내의 외교안보정책 엘리트들의 분열과 반(反)트럼프운동으로 이어짐으로써,6) 당선 이후 '100일 행동계획(100 days plan)'이 이행되고 있는 시점에 이르기까지 외교안보정책 영역에 있어서의 실무진 인선이 지연되는 데 영향을 미치고 있다.

이러한 두 후보의 상반된 입장은 기존의 소속 정당 대외정책 기조와의 차이점을 노정했다는 점에 있어서도 주목할 만하지만, 두 후보 간의 근본적인 차이는 '지정학의 귀환(return of geopolitics)'이라는 논란이 등장할 정도로 미국의 쇠퇴에 대한 전 세계적 인식이 확산되는 상황을 어떻게 극복해야 하는가에 대해 서로 다른 접근법을 담고 있다는 점에서 더욱 면밀히 살펴볼 필요가 있다. 보다 구체적으로, 이와 같이 서로 다른 접근법은 전술한 국제 정세를 어떻게 인식하느냐, 그리고 미국이 당면한 국제적 수준의 안보위협 외연과 유형은 무엇인가에 대해 서로 다른 인식을 갖고 있다는 점을 보여준다고도 볼 수 있다.

힐러리 클린턴 후보의 경우 이러한 점에 있어 오바마 행정부 대외정책 기조로부터 크게 벗어나지 않지만, 좀 더 개입주의적 대외정책을 추진하고자 한다는 점, 즉 방법론에 있어서의 공세성이 좀 더 엿보인다고 평가되어 왔다. 이러한 점에 있어 힐러리 클린턴 후보는 매파적(hawkish) 대외정책을 펼칠 것이라 예측되곤 했는데,7) 이는 클린턴 후보가 국무장관 재직 당시 리비아, 시리아, 아이티 등의 분쟁에 있어 미국의 군사적 개입이 필요하다고 주장한 데에서 기인한다. 그러나 이러한 예측은 클린턴 후보가 당시 국무장관이었다는 점을 고려해야 하며, 전 세계 국가들과 미국 유권자 전체라는 청중(audience)으로부터의 정치적 비용을 감당해야 하는 대통령의 위치에서는 그 공세성이 강해지기는 어려울 것이라는 주장이 등장하기도 했다.8) 이

---

6) Molly O'Toole, "The Primary Battle is Over, but the GOP Civil War Has Just Begun," *Foreign Policy* (May 6, 2016).

7) Michael Zenko, "Hillary the Hawk: A History," *Foreign Policy* (July 27, 2016).

8) Stephen Walt, "Why are We So Sure Hillary Will Be a Hawk?" *Foreign Policy*

러한 논쟁을 고려해 볼 때 클린턴 후보의 대외정책 공약은 단순히 매파적이라고 규정하기보다는 'stronger together'라는 선거 슬로건에서 드러나듯 오바마 대통령의 다자적 축소(multilateral retrenchment)9)의 맥락 속에서 식별할 수 있다고 보는 것이 적절할 것이다. 실제로 클린턴 후보는 미국의 국제사회 리더십과 외교적 영향력, 그리고 군사력의 근간은 바로 경제력에 있다는 관점하에 미국의 기초, 즉 교육, 인프라, 기술력 등 다양한 영역에 대한 투자를 강조했으며 시장경제 확산과 활성화를 강조했다.10) 이는 기본적으로 축소(retrenchment)국면에 놓여 있는 미국의 위상을 단적으로 보여주는 것이라 볼 수 있으며, 이에 대한 해결책으로 오바마 행정부의 다자주의적 리더십을 기반으로 한 자유국제주의적 대외정책 기조를 이어나갈 것임을 보여주었다.

이러한 기조를 바탕으로, 힐러리 클린턴 후보는 대외정책 공약 가운데 경제현안을 독립적으로, 그리고 가장 먼저 언급하며 모든 무역협상은 '노동자에게 이익이 돌아가는 공정한 무역협상'이어야 한다는 점을 강조했다. 그리고 이러한 결론에 이른 원인에 대해 클린턴 후보는 지금까지의 무역협상은 노동자보다는 대기업의 이익에 부합해왔기 때문이라고 분석했다. 이러한 점에 있어 클린턴 후보 역시 대통령에 당선이 되었다면 환태평양경제동반자협정(TPP)을 비롯한 다양한 자유무역협정을 재협상할 가능성이 있었음을 보여준다.

또한 클린턴 후보는 미국을 향한 다양한 수준에서의 안보위협에 대응하기 위한 공약을 보여주었다. 우선 글로벌안보 현안으로서 테러리즘을 최우선순위에 두었고, 이에 따라 시리아 내의 이슬람국가(ISIS) 세력을 축출하고 온건 시리아 반군과 국제사회, 그리고 역내 동맹국을 결집시켜 아사드 정권

(September 25, 2016).

9) Daniel Drezner, "Does Obama Have a Grand Strategy? Why We Need Doctrines in Uncertain Times," *Foreign Affairs*, Vol.90, No.4(2011), pp.57-68.
10) 힐러리 클린턴 후보의 공식 대선 홈페이지(http://www.hillaryclinton.com).

을 종식시키겠다는 공약을 담았다. 이러한 우선순위는 앞서 〈표 1〉에서 나타난 바와 같이 미국 유권자가 중요하게 생각하는 이슈 순위와 일치한다고 볼 수 있다. 물론 클린턴 후보의 경우 이에 그치지 않고, 기후변화, 사이버안보, 비확산 등 비전통안보위협에 대한 인식 역시 보여준 바 있다. 이러한 점에 있어 클린턴 후보는 오바마 대통령과 마찬가지로 미국이 마주한 안보위협의 외연과 유형이 상당히 확장적이며, 이를 해결하기 위한 방법론으로서의 다자주의, 즉 'Multipartner World'[11]로의 접근법에 매우 가까움을 보여준다.

클린턴 후보의 주요 국가들에 대한 세부 공약을 우선 살펴보면, 오바마 행정부와의 정책적 연속성이 존재함을 확인할 수 있다. 대 중국정책에 있어 힐러리 클린턴은 우선 오바마 행정부 당시 이뤄놓은 미중 간 뉴노멀(new normal)의 시대를 이어가기를 희망했다. 즉 미중 공동의 이익과 협력의 외연을 확대시킴으로써 미중관계를 관리하고자 했다. 다만 클린턴 후보의 경우 중국의 인권정책에 대해 비판적이었으며, 중국의 사이버 공격에 대비해 억지력을 강화하고자 했다. 또한 중국의 군사적 굴기에 대응하기 위해 아태지역 미국 동맹의 삼각주의 협력을 보다 공고히 하고자 했다.

한편 클린턴의 대 러시아정책은, 푸틴 대통령을 '불량배(bully)'라고 표현하며[12] 미러관계의 분위기(tone)를 제시한 바 있으나, 국무장관 시절 대러 경제제재로 인해 악화일로에 놓여 있는 미러관계를 제고시켜야 한다는 점을 오바마 대통령에게 권고했다고 전해진다. 그러나 기본적으로 미국의 대러제제 유지의 입장에는 변함이 없었다. 즉, 러시아의 크림반도 합병처럼 우크라이나의 주권과 이에 대한 미국과 역내 북대서양조약기구(NATO) 동맹국의 이해를 침범하는 행위에 대해서는 좌시하지 않겠다는 입장을 밝혔다.

같은 맥락에서 유럽의 북대서양조약기구 동맹국들에 대해서 클린턴 후

---

11) Joseph S. Nye Jr., *Is the American Century Over?*(Malden, MA: Polity Press, 2015).

12) 사우스캐롤라이나 토론회(January 16, 2016).

보는 언제나 지지하는 입장을 보여왔다. 미국이 북대서양조약기구로부터의 영향력을 줄이는 것은 오히려 역내 러시아의 영향력을 강화시키는 결과로 이어질 것으로 예측했으며, 특히 러시아의 우크라이나 침공 등에서 나타나는 현상변경행위를 억제하기 위해 북대서양조약기구로의 적극적 참여를 주장했다. 한편 이라크나 시리아로부터 유럽으로 유입되는 테러리스트들에 대한 감독을 좀 더 철저히 해야 한다는 점을 선거 기간 동안 강조했다. 한편 브렉시트(brexit)에 관해서는 매우 비판적이었으며, 영국은 유럽연합의 주요 행위자로 남아 있어야 한다고 주장한 바 있다.

이슬람국가(ISIS)에 대항하기 위해서는 클린턴 후보는 수니 무슬림과 쿠르드민병대가 좀 더 많은 역할을 해야 한다고 주장했으며, 테러리스트 네트워크를 격멸하기 위해 이라크 및 시리아 등지에 공습을 강화해야 한다고 주장했다. 오바마 대통령과의 차이점은 시리아에 비행금지구역을 설정해야 한다고 주장했던 점인데, 비행금지구역 설정은 미국과 러시아의 충돌이 불가피해지기 때문이었다. 그럼에도 불구하고 궁극적으로는 역내 동맹국을 결집시켜 아사드 정권을 종식시키겠다는 주장을 펼쳤다.

아프가니스탄에 대해서도 테러리스트 집단의 은신처가 되지 않도록 2017년까지로 예정된 미군주둔을 지지한다고 밝혔으며, 이란에 대해서는 포괄적 공동행동계획(Joint Comprehensive Plan of Action)에 근거한 비핵화 로드맵을 충실히 이행해나갈 것을 공약으로 제시했고, 만약 이란이 협상안을 준수하지 않는다면 군사적 행동도 주저하지 않을 것이라 언급했다. 한편 오바마 행정부와의 차이점은 이스라엘과의 관계설정인데, 클린턴 후보는 오바마 대통령과는 달리 이스라엘과의 강한 협력관계를 유지하며 역내 안정을 유지하겠다는 구상을 밝혔다.

한편 북한에 대해서는 비핵화를 이끌어내기 위해 더욱 강력한 경제제재를 부과해야 한다고 클린턴 후보는 주장해왔다. 또한 이란 비핵화협상을 북한 비핵화의 모델로 삼고자 했으나, 국무장관 재직 시절 클린턴 후보가 이끌어온 소위 '전략적 인내' 접근법은 오히려 북한의 핵무기 고도화와 투발수단의 발전을 허용하는 결과로 이어졌다. 실제로 클린턴 후보는 이란의 사례에서 나타났듯 협상과 제재를 통한 북핵의 완벽한 폐기는 어려울 것이라는 회의적인 입장을 내비쳤으며, 이러한 점에 있어서 중국역할론을 언급한 바 있고, 당선 후 미중정상회담을 통해 북한 문제를 주요의제로 다룰 것임을 밝혔다.

요컨대 힐러리 클린턴 후보의 주요 국가에 대한 외교정책 공약은 그의 국무장관 재직 경험에 근거하고 있으며, 이러한 점에 있어 오바마 행정부의 외교정책 기조와 크게 다르지 않다. 즉 미국이 주도하는 자유국제주의적 질서의 유지를 통해 미국의 리더십을 공고히 하고자 했으며, 다만 방법론에 있어서 사안별로 좀 더 공세적인 접근법을 취하고자 했고, 또한 지정학적으로 중동지역에 대해 오바마 대통령이 선호한 역외균형전략의 특성은 상대적으로 희석되어 나타났다. 한편 역외균형차원에서의 아시아 재균형정책에 대한 강조는 거두지 않았다. 이는 지난해 11월 전 미국 국방장관 애쉬턴 카터(Ashton Carter)가 발표한 '원칙기반 안보네트워크(A Principled Security Network)'의 주장13)에서 나타나듯 재균형정책의 세 번째 발전단계를 이미 구상하고 있다는 점에 근거한다. 즉 지역적 재균형과 미국 군사 자산 내부의 재균형뿐만이 아니라 미국의 아시아 재균형정책을 제도적으로 공고화할 뿐만 아니라 아시아 국가들 간의 지역안보부담공유에 대한 계획을 제시한 것이다.

요컨대 힐러리 클린턴 후보에게는 미국의 리더십과 자유국제주의적 가치를 좀 더 확산시키고자 하는 의지가 있으며, 또한 적지 않은 공약의 이행 로드맵에 있어 군사적 조치에 대한 가능성을 열어두고 있어 고질적으로 언급되는 매파적 대외정책의 등장 가능성을 배제하지 않았다. 요컨대 힐러리 클린턴 후보의 대외정책 공약과 미국의 국제사회 리더십에 대해 굳이 유형화를 시도하자면 자유국제주의 2.0¹⁴)에 해당된다고 볼 수 있다.

반면 트럼프 대통령이 선거 기간 동안 밝힌 외교안보정책 공약들은 소

---

13) Ash Carter, "The Rebalance and Asia-Pacific Security: Building a Principled Security Network," *Foreign Affairs* (November/December 2016).

14) G. John Ikenberry, "Liberal Internationalism 3.0: America and the Dilemmas of Liberal World Order," *Perspectives on Politics*, Vol.7, No.1(2009): 71-87.

위 트럼프 독트린으로서 '힘을 통한 평화(peace through strength)'를 위한 레이건 행정부로의 회귀를 목표로 삼는다고 밝혀왔다.[15] 이러한 대외정책 기조의 등장에 대해 혹자는 브렉시트 이후 전 세계적으로 확산되는 신고립주의 혹은 국가주의(nationalism) 흐름 속에서 찾기도 했고, 향후 정세 전망 차원에서 자유주의 패권국가의 역할을 미국이 아닌 독일이 맡게 될 것이라는 자조 섞인 말을 하기도 했다. 이는 그만큼 도널드 트럼프 후보가 선거 기간 동안 보여준 정제되지 않은 레토릭과 각종 스캔들이 기존 워싱턴 정치뿐만이 아니라 규범과 동맹, 원칙에 근거해 미국이 제2차 대전 이후 구축한 국제질서의 대척점에 존재한다고 인식되었기 때문일 것이다. 또한 그러한 점에서 미국 신행정부의 향후 행보에 노정하는 불확실성에 대해 전 세계가 주목하고 있음을 알 수 있다.

트럼프 독트린은 대전략(grand strategy) 차원에서 무엇이 미국이 직면한 위협인가, 그리고 이 위협에 대응하기 위한 접근법과 정책 수단은 무엇인가에 있어서의 현실주의적 선회를 예고했다. 앞서 언급한 바와 같이 오바마 행정부가 마주한 국제사회는 미국 스스로 대응하기 어려운 다양한 안보위협이 혼재하여 이를 위해 다자적 축소(multilateral retrenchment) 차원에서의 자유주의 국제질서를 공고화를 시도했고 또 동시에 이러한 국제사회 다자적 관계 속에서의 미국 리더십을 유지하고자 했다. 반면 트럼프 대통령이 인식하는 위협은 테러리즘과 미국의 경제적 위상 약화, 불법이민 문제이다. 즉 지극히 현실주의적 시각을 통해 인식할 수 있는, 미국 본토에 국한된 위협의 외연이다. 물론 이는 앞서 제시한 〈표 1〉에서 나타난 바와 같이 미국 유권자들이 우선시하는 현안이기는 하지만, 트럼프 대통령은 그 이상의 안보위협개념의 외연확장을 시도하지 않으며, 이를 해결하기 위한 접근법으로 미국 우선주의(America first)를 고집한다. 이는 미국 국익에만 온전히 집중하겠다는 의지로 미국 본토에 집중한 국토안보 및 대외정책, 그리고 거래주

---

15) Navarro 2016, ibid.; Mills and Navarro 2016, ibid.; Grey and Navarro 2016, ibid.

의(transactionalism)에 따른 다자주의에 대한 거부 등 일방적 축소(uni-
lateral retrenchment)의 접근법으로 개념화될 수 있을 것이다.

이러한 논란을 배경으로, 트럼프 대통령이 선거 기간 동안 공식적으로
제시한 대외정책 공약은 1) 글로벌 경쟁으로부터의 승리를 위한 경제적 비
전, 2) 미국-멕시코 국경에 장벽설치, 3) 미중 무역관계 재정립 4) 이민법
개혁 이렇게 네 개였다. 그 외 아시아 동맹국으로부터의 미군 철수 및 핵무
장 허용 발언, 북대서양조약기구 무용론 등도 선거유세 기간 동안 언급되어
왔으나, 이에 대한 자세한 논리적 부연이 덧붙여지지 않아 더욱 동맹국들
사이에서 신고립주의 논란을 일으킨 바 있다. 더욱이 선거 기간 동안 밝힌
트럼프의 대외정책 공약은 일관성 없이 제시되어왔다. 혹자는 트럼프 후보
를 미국 국가주의자로, 혹은 잭소니언 대중영합주의자(Jacksonian populist)
로 규정하고자 했으나, 경선과정 속에서 일관성이 없이 공약이 언급되어 그
의 대외정책을 이념적으로 규정하는 것이 무의미해지곤 했다. 다만 여러 공
약 가운데 공통적으로 발견되는 특징은 그의 외교안보정책이 넓은 의미에서
전통적 현실주의와 고립주의의 중간 지점에 위치한다는 점이다. 이런 점에
서 현실주의적 최소주의자(realist minimalist)로 규정되기도 했다.

트럼프 후보의 러시아정책은 클린턴 후보와 공화당과의 극적인 대외정
책 기조 차이를 보여주는 영역이다. 클린턴 후보와 공화당 모두 러시아에
대해 관계 재정립(reset)의 필요성은 공감하나 근본적으로 미러관계는 제재
국면에 놓여 있다는 점을 강조했다. 반면 트럼프 후보는 개인적으로 권위주
의 리더십의 푸틴 러시아 대통령을 존경한다고 언급했을 뿐 아니라 시리아
문제와 중국 견제 차원에서 러시아와의 관계 회복이 필요하다는 점을 여러
번 강조했다.

대 중국정책 관련, 트럼프 후보는 여러 차례 중국을 미국의 적(adversary)
으로 규정하며 특히 미중 간 경제 문제에 집중했다. 예컨대 '미국의 기업과
노동자들을 보호'하는 데 방점을 두고 미중대외무역관계 재조정과 지적재산
권보호를 언급했다. 남중국해 문제와도 관련해서 미국이 좀 더 강압적인 방
식으로 대응해야 한다고 밝혔다. 남중국해 해역 내 미군 주둔을 확대함으로

써 중국의 역내 현상변경행위를 억지하겠다는 것이다. 한편 미국 재균형정책의 주요 거점국가인 인도와 베트남에 대해서는 이들 국가와의 무역으로 인해 미국 국민의 실업률이 높아졌다고 비난해 경선 기간 동안 트럼프 후보는 오바마 행정부의 재균형전략에 대한 이해가 없음을 보여주기도 했다.

트럼프 후보는 대북정책에 대해서 일관성 없는 발언을 이어갔다. 2000년에 북한에 대한 선제공격을 언급했고, 2016년 2월 10일 CBS와의 인터뷰를 통해서는 '중국으로 하여금 북한을 사라지게 할 것'이라고 언급했으나 최근에는 북한과 대화할 용의가 있다고도 밝혀 대북전략의 혼선을 보여주었다. 다만 오바마 행정부의 전략적 인내 접근법은 실패라는 점을 지적하며, 클린턴 후보와의 차별성을 부각시키고자 했다.

요컨대 공화당과 트럼프 후보와의 공약은 불가피하게 차이점을 노정할 수밖에 없었기에, 공화당은 전당대회를 기점으로 트럼프 후보의 공약과 거리두기를 시도했다. 물론 의견이 공유되는 부분도 있는데, 무역정책이 대표적 예이다. 2016년 채택된 공화당 정강은 엄격한 상호주의에 근거해 '미국'의 이익이 침해당하지 않는 무역협상을 해야 한다는 점을 강조하며, 비록 환태평양경제동반자협정을 구체적으로 언급하지는 않았으나, 공정한 협정 체결이 어려울 경우 협상을 포기할 수 있는 의지가 있어야 한다는 강경한 입장을 보였다. 다만 자유무역이라는 기조 자체에는 변함이 없다는 점이 트럼프와의 차이점이라고 볼 수 있다.

그렇다면 트럼프 대통령의 대외정책 공약의 궁극적인 지향점은 무엇인가? 이에 대해서는 오바마 행정부의 대외정책과의 차별성을 통해 다음 절에서 논의해보고자 한다.

3. 오바마 행정부 대외정책과의 차별성

트럼프 독트린은 전술한 바와 같이 '힘을 통한 평화'의 맥락 위에 놓여 있다. 물론 이러한 독트린 기저에 존재하는 미국의 역할과 위상에 대한 트

럼프 당선자의 인식은 오바마의 그것과 비교해보았을 때 유사성과 차별성이
공존한다. 우선 유사성의 경우, 오바마 대통령과 트럼프 당선자의 세계관에
는 모두 미국 예외주의(American exceptionalism)가 내재되어 있지 않다는
점을 지적할 수 있다. 두 사람 모두 미국이 국제사회에 대해 미국적 가치
확산을 위한 예시적 국가(examplarist)가 되거나 적극적인 옹호자(vindicator)
로서 역할을 하기를 원하지 않는다. 이는 지난 부시(George W. Bush) 행정
부와의 큰 차별점이기도 하며, 이러한 점에 있어서 소위 신고립주의로 유형
화될 단초를 제공하기도 한다.

   그렇다면 이러한 미국이 어떻게 국제사회의 리더십을 유지할 수 있을
까? 오바마와 트럼프 모두 미국의 쇠퇴 논란 속에서 미국의 우위를 유지하
고자 하는 목적을 갖고는 있으나, 방법론에 있어서 차이를 보인다. 오바마
대통령은 다자적 축소(multilateral retrenchment), 즉 국제사회와의 다자적
관계 속에서 미국이 보편적인 가치를 행동에 옮기고 또한 축소정책을 취하
며 미국의 리더십과 우위를 유지하려 했다.16) 이때의 축소란 대외정책 비용
절감을 위해 주변으로부터 핵심 공약으로의 자원 재분배과정을 의미하며,
상대적 권력 쇠퇴에 대응하기 위한 전략적인 공약철회정책으로 해석할 수
있을 것이다.17) 물론 축소정책은 비단 미국만이 채택한 정책은 아니며, 국
력이 쇠퇴하는 모든 국가들이 채택할 수 있는 정책임에도 불구하고 미국의
축소라는 점에 있어 세력전이의 논란을 불러일으키게 되었다.

   또한 오바마 대통령은 다자적 축소의 측면에서 매우 유연하게 역외균형
전략과 자유국제주의적 정책을 활용하며 미국의 리더십과 우위를 유지하려
했다. 반면, 트럼프 당선자의 경우 힘을 통한 평화, 즉 미국의 군사력 증강
과 일방주의를 통해 미국의 리더십을 유지하려고 한다.18) 이는 두 행정부가

---

16) Daniel Drezner, "Does Obama Have a Grand Strategy? Why We Need
    Doctrines in Uncertain Times," *Foreign Affairs*, Vol.90, No.4(2011), pp.57-68.
17) Paul K. MacDonald and Joseph M. Parent, "Graceful Decline? The Surprising
    Success of Great Power Retrenchment," *International Security*, Vol.35, No.4
    (2011), pp.7-44.

출범 당시 직면한 서로 다른 대외환경에 대한 평가 때문일 것으로 추정된다. 오바마 대통령의 경우, 2008년 대통령 당선 당시 테러와의 전쟁과 부시 행정부의 일방주의적 외교 노선에 염증을 느낀 유권자들의 요구를 수용할 수밖에 없었을 것이다. 반면 트럼프 당선자의 경우, 오바마 대통령의 '배후에서 이끌기(leading from behind)'와 'Don't do stupid stuff' 논란에서 드러난 소극적 외교정책에 대한 비판으로 인해 비록 미국이 축소 국면에 놓여 있지만 강력한 군사력에 기초한 리더십을 구축하려는 것으로 보인다. 이는 일견 모순적으로 보일 수 있지만, 미국이 집중해야 할 전략적 우선순위를 선별하여, 이에 비례한 군사력을 투사하는 대외정책전략으로서의 역외균형 전략으로 이해할 수 있을 것이다.

이러한 관점에서 제시된 트럼프 독트린의 주요 내용은 다음과 같다.[19] 첫째, 미국의 리더십을 강화한다. 둘째, 미국은 불필요한 해외분쟁 개입을 자제하며, 사활적 이익이 존재하는 분쟁에만 개입한다. 셋째, 오바마 행정부의 연방정부예산 자동삭감, 즉 시퀘스트레이션 조치로 인해 불가피했던 국방비 삭감은 미국의 대외적 운신의 폭을 크게 제한했으며, 이는 경쟁국의 자율성을 증대시키는 결과로 이어졌다. 그러므로 미국의 국방비 증가는 불가피하며, 이러한 국방력 제고는 외교력과 미국의 리더십 제고로 이어질 것이다. 넷째, 동맹국들 간의 방위분담금 논의를 재개하여 공정한 동맹관계를 만든다. 다섯째, 미국은 중국의 중상주의적 혹은 보호무역정책을 더 이상

---

18) 이러한 접근법은 군이 공세적 현실주의의 입장이라고 분류하기보다는 미국이 우선순위를 두는 핵심이익에 대한 차별적 힘의 투사 측면에서 이해하는 것이 더 정확할 것으로 보인다. 이에 대한 생각은 트럼프의 저작 참고. Donald Trump, *Great Again: How to Fix Our Crippled America* (New York: Simon & Schuster, Inc., 2016), pp.31-48.

19) 최근 출판되고 있는 트럼프 독트린에 대해서는 다음의 자료를 참고. Peter Navarro, "The Trump Doctrine: Peace Through Strength," *The National Interest* (March 31, 2016); D. Quinn Mills and Peter Navarro, "Trump's Return to Reagan," *The National Interest* (October 11, 2016); Alexander Grey and Peter Navarro, "Donald Trump's Peace Through Strength Vision for the Asia-Pacific," *Foreign Policy* (November 7, 2016).

용인하지 않을 것이며, 불공정무역관행을 일소할 것이다. 이러한 과정은 단
순히 경제적 효과가 있을 뿐만이 아니라 중국의 군사적 굴기의 속도를 늦출
수 있는 억지(deterrent) 기능을 할 것이다. 여섯째, 중동지역에서 미국은 이
란의 패권추구 경향을 제어하기 위해 역내 국가들, 특히 이스라엘, 요르단,
이집트와 협력할 것이다. 일곱째, 러시아의 유럽지역 내 현상변경행위는 미
국의 이익과 배치되지만 ISIS 소탕과 중국과의 세력균형을 위해 협력할 수
있다. 마지막으로 이러한 대외정책 공약은 미국의 국내 경기가 진작된 이후
에 이행될 것임을 밝혀 미국 우선주의 슬로건은 궁극적으로 미국의 내향적
이익에 방점을 두고 있음을 보여준다.

요컨대 트럼프 당선자는 점차 복잡해지는 국제 정세 속에서 미국의 우
위와 리더십을 유지하기 위한 방법으로 미국 우선주의(America first)의 방법
을 택한 것이다. 즉 자유주의적 패권주의(liberal hegemonic) 외교정책 대신
현실주의적 대외정책을 바탕으로 국방력을 증강시키고 동맹들 간의 방위비
재분배를 통해 미국의 국가이익에만 집중하고자 하는 것이다. 결과적으로
이는 미국이 본격적인 축소 국면으로 진입할 것임을 보여주며, 특히 일방주
의적 성향이 현저해진 역외균형전략이 취해질 것이다. 오바마 행정부가 다
자적 축소를 위해 취했던 자유국제주의적 정책 수단[20])이 약화되는 것을 의
미하며, 결과적으로 미국의 지경학적 및 지정학적 이익의 선별 및 축소, 그
리고 대외정책 수단의 외연이 제한될 것이며 결과적으로 정책 수단의 성격
이 공세적이 될 것으로 예측된다.

한편 지정학적 이익의 선별 및 축소과정에 있어, 역외균형론의 필요성을
제기한 학자들의 의견과 트럼프 독트린 사이에는 차이점이 존재한다. 역외
균형론자들의 최근 연구는[21]) 철저히 현실주의적 관점을 견지에서의 축소,

20) 자유국제주의적 정책 특성에 관한 분석은 다음을 참고. Joseph S. Nye, *Is the
American Century Over?*(Malden, MA: Polity Press).

21) John J. Mearsheimer and Stephen M Walt. 2016. "The Case for Offshore
Balancing: A Superior U.S. Grand Strategy," *Foreign Affairs* (July/August 2016),
pp.70-84; Christopher Layne, *The Peace of Illusions: American Grand Strategy*

즉 대외정책비용 절감을 위한 주변적 공약으로부터 핵심 공약으로의 자원 재분배를 추진한다.[22] 우선 미국의 지정학적 우선순위로 동북아시아, 유럽, 그리고 중동을 지목하고, 이 지역 내에서 향후 부상할 수 있는 잠재적 세력의 등장을 저지하는 것이 전략적 목적이라고 서술하며, 부상하는 강대국의 세력분포에 따라 미국 역시 지역별로 군사력을 배분해야 한다고 언급한다. 우선 유럽의 경우, 이 지역을 지배할 군사력을 갖춘 국가가 당분간 없을 것이므로 미군을 점진적으로 철수하고 북대서양조약기구 국가들이 스스로의 역내 안보를 책임지도록 해야 한다고 주장한다.

중동지역 역시 마찬가지이다. ISIS 역시 역내국가들이 스스로의 거버넌스를 구축함으로써만 해결할 수 있는 문제라고 지적하며, 이는 미국의 힘으로 해결될 수 없는 문제라고 설명한다. 다만 동북아지역에게 있어 미국은 여전히 필수불가결한 국가(indispensable nation)라고 정의하며, 중국의 부상과 더불어 중국이 현상변경국가인 이란과의 안보협력을 재개할 가능성에 대비해야 한다고 주장한다. 요컨대 이론적 차원에서 역외균형전략을 통해 도출할 수 있는 글로벌 안보환경은 지역별로 구분되는 병렬적 세력균형체제일 것이며, 철저히 현실주의적으로 권력이 배분됨에 따라 미국의 지정학적 우선순위가 식별될 수 있을 것이다.

한편 트럼프 독트린 역시 아시아지역의 지경학적 및 지정학적 중요성에 대해 잘 인지하고 있음을 보여준다. 이는 아시아의 부상은 구조적인 변화이며, 미국 행정부의 교체와 관계없이 일어나고 있는 변화이기 때문이다. 다만 트럼프의 아시아 접근법은 일방적 축소의 맥락에서 오바마의 접근법과 다를 뿐만 아니라, 앞서 언급한 역외균형이론과도 차이점을 보인다. 특히 트럼프 독트린이 언급하는 미국과 러시아의 관계 제고는 오히려 북대서양

---

from 1940 to the Present (Ithaca, New York: Cornell University Press, 2006); Paul K. MacDonald and Joseph M. Parent, "Graceful Decline? The Surprising Success of Great Power Retrenchment," *International Security*, Vol.35, No.4 (2011), pp.7-44.

22) MacDonald and Parent(2011), ibid., p.11.

조약기구 국가들이 유럽안보를 책임질 수 있는 안보환경을 위협하고 있다고
볼 수 있으며, 이것이 전술한 역외균형전략 이론에 기반해 예측한 국제질
서와의 차이점이라고 볼 수 있을 것이다. 또한 이러한 미러관계의 제고는
단순히 유럽안보뿐만이 아니라 지금의 동북아 안보지형에도 변화를 가져올
것으로 예측된다. 즉 협력과 경쟁, 그리고 갈등이 공존하는 뉴노멀(new
normal)23)의 미중관계에 긴장을 더욱 고조시킬 수 있는 것이다.

이러한 차이점에 대한 논의는 트럼프의 역외균형전략 자체가 미국의 리
더십과 우위 유지에 적절한가의 논란으로 이어지고 있다. 이는 역외균형전
략 자체에 대한 논란일 뿐만 아니라 이를 운용하는 전술 차원에 대한 논란
도 포함한다. 특히 아시아지역의 경우, 트럼프는 그가 선거 기간 동안 공언
한 바와 같이 동북아시아 동맹국 내 전진배치된 미군을 실제로 거둬들임으
로써 역내 억지력과 항행의 자유, 위기관리능력을 약화시키는 자충수를 두
지는 않을 것이다. 이는 아시아지역 내 권력공백을 초래할 뿐만 아니라, 그
럴 경우 미국에게 남겨질 대 아시아전략은 냉전기 대량보복억지(massive
retaliation deterrence)뿐일 것이기 때문이다. 그러나 트럼프가 거래관계(trans-
actional relation)의 개념에 근거한 동맹관계로 전환하려 한다면 그 자체로
미국의 리더십과 신뢰도는 약화되는 것이며 미국의 동맹국들은 방기(abandon-
ment)의 오인에 빠질 수 있을 것이다. 뿐만 아니라 책임전가(buck passing)
의 부담을 줄이기 위해 동맹국들은 미국에 대한 안보 의존성을 낮추고 미국
이외의 국가들과 안보협력을 시작할 수도 있을 것이다. 결과적으로, 이는 역
외균형전략으로 인해 오히려 미국의 리더십이 약화되는 결과를 낳는 셈이다.

더욱이 트럼프는 오바마 대통령이 재균형정책을 통해 구축해놓은 아시
아 경제 및 안보 협력틀을 영역별로 분리하려 한다. 트럼프는 환태평양경제

---

23) 왕이 중국외교부장은 지난 2016년 3월 8일 전국인민대표대회와 전국인민정치협상회
의 기간 열린 기자회견을 통해 미중관계는 마찰(friction)과 협력이 공존하는 뉴노멀
(new normal)의 시대에 놓여 있다고 언급한 바 있다. Wu Jianmin, "Here's What's
on the table for the China-U.S. Relationship this year," The Huffington Post
(2016.3.8).

동반자협정을 폐기하고 양자협정을 재추진하겠다고 밝혔고, 동시에 재균형 정책의 지정학적 허브 국가인 인도와 베트남에 대해서는 무역적자에 대한 대응전략을 수립해야 한다고 주장하기도 했다. 이는 미국의 단기적 대외무역이익을 극대화하기 위해 지경학적 이익과 지정학적 이익을 분리한다는 의미이고, 궁극적으로 아시아지역 내 다자적 파트너십의 필요성에 대한 트럼프의 인식이 매우 낮음을 보여준다. 한편 트럼프는 남중국해 수역에서 미국의 압도적 우위를 공고화하기 위해 해군전투함 350척을 건조할 것이라는 공약을 내세워 이들 역내 국가들에 대한 제도 및 원칙 기반 관여 대신 강압외교 혹은 강압정책이 빈번해질 것을 예측하게 한다. 그렇다면 미국과 중국 사이에서 헤징(hedging)전략을 취하고 있던 많은 아시아 국가들, 특히 말레이시아나 필리핀 등의 아세안 국가들의 경우 좀 더 많은 경제적 이익을 취하기 위해 중국에 경사된 대외정책을 취할 가능성도 존재한다. 또한 트럼프의 거래관계에 근거한 동맹개념은 카터 전 미 국방장관이 제안한 재균형의 세 번째 단계인 '원칙기반 안보네트워크'의 구축을 어렵게 할 것이다.[24] 트럼프가 주장하는 거래관계란 기본적으로 양자적 관계를 말한다는 점에 있어 다자적 안보협력도 어려워질 것이며, '원칙기반,' 즉 오바마 행정부가 지지했던 규칙기반 질서에 대한 공약도 약화될 전망이기 때문이다.

결과적으로 트럼프가 구상하는 일방적 축소 및 이를 위한 역외균형전략은, 이론적 예측과는 달리 미국의 리더십을 제고하는 데 있어 많은 도전을 안겨줄 것으로 보인다. 즉 지금의 오바마 행정부가 구축해 놓은 아시아 역내 세력균형과 이에 기반한 미국의 리더십과 우위가 오히려 약화될 가능성으로 이어지는 것이다. 이는 궁극적으로 미국의 대 아시아정책 속에서 한국이 북핵 문제 해결을 위해 가질 수 있는 운신의 폭이 변화한다는 것을 의미한다.

---

24) Carter(2016), ibid.

III. 미국 신행정부의 국방안보정책 전망

'힘을 통한 평화 실현'을 기조로 하는 트럼프의 안보 독트린은 국방 예산을 늘려 그동안 크게 약화된 미국 군대에 힘을 실어주고, 미국의 국익을 우선적으로 추구해야 한다고 강조했다. 곧 경제적 회생을 통해 시퀘스트레이션을 중단시켜 국방에 대한 투자를 확대함으로써 불확실성을 줄이겠다는 주장이었다.[25] '강한 군사력 건설(Making our military strong again)'은 트럼프 대통령 취임과 동시에 6대 국정 과제 중 하나로 채택되었고, 강하지만 절제하고자 했던 레이건 행정부의 전통을 잇는 것으로 평가받았다. 그 내용은 구체적으로 전력이 크게 약화된 육·해·공군을 재정비하고 핵전력을 강화하며 최신의 미사일방어시스템을 구축하겠다는 것으로 미국의 국익이란 동맹과 새로운 파트너십을 재건하고 안보무임승차를 불허하며, 불필요한 물적·인적 비용을 치르지 않고 실현 가능한 정책을 추진하는 것이다. 다만 트럼프가 강조하는 선택적인 군사적 개입 의지와 능력(capacity and capability)을 갖춘, 보다 강한 군대(a more robust military)를 구축하겠다는 전략 사이에는 적지 않은 긴장이 존재한다.

비록 일관적으로 제시되지는 못했지만 트럼프의 안보 독트린은 전통적인 공화당의 혹은 초당적 합의가 형성된 국방안보정책 현상(status quo)에 대한 문제 제기에서 비롯되었다. 미국이 추구해 온 대외정책 목표, ISIS를 비롯한 극단적 이슬람과 테러리즘과의 전쟁, 민주주의의 확산, 이민, 그리고 강대국 간 관계는 그가 변화를 꾀하고자 하는 이슈들이다. 강한 군사력을 바탕으로 실용주의적 대외정책(a foreign policy of pragmatism supported by strength)을 수행하겠다는 트럼프 후보는 취임 첫날부터 오바마 행정부의 주

---

25) 트럼프는 2016년 3월에 뉴욕타임스, 4월에 워싱턴포스트와 대외정책에 대한 인터뷰를 실시하고, 8월과 9월에 각각 오하이오와 필라델피아에서 테러리즘과 국가안보에 관한 연설을 하는 과정에서 안보 독트린의 윤곽을 잡아나갔다.

요 정책들을 폐기할 것이라고 공언했고, 이미 TPP에서 탈퇴하고 반(反)이민 행정명령을 실행하는 등 가시적인 공약부터 신속하게 채워 나가고 있는 모습이다. 2017년 현재 국방안보 분야에서의 활동은 다음과 같다. 2017년 1월 27일, 트럼프 대통령은 "힘을 통한 평화"를 추구하기 위한 미군의 재건을 요구하는 행정명령에 서명했다.[26] 이에 따라 제임스 매티스(James Mattis) 국방장관은 30일 내로 준비태세 검토보고서를 제출하고 예산관리국(OMB) 국장과 함께 2017 회계연도 예산의 수정사항을 제출하며, 60일 내로 2019 회계연도까지 미군의 준비태세를 강화하는 행동계획을 제출하는 임무를 부여받았다.

신행정부는 또한 빠른 시일 내에 국방안보전략보고서를 새롭게 작성해 국방정책 방향을 제시하기로 했다.[27] 국가안보전략(NSS: National Security Strategy)을 의회에 제출하고 국가방어전략(NDS: National Defense Strategy)을 작성해 최대한의 전략적 유연성을 확보하고 적합한 군 구조를 확립하기로 했으며, 핵태세검토보고서(NPR: Nuclear Posture Review)를 통해 미국의 핵억지력이 21세기 위협에 적절히 대응할 수 있도록 할 것이다. 또한 탄도미사일방어검토보고서(BMDR: Ballistic Missile Defense Review)도 새롭게 작성해 미사일방어능력을 강화하고, 본토와 전역방어 우선순위를 재조정하며, 자금조달 우선순위를 밝힐 예정이다. 1월 28일 행정명령을 통해 이라크와 시리아의 ISIS를 격퇴하는 계획을 새롭게 수립하기로 했고, 이에 따라 국방

---

26) Presidential Memorandum on Rebuilding the U.S. Armed Forces, The White House(2017.1.27).
27) 오바마 행정부에서는 국방전략지침(DSG: Defense Strategic Guidance 2012), 국가군사전략(NMS: National Military Strategy 2011, 2015), 4년주기 국방검토보고서(QDR: Quadrennial Defense Review 2010, 2014), 국가안보전략(NSS: National Security Strategy 2010, 2015), 핵태세검토보고서(NPR: Nuclear Posture Review 2010), 탄도미사일방어검토보고서(BMDR: Ballistic Missile Defense Review 2010) 등의 국방안보전략서를 발간했다. 트럼프 행정부의 새로운 안보전략팀이 구성되고 분야별 정책 기조를 수립하는 데 걸리는 시간을 고려하면, 2018년 후반기 즈음에나 구체적인 변화가 착수될 것으로 보인다.

장관은 30일 내로 ISIS 격퇴 계획 초안을 대통령에게 제출하도록 했다.[28]

본 절에서는 아태지역 재균형정책과 동맹정책, 핵정책, 미사일방어정책을 중심으로 미국의 국방안보정책을 정리하고 트럼프 신행정부에서 추진 가능한 정책대안들을 분석한다. 국방안보정책은 당장 트럼프가 실현해야 하는 국내정책 개혁에 비해 우선순위가 낮고, 특유의 관성으로 인해 군사력 발전의 방향 전환 또한 쉽지 않기 때문에 그 변화의 정도가 크지 않을 것이란 전망이다. 게다가 미국 일반 국민들은 군사전략이나 무기체계에 대한 이해가 부족할 뿐 아니라 자신의 경제적 이익에 보다 탄력적으로 반응하기 때문에 정책 변화의 속도 또한 점진적일 것으로 보인다. 그럼에도 미국의 국방안보정책은 한반도와 한미동맹에 지대한 영향을 미치므로, 면밀한 분석을 통한 정책변화 전망과 대응전략 수립이 중요하다.

1. 아시아·태평양 지역으로의 재균형정책

미국의 아태지역 재균형정책은 국제사회에 대한 미국의 권력투사가 균형을 잃었다는 문제의식에서 출발해 오바마 행정부가 2011년부터 본격적으로 추진해온 아시아 중시정책이다. 미국이 2001년부터 테러와의 전쟁에 집중한 나머지 이라크와 아프간 등 중동지역에 군사력을 과도하게 투사하면서 아시아에 대한 관여가 불충분했기 때문에 태평양지역에 핵심 이익을 둔 미국은 여기에 전략적·외교적·경제적 자원을 충분히 투자해 성장 동력을 찾아야 한다는 내용이 핵심이다.[29] 구체적으로 역내 미국의 군사력 강화 및 조정, 동맹 및 역내 신흥국가와의 파트너십 확대, 미국의 참여 증대를 통한 역내 다자기구 강화 및 지역 경제의 활성화 등의 의제가 도출되었다. 이 정

28) https://www.whitehouse.gov/the-press-office/2017/01/28/plan-defeat-islamic-state-iraq
29) Hillary Clinton, "America's Pacific Century," *Foreign Policy* (2011.10.11).

책의 배경에는 상대적 국력 쇠퇴에 직면한 미국이 부상하는 중국에 대응하기 위해 역내 자산을 효율적으로 재분배함으로써 국가 이익을 극대화하고자 하는 의도가 있었다. 재균형정책 관련 백악관 설명서에 따르면, 미국은 역내 파트너의 역량을 활용해 규범을 기반으로 하는 지역 질서를 유지, 강화하고 지역적, 글로벌 도전관제를 해결하기 위해 협력관계를 강화하는 것이 우선적 과제이다.30) 이처럼 동맹과 파트너십 확대를 강조한 이유는 예산상의 제약을 극복함과 동시에 역내 잠재적 안보 위협을 해소함으로써 미국의 영향력을 지속하고자 하는 데 있었다.31)

오바마 대통령은 2011년 호주 의회에서 미 해병대 병력 순환배치, 연안 전투함의 싱가포르 순환배치, 괌 기지 해병 전력 증강과 기지시설 보완 계획 등을 발표했다. 이어 2012년에 국방부가 발표한 국방전략지침(DSG: Defense Strategic Guidance)을 통해 미군이 세계 안보에 기여하는 가운데 아태지역으로 재균형을 달성할 것을 선언했고, 2014년에 발표한 4년주기 국방검토 보고서(QDR: Quadrennial Defense Review)를 통해 재균형정책의 범위가 비대칭적인 미래전에 대비, 해외주둔 미군의 재균형과 유지는 물론 합동군의 역량, 규모 및 대비태세를 아우르는 내적 재균형까지 포함하고 있음을 밝혔다.32) 2015년에는 미 해군이 협력적 해양전략(A Cooperative Strategy for 21st Century Seapower)을, 국방부가 아태지역 해양안보전략 보고서(Asia-Pacific Maritime Security Strategy: Achieving U.S. National Security Objec-

30) Fact Sheet: Advancing the Rebalance to Asia and the Pacific, The White House (2015.11.16), "Our priority is to strengthen cooperation among our partners in the region, leveraging their significant and growing capabilities to build a network of like-minded states that sustains and strengthens a rules-based regional order and addresses regional and global challenges."
31) 초기 정책 홍보에 사용된 '회귀(pivot)' 용어는 중동지역에 집중 배치되었던 군사적 자산을 미 태평양사령부로 전환하고 호주, 필리핀 등 아시아지역 군사동맹을 강화하겠다는 의도가 담겨 있었다. 중국의 반발이 거세지자 정부는 외교안보정책의 전략적 우선순위를 아시아 중심으로 '재균형시킨다(rebalancing)'는 순화된 용어를 사용하기 시작했다.
32) Quadrennial Defense Review 2014, Department of Defense.

tives in a Changing Environment)를 연이어 발간함으로써 역내 해양 안보에 대한 각별한 관심도 피력했다.

오바마 행정부는 재균형정책을 미국 세계전략의 한 축으로 설정하고 전략적 자산을 아시아에 배치하겠다는 강한 의지를 가지고 있었다. 그러나 미국이 직면한 심각한 재정적자와 국가부채 상황, 이 문제 해결을 위한 의회 내 합의 부재, 불충분한 국방예산, 중동 피로감 때문에 극대화된 국민들의 대외개입 반대 정서 등의 여러 가지 도전 요소에 부딪혔다.[33] 결국 정책의 방향성은 맞지만 내용 자체는 일관성이 결여되어 있다는 평가를 받았다.[34] 게다가 2013년에 불거진 시리아 사태로 인해 중동지역 불안정이 고조되고 2014년 러시아의 크림반도 합병으로 인해 지정학으로의 회귀 위협이 고조되면서 동맹국들 사이에서는 미국의 아시아에 대한 관심이 약해질 것이라는 회의론이 부각되었고, 이는 미국 패권의 약화를 가져올 것이라는 우려를 낳았다. 결과적으로 미국의 재균형정책은 계획대로 추진되지 못했고 사실상 군사적 재균형 이외의 실적은 부진했다.

미국은 현재까지 누리고 있는 군사적 우위가 중국에 의해 도전받는 상황을 타개하기 위해 다각적으로 군사 혁신 노력을 기울이고 있다. 2014년 국방혁신구상(DII: Defense Innovation Initiative)을 발표해 세 번째 상쇄전략(third offset strategy)의 추진을 공식화했다. 이는 "전 지구적 감시와 타격(GSS: Global Surveillance and Strike)"이라는 새로운 전략개념하에 전장의 무인화, 항공작전의 확대, 수중작전에서의 스텔스 기능 확대, 복합시스템 및 네트워크 구축 등의 핵심기술을 발전시키는 내용이다.[35] 또한 중국의 반접

---

33) Kurt Campbell, *The Pivot: The Future of American Statecraft in Asia* (New York: Twelve, 2016), pp.294-317.

34) Graham Webster, "Asia Pivot: Does the U.S. Need to 'Rebalance Harder'?" *The Diplomat* (2016.1.29).

35) Robert Martinage, "Toward A New Offset Strategy: Exploiting U.S. Long-Term Advantage to Restore U.S. Global Power Projection Capability," Center for Strategic and Budgetary Assessments(2015), pp.49-62.

근/지역거부(A2/AD: Anti Access/Area Denial)전략에 대응하기 위해 2009년부터 공해전투(Air-Sea Battle)개념을 발전시켜왔으며 2015년 1월부터 이 개념을 공역접근 및 기동을 위한 합동개념(JAM-GC: Joint Concept for Access and Maneuver in the Global Commons)으로 대체했다.[36] 이는 미국이 합동작전접근개념의 진화적 발전을 추구하는 것으로서 정밀유도무기와 무인무기체계 등 기술의 확산으로 미래에 중국의 A2/AD 위협이 증대되는 것에 대비하는 것으로 해석된다.[37]

국제사회는 트럼프 행정부에서 아태지역 재균형정책을 지속할지 여부에 주목하고 있다. 트럼프는 후보 시절 아시아 중시에 대한 초당적 합의를 인정하고 재균형정책의 취지에는 동의했으나, "말 뿐이고 일관성 없는" 오바마의 정책 추진 방식을 비판했다.[38] 특히 지난 행정부에서 TPP와 같은 경제 의제에 경도되어 역내 군사적 재균형에 소홀했다고 평가하고 국방비를 삭감하고 해군력을 약화시킨 것은 정책 추진 수단을 훼손한 것이라고 비난했다. 군사적으로 빠르게 부상하고 있는 중국은 이 기회를 틈타 역내에서 영향력을 확대해가고 있지만, 결국 오판과 과장된 행동으로 인해 미국에게 주도권을 빼앗길 것이라는 자신감도 과시했다. 트럼프는 군사력 증대와 아시아로의 군사력 재배치에 대한 구체적인 내용을 다음과 같이 발표한 바 있다. 첫째, 국방예산에 대한 시퀘스트레이션을 제거하고 군대 재건을 위해 국방비를 증액한다. 둘째, 육군(54만 명), 해병대(36개 대대), 해군(전함 및 잠수함 총 350척), 공군(전투기 1,200기)의 전력을 증대한다. 셋째, 최신 미사일 방어체계와 사이버전 능력을 강화한다.[39]

---

36) JAM-GC의 구체적인 내용은 오바마 행정부 말까지 알려지지 않았지만, '합동성'은 육군과 해병대의 역할을 부각시키고, '기동성'은 중국에 대한 원거리봉쇄나 연안통제 적용을 의미하는 것으로 보인다.

37) 엄태암, "오바마 행정부 말기 안보전략과 국방정책," 『2015~2016 한국의 안보와 국방』(KIDA Press, 2015), pp.41-42.

38) Grey and Navarro(2016), ibid.

39) Fact Sheet: Key Policies proposed in Mr. Trump's Military Readiness Speech (2016.9.7), https://www.donaldjtrump.com/press-releases/fact-sheet-key-polic

오바마 집권기에 도전 요소로 작용했던 재균형정책의 추진 여건은 점
차 개선되고 있는 추세이다. 첫째, 미국의 국가부채 문제는 여전히 진행형
이나, 미국 경제가 회복세에 접어들었고 보다 강한 군대를 재건하려는 신행
정부의 의지가 강하고 국민적 지지를 받고 있기 때문에 예산 확보에는 차질
이 없을 것으로 보인다.[40] 미 의회예산국(CBO)에 따르면, 2016년 말 국가
부채는 GDP의 75%에 육박해 제2차 세계대전 이후 가장 높은 수치를 기록
했으며, 2018년까지 비슷한 수준을 유지할 전망이다. 장기적으로 보면 국가
지출 대비 수입의 비대칭은 점차 심화되어 2035년에는 GDP의 106%, 2046
년에는 141%까지 증가할 것이라는 예측이다.[41] 한편, CBO는 2016~2017
년 미국의 경제활동이 활성화되어 실업률을 낮추고 인플레이션과 이자율을

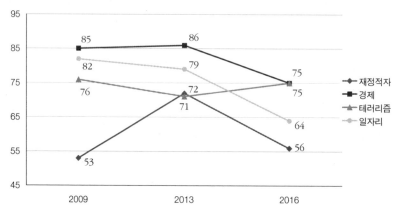

□ 그림 1   　재정적자에 대한 국민의 우선순위 하락(%)

출처: 퓨리서치센터 여론조사(2016년 1월 7~14일)

---

ies-proposed-in-mr.-trumps-military-preparedness-speech

40) "[트럼프정부 6대 국정기조] 세계 최강 미군 표방 - 시퀘스터 폐지," 『연합뉴스』,
　　2017.1.21.

41) The 2016 Long-Term Budget Outlook, Congressional Budget Office(2016.7.12),
　　pp.5-8.

높일 것으로 추정했다.42) 최근 퓨리서치센터 여론조사에 따르면 2016년 1
월 기준, 재정적자 해소가 정부의 우선순위가 되어야 한다고 답한 사람은
56%로, 공동 1위인 경제 및 테러리즘(75%), 일자리 창출(64%) 다음으로 큰
폭으로 중요도가 낮아졌다(〈그림 1〉).

둘째, 정부와 의회 간 타협으로 국방예산을 안정적으로 확보할 수 있을
것으로 보인다. 미 의회는 16조 달러에 이르는 국가부채를 줄이기 위해 2011
년에 예산통제법(BCA: Budget Control Act)을 제정했고 그에 따라 2013년
3월부터 시퀘스트레이션이 발동되어 제한적으로나마 예산 상한선(budget cap)
이 적용되었다. 그 결과 2001년부터 증가세를 유지하던 미국의 국방예산은
2012년부터 줄어들기 시작했다. 그러던 중 랜드연구소(RAND)와 헤리티지
재단(Heritage Foundation), 전략예산분석센터(CSBA) 등에서 다원화된 위협
에 대응하기 위한 국방예산 증액을 요구하는 목소리가 커졌고,43) 백악관과
의회는 2015년 10월, 2년 동안 연방예산과 국가부채한도를 동시에 증액하
는 데 합의함으로써 시퀘스트레이션을 사실상 해제시켰다.44) 2016년에 공
화당이 상하 양원의 다수당은 되었지만 상원에서 절대다수의 의석을 차지하
지 못한 관계로 주요 이슈에 대해 민주당과의 협력이 요구된다. 오바마 행
정부와 공화당 주도 의회는 실질적으로 국방예산 증액을 원했음에도 불구하
고 줄곧 정치적인 이유로 갈등해왔기 때문에 트럼프 행정부와 의회 간 유사
한 대립도 배제할 수는 없다.45)

---

42) The Budget and Economic Outlook: 2017-2027, Congressional Budget Office
(2017.1.24).
43) 안병성·이현재, "시퀘스터 이후 미국 국방예산 적정성 논의의 동향과 시사점,"『주간
국방논단』제1607호(2016.2.22).
44) 백재옥, "미 국방전략 추진을 위한 2016년 국방예산 정책,"『주간국방논단』제1600
호(2016.1.4).
45) 오바마 행정부는 국방예산 항목 중 기본예산을 증가시켜 국정운영을 위한 재원을 확
보하려고 했으나, 공화당이 주도하는 의회는 예산 상한선으로 행정부의 지출을 규제
하려 했다. 대신, 시퀘스트레이션에서 제외되는 해외긴급작전예산(OCO)을 늘려 국
방예산을 증액하려고 했다.

□ 그림 2　　　미국의 국방비 지출 증대를 요구하는 응답자의 증가(%)

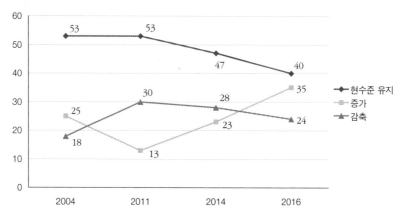

출처: 퓨리서치센터 여론조사(2016년 4월 12~19일)

　　한편, 미국의 국방비 지출 증액에 찬성하는 국민의 비율도 꾸준히 증가
하고 있다. 〈그림 2〉를 보면 국방비 지출 증액에 찬성하는 응답자의 비율이
2011년에 13%였던 것이 2014년에는 23%, 2016년에는 35%로 5년 사이에
큰 폭으로 증가했다. 반면 국방비 지출을 현 수준으로 유지하거나 감축해야
한다는 응답자의 비율은 2011년부터 꾸준히 줄어들었다. 오바마 행정부는
2017 회계연도 국방예산으로 총 5,827억 달러를 요청한 상태이고 함께 제
출한 국방5개년계획(FYDP: Five Year Defense Program)에 의하면, 그 기간
에 적용되는 예산통제법의 예산 상한선을 넘는 국방지출이 예상된다.[46] 트
럼프 행정부는 국방지출계획을 수정해 상한선에 맞추거나 상한선을 조정하
는 조치를 취해야 할 것이다.[47] 다만 대통령 취임 후 예산안 제출까지 준비
기간이 짧기 때문에 트럼프 행정부의 2018회계연도 국방예산은 전년도와
크게 다르지 않을 것으로 보인다.

---

46) Long-Term Implications of the 2016 Future Years Defense Program, Con-
gressional Budget Office(2016.1.14).
47) Todd Harrison, "Analysis of the FY2017 Defense Budget," CSIS(April 2016).

셋째, 미국 국민의 대외개입 반대 정서도 약해지는 분위기가 조성되고
있다. 대중은 여전이 정부가 글로벌 문제보다는 국내 문제에 집중해줄 것을
원하지만, 대외개입에 반대하는 정도는 미국 쇠퇴론이 정점에 달했던 2013
년보다 완화된 기세이다. 퓨리서치센터에서 2013년에 실시한 여론조사에
따르면, "미국이 국제 문제에 개입하지 말아야 한다"고 응답한 사람의 비율
은 52%로 50년 만에 처음으로 개입에 찬성하는 38%보다 월등히 높았다.[48]
그러나 2016년 같은 질문에 대해 대외개입에 반대한 응답자는 전체의 43%
로 찬성하는 50%보다 낮았다. 이와 함께 미국이 다른 국가들을 의식하지
않고 일방주의적으로 국제 문제를 다룰 수 있다는 데에 찬성한 응답자는
33%로 2009년의 44%보다 현저히 낮아졌다.[49] 이는 다자주의에 입각해 글
로벌 문제 해결을 위해 미국이 나서는 것에 대한 국민적 반감이 줄어들었음
을 보여준다.

연초부터 트럼프 대통령은 중국에 대해 강경책을 펴고, 대만과의 관계
개선에 관심을 보이고, 미일동맹을 강화하며, 태평양에서 미 해군의 존재감
을 증대하려는 움직임을 보이고 있다. 이는 미국의 국익이 직접적으로 영향
받을 경우, 아태지역에 신속하게 개입할 의지가 있음을 보여주는 것으로 정
책명은 바뀌어도 재균형정책의 군사적 기조는 유지 및 심화될 것으로 전망
된다. 특히 중국 위협에 대응하는 미국 역내 군사력 증대 및 배치, 특히 해
군력 증대와 파트너국과의 연합훈련 확대, 현재뿐 아니라 미래의 중국 위협
에 대비하는 군사적 혁신 프로그램이 탄력을 받을 것으로 예상된다. 트럼프
대통령은 중국의 군사력이 미국을 겨냥하고 있음을 인식하고 기술적 우위의
중요성을 강조해왔기 때문에 제3의 상쇄전략과 JAM-GC 개발을 계속할 것
으로 보인다. 이렇게 아태지역으로의 군사적 재균형을 강화하는 데 있어 참

---

48) "Public Sees U.S. Power Declining as Support for Global Engagement Slips:
America's Place in the World," Pew Research Center(2013.12.3).

49) Carroll Doherty, Jocelyn Kiley, Bridget Jameson, "Public Uncertain, Divided
Over America's Place in the World: Growing support for increased defense
spending," Pew Research Center(2016.5.5).

모진의 성향도 작용할 것으로 보인다. 렉스 틸러슨(Rex Tillerson) 국무장관
은 중국의 군사화와 남중국해에서의 군사활동 확대를 경계하는 것으로 알려
졌고, 백악관 수석전략가인 스티븐 배넌(Stephen K. Bannon)은 해군 출신으
로 부족한 국방비 지출 때문에 아태지역에서 미 군사력을 증대시키지 못해
재균형정책이 실패했다고 주장해왔다.

2. 동맹정책

동맹과 글로벌 파트너십 구축은 미국의 전후 국제질서 유지의 핵심 전
략이었으나 이를 부정하는 트럼프 후보의 거침없는 발언 때문에 2016년 대
선 캠페인 중 가장 주목을 많이 받았다. 그는 동맹국들의 안보무임승차에
따른 미국의 과도한 비용 부담을 강하게 비판하면서 재협상을 통해 한국이
나 일본, NATO 회원국들에게 비용을 전가시킬 것을 강조했다. 그리고 이
를 거부할 경우 주둔 미군을 철수하고 핵우산을 제공하지 않는 등 동맹관계
를 전면 파기할 수 있음을 시사했다.

구체적으로 2016년 4월, Center for National Interest에서 주최한 연설
에서 트럼프 후보는 기존 미국의 대외정책 문제를 다섯 가지로 정리했는데,
그중 두 번째가 동맹국들이 미국이 제공하는 안전보장에 대해 재정적·정치
적·인적 비용을 제대로 부담하지 않고 있다는 것이었다.[50] 동맹은 상호주
의적 약속임에도 불구하고 미국은 비대칭적으로 많은 비용을 부담하면서 착
취당해왔으므로 한국과 일본, 독일과 사우디아라비아와 같은 동맹국들은 적
정 비용을 부담하든지 스스로를 지켜낼 각오를 하라는 내용이었다. 한국이
주한미군 인적 비용의 절반 이상을 부담하고 있다는 빈센트 브룩스(Vincent
Brooks) 주한미군사령관의 발언에 대해 트럼프가 "왜 전부를 부담하지 않는

---

50) "Transcript: Donald Trump's Foreign Policy Speech," *The New York Times*
   (2016.4.26).

가?"라고 되물었다는 일화는 잘 알려져 있다. 미국의 동맹국 방위비 인상
요구는 트럼프에 의해 개인적으로 1987년부터 제기되었고 미 의회에서도
종종 예산삭감을 위해 국방비 지출을 줄여야 한다는 주장으로 대변되어 왔
다. 미국은 국방비로 GDP의 3%를 지출하고 있는데 일본은 1%, 한국은
2.6% 수준에 불과하기 때문에 부당하다는 그의 주장은 동맹의 가치를 산술
적으로만 계산하고 60여 년 동안의 역내 평화와 안정 유지로 인식하지 못하
고 있으며, 무엇보다 동맹이 그가 추구하는 미국의 강력한 군사력의 중요한
축이기 때문에 미국에게 절대적으로 이익이라는 점[51]을 간과하고 있음을
보여주었다.

트럼프는 유럽 안보의 구심점인 NATO에 대해서도 회원국들의 안보무
임승차를 지적하는 한편, 다변화되는 안보위협에 대한 동맹의 역할 확대 및
구조 개편을 역설했다. 우선 미국을 포함한 5개국을 제외하고는 GDP의 2%
를 국방비로 지출하는 하한선이 지켜지지 않아 미국의 안보 보장에 대한 방
위비 분담이 턱없이 비대칭적임을 비판했다. 그리고 NATO가 냉전기 소련
의 위협을 견제하기 위해 오래전에 설립되었기 때문에 우크라이나 사태를
야기한 러시아의 부상을 저지하기에는 "더 이상 유효하지 않다(obsolete)"고
지적했다. 핵심 중동국가를 배제한 현재의 동맹구조 때문에 NATO가 ISIS
의 만행을 비롯한 국제테러리즘을 척결하는 데에 제 역할을 하지 못한다고
도 덧붙였다.[52] 이런 배경 속에서 NATO 회원국인 발트해 국가들이 러시아
의 공격을 받을 경우 미국이 군사적으로 개입할 것인지에 대한 확답을 회피
함으로써 논란을 가중시켰다.

취임 직후, 트럼프는 주한미군 철수나 한국과 일본의 핵무장 용인 발언
을 철회하고 NATO의 중요성을 인정했다.[53] 그리고 매티스 국방장관의 한
국과 일본 방문을 통해 동맹국 안심시키기에 나섰다. 그는 2월 3일에 있었

51) "America's East Asia Bargain," *The Wall Street Journal* (2016.4.6).
52) http://www.politico.com/story/2016/08/donald-trump-terrorism-speech-227025
53) http://www.reuters.com/article/us-usa-trump-nato-obsolete-idUSKBN14Z0YO

던 한미국방장관회담에서 "한미동맹은 아태지역의 평화와 안정을 뒷받침하는 핵심축(linchpin)"이라고 말했고 백악관에서도 그의 방한을 "북한의 핵과 탄도미사일 위협에 맞서 한미동맹 강화를 강조한 것"이라고 평가했다. 일차적으로 방위비 분담금에 대한 언급은 없었다. 이는 공화당 전당대회에서 채택된 정강에 수렴하는 모습을 보여줌으로써 적어도 총론 차원에서는 동맹관계에 급진적인 변화가 없을 것을 예고했다. 공화당 정강은 트럼프와 마찬가지로 '힘을 통한 평화'를 내세우며 미국의 군사력 제고, 국방예산의 증대, 제한된 예산에 굴하지 않는 군사전략의 수립, 다양한 위협에 대응하기 위한 군사력의 균형적인 개발을 강조했다. 그리고 유럽과의 협력 강화를 위해 NATO의 공고화와 현대화 추진에 초점을 맞추었다. 다른 점이 있었다면 미국의 리더십 회복을 위해 동맹의 역할이 중요하다고 강조하고 공통의 이익을 위한 협력을 강화해야 한다는 것이었다. 특히 북한의 핵위협과 중국의 영향력 확대에 대응하기 위해 동아시아 동맹국들은 미국의 역내 역할 강화를 기대하고 있기 때문에 방어능력을 총동원해 안전보장을 확실하게 제공해야 한다고 역설했다.

이에 따라 트럼프 행정부는 북핵 문제에 공동으로 대응하고 중국의 위협을 견제하기 위한 한미동맹, 미일동맹의 가치를 인정하고 협력관계를 강화하는 방향으로 정책을 추진할 것이다. 역내 동맹의 강화는 (다른 이름의) 재균형정책 추진과도 일맥상통할 것이다. 그러나 앞서 지적했듯 동맹을 기반으로 한 군사적 양자협력의 강화 기조는 그 외 분야에서의 다자적 협력을 제도화 하는 노력을 저해하는 역효과를 가져올 수 있다. 미국은 또한 독자적으로 행동하는 필리핀을 회유하고 인도와 베트남, 싱가포르와의 안보협력을 확대하는 노력을 지속할 것이다. 특히 파트너국과의 협력은 군사적 동맹 차원의 협력보다 경제적이기 때문에 안보 비용을 절감하고자 하는 트럼프 행정부에서 보다 적극적으로 추진할 유인이 있다.

한편, 각론 차원에서의 정책적 불확실성은 다분히 높고, 트럼프 행정부는 기대치에 미치지 못하는 협상 결과에 직면했을 때 공세적으로 접근할 가능성이 있다. 한미동맹의 경우, 그동안 무상으로 제공받았던 미군의 레이더,

군사위성 북한 정보를 유료화하거나 미국산 무기의 구매 증대를 강요하는 등의 압박이 가해질 수 있고, 당장 한국 측에서 THAAD의 한반도 실전 배치 및 유지비용을 더 부담하게 될 수 있다. 전시작전권 전환 이슈도 잠재적인 갈등 유발 요소이기 때문에 국방부는 한국의 안보를 강화하기 위한 적정 국방비 편성 노력을 통해 자국 방어 능력을 충분히 확대하고 있음을 적극적으로 알려야(signaling) 한다. 군 실무자들은 오는 2018년에 재개되는 방위비분담협상을 앞두고 거래 대상이 될 수 있는 구체적인 항목뿐 아니라 거래의 수단이 될 수 있는 외교적 요소까지 포괄적으로 고려해 대비할 필요가 있겠다. 2017년 2월에 열린 미일정상회담에서 보여주었듯이 트럼프 대통령은 동맹국에 대한 안보 보장의 대가로 경제적 실리를 취하려는 자세로 협상에 임할 것이기 때문이다.

이런 의미에서 미국이 세계전략 차원에서 요구하는 동맹의 '글로벌 파트너십으로의 진화'의 의미를 되새겨볼 필요가 있다. 오바마 행정부는 한미동맹 공동비전(Joint Vision for the Alliance 2009)과 한미국방협력지침(Guidelines for U.S.-ROK Defense Cooperation 2010)을 통해 북핵 등 전통적 안보뿐 아니라 개발과 환경 등 글로벌 이슈를 아우르는 한미 간 포괄적 안보 협력을 강조했다. 그리고 2015년 10월, 서울에서 개최한 한미정상회담에서 양국 간 협력의 '뉴프런티어'를 21세기에 더욱 중요해지는 사이버, 우주, 기후변화, 글로벌 보건을 포함하는 개념으로 정리하고 새로운 방향으로 한미동맹을 발전시킬 것을 천명했다.54) 미국은 비슷한 시기에 일본과도 뉴프런티어식 협력을 확대할 것을 발표해,55) 동맹국마다 양자적 협력의 '비교우위'를 따져보는 계기를 마련했다.

일례로 한국은 MERS 사태 극복을 통해 글로벌 보건에 비교우위를 점하고 있는 반면 일본은 우주개발, 환경 부문에서 협력하기 좋은 조건을 갖추

54) Joint Fact Sheet: The U.S.-ROK Alliance: Shared Values, New Frontiers, The White House(2015.10.16).
55) U.S.-Japan Joint Statement: The United States and Japan: Shaping the Future of the Asia-Pacific and Beyond, The White House(2014.4.25).

고 있다. 이러한 동맹국의 글로벌 파트너십으로의 확대 및 진화 노력은 미국의 기대와 한국의 국제적 위상에 맞는 안보역할을 맞추는 것으로 인식되어 협상 테이블 밖에서 트럼프가 제기한 안보무임승차론을 불식시키는 방안이 될 수 있다. 내부지향성이 강한 트럼프 행정부가 기후변화와 같은 글로벌 문제의 다자적 해결책을 마련하기 위해 앞장설 가능성은 낮지만, 자원이 제한된 만큼 미국의 리더십 회복을 진정 원한다면 동맹국과 파트너국들의 역량을 활용하는 기존의 세계전략에서 크게 벗어나지는 못할 것이다.

사실, 유럽과 아시아지역 파트너국들과 협력의 범위와 수준을 확대하고자 하는 미국이 동맹을 주축으로 하는 대전략의 근본적인 변화를 주도적으로 꾀하는 것인지, 여력이 부족해 어쩔 수 없이 변화를 수용하고 있는 것인지 명확하지 않다. 트럼프 대통령이 이 문제를 어떻게 인식하고 있는지도 분명하지 않다. 그럼에도 거시적으로 보았을 때 동맹국과의 공정한(fair) 협상을 전면에 부각시킨 트럼프 행정부가 미국 동맹정책의 발전방향을 정하는 데 결정적인 역할을 하게 될 것이다. 동맹국들 간 협력까지 포함한 글로벌 협력 네트워크의 구축과 지금보다도 못한 분절적인 양자 협력관계를 양극단으로 하는 축이 있다고 가정했을 때 짧게는 4년, 길게는 8년 후 미국의 동맹체계가 어디쯤 위치할 지는 면밀히 지켜봐야 할 문제이다.

3. 핵정책 및 전략

핵무기가 개발된 이래 세계의 핵질서는 핵무기에 의한 억지(deterrence) 뿐 아니라 핵보유국과 비핵보유국을 아우르는 군축 및 비확산체제에 의해 유지되었고,56) 그 중심에는 미국의 핵정책과 전략이 있다. 미국은 냉전기

---

56) 군축(disarmament)은 국제적 합의하에 군비 혹은 무기를 축소, 폐기하는 것을 의미한다. 1990년대에 접어들어 국가 간 전쟁이 줄어드는 한편 인종과 종교를 둘러싼 내전이 확대되면서 소형무기와 경화기가 확산되고 테러라는 폭력 수단과 접목되면서 다자적 군축의 필요성이 부각되었다. 비확산(non-proliferation)은 핵무기와 생화학

소련에 대한 견제와 봉쇄를 목적으로 핵무기를 개발하다가 소련의 붕괴 이
후 구공산권 국가들로부터의 핵공격 위협이 감소함에 따라 핵무기 사용보다
는 군축 및 비확산에 초점을 두기 시작했다.

핵전략은 핵정책의 선언과 표적 선정, 핵능력을 포함하는 개념으로 미국
은 아이젠하워 행정부 때 처음 수립했다. 당시 미국은 핵무기 우위를 바탕
으로 대량보복(massive retaliation)전략을 구사해 모든 수단을 동원함으로써
소련의 재래식 전력 우위를 상쇄하고자 했다. 따라서 이 시기에 미국은 핵
무기를 대량 개발·생산했고 충분한 핵전력이 갖추어졌다고 판단한 케네디
행정부는 유연반응(flexible response)전략을 채택해 무차별적이 아닌 적절
한 수준에서 소련의 도발에 대응하고자 했다. 그러나 냉전기 동안 지배적이
었던 핵전략은 상호확증파괴(MAD: Mutually Assured Destruction)로, 적국이
선제 핵공격을 하면 아군이 보복 공격을 가해 서로 멸망한다는 확신을 심어
줌으로써 상대방의 선제공격을 억지하는 내용이었다. 미소 간 핵평형이 이루
어졌다고 판단한 1960년대부터 미국은 재래식 전력 증강에 매진했고 1970
년대부터 국제적인 핵감축 및 비확산 노력을 전개했으며, 1980년대에는 인
도와 파키스탄, 중국 등 제3세계 국가들의 재래식 전력 강화와 핵보유에 대
비해 선별적억제(discriminate deterrence)전략을 채택했다. 이는 유사시 핵
무기 사용 가능성을 한층 낮춘 전략이었다.[57]

이처럼 핵무기 개발과 핵감축 및 비확산 노력을 병행하면서 미국의 핵

무기와 같은 대량살상무기나 미사일과 같은 운반수단 및 무기체계를 대상으로 하며,
이와 관련된 물자나 기술의 확산을 포괄적으로 방지하고 억제하는 것을 의미한다.
핵무기의 경우, 비핵국가가 핵을 보유하게 되는 현상을 수평적 확산이라 하고 핵보유
국이 핵을 양적·질적으로 발전시키는 것을 수직적 확산이라고 한다. 냉전기 비확산
이 공산권 국가들에 대한 전략물자 이전을 방지하는 데에 중점을 두었다면, 탈냉전기
에는 대량살상무기를 개발하거나 거래하는 특정 국가나 비국가 주체에 의한 확산을
막는 것이 중요해졌다.

57) Paul I. Bernstein, "Post-Cold War U.S. Nuclear Strategy," in Jeffrey A. Larsen,
Kerry M. Kartchner, eds., *On Limited Nuclear War in the 21st Century*
(Stanford University Press, 2014), pp.80-83.

무기 우위 전략은 다소 약화된 듯 보였으나, 핵무기에 의한 억지능력 보유
는 여전히 미국의 안보전략에서 중요한 비중을 차지했다.[58] 조지 H. W. 부
시 행정부는 전 세계에 배치된 미국의 지상 단거리핵무기와 전술핵무기 철
거를 지시했고, 클린턴 행정부는 1997년에 탈냉전기 핵무기의 주요 역할은
억지라고 강조하면서 레이건 행정부가 내세웠던 미국의 핵전쟁 승리 지침을
공식적으로 포기했다.[59] 그러나 미국은 핵비확산 의무를 준수하는 국가에
대해 핵무기를 선제적으로 사용하지 않는다는 소극적 안전보장(negative
security assurances)을 원칙으로 하되, 핵공격 능력이 있거나 핵비확산조약
(NPT: Nuclear Non-Proliferation Treaty)을 준수하지 않는 국가와 대립할 경
우, 또는 적국이 핵공격 능력이 있는 국가와 연대해 미국이나 동맹국을 공
격할 경우는 예외라고 밝혀 핵사용 의지를 전면 부정하지 않았다.

2001년에 미국을 공포에 빠뜨린 9.11 테러는 미국의 핵정책을 재차 강
화하는 계기를 마련했다. 조지 W. 부시 행정부에서 발간한 2002 핵태세검
토보고서(NPR: Nuclear Posture Review)[60]는 핵무기가 미국의 전력 투사 능
력을 향상시키는 데 근본적인 역할을 담당한다고 강조하고 대량살상무기와
대규모 재래식 전력을 포함한 광범위한 위협을 억지하는 신뢰할만한 군사적
옵션을 제공한다고 밝혔다. 동 문서는 핵무기로 미국을 멸망시킬 수 있는 유
일한 국가인 러시아의 위협을 재확인하며 중국, 북한, 이라크, 이란, 리비아,
시리아 등 7개국을 잠재적 핵무기 타격 대상으로 확대·지정했다. 또한 새로
운 핵삼원체제(nuclear triad)를 제안했는데, 이는 대륙간탄도미사일(ICBM),
잠수함탑재미사일(SLBM), 전략폭격기(bombers)로 구성된 기존의 삼원체제

---

58) 임채홍, "21세기 미국의 핵정책: 국가안보전략과 필요조건에 대한 검토를 중심으로,"
『군비통제』 제28집(2000), pp.246-254.

59) "Clinton Issues New Guidelines on U.S. Nuclear Weapons Doctrine," Arms
Control Association(1997.11.1).

60) 이 시기 NPR은 당초 2001년에 기밀문서로 발간되었고 2002년에 국방부 차관에 의해
일부만 공개되었다. Special Briefing on the Nuclear Posture Review(2002.1.9),
https://fas.org/sgp/news/2002/01/npr-briefing.html

에 더해 재래식 공격무기, 미사일방어를 주축으로 하는 능동적·수동적 방어, 변화하는 안보 환경에 신속하게 대응할 수 있는 방어 인프라의 구축을 목표로 정했다.[61] 이 시기 가장 주목받았던 변화는 미군의 유연성을 확보한다는 명목하에 탄도탄요격미사일협정(ABM)이나 포괄적핵실험금지조약(CTBT)과 같은 군축 합의를 거부하고 미사일방어의 확충을 강조했다는 것과 핵무기를 동원한 선제공격 가능성을 명문화했다는 점이다. 부시 행정부에서 제출한 국가안보전략에도 선제공격(first strike)정책이 명시되어 있었다.

오바마 행정부가 들어서면서 미국의 핵정책은 전환기를 맞이했다. 2007년에 조지 슐츠(George Schultz), 윌리엄 페리(William Perry), 헨리 키신저(Henry Kissinger), 샘 넌(Sam Nunn)이 '핵무기 없는 세계(A World Free of Nuclear Weapons)'라는 제목으로 월스트리트저널에 기고한 데 이어 오바마 대통령은 2009년 4월, 프라하에서 미국은 "핵무기 없는 세계의 실현을 위해 구체적인 조치를 취하겠다"고 역설했다. 그의 기본 방침은 미국이 앞장서서 핵무기의 수를 줄이고 국가안보전략에서 핵무기의 역할을 축소하는 등 절제된 핵정책을 추진함으로써 핵테러리즘과 핵확산 예방을 위한 국제사회의 노력을 총동원하는 것이었다. 그 일환으로 재개된 미러 간 전략핵감축 노력은 2010년 새로운 전략무기감축조약(New START)의 서명 및 발효로 이어졌다. 같은 해 미국은 워싱턴에서 열린 제1차 핵안보정상회의를 비롯해서 2차 서울, 3차 헤이그를 거쳐 2016년 제4차 회의를 다시 본국에서 개최함으로써 핵테러에 대한 경각심을 일깨우고 핵물질 보안에 대한 실무적인 협력을 제고했다. 2015년에는 미국 주도로 이란의 핵개발을 저지하는 포괄적공동행동계획을 채택하는 등의 외교적 성과도 도출했다.

미국의 핵태세검토보고서(NPR)는 향후 5~10년을 염두하고 미국의 핵정책과 전략을 제시한 문서이므로, 2010 NPR은 트럼프 행정부의 핵정책과 가장 면밀하게 대비될 자료가 될 것이다. 동 문서는 핵군축과 비확산, 원자력의 평화적 이용에 대한 오바마의 신념을 담아 다섯 가지 목표를 제시했다.

---

61) http://www.nti.org/analysis/articles/nuclear-posture-review/

첫째, 핵확산 및 핵테러리즘을 예방한다. 둘째, 정책 수단으로서의 핵무기에 대한 의존도를 줄이고 핵무기의 절대적인 수를 줄여나간다. 셋째, 감축된 핵전력 수준에서 러시아와 중국과 같은 핵 강국과의 전략적 억지와 균형을 유지한다. 넷째, 동맹국 및 파트너국에 대한 확장억지를 제공한다. 다섯째, 안전하고 효율적인 핵보유고를 유지한다. 이처럼 핵비확산과 핵테러리즘 척결을 최우선의 목표로 선정한 것은 국가 간 핵전쟁을 상정하고 억지력과 유사시 대응 시나리오를 강조한 이전 행정부들의 핵정책과 확연히 다른 모습이었다. 핵무기의 정책적 역할을 줄이기 위해 미국은 NPT 핵비확산 임무를 이행하는 국가에 대해서는 핵공격이나 위협을 가하지 않겠다고 공언했다. 다만, 비확산 임무를 수행하는 않는 국가에 의한 미국과 동맹국에 대한 재래식, 생화학무기 공격에 대한 핵무기의 억지 역할은 유지시켰다. 이처럼 소극적 안전보장을 공식화한 것은 북한의 핵무기 포기에 대한 보상을 제공하려는 뜻이 담겨져 있었다.[62]

오바마 행정부의 정책적 판단은 New START에서 명시된 핵무기 배치 수준을 1/3만큼 더 줄여도 억지 능력은 유지된다는 것이었다.[63] 대신 기존 핵무기를 현대화함으로써 규모를 줄이는 만큼 신뢰성이 향상된 무기를 만들겠다는 계획이었다.[64] 그러나 30년 동안 1조 달러 이상의 비용이 소요될 예정이어서 재래식 전력 우위에 투자할 예산이 부족하다는 것도 문제였지만, 오히려 타격 능력이 향상된 핵무기는 소형임에도 불구하고 보복 아닌 선제공격용으로 전용될 가능성이 크다는 비판도 제기되었다.[65] 오바마 대

---

62) 이상현, "미국의 2010 핵태세검토(NPR) 보고서: 내용과 함의,"『정세와 정책』세종연구소(2010.5).

63) Fact Sheet: Nuclear Weapons Employment Strategy of the United States, The White House(2013.6.19).

64) https://www.armscontrol.org/factsheets/USNuclearModernization

65) Barry Blechman, "A Trillion-Dollar Nuclear Weapon Modernization is Unnecessary," The New York Times (2016.10.26); William J. Broad and David E. Sanger, "As U.S. Modernizes Nuclear Weapons, 'Smaller' Leaves Some Uneasy," The New York Times (2016.1.11).

통령은 미국의 핵우산 약화에 대한 동맹국들의 우려와 러시아와 중국에 대한 핵억지약화론을 의식해 핵선제사용금지(no-first-use) 독트린을 채택하지 못함으로써 '핵무기 없는 세계' 구상의 실현은 미완으로 일단락되었다.[66] 요약하자면, 이 시기 미국의 핵정책은 핵무기의 역할을 줄이면서 억지력을 유지하겠다는 상반된 목표 사이의 긴장관계를 지니고 있었고, 실현가능성에 대해 대내외적으로 많은 논란을 불러일으켰다. 핵 현대화뿐 아니라 최첨단 재래식 무기 개발과 미사일방어체제 구축으로 억지력 약화 가능성에 대한 불안감을 불식시키려 했지만, 이는 진행형인 과제로 트럼프 행정부의 몫으로 넘겨진 상태이다.

트럼프 대통령이 선거 기간에 가장 모순적인 태도를 보인 이슈가 핵정책일 것이다. 그는 2016년 4월과 7월, 뉴욕타임스와의 인터뷰 중 핵무기의 파괴력이 우리가 직면한 가장 엄중한 사안이라고 주장하며 비확산의 중요성을 강조했다. 이란과의 핵협상 타결이 우려스러운 이유도 미국이 경제제재 해제를 통해 금전적으로 손해 보는 거래를 함으로써 오히려 이란이 핵무기를 개발할 수 있는 여건을 만들어주었기 때문이라고 역설했다. 또한 중국이나 러시아의 핵위협에 대응하는 차원에서 미국이 핵무기를 사용한 선제공격은 고려하고 싶지도 않고, 어떤 조건하에서도 핵은 최후의 수단이라고 못 박았다. 그러면서도 노후화된 미국의 핵무기와 시설의 복구가 시급하다며 예산 확충의 필요성을 강조했다.

한편, 북한의 핵과 미사일 위협이 점증하는 한, 미국의 위상이 지속적으로 약화되면 한국이나 일본 같은 동맹국이 자국 방어를 위해 핵을 개발하는 것은 필연이라고 말했다.[67] 게다가 대통령 당선 직후인 2016년 12월, 트럼프는 "국제사회가 핵의 위력을 인식할 때까지 미국이 핵전력을 대폭 강화해

---

66) David E. Sanger and William J. Broad, "Obama Unlikely to Vow No First Use of Nuclear Weapons," *The New York Times* (2016.9.5).

67) "Transcript: Donald Trump Expounds on His Foreign Policy Views," *The New York Times* (2016.3.26); "Transcript: Donald Trump on NATO, Turkey's Coup Attempt and the World," *The New York Times* (2016.7.21).

야 한다"는 트위터 메시지를 남겨[68] 국내외 비확산 전문가들을 혼란에 빠뜨렸다. 이어 트럼프는 "군비경쟁을 야기할 수도 있다(let it be an arms race)"고 말했다가,[69] 대변인을 통해 "미국의 핵억지력을 강화하겠다는 의도였다"고 번복해 혼란을 가중시켰다.

트럼프 행정부는 '핵무기 없는 세계' 구호로부터 자유롭기 때문에 이전 행정부와 유사한 내용의 정책을 구사하면서도 핵무기의 역할 축소와 핵억지력 강화 사이의 정책적 모순에서 오는 정치적 부담에서 벗어날 수 있을 것이다. 신행정부의 핵정책 기조도 "미국의 위상 회복을 위한 군사력 재건"과 같은 맥락을 유지할 가능성이 높기 때문에 핵 현대화를 지속하면서 첨단 재래식 무기와 미사일방어체계를 구축하는 전략을 이어갈 것이다. 몇 차례 주장을 번복하기는 했지만, 트럼프도 핵무기의 위력을 이해하기 때문에 선제 핵사용을 가볍게 여기지 않고, 미국의 군사적 우위를 유지하기 위한 핵억지의 중요성을 알기 때문에 오래된 핵무기와 장비를 정비하는 데 필요한 자원을 아낌없이 투자하려 할 것이다. 또한 신행정부는 북한과 이란의 핵, 미사일 공격과 중국의 군사적 부상을 심각한 위협으로 인식하고 있기 때문에 다자적 군축 및 비확산 노력도 지속해야 할 것이다. 한국이나 일본의 핵무장을 용인할 수 있다는 주장은 동맹국들의 안보무임승차를 종결시켜 비용을 줄이겠다는 강한 의지의 표명이지 실제 군비경쟁이나 핵확산을 방조하겠다는 의미는 아니라는 판단이다.

---

68) "The United States must greatly strengthen and expand its nuclear capability until such time as the world comes to its senses regarding nukes," https://twitter.com/realDonaldTrump/status/811977223326625792

69) http://www.cnbc.com/2016/12/23/trump-to-putin-lets-have-a-nuclear-arms-race.html

4. 미사일방어

미사일방어(MD: Missile Defense)는 적국에서 발사한 탄도미사일을 아군
의 요격미사일로 탐지, 추적, 요격 및 파괴해 국가의 안전을 지키는 개념이
다. 미국의 미사일방어체계 구축 노력은 1980년대 레이건 행정부 시절 전략
방위구상(SDI: Strategic Defense Initiative)하에서 착수되어 2000년대 조지
W. 부시 행정부 때 본격화되었다. 이때 미국은 미사일방어청(MDA: Missile
Defense Agency)의 규모와 위상을 격상시키는가 하면, 국제사회의 반대를
무릅쓰고 탄도탄요격미사일협정(ABM: Anti-Ballistic Missile Treaty)에서 탈퇴
하기도 했다. 미사일방어의 목표는 적국의 대륙간탄도미사일(ICBM) 공격으
로부터 미 본토와 동맹국을 지키는 것으로, 전자가 국가미사일방어(NMD:
National Missile Defense)라면 후자가 전역미사일방어(TMD: Theater Missile
Defense)이다. 부시 행정부 때부터 NMD와 TMD를 구분하지 않고 미국 본
토, 해외주둔 미군과 동맹국의 안전을 지킨다는 확장된 미사일방어개념을 사
용하기 시작했고, 그 연장선상에서 오바마 행정부는 탄도미사일방어(BMD:
Ballistic Missile Defense)개념을 주로 사용했다.

미사일방어체제의 구축은 단순히 새로운 무기체계를 도입하는 데에 그
치지 않고 군사전략의 변화를 동반했다. 1991년 걸프전의 사막의 폭풍 작전
(Operation Desert Storm) 중에 있었던 이라크의 이스라엘에 대한 스커드미
사일 공격, 테러국가 혹은 불량국가의 탄도미사일 획득 및 확산 위협 증가,
탈냉전 이후 세계 각국의 자국 방어 및 전력 투사 노력 증대라는 배경 속에
서 제한된 자원으로 군사력을 극대화시킬 수 있는 수단으로 비대칭 무기가
주목받게 되었다. 이는 냉전기 상호확증파괴(MAD)전략에서 군사기술 중심
의 방어전략으로의 전환을 예고했다. 러시아와 중국은 미사일방어를 자국의
전략자산을 무력화시켜 미국이 글로벌 전략균형을 바꾸려는 노력으로 인식
해 이에 상응하는 무기체계 도입을 추진해 왔고, 유럽과 우리나라를 포함한
아시아의 동맹국들도 국제적인 군비통제와 비확산 노력에 반하는 계획으로
받아들여 반대하거나 소극적으로만 지지해왔다.[70] 미국이 러시아와 중국의

미사일 및 핵전력을 미사일방어의 명분으로 거론하지 않고 2001년 이래 불량국가로 낙인찍힌 북한과 이란에 집중하는 이유도 여기에 있겠다.

미사일방어가 성공하기 위해서는 미국 주도의 기술개발뿐 아니라 공동연구, 기지 건설, 무기 판매 및 배치 등에 대한 우방국의 협조가 필요하기때문에 전 세계를 하나의 안보 네트워크로 통합하겠다는 미국의 전략적 의도가 내재되어 있다. 미사일방어청은 유럽, 중동, 아시아태평양 국가들과의미사일방어 협력사례를 공개하고 있는데, 직접적인 위협에 직면해있지 않은일부 유럽국가나 호주와도 공동 프로젝트를 운영함으로써 협력의 망을 공고히 하고 있다.71)

탈냉전기에 접어들어 미국의 각 행정부는 본토방어(homeland defense)와 전방방어(forward defense)의 균형을 정하는 방식에서 미세한 차이를 보였을 뿐 일관적인 정책목표를 추구했고 미사일방어 기술에 대해서도 목표가아닌 수단에 대한 의견차이만 보였다. 외부 위협 증대와 국내 정치는 적극적인 탄도미사일 개발정책을 추진하는 동력으로 작용한 반면, 때마다 부각된 비용과 기술적 복잡성 논란은 그 수준을 조정하는 역할을 수행했다.72)오바마 행정부는 재정적자와 시퀘스트레이션 압박에 의해 미사일방어정책을 전면 재검토하고 2009년 9월, '단계적이고 조절적 접근(PAA: A Phased and Adaptive Approach)'정책을 발표해 유럽 미사일방어계획을 순연시키기로 결정한 바 있다. 이는 유럽에서의 미사일방어를 4단계로 나누어 10년 동안 순차적으로 보다 높은 단계의 방어체제를 실전배치하겠다는 계획으로 폴란드에 배치하기로 한 10기의 지상발사 요격미사일 계획과 체코에 설치하

---

70) 미사일방어가 미국 핵전략의 한 축으로, 미국이 소련 대신 중국이나 제3세계 국가들의 핵공격을 방어하고 궁극적으로 자국의 핵 우위를 지키기 위해 추진한 정책이라는 시각이 존재한다. 노병렬, "미국 핵정책의 변화와 한국의 안보전략: MD 논의를 중심으로,"『국제정치논총』제42집 1호(2002).

71) https://www.mda.mil/system/international_cooperation.html

72) James M. Acton, "U.S. National Missile Defense Policy," in Catherine M. Kelleher, Peter Dombrowski, eds., *Regional Missile Defense from a Global Prospective* (Stanford University Press, 2015).

기로 한 추적레이더 건설 계획을 취소하는 대신, 신뢰도가 가장 높다고 알려진 SM-3를 보강해서 활용한다는 내용이었다. 이 계획의 목표는 장거리 미사일보다 이란에서 주로 개발하고 있는 단, 중거리 미사일로 러시아에 대한 위협을 낮추는 효과가 예상되었다.

마침내 2010년에는 미국의 미사일방어정책과 전략, 계획을 포괄적으로 검토하는 탄도미사일개발계획(BMDR)을 최초로 발간함으로써 미사일방어가 미국 안보전략의 주요 요소임을 밝히고 미국이 제한적 탄도미사일 공격으로부터 자국 본토를 방어하고 지역 탄도미사일 공격으로부터 해외주둔 미군을 방어함과 동시에 동맹 및 우방국을 방어하고 이들이 스스로를 방어할 수 있도록 지원한다는 두 가지 목표를 강조했다. 특정 국가에 의한 잠재적 위협뿐 아니라 앞으로 어떤 국가가 탄도미사일 기술을 획득할 것인지, 미국이 기술개발에 의해 이들을 효과적으로 억지할 수 있는지 등 본토 및 지역방어 차원의 '불확실성에 대한 헤징(hedging against future uncertainties)'에 주력한다고 밝혔다.[73] 미 본토에 대한 ICBM 공격은 불확실하지만, 지역 탄도탄 위협에 대한 불확실성은 없다는 안보환경 평가를 기반으로 미사일방어 개발과 실전배치에 동맹국과 우방과의 협력을 강조했다.

오바마는 NPT, PSI 등 다자적 협력의 중요성을 강조하고, 이란에서 비롯된 미사일 확산 위협에 대처하는 방안으로 '직접적이고 공격적인 외교'가 미사일방어의 확대보다 더 효과적이라고 주장한 바 있다.[74] 그러나 미사일 방어 확대에 앞장섰던 조지 W. 부시 행정부가 유럽에서의 미사일 위협이 감소하면 MD를 축소하겠다고 밝혔던 반면, 오바마 행정부는 러시아와의 관계 개선(reset)을 통한 New START 협정 체결 등 군축 노력에 참여하면서도 여느 민주당 행정부와 마찬가지로 국가 안보 이슈 대응에 '약하다'는 평가를 받지 않기 위해 미사일방어 축소를 명확하게 약속하지 않았다.[75] 그의

73) Ballistic Missile Defense Review, Department of Defense(February 2010), pp. 16-17, 27.
74) Michael Cooper, "U.S. Candidates Use Iran's Missile Tests as a Chance for a Foreign Policy Debate," *The New York Times*(2008.7.10).

EPAA 계획도 사실상 미국의 진화하는 공약(evolutionary commitment)을 담고 있어 알래스카와 캘리포니아 주에 배치된 장거리요격미사일을 보완하기 위해 폴란드에 10기의 GBIs를 배치하고 체코에 X-band radar를 배치하겠다는 부시 행정부의 '제3부지 계획'보다 포괄적이었다는 평가를 받았다.[76] 미국은 2017 회계연도 국방예산으로 총 5,830억 달러를 신청해놓은 상태로, 그중 미사일방어청 예산으로 책정된 금액은 75억 달러이다.[77] 2016년의 83억 달러에 비해 감소했지만, 오바마 전체 임기 동안에 책정된 MDA 예산 추세에 비추어보면 적은 액수는 아니다.[78] 이는 미국이 현재뿐 아니라 미래의 미사일 위협을 심각하게 받아들여 미사일방어정책 추진 당국에게 힘을 실어주고 있는 모습이다.

강한 군대의 건설을 강조한 트럼프는 이란과 북한발 미사일 공격에 대한 자국 본토 방어를 위한 최신의(state-of-the-art) 미사일방어체계를 갖추겠다고 공언했으나, 아직 구체적인 방안은 제시하지 않은 상태이다. 전체 22척 중 대부분의 함정에 해당하는 해군의 크루즈미사일부터 현대화할 계획이며, 대당 2억 2천 달러가 소요될 것이라는 수치를 제시한 정도이다.[79] 미 회계감사원(GAO)과 일부 과학자들은 국방부의 발표와는 달리 현재 미국의 미사일방어 능력으로는 북한과 이란의 핵도발로부터 국민을 지킬 수 없고, 현실성 없는 목표 달성을 위해 과도하게 추진을 서두르면서 방어력을 훼손하고 있다고 비판해왔다. 그 과정에서 비용이 눈덩이처럼 불어나는 것도 지속적으로 제기된 문제이다.[80]

---

75) Acton(2015).

76) Andrew Futter, "The elephant in the room: U.S. ballistic missile defence under Barack Obama," *Defense and Security Analysis*, Vol.28, No.1(March 2012), pp.3-16.

77) https://www.mda.mil/news/budget_information.html

78) http://www.americanmilitaryforum.com/forums/threads/consolidated-dod-fy17-budget-fact-sheet.578/

79) "Transcript of Donald Trump's speech on national security in Philadelphia," *The Hill*(2016.9.16).

이러한 원천적인 제약 때문에 트럼프 행정부는 미사일방어 기술개발과 실전배치를 위한 동맹 및 우방국과의 협력을 더욱 강조할 수밖에 없을 것이다. 미국의 국익을 극대화하기 위한 재협상이라는 명목하에 동맹국들에게 미사일방어 비용 분담을 강권할 가능성도 배제할 수 없는데, 당장 THAAD 의 한반도 배치 시 한국의 비용분담이 시험대에 오를 것이다.

IV. 결언

빗나간 예측과 많은 논란을 뒤로 한 채 트럼프 대통령의 시대가 열렸다. '힘을 통한 평화'가 어떻게 구체화될 것인지는 당분간 많은 불확실성을 노정하고 있다. 대외정책 차원에서는 트럼프 대통령이 제시한 주요 공약과 공화당 정강과의 간극은 여전히 존재하며, 이로부터 도출되는 대전략 차원의 미국 리더십의 형태는 더욱 예측하기 어렵다. 강력한 군사력에 기초한 평화실현이 가능하기 위한 국내 경기 진작이 얼마나 빠른 속도로 이루어질 것인지도 관건이다. 국내 살림살이와 해외원조, 환경보호를 위한 예산을 대폭 줄이고 국방비를 역대급으로 증액하겠다는 최근 트럼프 대통령의 발언에 대해 의회 내부에서 민주당, 공화당 할 것 없이 거세게 반발하고 있는 형국은 결코 순탄치 않을 앞날을 예고하고 있다.

이러한 트럼프 대통령과 의회와의 갈등뿐만 아니라, 트럼프 행정부의 대외정책을 만드는 인적 구성 역시 향후 미국 외교안보정책의 향방을 정하는 요인이 될 것이다. 현재까지 대통령의 인선이 마무리되지 못하고 있으며,

---

80) "Assessment of DOD's Reports on Status of Efforts and Options for Improving Homeland Missile Defense," U.S. Government Accountability Office(2016.2. 17); "Shielded from Oversight: The Disastrous U.S. Approach to Strategic Missile Defense," Union of Concerned Scientists(2016).

러시아의 미국 대선 개입 의혹이 명확하게 규명되지 않은 상태에서 트럼프 대통령은 역대 최저 지지율 속에 국정을 이끌어가고 있다. 더욱이 대외정책 결정자들 내부의 이념 간 갈등, 정부부처 간 경쟁, 국가안전보장회의 진행 매뉴얼 변화, 트럼프의 독단적 국정운영 등 여러 가지 변수가 혼재하고 있기 때문에 트럼프 행정부의 외교안보정책이 그가 선거 기간 동안 표방한 '독트린'대로 구현될지도 미지수이다. 트럼프가 약속한 여러 가지 변화가 구현되거나 중도 수정되는 과정에서 미국 민주주의의 정통성과 국내 정치과정의 견고함(robustness)은 재차 시험대에 오르게 될 것이다. 한마디로 오바마 대통령의 집권기를 축소(retrenchment)의 시대라고 규정한다면, 트럼프 대통령의 집권기는 불확실성(uncertainty)의 시대라고 정의내릴 수 있을 것이다.

본 장을 집필하는 시점의 한반도 대내외적 환경은 복잡하고 불안정하다. 대통령 탄핵과 제19대 대통령선거로 국내 정치적으로 혼란스러운 가운데 북한은 어김없이 탄도미사일 발사시험을 강행했고, 이에 따라 미국은 북한의 핵, 미사일 위협에 대비해 모든 옵션을 고려한다고 선포했으며 한미는 중국의 항의에도 불구하고 THAAD의 한반도 실전 배치를 위한 작업을 진행시키고 있다. 우리에게 결코 유리한 안보환경은 아니지만, 돌이켜보면 트럼프 대통령 집권에 의한 미국발 불확실성은 수년 전부터 기존 국내 정치에 대한 미 유권자들의 불만이 쌓이면서 언젠가는 가시화될 일이었고, 현재 세계 모든 국가에게 공통적으로 적용되는 조건이다. 위기 이면에는 기회가 있다고 했다. 트럼프 대통령의 집권을 맞이해 한국은 가장 시급한 국가안보와 경제 이익을 수호하기 위해 미국의 외교안보정책 변화에 기민하게 대응하면서도, 보다 성숙하고 책임감 있는 국제사회의 일원으로서 기능할 수 있도록 국가전략을 진지하게 구상하고 추진할 수 있기를 기대한다.

▪ 참고문헌 ▪

노병렬. 2002. "미국 핵정책의 변화와 한국의 안보전략: MD 논의를 중심으로." 『국제정치논총』 제42집 1호.

백재옥. 2016. "미 국방전략 추진을 위한 2016년 국방예산 정책." 『주간국방논단』 제1600호. 한국국방연구원(2016.1.4).

안병성·이현재. 2016. "시퀘스터 이후 미국 국방예산 적정성 논의의 동향과 시사점." 『주간국방논단』 제1607호. 한국국방연구원(2016.2.22).

이상현. 2010. "미국의 2010 핵태세검토(NPR) 보고서: 내용과 함의." 『정세와 정책』 세종연구소(2010.5).

임채홍. 2000. "21세기 미국의 핵정책: 국가안보전략과 필요조건에 대한 검토를 중심으로." 『군비통제』 제28집.

『2015~2016 한국의 안보와 국방』. KIDA Press, 2015.

『2015~2016 동북아 군사력과 전략동향』. KIDA Press, 2016.

Arms Control Association. 1997. "Clinton Issues New Guidelines on U.S. Nuclear Weapons Doctrine." Arms Control Association(1997.11.1).

Campbell, Kurt. 2016. The Pivot: The Future of American Statecraft in Asia. New York: Twelve.

Carter, Ashton. 2016. "The Rebalance and Asia-Pacific Security: Building a Principled Security Network." Foreign Affairs (November/December 2016).

Clinton, Hillary. 2011. "America's Pacific Century." Foreign Policy (2011.10.11).

Delli, Carpini, Michael S., and Scott Keeter. 1997. What Americans Know about Politics and Why It Matters. New Haven: Yale University Press.

Doherty, Carroll, Jocelyn Kiley, and Bridget Jameson. 2016. "Public Uncertain, Divided Over America's Place in the World." Pew Research Center (2016.5.5).

_____. 2016. "Public Uncertain, Divided Over America's Place in the World: Growing support for increased defense spending." Pew Research Center

(2016.5.5).

Drezner, Daniel. 2011. "Does Obama Have a Grand Strategy? Why We Need Doctrines in Uncertain Times." *Foreign Affairs*, Vol.90, No.4.

Futter, Andrew. 2001. "The elephant in the room: U.S. ballistic missile defence under Barack Obama." *Defense and Security Analysis*, Vol.28, No.1 (March 2001).

Grey, Alexander, and Peter Navarro. 2016. "Donald Trump's Peace Through Strength for the Asia-Pacific." *Foreign Policy* (2016.11.7).

Harrison, Todd. 2016. "Analysis of the FY2017 Defense Budget." CSIS(April 2016).

Holsti, Ole Rudolf. 2004. *Public Opinion and American Foreign Policy.* Ann Arbor: University of Michigan Press.

Ikenberry, G. John. 2009. "Liberal Internationalism 3.0: America and the Dilemmas of Liberal World Order." *Perspectives on Politics*, Vol.7, No.1: 71-87.

Kelleher, Catherine M., and Peter Dombrowski, eds. 2015. *Regional Missile Defense from a Global Prospective.* Stanford University Press.

Larsen, Jeffrey A., and Kerry M. Kartchner, eds. 2014. *On Limited Nuclear War in the 21st Century.* Stanford University Press.

Layne, Christopher. 2006. *The Peace of Illusions: American Grand Strategy from 1940 to the Present.* Ithaca, New York: Cornell University Press.

MacDonald, Paul K., and Joseph M. Parent. 2011. "Graceful Decline? The Surprising Success of Great Power Retrenchment." *International Security*, Vol.35, No.4: 7-44.

Martinage, Robert. 2015. "Toward A New Offset Strategy: Exploiting U.S. Long-Term Advantage to Restore U.S. Global Power Projection Capability." Center for Strategic and Budgetary Assessments.

Mearsheimer, John J., and Stephen M Walt. 2016. "The Case for Offshore Balancing: A Superior U.S. Grand Strategy." *Foreign Affairs* (July/August 2016).

Mills, D. Quinn, and Peter Navarro. 2016. "Trump's Return to Reagan." *The National Interest* (2016.10.11).

Navarro, Peter. 2016. "The Trump Doctrine: Peace Through Strength." *The National Interest* (2016.3.31).

Nye, Jr. Joseph S. 2015. *Is the American Century Over?* Malden, MA: Polity Press.

O'Toole, Molly. 2016. "The Primary Battle is Over, but the GOP Civil War Has Just Begun." *Foreign Policy* (2016.5.6).

Pew Research Center. 2013. "Public Sees U.S. Power Declining as Support for Global Engagement Slips: America's Place in the World"(2013.12.3).

Smeltz, Dina Ivo H. Daalder. 2016. Karl Friedoff, Craig Kafura. "America in the Age of Uncertainty." Chicago Council on Global Affairs.

The Chicago Council on Global Affairs. 2014. "Foreign Policy in the Age of Retrenchment."

Trump, Donald. 2016. *Great Again: How to Fix Our Crippled America.* New York: Simon & Schuster, Inc.

Union of Concerned Scientists. 2016. "Shielded from Oversight: The Disastrous U.S. Approach to Strategic Missile Defense."

Walt, Stephen. 2016. "Why are We So Sure Hillary Will Be a Hawk?" *Foreign Policy* (2016.9.25).

Webster, Graham. 2016. "Asia Pivot: Does the U.S. Need to 'Rebalance Harder'?" *The Diplomat* (2016.1.29).

Zaller, John. 1992. *The Nature and Origins of Mass Opinion.* New York: Cambridge University Press.

Zenko, Michael. 2016. "Hillary the Hawk: A History." *Foreign Policy* (2016. 7.27).

"[트럼프정부 6대 국정기조] 세계 최강 미군 표방—시퀘스터 폐지." 『연합뉴스』, 2017.1.21.

"America's East Asia Bargain." *The Wall Street Journal*, 2016.4.6.

Barry Blechman. "A Trillion-Dollar Nuclear Weapon Modernization is Unnecessary." *The New York Times*, 2016.10.26.

Broad, William J., and David E. Sanger. "As U.S. Modernizes Nuclear Weapons, 'Smaller' Leaves Some Uneasy." *The New York Times*, 2016.1.11.

Cooper, Michael. "U.S. Candidates Use Iran's Missile Tests as a Chance for a Foreign Policy Debate." *The New York Times*, 2008.7.10.

Sanger, David E., and William J. Broad. "Obama Unlikely to Vow No First Use of Nuclear Weapons." *The New York Times*, 2016.9.5.

"Transcript: Donald Trump Expounds on His Foreign Policy Views." *The New York Times*, 2016.3.26.

"Transcript: Donald Trump's Foreign Policy Speech." *The New York Times*, 2016.4.26.

"Transcript: Donald Trump on NATO, Turkey's Coup Attempt and the World." *The New York Times*, 2016.7.21.

"Transcript of Donald Trump's speech on national security in Philadelphia." *The Hill*, 2016.9.16.

Congressional Budget Office. "Long-Term Implications of the 2016 Future Years Defense Program." 2016.1.14.

_____. "The Budget and Economic Outlook: 2017-2027." 2017.1.24.

_____. "The 2016 Long-Term Budget Outlook." 2016.7.12.

Department of Defense. Special Briefing on the Nuclear Posture Review. 2002. 1.9.

_____. Ballistic Missile Defense Review. February 2010.

_____. Nuclear Posture Review Report. April 2010.

_____. Quadrennial Defense Review 2014.

Fact Sheet: Key Policies proposed in Mr. Trump's Military Readiness Speech. 2016.9.7.

The White House. Fact Sheet: Nuclear Weapons Employment Strategy of the United States. 2013.6.19.

_____. U.S.-Japan Joint Statement: The United States and Japan: Shaping the Future of the Asia-Pacific and Beyond. 2014.4.25.

_____. Joint Fact Sheet: The U.S.-ROK Alliance: Shared Values, New Frontiers. 2015.10.16.

_____. Fact Sheet: Advancing the Rebalance to Asia and the Pacific. 2015.11.16.

_____. Presidential Memorandum on Rebuilding the U.S. Armed Forces. 2017.1.27.

U.S. Government Accountability Office. "Assessment of DOD's Reports on Status of Efforts and Options for Improving Homeland Missile Defense." GAO-16-254R. 2016.2.17.

제12장

트럼프 시대
미국 통상정책 변화와 지속*

서정건   장혜영
경희대학교 중앙대학교

I. 서론

2016년 미국 선거 결과 재선 임기를 마친 오바마 대통령을 이을 미국의 45대 대통령으로 트럼프 공화당 후보가 당선되었고, 115대 의회 또한 공화당이 상하원 다수당 지위를 유지하게 되었다. 미국과의 경제협력 및 무역거래가 국가 경제의 큰 비중을 차지할 뿐 아니라 한반도 안보 위기가 사그라지지 않는 현 상황에서 미국 대선은 우리의 관심사가 아닐 수 없다. 이번 대선의 경우는 과거처럼 일본 혹은 중국 등 특정 국가를 표적삼아 상대 후보의 통상정책을 비판해 오던 양상과는 사뭇 달랐다. 전후 미국이 취해 온 다자주의 자유무역정책 방향 그 자체에 시비를 거는 아웃사이더 트럼프가 공화당 후보로 선거에 승리한 것이다. 민주당 경우에도 기존의 무역협정에 비판을

---

* 본 장은 『미국학논집』에 실린 글을 수정·보완한 것임을 밝혀둡니다.

가했던 샌더스(Bernie Sanders) 상원의원이 경선 기간 동안 급부상한 바 있다. 그리고 결국 선거에는 패배했지만 민주당 후보 클린턴(Hillary Clinton) 전 국무장관 역시 환태평양경제동반자협정(Trans-Pacific Partnership)을 공식적으로 반대하기에 이르렀다.

주지하다시피 해외 무역이 국내 경제에 미치는 상이한 효과로 인해 다양한 집단과 지역이 서로 다른 정책을 선호하게 된다. 결국 통상정책 수요는 대통령 및 의회선거를 통해 정당 정치가 제시하는 무역정책 공급 측면과 맞물리게 되는 셈이다. 경제적 이익의 수혜자와 피해자로 갈리는 계층(factor), 산업(sector), 지역(region)이 선거를 통해 새로운 정책 변화를 모색하는 한 통상정책은 본질적으로 정치 현상일 수밖에 없다. 그렇다면 트럼프 취임 이후 미국은 2차 대전 종료 이후 냉전을 지나 G-2시대까지 지속해 온 자유무역 기조를 포기하고 보호무역정책으로 돌아설 것인가? 2016년 선거를 통해 드러난 미국 국민들의 통상정책 선호는 무엇이며 대통령선거의 역동성은 이를 얼마나 정확히 정부정책으로 연결할 것인가? 이 글은 미국의 무역정책 결정과정에 대해 역사와 제도, 선거를 중심으로 살펴보고 2016년 미국 대선과 의회선거 진행 양상, 그리고 트럼프 대통령 시대 통상정책 변화에 대해 고찰한다.

사실 통상정책(trade policy)은 미국의 정치 역사 그 자체와 궤를 같이한다고 해도 과언이 아니다. 해밀턴(Alexander Hamilton)이 꿈꾸었던 통상국가(commercial state) 비전에 대한 반발로 반연방파(Anti-Federalists)가 제퍼슨(Thomas Jefferson) 휘하 민주공화당(Democratic Republicans)으로 결집하게 되었다. 1812년 영국과의 전쟁과정에서 연방당(Federalist Party)이 몰락하게 된 이후에도 클레이(Henry Clay)가 주창한 미국 시스템("The American System")의 핵심요소는 높은 관세(tariffs)를 통한 연방정부 재정 흑자였다. 남북전쟁 당시 영국으로 하여금 남부연합(the Confederacy)을 국가로 승인하는 문제를 토의하게 만든 원인도 급감한 무역거래로 인한 불안감 때문이었다. 재건(Reconstruction) 시대가 종결된 1876년 미국 대선 이후 공화당과 민주당은 집권 시 각기 다른 관세정책을 펼쳤다. 즉 북부 기반 공화당은 보호무역을 위한 고관세를, 여전히 남부를 장악한 민주당은 면화 산업 발전을 위해 자유무역과 낮은 관세를 고집했다. 1930년대 대공황에 이르러서야 행정부에 관세정책을 일임하는 호혜통상협정법(Reciprocal Trade Agreements Act)이 의회를 통과함으로써 정당 간 관세전쟁은 막을 내리게 되었다. 현재는 비관세장벽(non-tariff barriers)과 자유무역협정(free trade agreements), 그리고 이에 대한 정책 수단으로서의 무역촉진권(Trade Promoting Authority)을 둘러싼 논쟁이 미국 무역정치의 핵심요소로 자리 잡고 있다.

이처럼 미국의 경우 통상정책 논쟁의 근저에 정당 경쟁 및 협력이 차지하는 비중이 큰데, 현재 공화당은 전통적 자유무역 정당(party of free trade)으로서의 정체성이 크게 위협받고 있는 상황이다. 실제로 1994년 중서부 주들(midwestern states) 출신의 사회적 보수주의자들(social conservatives)이 경제민족주의(economic nationalism) 경향을 보이면서 공화당 지배 의회에 전면 등장하였다. 이들은 국제주의 전략과 자유무역 전통을 중시하는 기존의 친기업(pro-business) 공화당 그룹과 충돌하면서 경제 논리보다 이념 수호에 더 큰 관심을 보여 왔다. 특히 보수 성향의 저학력-저소득 백인 노동자 계층은 대기업과 월스트리트 이익만 대변하는 듯한 공화당 주류 리더십에 큰 회의를 품게 되었다. 결국 자신들을 대변할 세력으로 2010년 중간선거 당시 티파티(Tea Party)를 창설한 바 있고 2016년 대선에는 반(反)이민-반(反)자유무역을 기치로 내건 아웃사이더 트럼프를 대선후보로 만들었고, 백악관으로 보내는 데 성공했다.

이 글의 구성은 다음과 같다. 우선 통상정책과 미국 정치 간의 상호 작용을 역사, 제도, 선거 차원에서 살펴본다. 대내외적 환경 변화와 관련된 무역정책의 전개를 추적해 보고 대통령, 의회, 정당 차원 제도 정치와의 상관관계를 파헤쳐 본다. 더불어 통상정책을 둘러싼 논쟁이 어떻게 선거 전략 및 결과와 연계되는지 알아본다. 이후 구체적으로 2016년 대통령 및 의회선거과정에서 표출된 대선후보들의 무역정책 논쟁을 정리하고 의회선거와 관련된 통상정책의 의미와 쟁점을 알아본다. 그리고 트럼프 행정부 시대 무역 관련 전반적 정치 변화에 대해 전망해 봄으로써 결론에 이른다.

II. 통상정책과 미국 정치: 역사, 제도, 그리고 선거

1. 역사 및 제도 차원

남북전쟁이 북부의 승리로 끝나고 이후 약 10여 년간 지속된 재건시대
(Reconstruction Era)가 지나면서 노예제도를 둘러싼 미국 정치의 대립 구도
는 표면상 완화되었다. 그러나 1873년 경제 위기(Panic of 1873)로 인해 중
간선거에서 약진한 민주당이 1876년 대선에서도 선전함에 따라 남부 재편
을 목표로 한 급진 공화당 주도 재건시대는 막을 내리게 되었다. 〈그림 1〉에
서 나타나듯이 정당 간 양극화가 심화되면서 관세 문제를 둘러싼 민주당과
공화당의 입장 차이는 지역과 산업, 그리고 이념을 배경으로 극명해졌다.
공화당 주도의 단점정부(unified government)일 경우 관세는 어김없이 증대
되었고, 민주당이 백악관과 의회를 장악하는 경우 관세는 낮아졌다.[1] 하지
만 1894년 민주당 주도의 윌슨 관세법(The Wilson Tariff) 경우처럼 공화당

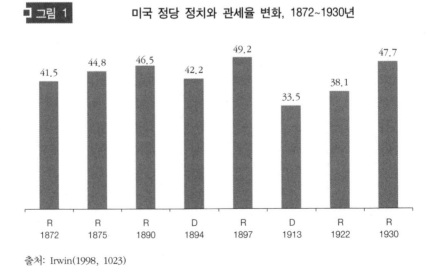

그림 1   미국 정당 정치와 관세율 변화, 1872~1930년

	41.5	44.8	46.5	42.2	49.2	33.5	38.1	47.7
	R	R	R	D	R	D	R	R
	1872	1875	1890	1894	1897	1913	1922	1930

출처: Irwin(1998, 1023)

이 인상해 놓은 기존 관세를 대폭 낮추지는 않는 분위기가 있었고, 이는 북부 민주당원들의 지역구 사정과 연관이 깊었다.

관세율 조정을 둘러싼 보호무역 논쟁 역사가 미국 정치 제도와 맞물려 큰 변화를 겪게 된 결정적 계기는 1934년 호혜통상협정법(Reciprocal Trade Agreements Act)의 의회 통과였다. 1929년 대공황이 발생하자 미국 의회는 이전의 경제 위기 해법을 따라 고율의 관세 부과를 통한 자국 산업 보호무역정책을 동원하게 되고 1930년 스무트-홀리 관세법(Smoot-Hawley Tariff Act)을 제정하게 된다. 하지만 미국의 보호무역정책 결정은 세계적 규모의 무역전쟁을 초래하였고 주가 폭락과 실업률 악화를 야기하였다.[2] 결국 대공황 발발과 함께 4년 동안 기존 접근법에만 의지하며 세월을 허송한 후버(Herbert Hoover) 행정부가 1932년 대선에서 루스벨트(Franklin D. Roosevelt)에게 정권을 넘겨주게 되었다.

또한 1934년 의회 다수당을 차지한 민주당은 전 상원의원이자 국무장관이었던 헐(Cordell Hull)의 권고에 따라 대통령에게 외국과의 관세를 최혜국 대우 수준에서 조율할 수 있는 권한을 부여하였다.[3] 이는 헌법이 명시한 관세 형태의 세금 부과 주도권을 의회가 스스로 대통령에게 넘겨 준 역사적인 사건이자 제도적 혁명인 셈이었다.[4] 실제로 1934년 호혜통상협정법은 1962

1) 사실 공화당에 비해 민주당의 경우 사정은 다소 복잡하였다. 하원의장(1876~1881)을 지낸 랜달(Samuel Randall) 의원의 경우 지역구인 필라델피아 공업지구를 위해 관세 인하에 반대하였고(Zelizer 2004), 1888년 클리블랜드(Grover Cleveland) 재선 캠페인 당시처럼 관세 인하를 주요 선거 이슈로 내세웠지만 쟁점화하는 데 실패하기도 하였다(Marcus 1971).
2) 스무트-홀리 관세법에 대한 다양한 분석 및 미국 무역정책 역사 전반에 대한 체계적 설명은 백창재(2015) 1장과 2장을 참조하시오.
3) 1934년 호혜통상협정법에 대한 저항이 없었던 것은 아니다. 공화당의 하원세입위원회 최고참 의원이었던 트레드웨이(Allen Treadway)는 의회의 과세 권한을 대통령에게 넘겨줌으로써 헌법 문구와 정신을 정면으로 위배하였다고 반박한 바 있다. 반발을 최소화하기 위해 모든 무역협정의 유효시한을 3년으로 못 박는 수정안이 포함되기도 하였다.
4) Haggard(1987); 백창재(2015).

년까지 11차례 연장되었고, 이후 관세 및 무역에 관한 일반협정(GATT) 틀 안에서 미국 행정부들은 케네디 라운드(1964~67년), 도쿄 라운드(1973~79년), 그리고 우루과이 라운드(1986~93년)를 통해 지속적으로 세계 무역 거래의 관세율을 하향 조정하는 데 성공한 바 있다.

현재 대통령과 의회 간 갈등은 주로 소위 신속처리권(fast-track authority)을 의회가 대통령에게 부여할 것인가 여부와 관련이 깊다. 1974년 제정된 무역법은 자유 교역을 저해하는 새로운 장애요소로 떠오른 비관세장벽(non-tariff barriers) 해소를 위한 협상 권한 또한 대통령에게 허용하는 규정을 신설하였고 이는 신속처리권(fast-track authority)이라 불리게 되었다.[5] 관세 및 비관세 인하를 위한 다자협상의 시대가 세계무역기구(World Trade Organization) 창설을 계기로 막을 내리면서 미국 의회가 대통령에게 한시적으로 부여하는 신속처리권이 미국의 자유무역정책을 상징하는 조치로 인식되기 시작했던 것이다.

실제로 1988년 종합무역법(Omnibus Trade and Competitiveness Act of 1988)을 통해 대통령이 넘겨받은 신속처리권을 통해 북미자유협정(NAFTA)이 의회를 통과하게 되었던 반면, 1994년 이후 2002년까지 미국 의회는 신속처리권을 대통령에게 허용하지 않았다. 환경 및 노동 관련 입장 차이가 해소된 후에야 부시(George W. Bush) 행정부는 2002년 신속처리권을 의회로부터 승인받았고 이 권한이 만료되기 하루 전날 한국과의 자유무역협정(Korea-US FTA)을 행정부 간 타결 짓기에 이른다.[6] 2011년 오바마 행정부 당시 한미 FTA에 대한 의회 승인 절차는 신속처리권에서 규정한 대로 이행법안의 수정 혹은 필리버스터가 허용되지 않았다.[7]

---

5) 2002년 Bipartisan Trade Promotion Authority Act 통과 이후 신속처리권의 공식 명칭은 무역촉진권(Trade Promoting Authority)으로 변경되었다.
6) 클린턴의 1997년 신속처리권한 시도는 상원에서 69표를 얻었지만 하원 통과에 실패한 바 있다. 부시(George W. Bush)가 요구한 신속처리권은 민주당 지배의 상원에서 2/3를 쉽게 얻은 반면, 같은 공화당이 다수당이던 하원에서는 1표 차로 겨우 승인되었다(Karol 2007).

사실 2016년 무역 관련 공화당 대선후보 트럼프 행보의 특이점은 보통 중국, 일본 등 특정 국가의 무역 관행을 문제삼는 수준에서 벗어나 전반적인 자유무역정책 폐지와 보호무역 조치 강화를 들고 나온 점이다. 따라서 현재 미국 무역정책 관련 대통령이 의회의 간섭을 받지 않고 결정할 수 있는 조치들은 무엇이 있는지 관심이 모아진다. 그런데 미국 대통령이 무역 관련 의회 규정을 통해 부여받은 일방적 조치들은 대부분 상대 국가에 대한 대응책 차원이 주를 이룬다.

1993년 NAFTA 당시 캐나다와 멕시코가 부당한 관세를 부과하면 곧바로 최혜국대우 수준의 보복 관세를 부과할 수 있게 조항을 만들어 두었고, 1974년 무역법에서는 급격한 국제수지 악화가 발생할 경우 최대 150일 동안 최고 15퍼센트의 관세를 상대 국가에 부과할 수 있는 권한을 대통령에게 부여한 바 있다. 심지어 1977년 국제비상경제권한법(International Emergency Economic Powers Act of 1977)에서는 국가 위기 시 모든 형태의 국제거래를 중단하고 해외자산도 동결할 수 있는 권한까지 대통령에게 허용하였다. 다시 말해 부시 행정부 이후 무역촉진권(Trade Promoting Authority) 관련 행정부와 의회 간의 권한 갈등 양상과는 달리 무역전쟁 혹은 경제 위기 시 실제로 대통령에게 허용된 극도의 보호무역 조치들은 매우 광범위하고 강력하다고 볼 수 있다.

2. 2016년 선거 차원

미국의 무역정책이 미국의 사회 전반에 미치는 영향은 다양하다. 예를 들어 중국과의 무역이 그 성격상 미국 내에 단일한 영향을 끼치지 않고 주별로 각기 다른 이해관계를 형성하며 의회 내 다양한 지지 혹은 반대 양상을 만들어 낸다. 〈그림 2〉가 나타내듯이 농업 위주의 경제활동을 하는 주들

7) Seo(2015).

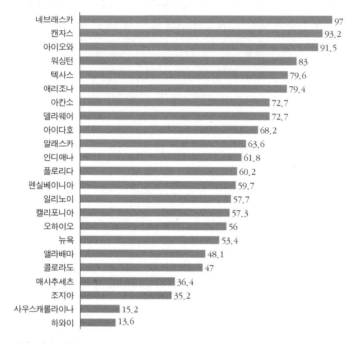

그림 2   중국 무역에 대한 주별 지지도(%), 미국 하원, 1990~2000년

네브래스카	97
캔자스	93.2
아이오와	91.5
워싱턴	83
텍사스	79.6
애리조나	79.4
아칸소	72.7
델라웨어	72.7
아이다호	68.2
알래스카	63.6
인디애나	61.8
플로리다	60.2
펜실베이니아	59.7
일리노이	57.7
캘리포니아	57.3
오하이오	56
뉴욕	53.4
앨라배마	48.1
콜로라도	47
매사추세츠	36.4
조지아	35.2
사우스캐롤라이나	15.2
하와이	13.6

출처: 저자 계산

(네브래스카, 캔자스, 아이오와 등)은 중국과의 자유무역에 적극성을 띠는 반면, 농산물 거래와는 거리가 먼 매사추세츠 주 등은 중국과의 자유무역에 소극적이다. 또한 중국과 경쟁관계에 있는 의류산업이나 가구산업이 밀집해 있는 사우스캐롤라이나 주 등은 특히 중국과의 자유무역에 반감을 보이는 것으로 파악된다. 이처럼 중국과의 자유무역정책을 결정하는 데 있어 주별 다양한 이익과 이익의 표출 및 집약 방식 등이 의회-정당 정치를 거치고 대통령의 리더십에 영향을 받는 것이 미국 통상정책 결정 구조이다.

사실 현재 거론되는 미국의 전반적인 고립주의 경향은 적극적 의미의 정책 선택이라기보다 2003년 이라크전쟁 실패, 1993년 NAFTA 이후 자유무역으로 인한 제조업 실업률 증대, 1986년 이민법 개정 이후 불법이민자

급증 등에 대한 국내 보수 백인 노동자 계층 유권자들의 분노와 반발이 비
개입주의(non-intervention), 해외정권 인위적 교체(regime change) 반대, 반
이민주의, 그리고 보호무역 정서로 나타나는 반응적(reactive) 성격이 크다.
특히 예전에는 보통 특정국가 비판으로 특징지어졌던 미국의 선거 국면 통
상 이슈가 올해 2016년 대선에서는 트럼프의 등장으로 인해 자유무역협정
폐기 등 무역정책 전반에 걸친 문제제기가 이루어졌다.

이는 특정 국가의 무역 관행 불공정성만 해결하면 문제가 해결될 것이
라는 미국 우월성 지향주의 정도로 넘어가려던 이전 미국 정치지도자들과는
달리 전면적인 미국 우선주의(Americanism, economic nationalism 등)를 내
세워 생산, 고용, 노동, 환경 등에 있어서 미국의 국내적 이익에 부합하지
않는 경우 자유무역과 거리를 두려는 새로운 현상으로 보인다. 사실 2010년
오바마 대통령의 의료보험개혁과 경제위기 극복방식에 대한 이의제기로 중
간선거 당시 만들어진 티파티 운동(Tea Party Movement)의 경우 무역 문제
혹은 외교정책에 대해서는 모호한 입장을 취해왔는데 이러한 반(反)무역 밑
바닥 정서를 트럼프가 결집한 것으로 보인다.

민주당에서도 힐러리에 대항하여 당내 위상을 확인한 샌더스(Bernie
Sanders)의 경우 소득불평등, 월스트리트 개혁, 등록금 면제 등 민주당 내
전통적 진보 아젠다들에 새로운 활력을 불어넣었는데, 결국 트럼프와 샌더
스 두 아웃사이더가 그동안 잠복해 있던 반(反)자유무역정서를 공론화한 셈
이다. 특히 환태평양경제동반자협정(TPP)의 경우 힐러리는 소극적 찬성에
서 적극적 반대로 입장을 수정할 수밖에 없는 상황이 되었다. 이는 민주당
내 노조 그룹과 샌더스 지지자 그룹에 의한 압력과 대선 국면에서 오하이오,
펜실베이니아, 미시간 등 소위 러스트벨트 주들(rust-belt states)이 경합주로
부상하면서 그 중요성이 커짐에 기인한 것이다.

트럼프의 경우 후보경선 당시 남부 주의 저소득 보수 백인 노동자 계층
과 중서부 주의 자유무역반대 백인층 지지를 끌어내기 위해 무역 이슈를 선
점하였으나 이후 본선 무대가 시작되면서 무역 문제보다는 이민 문제에 더
치중하는 인상을 주었다.[8] 이는 자유무역과 관련된 구체적 공약을 만들어

그림 3   무역전쟁 발발 시 미국 주별 민간부문 일자리 손실 비율 예측

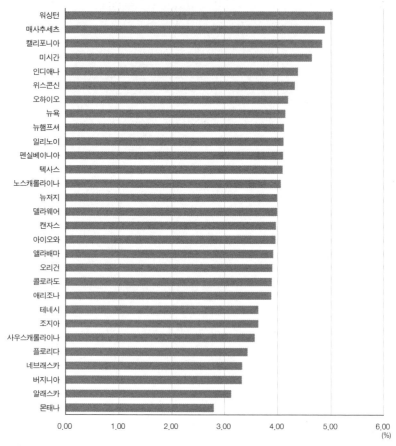

출처: Noland et al.(2016)

내기 쉽지 않은 측면이 있고 백인지지층과 무당파층(independents)을 결속
하기 위한 효과는 강경이민정책에서 더 크게 얻어지기 때문인 것으로 풀이
된다. 또한 실제로 현재 북미자유협정(NAFTA)과 한미자유무역협정(KORUS)

---

8) 공화당 후보 경선 당시 TPP 반대표를 던진 경쟁자로는 크루즈(Ted Cruz) 상원의원이
   유일하였다.

등 자유무역에서 이탈할 경우 일자리 창출이라는 이익은 중장기적으로 가능할 수 있지만, 싼 수입품 가격이 올라감으로 인해 백인 노동자 계층이 겪어야 할 실질적이고 직접적인 피해는 단기간에 나타나기 때문이기도 하다. 또한 〈그림 3〉은 트럼프가 공언한 대로 미국이 보호무역 기조로 돌아서고 최악의 무역전쟁이 발생하는 경우 미국 국내 경제에 미치는 영향을 민간 부문 일자리 손실비율로 계산한 내용이다. 2016년 대선에서 트럼프에게 결정적 승리를 안겨 준 중서부 주들(오하이오, 미시간, 위스콘신, 펜실베이니아) 역시 무역전쟁으로 인한 일자리 상실 위험에서 자유로울 수 없음을 보여주는 현실이다.

III. 2016년 미국 선거와 통상정책 논쟁

1. 대통령선거와 통상정책 논쟁

미국 대선에서 각 정당의 후보들이 표방하는 통상정책에 대한 견해는 후보 개인의 견해 및 소속 정당의 견해로 나눌 수 있다. 이와 동시에 미국 유권자들의 통상정책에 대한 견해 또한 대통령선거에서의 통상 이슈 분쟁의 역동성을 심화시키는 요인이 된다. 이를 염두에 두고 살펴본 2016년 미국 대선은 무역 및 통상정책 분야 공약이 특히 주목을 받는 선거였다. 2016년 미국 대선에 나타난 선거 쟁점 중 통상 이슈와 관련한 분야는 공화당과 민주당 대통령후보인 도널드 트럼프와 힐러리 클린턴 진영의 중요한 문제였다. 대통령선거 캠페인 당시 도널드 트럼프는 유세과정에서 중국 수입품에 대해 45%의 관세를 부과하겠다고 공언하였으며 트럼프와 힐러리 모두 TPP(Trans-Pacific Partnership)에 대해 부정적인 견해를 보였다.

트럼프와 클린턴 후보 간의 통상정책 논쟁은 후보 및 정당 진영 간의 정책적 차이를 노출함과 동시에 이를 근거로 투표의 방향을 결정하는 부동층에 이른바 경제투표(Economic voting)를 견인하는 요인으로 작용할 수 있는지 여부가 관심의 대상이 되었다. 경제투표의 대표적 두 유형인 egotropic(pocketbook voting)과 sociotropic voting의 경우 유권자가 자신의 재정 상태에 대한 평가 및 실직 등과 같은 개인적 재정 상태와 관련한 직접적인 평가를 통하여 투표의 방향을 결정하는 반면, sociotropic voting의 경우 유권자가 국가 경제 상황과 지도자의 리더십에 대한 평가를 동일시하여 투표를 결정한다는 것이다. 결국 2016년 미국 대선에서 트럼프 및 힐러리의 통상정책에 대한 지지 혹은 비판은 유권자들이 현 경제 상황을 개인적 시각으로 보는가 아니면 좀 더 거시 경제적 시각으로 판단하는가에 따라 통상정책의 선거 결과에 대한 영향력을 분석하는 기반이 될 수 있다.

미국 대통령선거에서 통상정책 논쟁을 야기시킨 것은 공화당의 도널드 트럼프 후보였다. 미국이 전통적으로 고수해 온 자유무역 기조에 대하여 강력한 보호주의 성향을 피력한 도널드 트럼프는 후보 개인의 정책능력 자질에 대한 논쟁뿐만 아니라 미국의 향후 통상정책의 기조에 대한 우려를 불러일으키면서 2016년 미국 대선 이후 미국의 통상정책 방향에 대한 다양한 논의를 가열시켰다. 이 중 각 후보들이 통상정책과 관련하여 선거의 쟁점으로 부각시키는 주요 쟁점에 대해 각 후보들의 입장은 다음과 같다.

우선 도널드 트럼프 공화당 후보는 "미국의 일자리를 빼앗는 모든 무역협정을 전면 재검토해야 한다(9월 26일 1차 TV 토론)"고 천명하였고 이러한 트럼프 후보의 통상정책에 대한 "보호무역"적 견해는 선거 초반부터 지속되었다. 트럼프는 자신이 미국의 실패한 통상정책을 변화시킬 것이며 이 변화의 내용은 TPP 협상을 거부하고, 최고의 통상 교섭 전문가를 지명할 것, NAFTA(North American Free Trade Agreement)에 대한 재협상 혹은 종료 등이라고 밝혔다(2016년 6월 28일 연설). 기본적으로 트럼프는 강력한 관세정책을 지지하고, NAFTA에 대해 부정적 시각을 가지고 있다는 점에서 미국의 통상정책 방향을 자유무역에서 보호주의정책으로 전환하고자 하는 의지를 보인 것은 사실이다.

특히 일자리 손실에 직접 영향을 미칠 수 있는 어떠한 통상정책 및 통상무역협정에도 조인하지 않을 것이라고 공언하여 "America First Again"이라는 자극적 문구를 적극 활용하였다.[9] 특히 "미국 경제독립 선언(Declaring American Economic Independence)"이라는 타이틀로 시작한 트럼프의 연설에서는 오바마 행정부의 TPP 협상에 대해 미국 기업, 노동자 및 납세자들에게 악영향을 미치는 정책이라고 비난하였다. 그러나 이러한 트럼프의 강력한 경제보호주의정책이 지속적인 일관성을 보인 것이 아니라는 점에서 비판을 받기도 한다. 특히 2011년 Conservative Political Action Conference에서는 자신을 "공정무역(fair trade)의 주창자"로 소개하며 자유무역에 대한 지지를 표명하기도 하였다.[10]

트럼프에 있어 TPP는 힐러리의 부통령 후보인 팀 케인(Tim Kaine, D-VA)을 겨냥한 선거 캠페인 기제로 작용하기도 하는데, 특히 케인 부통령 후보의 TPP 지지를 통하여 힐러리 진영이 미국의 중산층 및 노동자 계층을 보호하는 데 소홀하다는 점을 강조하였다. 이러한 트럼프 선거 캠프의 통상정책은 구체적인 통상정책의 제안이라기보다 미국 국제 통상 무역정책 방향을 보호주의적 시각에서 재조명하기 위한 전략으로 작용하였다고 볼 수 있다. 즉, 트럼프가 주창하는 미국의 통상정책은 미국의 국익 우선, 고립주의로의 회귀, 공정한 무역에 대한 적극적 지지(관세 부과 등을 통한), 중국 및 멕시코 수입 물품에 대한 관세 부과(35~45%), TPP 비준 반대, NAFTA 및 한미 FTA 재협상 등과 같은 징벌적 관세 및 보호무역 기조를 제안하였다.

민주당 대통령후보였던 힐러리 클린턴의 경우 통상정책은 기본적으로 TPP에 대한 반대라는 점에서 트럼프 공화당 후보와 견해가 일치하였다. 그러나 통상협정에 대한 전면적 거부라는 강경한 카드를 내세운 트럼프와 달

---

9) The Guardian(July 22, 2016), https://www.theguardian.com/us-news/live/2016/jul/21/republican-national-convention-day-four-trump?page=with:block-57918dd8e4b04bde3e82be52(검색일: 2016.10.15).

10) Human Events, "Donald Trump at CPAC: America Will Be Respected Again" (February 10, 2011).

리 기본적으로 임금 상승, 풍요로움에 대한 담보, 미국 내의 적절한 직업창
출 등이 담보되는 무역협정에 대해 지지를 표명하였다. 한편 상원의원으로
서 클린턴은 싱가포르, 칠레, 호주, 모로코, 그리고 오만과의 자유무역협정
(Free Trade Agreements)을 지지하였고, 2005년의 경우 중앙아메리카 자유
무역협정에는 반대하였다.

미국 대통령선거과정에서의 클린턴의 통상정책은 2016년 민주당 강령
에서 천명한 무역과 관련한 부분을 반영한 측면이 강하다. 2016년 민주당
강령은 자유무역에 대한 민주당의 정책 방향이 미국의 일자리 창출, 임금
상승, 그리고 국가 안보에 긍정적 측면을 제공하는 측면에서 지지한다는 점
을 분명히 하였다. 특히 통상협정은 상대 국가의 규칙 준수를 전제로 한 상
태에서 진행되어야 하며 환경의 보호, 식품안정성 등 미국의 국익에 부정적
영향을 미치는 무역협정에 반대한다는 점을 천명하였다.[11] 이러한 민주당의
통상정책 방향은 클린턴의 통상정책과 상당 부분 일치하며 특히 TPP 비준
과정에 대한 클린턴의 비판은 오바마 행정부가 심혈을 기울이고 있는 TPP
비준과정과 거리를 둠으로써 2011년 국무장관 시절 TPP를 지지했던 자신
의 기존 입장과 거리를 두었다.

동시에 힐러리의 통상정책 중 주목할 것은 수출입은행의 재허가를 지지
하는 것인데 미국 수출입은행은 미국의 무역촉진 기구로 많은 공화당 의원
들이 자유무역시장에 대한 방해물로 비판하는 기구이다. 이에 대한 클린턴
의 지지는 이 기구가 사실상 적어도 16만 4천 개의 일자리를 창출하는 데
유용할 것이라는 견해를 통하여 뒷받침되었다.[12] 클린턴의 통상 및 경제정
책의 경우 국제 교역의 필요성을 인정하며, 특히 무역협정과 관련하여 회원
국들이 불공정무역을 통하여 자유무역의 질서를 훼손하는 통상무역협정을
거부하고, 노동, 환경기준 등 노동자의 권익보호가 반영되지 않는 통상협정

---

11) 2016 Democratic party platform(검색일: 2016.10.10).
12) Campaign 2016: The Candidates and The World, http://www.cfr.org/campai
gn2016/hillary-clinton/on-trade(검색일 2016.10.11).

을 반대하고, TPP에 대한 반대 의사를 분명히 하였다.

공화당 후보인 트럼프와 민주당 후보인 클린턴의 통상정책은 기본적으로 보호무역 기조를 지지하는 공통점을 보인다. 물론 클린턴의 경우 무역협정의 내용에 대한 선별적 지지를 제시하고 있으나 기본적으로 미국의 국내 이익에 부정적 영향을 미치는 무역협정에 대한 비판을 전제로 함으로써 트럼프와 공통적 견해를 보이고 있다. 특히 불공정무역관행으로 인한 국제 무역질서의 교란에 대한 비판을 통하여 실제로 불공정무역을 통해 이익을 얻

☐ **표 1**　　　　　**공화당 및 민주당 대통령후보의 통상정책 비교**[13]

내용	도널드 트럼프	힐러리 클린턴
정책 일반	미국의 이익을 우선시함 고립주의, 관세의 인상	미국의 보편적 가치를 존중 국제 무역의 필요성 인정
무역 규범	불공정무역 국가에 상계 관세 부과 　가능 중국, 멕시코산 수입품에 35~45% 　보복관세 부과 보조금 지급, 미국의 기술 및 특허 　도용 등 불공정무역 용인 불가 자국 기업이 외국에서 제품을 생산 시 　징벌적 관세 부과	불공정무역 국가에 모든 무역 이행 　수단을 동원해 제재 중국 등의 불공정무역관행 인정 미국 노동자에 부정적 영향을 미치는 　환율 조작국에 제재
무역 협정	미국의 이익을 침해하는 협정 거부 TPP 비준 반대, NAFTA, 한미 FTA 　재협상	노동, 환경 기준, 노동자 권리 보호 등 　주요 가치가 반영되지 않은 통상협정 　반대 기존 체결된 무역협정의 재검토 TPP 기본적 반대
경제 정책	소득세 감세 반이민정책 법인세 인하	소득세 증세 친이민정책 신재생에너지

---

13) 홍병기, "통상압박, 클린턴 되면 괜찮다? 그녀도 미국인이다," 중앙일보 J ERI Report
　　(검색일: 2016.10.7).

는 중국 등 교역국에 대한 제재조치를 주장한다는 점에서도 유사하다.

각 정당의 대통령후보들의 통상정책이 대선 이후 즉각적으로 미국 통상
정책의 방향을 변화시킬 가능성은 여전히 의문이다. 다만 두 후보의 공통분
야인 무역협정과 미국 국익과의 합치성에 대한 측면은 이후 초당적 측면에
서 미국 무역정책이 보호무역정책 방향으로 전환될 가능성을 제공한다는 점
에서 트럼프 행정부의 광폭 행보를 예견하는 것은 사실이다. 또한 대선 이
후의 통상정책 방향은 대선과 동시에 치러지는 상, 하원 의회선거의 결과에
따라 영향을 받을 것이라는 전망이 지배적이었다. 특히 상원의원선거에서
나타난 공화당의 다수 의석 점유에 따른 의회 장악은 이후 트럼프 대통령
당선자의 정책과의 조율에 큰 영향을 줄 것이며, 이에 대한 분석은 트럼프
대통령 당선자에 대한 선거 결과 분석과 함께 지속적으로 연구가 진행되어
야 할 부분이다.

2016년 11월 8일 대통령선거 결과는 경합주, 특히 중서부지역 주의 트
럼프 지지로 확정되었다. 경합주 중 통상 및 무역 이슈에 민감한 반응을 보였
던 펜실베이니아(트럼프 48.8%, 힐러리 클린턴 47.6%), 위스콘신(트럼프 47.9%,
힐러리 클린턴 46.9%) 등 초박빙의 경쟁을 보인 주들이 있는 반면, 플로리다
(트럼프 49.1%, 힐러리 클린턴 47.8%), 노스캐롤라이나(트럼프 50.5%, 힐러리
클린턴 46.7%) 등은 트럼프의 여유로운 승리로 귀결되었다(CNN).[14] 중서부
의 경합주들은 특히 보호무역 색채를 강하게 보이는 트럼프의 향후 대외무
역정책에 민감한 반응을 보일 수 있는 주들로, 이번 선거에서 트럼프에 대
한 지지는 실제 통상정책이 개별 유권자에 미치는 영향을 직접 고려하기보
다 거시적 차원에서의 미국 보호무역에 대한 선호를 보인 것으로 분석할 수
있다.

즉, 대외정책에서 그간 미국의 자유무역 기조로 실업 등 경제적 어려움
을 경험했다고 느끼는 중서부의 유권자들은 이번 대통령선거를 통하여 개인
의 경제 상황보다 오히려 미국 대외무역정책의 전반적 기조를 비판하면서

14) CNN, Election 2016, http://edition.cnn.com/election(검색일: 2016.11.13).

트럼프에게 지지를 표명한 것으로 보인다. 그러나 이러한 트럼프에 대한 지지는 트럼프 행정부의 무역정책에 대한 확실한 변화가 나타나지 않는 한 단발적 이탈로 치부될 가능성 또한 배제할 수 없다.

2. 미국 의회선거와 통상정책 전망

2016년 미국 대통령선거와 함께 치러질 미국 의회선거는 100석의 상원의석 수 중 34석, 그리고 435석의 하원의원 의석을 두고 치러졌다. 2016년 미국 의회선거에서 가장 중요한 관심은 상원에서 민주당이 다수 의석을 확보할 수 있을지 여부였고, 이를 위하여 적어도 민주당은 5석을 더 확보해야 하는데 경합을 벌이던 의석은 공화당 현직의원들이 차지하거나 혹은 2010년 티파티 운동 이후 의석을 확보한 초선의원들의 경우였다. 상원의석의 경우 특히 민주당이 새롭게 다수 의석을 확보하는 것이 무엇보다 중요한데, 이는 미국 연방대법원 대법관의 비준 문제가 결부되어 있기 때문이었다. 결국 2016년 치러진 상원의원선거에서 24석의 공화당, 그리고 10석의 민주당 의석을 두고 선거가 치러졌고 11월 8일 선거 결과는 공화당이 51석을 확보하여 다수당이 되었다.

11월 8일 선거 전 공화당이 다수당을 점유한 미국 상원의 경우 공화당이 54석을 확보하고 있었으며 민주당이 44석, 그리고 2석의 무소속으로 이루어져 있었다. 특히 플로리다(공화당), 일리노이(공화당), 인디애나(공화당), 네바다(민주당), 뉴햄프셔(공화당), 노스캐롤라이나(공화당), 펜실베이니아(공화당), 위스콘신(공화당) 등이 경합주로 분류되었는데[15] 사실상 대부분의 경합주에서 공화당이 승리를 거둔 것으로 나타났다. 선거 전 상원의원선거에서 민주당의 승리를 예측한 경우가 더 많았던 점을 감안하면(민주당 승리 확률

---

15) ballotpedia, https://ballotpedia.org/United_States_Congress_elections,_2016(검색일: 2016.10.9).

52%, 공화당 승리 확률 48%)[16] 이번 상원의원선거에서 공화당의 승리는 특히 경합주에서 나타난 결과를 면밀하게 분석할 필요성을 제기한다. 특히 펜실베이니아, 노스캐롤라이나 주는 민주당의 승리 가능성이 높은 주로 분류되었는데 결과적으로 공화당의 승리가 확정되면서 미국 대통령선거와 함께 경합주에서의 공화당 승리로 귀결되었다. 이는 티파티 운동으로 말미암아 공화당 지지층 내 분열에 대한 연구가 지속되는 상황에서 나타난 선거 승리로 향후 공화당 내 보수파들 간의 정책긴장이 예고되는 부분이기도 하다.[17]

미국 통상정책은 상원의원선거에서도 중요한 논쟁거리를 제공하였다. 미시간 주 대통령 예비선거의 출구조사에 의하면 58%의 민주당 예비선거 투표자들이 다른 나라와의 무역이 미국인들의 직장을 빼앗아간다고 응답했고, 응답자의 58%가 버니 샌더스 후보에게 지지표를 던졌다. 또한 공화당의 경우도 미시간 주 예비선거에서 55%의 투표자들이 미국의 직장이 무역으로 인하여 감소한다고 응답하였다.

이러한 정당 간 무역과 관련한 예비선거의 행태는 최근 미국의 경제위기와 맞물리면서 각 주마다 정부의 무역협정, 특히 NAFTA 및 TPP와 관련하여 각 주가 경험하는 타격을 보여주는 것이다. 지난 30년간 미국의 무역정책은 임금, 노동, 환경, 인권 등 이슈와 맞물려 각 주별로 더욱 복잡한 양상을 보였다. 특히 진보 진영 쪽의 Economic Policy Institute에서 발표한 바에 의하면 적어도 400만 개의 미국 내 직업이 사라진 것으로 나타났으며 다양한 무역협정은 이러한 직업 상실에 대한 직·간접적 영향을 준 것이 사실이다. 미시간 주, 오하이오 주, 일리노이 주, 인디애나 주 및 위스콘신 주의 경우 이러한 무역 관련 협정으로 인한 직업 상실의 영향을 더욱 심각하게 받은 것으로 분석된다.[18] 따라서 이러한 주에서의 통상정책과 의회선거

---

16) *New York Times*, 2016 Senate Election Forecast, http://www.nytimes.com/interactive/2016/upshot/senate-election-forecast.html?_r=0(검색일: 2016.11.13).

17) 정진민, "공화당 내전과 2014년 미국 중간선거: 연방 상원선거를 중심으로,"『미국학논집』46권 3호(2014): 157-182.

18) David Dirota Election 2016: Voters' Concerns about U.S. Trade Policy Fueled

의 관계는 대통령선거뿐만 아니라 의회선거에도 영향을 준다.

　통상정책 중 가장 중요한 이슈 중 하나는 바로 TPP인데 이 정책은 오바마 대통령과 오랜 대립관계였던 맥코넬(Mitch McConnel) 공화당 상원 원내총무와 존 베이너(John Boehner) 하원의장이 오바마 행정부와 협력함으로써 성사될 수 있었다. 그러나 매사추세츠 상원의원 엘리자베스 워렌(Elizabeth Warren) 및 소수당 원내총무인 해리 리드(Harry Reid) 네바다 상원의원 등은 TPP 체결에 반대하였는데, TPP 및 NAFTA가 상원 및 하원의원선거의 투표 결과에 영향을 줄 수 있는 사항이기 때문이다.[19] 그러나 실제 선거 결과에서 TPP 및 NAFTA 이슈가 상원의원선거에 얼마나 영향을 주었는가에 대한 부분은 좀 더 구체적 연구가 필요한 부분이다. 특히 경합주에서 통상 이슈가 직접적으로 얼마나 공화당선거를 견인하는 데 영향을 주었는지 여부는 각 주별 상황에 따라 달라질 수 있다.

　예를 들어 위스콘신 주의 상원의원선거에서 선거일 전 민주당의 러스 파인골드(Russ Feingold)가 공화당의 론 존슨 후보를 상당한 지지율 차이로 압도하고 있었다(Feingold 82% vs. Johnson 18%). 통상정책에 대한 직접적 영향을 받는 것으로 인식되는 위스콘신 주의 경우 압도적 지지를 유지했던 파인골드 후보는 통상정책으로 나타날 위스콘신 주의 일자리 상실에 대해 우려를 표하며 "위스콘신의 일자리를 해외로 빼앗기는 통상협정에 반대한다"는 것을 선거 캠페인에서 분명히 하며 특히 TPP에 대해 반대의사를 분명히 하였다(Feingold homepage).[20]

Michigan Primary Election Results(03/09/16), http://www.ibtimes.com/political-capital/election-2016-voters-concerns-about-us-trade-policy-fueled-michigan-primary(검색일: 2016.10.9).

19) 의회에서의 통상 관련 정책 투표행태를 연구한 결과들은 의원들이 자신의 후원기반(Stolper-Samuelson), 지역의 산업구조(Ricardo-Viner) 등의 영향을 받는다는 점뿐만 아니라 의원 개인의 무역 관련 선호도에도 영향을 준다고 분석한다(Weller 2009; Scheve and Slaughter 2001; Hiscox 2002).

20) Russ for Wisconsin, Feingold homepage, http://russfeingold.com/issue/trade/ (검색일: 2016.10.14).

그러나 선거 결과는 오히려 공화당의 론 존슨 후보가 50.2%의 지지를 얻어 46.8%의 지지를 얻은 데 그친 러스 파인골드 민주당 후보에 승리하였다. 론 존슨 후보의 경우 대외무역정책에 대한 구체적 입장 표명을 하지 않고 미국의 채무, 경기 침체, 사적 영역에서의 경제활동 확대 등 일반적 포지션을 표명하였다는 점을 고려하면, 민주당 파인골드 후보의 TPP 반대정책에 대해 유권자들의 지지가 뚜렷하지 않았음을 확인할 수 있다. 이는 동시에 각 경합주마다 대외무역정책에 대한 유권자들의 민감도를 좀 더 다양한 각도에서 분석할 필요가 있음을 제기한다. 특히 각 정당을 중심으로 통상정책에 대한 미국 유권자들의 선호와 함께 경합주 의원 개인의 성향과 각 주의 경제 상황, 특히 일자리 손실 등과 같은 통상정책의 직·간접 영향력을 동시에 고려하는 분석이 필요하다.

IV. 트럼프 행정부 시대 미국 통상정책 전망

2차 대전 이후 냉전 구도가 형성되면서 미국이 그 깃발을 든 소위 자유국제주의(liberal internationalism) 이념의 핵심 요소는 집단안보와 경제협력이다(Ikenberry 2009). 유럽지역에서는 북대서양조약기구(NATO)를 중심으로 기존 유럽 동맹국에 독일을 포함하는 방향으로 안보체계가 진행되었으며, 아시아지역에서는 미일상호방위조약(1951)을 축으로 역내 양자동맹을 확대하는("hub-and-spokes") 방식으로 전개되었다(Hemmer and Katzenstein 2002). 동시에 미국은 막강한 경제력을 기반으로 세계은행과 국제통화기금을 통해 저개발국 원조 및 국제금융시장 안정을 도모하였고 관세 및 무역에 관한 일반 협정(GATT)을 확대하여 자유무역의 범위를 대폭 확대하였다. 미국의 경기침체와 석유파동 등의 와중에도 전면적인 보호무역으로의 회귀는 일어나지 않았고 다만 일본, 중국 등 특정 국가를 상대로 한 불공정무역관

행 비판이 선거 때마다 등장하곤 했다. 특히 당내 반발에도 불구하고 클린
턴 대통령은 2000년 임기 마지막 해 중국의 세계무역기구(WTO) 가입을 돕
기 위한 법을 의회에서 통과시켜 국제정치 리더로서의 미국의 위상을 보여
준 바 있다(Seo 2010).

그런데 2016년 대선과정에서 트럼프와 샌더스 같은 정치 아웃사이더들
이 본격적으로 문제를 제기했던 미국 대외정책 이슈가 바로 무역이다. 미국
정치가 점점 양극화되고 미시간, 오하이오, 펜실베이니아 등 중서부(midwest)
주들이 미국 대통령선거의 경합주(swing states)로 부상하면서 공화당과 민
주당의 비주류 경선 도전자들이 자유무역으로 인한 일자리 상실 문제를 집
중적으로 거론하기 시작하였다. 실제로 〈그림 4〉는 미국의 유권자들이 자
유무역의 전반적인 필요성에는 동의하면서도 미국 국내의 일자리 창출 혹은
보호 측면에서는 자유무역에 부정적 인식을 드러내고 있음을 보여준다. 특
히 힐러리와 젭 부시(Jeb Bush) 등 양당의 주류 후보들이 대체적으로 자유

⬛ 그림 4   무역선호에 대한 미국 국민의 여론 변화, 2004~2016년

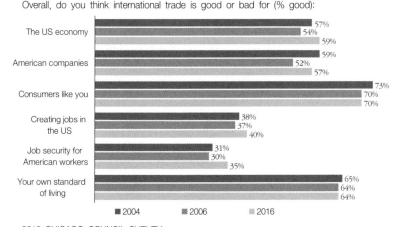

International Trade
Overall, do you think international trade is good or bad for (% good):

2016 CHICAGO COUNCIL SURVEY
THE CHICAGO COUNCIL ON GLOBAL AFFAIRS

무역 옹호론자들이었던 점도 선거 역학상 아웃사이더들의 주장에 큰 관심을 쏠리게 하였다. 샌더스 후보의 경우 자유무역으로 인해 대기업에 돌아가는 과다한 이익이 결국 중산층 붕괴와 소득불평등으로 이어졌다는 점을 강조하였다. 트럼프는 공화당 주류와 대척점에 선 자신만이 무역협정을 원점에서 재검토할 수 있다고 주장한 바 있다.

한편 현직 미국 대통령의 국정수행 관련 국민들 지지도의 마지노선은 대략 40% 선으로 알려져 있다. 구체적 정책 이슈에 따라 지지도가 달라질 수 있지만, 국정수행 지지도의 경우 대통령 개인에 대한 호불호를 나타내므로 결국 중도파 미국 국민들의 지지획득 여부가 관건이다. 취임 전 당선자 신분일 때 지지도 조사는 카터 대통령 당선자 시절 처음 시작되었는데, 2000년 논란이 많던 선거 이후 조지 W. 부시 당선자의 지지도도 56%에 이를 정도였다. 당선자 신분으로서의 트럼프 지지도는 약 40% 정도에 머물러 있었다. 그런데 특이한 점은 인디애나 주의 Carrier 공장 이전 반대를 시작으로 세계 여러 기업과 미국 자동차 회사들의 미국 국내 공장 설립과 투자 약속을 받아낸 성과에도 불구하고 트럼프의 인기에 크게 변화가 없다는 점이다. 협상책임자("Negotiator-in-chief") 대통령으로서의 면모를 부각시키려는 트럼프의 전략에 대해 미국 자본주의와 보수주의 정서가 어떻게 반응할지 두고 볼 일이다.[21]

그리고 궁극적으로 공화당 의회를 움직여서 자신의 정책 이슈를 끌고 가려면 트럼프 입장에서는 적어도 50% 이상의 국정지지도가 유지되어야 할 것이다.

그렇다면, 트럼프 행정부와 의회·정당 정치 역학관계는 어떤 양상으로 전개될 것인가? 일단 임기 초반에 주요 대선 공약이었던 오바마케어(ObamaCare) 폐지(repeal)와 대체입법(replacement)과정에서 공화당의 협력

---

21) 사실 월스트리트 저널같은 주류 언론뿐만 아니라 트럼프 지지자였던 페일린(Sarah Palin) 전 부통령 후보도 인디애나 주의 캐리어(Carrier) 회사에 트럼프 당선자의 접근법을 정실자본주의(crony capitalism)라고 비판한 바 있다.

및 민주당의 반발은 쉽게 예상된다. 이미 예산 관련 규칙(budget recon-ciliation)을 준용하여 공화당 상하원이 오바마케어 폐지작업에 들어갔고, 지난 8년간 오바마 민주당 정권하에서 추진하지 못했던 공화당 의제들을 공화당 행정부/의회 시대 다룰 수 있다는 기대감이 높아진 것은 사실이다. 다만 트럼프가 추진하는 의제들 중 일부는 공화당 반대/민주당 찬성 성격을 내포하고 있는데(예: 보호무역정책, 사회간접자본 대대적 투자, 처방약값에 대한 제약회사들 규제), 결국 트럼프는 사안별로 대통령-정당 협력관계를 이끌어 갈 것으로 보인다. 이는 공화당이 반대하던 데탕트정책, 민주당이 찬성하던 환경보호청(EPA) 설립을 추진했고 주류 언론을 특히 경원시했던 닉슨 대통령과 흡사하다.

실제로 복잡하게 얽혀 있는 트럼프 시대 정당정치는 무역, 세금, 선거 등 다방면에 걸쳐 있다. 〈그림 5〉는 2015년 TPP를 위한 무역촉진권(Trade Promoting Authority) 표결 당시 상·하원의 공화당과 민주당의 표결을 분석한 것이다. 문제는 2015년 하원 공화당 의원 중 자유무역 찬성이 190명, 반대가 50명, 공화당 상원의원 중 찬성이 47명, 반대가 5명이었던 상황이

◻ 그림 5   TPA 표결을 둘러싼 민주-공화 양당의 입장 차이

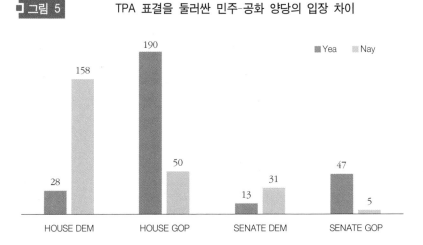

출처: www.house.gov, www.senate.gov

2017년 트럼프 대통령이 같은 공화당이라고 해서 얼마나 크게 바뀔 것인가 하는 점이다. 또한 공화당 의원들은 트럼프의 "국경세(border tax)"보다는 미국 내 공장을 유지하는 기업에 기업세(corporate tax) 인하를 선호하는 입장이다. 1993년 북미자유무역협정(NAFTA) 체결 이후 미국 기업들의 멕시코 진출이 25년 가까이 이어져 왔는데 멕시코로부터의 수입품에 관세를 매기는 정책에 대해 친(親)기업 성향의 공화당이 난색을 표하는 셈이다.

한편 트럼프 행정부의 거의 모든 정책에 반대할 수밖에 없는 민주당이지만 2년도 남지 않은 2018년 상원 중간선거에서 23명의 민주당 현역의원과 민주당 의원총회에 참여하는 2명의 무소속 의원이 선거를 치러야 한다. 공화당 현역 의원은 단 8명만 재선 도전에 직면한다. 게다가 2018년 선거에 나가는 민주당 상원의원들 중 중서부 주들의 쇠락한 공장지대(rust belt) 출신들이 대거 포함되어 있다. 예를 들어 위스콘신 주 볼드윈(Baldwin) 의원, 오하이오 주 브라운(Brown) 의원, 펜실베이니아 주 케이시(Casey) 의원, 미시간 주 스태버나우(Stabenow) 의원 등은 트럼프 행정부가 추진하는 보호무역 법안에 찬성표를 던질 수밖에 없을 것으로 전망된다.

V. 결론

2016년 11월 8일에 치러진 미국 대통령선거 결과, 언론 및 전문가들의 예상을 뒤엎고 공화당 후보 트럼프가 승리하였다. 사실 오하이오, 플로리다, 노스캐롤라이나 같은 기존 경합주를 트럼프가 석권하여도 2012년과 마찬가지로 네바다와 버지니아를 힐러리가 지키고, 펜실베이니아, 미시간, 위스콘신 등 전통적 민주당 지지 러스트벨트(Rust Belt) 주들만 별 변화를 보이지 않았더라면 최초의 여성 대통령이 탄생할 가능성이 높았던 것이 사실이다. 다시 말해 이번 2016년 대선의 결과 중 가장 주목할 점은 1988년 이후 줄

곧 민주당 대선후보를 지지해 왔던 펜실베이니아 주 같은 중서부 주들의 반란이라고 볼 수 있다. 출구조사 등의 분석 결과 위스콘신, 펜실베이니아, 미시간 주들 경우 민주당 지지자들 중 상당수가 힐러리에게 표를 던지지 않고 집에 머무는 선택을 한 것으로 보인다. 예를 들어 위스콘신 주의 경우 트럼프는 2012년 롬니와 마찬가지로 약 140만 표를 획득한 반면, 힐러리는 2012년 오바마가 얻었던 160만 표보다 약 24만 표 덜 얻은 것으로 드러났는데 힐러리는 트럼프에 약 2만 7천 표 차로 패배한 것으로 밝혀졌다.

　사실 이번 대선의 경우 공화당 도널드 트럼프 후보의 비전통적 주장 및 행태로 인하여 선거 초반부터 다양한 논쟁점을 제공하였다. 특히 트럼프의 보호무역주의 주장은 미국이 전통적으로 견지해 온 자유무역을 기조로 한 미국의 통상정책에 대한 변화에 대한 관심을 제고시켰다. 각 후보들이 주장하는 통상정책은 기본적으로 향후 미국의 통상정책이 보호주의 견해를 지지하는 측면이 나타날 수 있음을 보여준 셈이다. 특히 2016년 민주당과 공화당의 강령은 미국의 국익에 반하는 무역협정에 반대한다는 입장을 분명히 함으로써 특정 무역협정 비준 및 협상과정에서 초당적 협력이 가능할 수 있음을 보여주었다. 대통령선거에서 나타난 통상정책의 논쟁은 기존의 TPP 논의에 대한 후보들의 비판을 기조로 하여 선별적 무역협정 지지라는 차별성을 보인다. 이러한 부분은 동시에 치러지는 상·하원 의회선거의 결과와 맞물려 의회 내의 역동성을 심화시킬 수 있다.

　이미 앞서 살펴본 바와 같이 각 주별 다양한 이익과 이익의 표출 및 집약 방식 등이 의회-정당 정치를 거치고 대통령의 리더십에 영향을 받는 것이 미국 통상정책 결정 구조이다. 따라서 2016년 미국 대선 및 의회선거 결과에 미칠 통상정책 전망 특히 TPP 및 NAFTA에 대한 재협상 논의 혹은 전면 반대는 상·하원 의회선거가 치러진 주의 경제 상황에 따라 차이를 보일 것이다. 통상정책이 선거 결과의 단일한 결정 요인은 아니지만 적어도 경합주 중 일부에서 이러한 무역협정과 관련한 일자리 손실 및 무역과 관련한 결과물에 대한 유권자들의 인식이 사실상 상·하원 의회선거의 결과에 영향을 줄 수 있기 때문이다.

반대로 현재의 통상정책이 주별 경제 상황에 직접 영향을 미치고 있다는 중요 증거가 도출되지 않는 경우 선거 캠페인과정에서 중산층 이하 노동자 계층 지지를 끌어 모으는 방편으로 무역정책이 사용될 가능성은 크지만 선거 이후 입법과정에서 미국 통상정책의 즉각적 변혁을 예상하기는 어려울 것으로 전망된다.

2016년 12월 트럼프는 자신의 무역정책에 대한 방향성을 구체화하기 위하여 백악관 내 국가무역위원회(National Trade Council)22)를 설치하여 산업정책을 관장하도록 하였다. 대통령 당선자로서 제시한 최초의 구체적 정책이 산업정책을 관장하는 신규 기관의 백악관 내 설치라는 점은 향후 트럼프 행정부의 무역정책 방향에 대한 시사점을 제공한다. 특히 신설된 국가무역위원회의 수장으로 중국과의 무역정책에 비판적인 경제학자인 피터 나바로(Peter Navarro)를 지명하였다는 점은 환율조작국 비판을 받고 있는 중국과의 무역 마찰이 예견되는 부분이다.

트럼프 행정부의 출범 이후 외교정책 분야에서 다양한 논쟁의 중심에 서 있는 트럼프 대통령이 대통령 당선의 지지층이었던 자유무역을 반대하는 백인 노동자 계층의 기대를 얼마나 빨리, 그리고 구체적으로 충족시킬 수 있는지 예측하기에는 시기상조이다. 백악관 내 설치된 국가무역위원회가 제공할 수 있는 경제 분야의 효과 또한 불투명한 상황에서 보호무역을 통한 일자리 창출에는 시간이 걸린다는 사실은 트럼프 대통령으로서도 외면하기 어렵다. 반대로 자유무역협정 폐기로 인한 수입품 가격 상승효과는 단기간에 발생할 것이 분명한데 소득수준이 낮은 백인 노동자들의 경제 상황을 더욱 악화시킬 것이라는 점이 트럼프의 딜레마이다.

---

22) 무역위원회의 주 업무는 무역협상에 대한 전략을 대통령에게 조언하고, 미국의 제조업 역량을 강화하기 위한 부서 간 협업을 조율하고, 숙련 제조 노동자들의 재취업을 돕는 것이다. 또한 "Buy America, Hire America" 프로그램을 통하여 트럼프 대통령의 공약이 현실화될 수 있도록 한다. 무역위원회가 주요 협업을 하는 부서로는 National Security Council, National Economic Council, Domestic Policy Council이며 기관들 간 협업을 통하여 국방 및 경제역량 강화를 유도한다(GreatAgain.gov).

게다가 여전히 자유무역 기조에 서 있는 공화당 의회는 트럼프의 극단적 보호무역 조치들에 반발할 것으로 예상되고, 반(反)트럼프 전선을 앞으로 4년간 공고히 할 민주당이 트럼프의 반(反)자유무역 조치들을 순순히 환영할 것으로 보이지도 않는다. 구체적으로 트럼프 행정부의 통상정책 관련 정치적 수순은 취임 후 100일 안에 NAFTA 재협상 혹은 탈퇴 수순에 초점이 모아질 것으로 예상되는데 정치적 상징성과 경제적 실효성 가운데 미국 국민들은 어떤 선택을 할지 2018년 중간선거가 벌써부터 관심사이다.

▪ 참고문헌 ▪

권용립. 2010. 『미국외교의 역사』. 서울: 도서출판 삼인.
백창재. 2015. 『미국무역정책연구』. 서울: 사회평론아카데미.
정진민. 2014. "공화당 내전과 2014년 미국 중간선거: 연방 상원선거를 중심으로."
　　『미국학집』 46권 3호. 157-182.
홍병기. "통상압박, 클린턴 되면 괜찮다? 그녀도 미국인이다." 중앙일보 J ERI Report
　　(검색일: 2016.10.7).

Bernstein, William J. 2008. *A Splendid Exchange: How Trade Shaped the
　　World*. New York: Atlantic Monthly Press.
Corwin, Edward S. 1957. *The President, Office and Powers: 1787-1957; History
　　and Analysis of Practice and Opinion*. New York: New York University
　　Press.
DiLorenzo, Thomas J. 2008. *Hamilton's Curse*. New York: Crown Forum.
Fergusson, Ian F. 2015. "Trade Promotion Authority (TPA) and the Role of
　　Congress in Trade Policy." *Congressional Research Service* (June 2015).
Fry, Joseph A. 2002. *Dixie Looks Abroad: The South and U.S. Foreign
　　Relations, 1789-1973*. Baton Rouge: Louisiana State University Press.
Haggard, Stephan. 1987. "The Institutional Foundations of Hegemony: Explain-
　　ing the Reciprocal Trade Agreements Act of 1934." *International Organi-
　　zation*, Vol.41, No.3: 491-517.
Hemmer, Christopher, and Peter J. Katzenstein. 2002. "Why is There No NATO
　　in Asia? Collective Identity, Regionalism, and the Origins of Multi-
　　lateralism." *International Organization*, Vol.56, No.3: 575-607.
Ikenberry, G John. 2009. "Liberal Internationalism 3.0: America and the
　　Dilemmas of Liberal World Order." *Perspectives on Politics*, Vol.7, No.1:
　　71-87.
Irwin, Douglas A. 1998. "Changes in U.S. Tariffs: The Role of Import Prices
　　and Commercial Policies." *The American Economic Review*, Vol.88,

No.4: 1015-1026.

Karol, David. 2007. "Does Constituency Size Affect Elected Officials' Trade Policy Preferences? *Journal of Politics*, Vol.69, No.2: 483-494.

Marcus, Robert D. 1971. *Grand Old Party: Political Structure in the Gilded Age, 1880-1896.* New York: Oxford University Press.

Neustadt, Richard E. 1960. *Presidential Power: The Politics of Leadership.* New York: John Wiley & Sons.

Noland, Marcus, Gary C. Hufbauer, Sherman Robinson, and Tyler Moran. 2016. "Assessing Trade Agendas in the U.S. Presidential Election." *Peterson Institute for International Economics.*

Pastor, Robert A. 1980. *Congress and the Politics of U.S. Foreign Economic Policy, 1929~1976.* Berkeley: University of California Press.

Remini, Robert V. 2007. *The House: The History of the House of Representatives.* Washington D.C.: The Library of Congress.

Seo, Jungkun. 2010. "Vote Switching on Foreign Policy in the U.S. House of Representatives." *American Politics Research*, Vol.38, No.6: 1072-1101.

_____. 2015. "Security Ties or Electoral Connections? The US Congress and the Korea-US Free Trade Agreement, 2007-2011." *International Relations of the Asia-Pacific*, Vol.15, No.2: 217-243.

Zelizer, Julian E. 2004. *The American Congress: The Building of Democracy.* Boston: Houghton Mifflin Company.

https://greatagain.gov/navarro-national-trade-council-c2d90c10eacb#.kwzhvelgy (검색일: 2017.2.5).

색 인

필자 소개
(원고 게재순)

• **정진민**

서울대학교 외교학과 졸업 후 미국 시러큐스대학에서 박사학위를 받았고 명지대학교에서 정치과정, 미국정치 등을 강의하고 있다. 『한국정치학회보』, 『미국학논집』, *Korea Observer* 등 학술지에 논문을 실었고, 『한국의 정당정치와 대통령제 민주주의』 등 다수의 저서를 출간하였다.

• **조기숙**

이화여자대학교 정치외교학과를 졸업하고 Univ. of Iowa에서 정치학 석사, Indiana University에서 정치학 박사학위를 받았다. 시립인천대학교 조교수를 거쳐 이화여자대학교 국제대학원 교수로 재직 중이며 한국과 미국의 선거, 정치과정, 정치신뢰와 불신, 정치냉소주의와 정치행동, 리더십과 공공외교 등의 주제에 대해 *Social Cognition, Korea Observer, International Studies Review*, 『한국정치학회보』, 『한국정당학회보』, 『한국과국제정치』, 『한국정치연구』 등 국내외 저널에 수많은 논문을 출간한 바 있으며, *The Encyclopedia of Leadership* 의 공동저자이기도 하다. 최근 저서로는 『여성과학자의 글로벌 리더십』, 『포퓰리즘의 정치학』, 『왕따의 정치학』 등이 있다.

- **최효노**

  서울대학교 정치학과를 졸업하고 동 대학원에서 석사학위를 받았다. 미국 노
  스웨스턴대학에서 미국 유권자의 정치적 의견(political attitudes) 형성에 관한
  연구로 정치학 박사학위를 받았다. 현재 서울대학교 한국정치연구소 선임연
  구원으로 재직 중이다. 연구분야는 선거, 여론, 투표행태, 정치이데올로기, 정
  당, 의회이며, 『한국정당학회보』 등에 논문을 실었다.

- **박영환**

  영남대학교 정치외교학과 및 동 대학원을 졸업하고 미국 앨라배마대에서 미
  국 선거와 여론, 프레이밍 연구로 정치학 박사학위를 받았다. 경북대학교 대
  학원 정치외교학과 BK21 플러스 계약교수를 역임하였고, 현재 영남대학교,
  계명대학교에서 강의하면서 의회의 정치적 대표성과 선거, 정당을 주로 연구
  하고 있다. 주요 연구 업적으로 "Models of Political Representation in South
  Korea"(공저, *Korea Observer*, 47권 3호, 2016), 『중간선거의 정치학: 오바마,
  공화당, 그리고 미국정치』(미국정치연구회 편, 도서출판 오름, 2015) 등이 있다.

- **민태은**

  고려대학교 영어영문학과 졸업 후 미국 시카고대학에서 국제관계학과 정책학
  으로 석사학위, 아이오와 주립대학에서 미국정치로 박사학위를 받았다. 미국
  조지워싱턴대학 강사와 고려대학교 연구교수를 거쳐 현재 통일연구원에 재직
  중이다. 정치행위를 중심으로 미국정치와 미국 대외정책 연구를 하고 있다.
  강의로 미국정치 및 정치문화, 한미관계, 북미지역연구 등을 강의했고 현재
  고려대학교에서 미국정치체계를 강의하고 있다. 『한국정치학회보』, 『국제정
  치논총』, 『국제문제연구』, *Ethnicity* 등에 미국인의 정치참여, 여론, 의회와
  관련한 논문을 실었다.

• **이병재**

연세대학교 정치외교학과 및 동 대학원 석사, 미국 워싱턴대학교(시애틀) 석
사, 미국 텍사스대학교(오스틴)에서 정치학 박사학위를 받았다. 현재 연세대
학교 사회과학데이터혁신연구센터의 연구교수로 근무하며, 미국정치, 정치학
방법론, 민족분쟁론 등을 강의하고 있다. 주요 연구분야는 이행기 정의
(transitional justice)의 효과에 대한 국가 수준 비교, 동태적 인과추론 방법론의
사회과학적 적용, 미국의 라티노를 비롯한 소수인종의 여론 및 투표행태 등이
며, *Electoral Studies, Policy and Internet*, 『국제정치논총』 등에 연구논문
을 출간하였으며, 사회변동이론, 미국의 1960년대 사회운동, 국제정치경제에
관한 책을 번역·출간하였다.

• **장승진**

서울대학교 외교학과를 졸업하고 동 대학원에서 석사학위를 받았다. 미국
Columbia University에서 이민자와 소수인종의 정치참여를 분석하는 연구로
정치학 박사학위를 받았다. 현재 국민대학교 정치외교학과에서 부교수로 재
직 중이며, 한국을 비롯한 다양한 국가의 선거 및 유권자들의 행태와 심리를
다루는 연구를 다수 진행하고 있다.

• **유성진**

서울대학교 외교학과와 동대학원 졸업 후 미국 뉴욕주립대학(Stony Brook)에
서 미국 선거와 투표행태에 관한 논문으로 박사학위를 받고, 2010년부터 이
화여자대학교 스크랜튼학부 교수로 재직하고 있다. 관심분야는 선거와 정치
행태, 여론 등이며 의회와 정당으로 연구의 폭을 넓히고 있다. 한국정당학회
총무이사와 한국정치학회 연구이사로 활동하였으며, *Journal of Politics,
Asia-Pacific Social Science Review*, 『한국정치학회보』, 『국제정치논총』, 『한
국정당학회보』, 『한국과 국제정치』, 『국가전략』, 『미국학논집』 등 국내외 저
널에 다수의 논문을 실었고, 미국정치 관련 저서를 다수 출간하였다.

• **이재묵**

연세대학교 정치외교학과 졸업 후 미국 아이오와 주립대(Univ. of Iowa)에서 미국 정치의 양극화에 관한 논문으로 박사학위를 받았다. 2012년 귀국한 이래 연세대 동서문제연구원 전문연구원 등을 역임하였고, 2015년부터 한국외국어대학교 정치외교학과에서 미국정치, 한국정치사, 그리고 선거와 투표행태 등을 강의하고 있다. 주요 연구 분야는 선거와 정당, 여론, 의회정치 등이며, 현재 한국정당학회 연구이사를 맡고 있다. *PS: Political Science and Politics*, *Social Indicators Research* 등 해외 저널과 『한국정치학회보』, 『국가전략』 등 주요 국내 저널에 다수의 논문을 실었고, 미국정치, 한국정치에 관한 다수의 저서를 출간한 바 있다.

• **이소영**

연세대학교 정치외교학과를 졸업하고 동대학원에서 석사학위 취득 후 미국 텍사스대학(오스틴)에서 비교정치, 정치행태 및 정치학방법론을 전공하여 박사학위를 받았다. 2010년부터 대구대학교 국제관계학과 교수로 재직하면서 아메리카지역연구, 한국정치, 정치학개론, 갈등과 해결 세미나 등을 강의하고 있으며, 미국정치연구회 회장, 한국정치학회 책임편집이사, 한국정당학회 부회장 등의 활동을 하였다. 주요 관심 분야는 미국 정치와 한국 정치의 양극화, 정치적 소통, 유권자 투표 행태 등이며, 이에 관한 논문들을 다수의 정치학 저널에 게재하였고, 동료 학자들과의 협업을 통해 관련 저서 또한 다수 출간하였다.

• **정수현**

숭실대학교 정치외교학과에서 정치학 학사와 석사를 마치고, 미국 플로리다 주립대학교에서 미국의 환경규제와 정책네트워크에 관한 연구로 정치학 박사학위를 받았다. 현재 명지대학교 미래정치연구소 연구교수로 있으며 숭실대학교에서 초빙교수로 강의하고 있다. 주요 논문으로는 "후보자의 지역대표성이 득표율과 당선가능성에 미치는 영향력: 제20대 국회의원 선거 결과에 대한 분석"(『한국정치연구』 제26집 제2호, 2017), "규제의 확대와 통제: 미국 연방정부 규제의 변천과정과 규제심사에 관한 연구"(『동서연구』 제27권 1호, 2015)와 "민주주의와 국제환경협약의 준수"(『국제정치논총』 제52집 3호, 2012) 등이 있고 저서로는 『국민의 참여가 민주주의를 살린다』(2017, 공저)와 『이슈를 통해 본 미국정치』(2014, 공저) 등이 있다.

• 권보람

이화여자대학교 정치외교학과 학부를 졸업하고 고려대학교 대학원에서 국제정치학 석사학위를 받았다. 미국 노스캐롤라이나 주립대학 채플힐에서 협상환경하에서 기업 수준의 변수를 고려해 경제제재의 효과를 재조명하는 연구로 정치학 박사학위를 받았다. 현재 한국국방연구원 선임연구원으로 재직 중이며 주요 연구업적으로 "The Conditions for Sanctions Success: A Comparison of the Iranian and North Korean Cases"(*Korean Journal of Defense Analyses*, 2016), "When are Sanctions Effective?: A Bargaining and Enforcement Framework"(공저, *International Organization*, 2015) 등이 있다.

• 정구연

고려대학교 노어노문학과 및 동대학원 정치외교학과 석사학위 취득 이후 미국 캘리포니아대학 로스앤젤레스 캠퍼스에서 미국 대외정책을 주제로 박사학위를 받았다. 현재 통일연구원 국제전략연구실 연구위원으로 재직 중이며 통일부 정책자문위원 및 민주평화통일자문위원으로 활동 중이다. 주로 미국의 외교정책 및 국제안보, 개발협력을 주제로 한 연구를 진행하고 있으며, *Korean Journal of Defense Analysis*, 『국제정치논총』, 『국제관계연구』 등 국내외 저널뿐만 아니라 미국의 정책 저널에도 다수의 연구논문을 게재하였으며, 미국대외정책과 개발협력과 관련한 저서도 출판하였다.

• **서정건**

서울대학교 정치학과 졸업 후 미국 텍사스 주립대학에서 미국 의회와 정당에 관한 논문으로 박사학위를 받았다. 미국 노스캐롤라이나 주립대(윌밍턴)에서 5년간 교수를 지낸 후 2012년부터 경희대학교 정치외교학과 부교수로 재직하면서 미국정치외교, 의회와 대통령, 정당론 등을 강의하고 있다. 미국 정치제도를 중심으로 미국 대외정책을 주로 연구하고 있으며, 한국정당학회 총무이사와 한국정치학회 연구이사로 활동하였다. *American Politics Research, Party Politics, Political Science Quarterly*, 『한국정치학회보』, 『한국정당학회보』, 『한국과 국제정치』, 『미국학논집』, 『평화연구』 등 국내외 저널에 다수의 논문을 실었고, 미국 외교정책 관련 저서를 다수 출간하였다.

• **장혜영**

중앙대학교 정치외교학과를 졸업하고, 동 대학원에서 정치학 석사를 취득 후, University of Southern California에서 비교정치로 정치학 석사 및 박사를 취득하였다. 현재 중앙대학교 정치국제학과 조교수로 재직 중이다. 주요 연구분야는 비교정치, 도시정치경제, 국제개발협력 분야이며 주요 저서로는 "미국 공화당 대통령 수락연설에 나타난 미국 보수주의의 변화 탐색"(『한국정당학회보』, 2016), "공적개발원조(ODA) 정책과정에서 의회역할에 관한 비판적 검토: 캐나다와 미국 의회의 사례비교와 한국적 함의"(『한국정치연구』, 2016), "공적개발원조정책과 국회: 국회의원의 행정부 감시 책무성을 중심으로"(『한국정당학회보』, 2014) 등이 있다.